특수교육의 이해

특수교육의 이해

변호걸 · 남경욱 · 김응범 · 이병혁 · 권미은 공저

Understanding **Special Education**

동문사

머리말

Hall 선교사에 의해 문화이식 된 우리나라 특수교육은 그동안 경제 성장과 사회 발전에 힘입어 많은 부분에 있어 큰 진전을 이루어 왔다. 1977년 「특수교육진흥법」 제정 당시만 하더라도 특수교육에 대한 사회적 인식 부족 등으로 인해 선진국에 비해 매우 열악한 상황이었지만, 이후 꾸준한 개선과 발전 노력의 결과로 많은 변화를 이루었다.

그러나 양적 성장이 질적 보장을 의미하지 않듯, 앞으로 개선하고 보완해야 할 형식과 내용 또한 많이 내포하고 있는 것도 부인할 수 없다. 행정적·재정적인 지원 미흡이나 제도상의 허점들도 많을뿐더러, 특히 특수교육 현장은 제도적 모순과 불일치, 지원 및 운영체제 등의 부족 등으로 장애 아동들이 누려야 할 권리가 제대로 보장받지 못하고 있는 것도 현실이다.

다들 알고 있는 바와 같이 특수교육은 장애 아동을 대상으로 하는 교육이다. 특수교육은 단지, 장애라는 이유로 교육 차별을 받을 수 있는 장애 아동들에게 그들의 적성과 능력, 잠재한 고유한 특성을 생애주기별로 특별히 고안되고 적합한 교육서비스를 제공하는 것을 그 목적으로 하고 있다.

그렇기에 그 중심에는 특수교사의 역할과 활동이 매우 중요하다는 것은 더 이상 말할 나위없다.

그런데 최근 학교나 보육기관 등에서 교사에 의한 학대나 폭력 사태가 일어날 때마다 교사 자질에 대한 문제가 제기되고 그때마다 교사양성기관에 몸담고 있는 사람으로서 무한 책임을 느끼게 된다.

"교육의 질은 교사의 질을 뛰어넘을 수 없다"는 명제가 함의하듯이 교사교육이 잘 되어야 성공적인 교육성과를 창출한다는 맥락에서 특수교사 양성교육 또한 매우 중요한 사회적 책무인 것만큼은 분명하다. 특수교사를 양성하는 대학에서는 인성강화와 능력 및 자질 함양을 위해 더욱 힘써야 한다는 사회로부터의 엄정한 요구를 깊이 성찰할 필요가 있다.

특수교사는 "사랑의 노동(Labor of Love)"을 실천하는 사람이기 때문에 인내, 끈기, 용기, 공감, 수용과 같은 도덕적 품성은 물론 사회적·교육적 기술을 잘 습득하고 내면화해야 한다. 그래서 특수교육은 힘든 분야이며, 특수교사 또한 쉽지 않은 직업이다.

하지만, "한 아이를 키우려면 온 마을이 필요하다"는 아프리카 격언처럼 장애아동 한 사람을 하나의 온전한 성인으로 키우는데 있어서 교사의 힘만 가지고는 부족하다. 가족은 물론 사회적 관심과 협력이 절대로 필요하다. 그런 지지와 협력이 이루어질 때, 특수교사의 교육적 위상과 역할이 자리할 것이다.

이 책은 앞으로 특수교사가 되고자 하는 예비교사를 위한 특수교육 입문서이다. 집필진 모두 대학현장에서 오랜 동안 몸담아 오면서 특수교육에 첫발을 내딛는 초년 예비교사들이 반드시 알아야 할 이론과 실제가 무엇인지 잘 알고 있다.

그리하여, 장황하고 어려운 학문적인 이론보다는 알아야 할 필수 지식과 정보, 교육적 실제에 초점을 맞춰 상술하였다. 쉽고 간명하게 기술하고자 하였으며, 보다 중요한 내용의 경우는 이를 시각적으로 압축 전달하고자 <표>와 <그림>을 삽입하여 쉽게 이해할 수 있도록 하였다.

특수교육에 입문하는 많은 후학들에게 미래 교사로서의 꿈과 희망을 설계하는데 작은 보탬이 되고, 예비교사들에게 제대로 된 미래 방향타 역할을 하는 학문적 지침서가 되었으면 하는 바람이다.

2016. 3.

저자 일동

차 례

머리말 ▸ 5

Chapter 01 특수교육의 기초 11

1 특수교육의 정의 ▸ 11
2 특수교육의 목적과 원리 ▸ 12
3 장애의 정의와 분류 ▸ 15
4 특수교육대상자와 선정기준 ▸ 20
5 특수교육의 주요 용어 및 개념 ▸ 25
6 우리나라 특수교육 주요 관련법 ▸ 27

Chapter 02 특수교육의 발전과정 31

1 서양 특수교육의 역사 ▸ 31
2 한국 특수교육의 역사 ▸ 50

Chapter 03 시각장애 65

1 눈의 구조 및 기능 ▸ 66
2 정의 및 분류 ▸ 68
3 출현율 ▸ 70
4 임상적 원인 ▸ 70
5 선별 및 평가 ▸ 73
6 시각장애아의 특성 ▸ 75
7 교수적 접근 ▸ 78

Chapter 04 청각장애 87

1 청각장애의 정의와 분류 ▸ 87
2 귀의 구조와 기능 ▸ 90
3 청각장애의 원인과 유형 ▸ 91
4 선별 및 검사 ▸ 93
5 청각장애 아동의 특성 ▸ 95
6 청각장애 아동 지도 ▸ 97
7 보청기와 인공와우 ▸ 103

Chapter 05 지적장애 107

1 정의 및 분류 ▸ 108
2 출현율 ▸ 114
3 임상적 원인 및 예방 ▸ 114
4 진단 및 평가 ▸ 118
5 지적장애 아동의 특성 ▸ 119
6 교수적 접근 ▸ 124

Chapter 06 지체장애 131

1 정의 ▸ 132
2 분류 ▸ 134
3 출현율 ▸ 141
4 임상적 원인 ▸ 142
5 진단 및 평가 ▸ 143
6 지체장애아의 특성 ▸ 144
7 교수적 접근 ▸ 147

Chapter 07 학습장애 153

1 학습장애의 정의 ▸ 154

2 학습장애 및 유사 개념 ▸ 158
3 중재에 대한 반응 ▸ 160
4 학습장애아동의 특성 ▸ 163
5 영역별 학업특성 ▸ 170

Chapter 08 정서·행동장애 177

1 정서·행동장애의 용어와 정의 ▸ 177
2 정서·행동장애의 분류 ▸ 181
3 정서·행동장애의 원인 ▸ 183
4 정서·행동장애의 특성 ▸ 185
5 정서·행동장애 아동의 교육 ▸ 193

Chapter 09 자폐스펙트럼장애 199

1 자폐스펙트럼장애의 정의와 분류 ▸ 199
2 자폐스펙트럼장애의 진단 기준 ▸ 200
3 자폐스펙트럼장애의 출현율 ▸ 201
4 자폐스펙트럼장애의 발생원인 ▸ 202
5 자폐스펙트럼장애의 특성 ▸ 205
6 자폐스펙트럼장애의 진단 ▸ 210
7 자폐스펙트럼장애의 중재 ▸ 213

Chapter 10 의사소통장애 219

1 말과 언어 ▸ 220
2 의사소통장애 ▸ 223
3 말장애 ▸ 225
4 언어장애 ▸ 230
5 의사소통장애 진단 ▸ 235
6 의사소통장애와 보완대체 의사소통 ▸ 239

Chapter 11 유아특수교육 243

1 유아특수교육의 개념 ▸ 243
2 유아특수교육의 필요성 ▸ 244
3 유아특수교육 대상유아 ▸ 245
4 장애유아의 발달영역별 지도방법 ▸ 248

Chapter 12 통합교육 263

1 통합교육의 배경 ▸ 264
2 통합교육 ▸ 272
3 통합교육과 협력 ▸ 274
4 통합교육과 교수 적합화 ▸ 277
5 효과적인 통합교육을 위한 제언 ▸ 279

Chapter 13 개별화교육과 가족지원 285

1 개별화교육계획의 개념 ▸ 285
2 개별화교육계획의 법적 근거 ▸ 286
3 개별화교육계획의 기능 ▸ 287
4 개별화교육계획의 수립 및 운영절차 ▸ 288
5 개별화교육계획의 작성 실제 ▸ 294
6 개별화교육과 가족지원 ▸ 299

부 록 307

❙ 장애인 등에 대한 특수교육법 ▸ 307
❙ 장애아동복지지원법 ▸ 324
❙ 발달장애인 권리보장 및 지원에 관한 법률 ▸ 340

❙ 참고문헌 ▸ 361

특수교육의 기초 01 Chapter

1 특수교육의 정의

기본적으로 특수교육(special education)은 장애 아동을 대상으로 특별히 설계된 교육을 제공하는 것을 말한다. 즉, 장애 아동은 일반학교의 교육계획으로는 부족하거나 적합하지 않기 때문에 특별히 설계된 교육을 통해 그들의 교육적 요구를 충족시키고자 하는 교육이다. 여기서 특별히 설계된 교육이란 장애 아동의 특수교육적 요구(special educational needs)에 최적화된 상태로 고안된 교육계획 또는 교육프로그램을 의미한다.

현재 특수교육에 대한 정의는 학자들에 따라서 다양하게 정의되고 있다.

첫째, 특수아동의 잠재력을 개발하고 장애를 교정하기 위해 제공되는 일반 학교 프로그램 이상의 보충적인 서비스를 말한다(Kirk & Gallagher, 1979).

둘째, 특수아동이 최대한으로 개발할 수 있는 개인적인 자기 충족감을 달성하고, 현재와 미래 환경에서 성공할 수 있도록 도와주기 위해 개별적으로 계획하고, 체계적으로 실행하며, 주의 깊게 평가하는 교수를 말한다(Heward & Orlansky, 1992).

셋째, 특별한 요구를 갖고 있는 개별아동에게 적합한 맞춤식 개별화 된 교육을 제공하는 것을 말한다(Smith, 2004).

넷째, '특수교육'이란 특수교육대상자의 교육적 요구를 충족시키기 위하여 특성에 적합한 교육과정 및 제2호에 따른 특수교육 관련서비스 제공을 통하여 이루어지는 교육을 말한다(「장애인 등에 대한 특수교육법」, 2007).

이와 같은 다양한 정의에서 알 수 있듯이, 특수교육은 특수아동의 개별적인 욕구를 충족해 주기 위해 특별하게 고안되고, 체계적으로 교수되는 활동을 의미하는 것이라고 정리할 수 있다. 여기서 특수아동이란 일반적으로 장애 아동을 뜻하며, 특수교육요구아동(children with special educational needs) 또는 특수요구아동(children with special needs)을 말하는 것으로 특수교육적 요구(special educational needs)를 필요로 하는 아동을 지칭한다. 또한 '특별하게 고안되고 체계적으로 교수되는 활동'이 의미하는 바는 특수아동의 개별적 차원을 고려한 **개별화교육프로그램**(Individualized Educational Program: IEP)과 같은 특별한 교육서비스를 의미한다.

개별화교육이란 특수교육에서 그 핵심적인 교육과정을 차지하고 있는 서비스이다. 즉, 특수아동의 잠재능력 계발을 위해 장애유형 및 장애특성을 고려하고, 이에 적합한 교육목표, 교육방법, 교육내용 그리고 특수교육 관련서비스 등이 포함된 계획을 수립하여 실시하는 교육 프로그램을 말한다.

한편, 특수교육 관련서비스란 특수교육대상자와 그 가족에 대하여 가족 상담 등 가족지원, 치료지원(물리치료, 작업치료 등), 보조인력 제공, 보조공학기기 및 정보 지원 등을 의미하는 것으로써, 특수교육의 효율성을 극대화하기 위해 필요한 모든 인적·물적자원을 강구하여 제공해야 한다는 목표 지향적 내용을 포함하고 있다.

2 특수교육의 목적과 원리

1) 특수교육의 목적

특수교육의 목적과 방법은 2007년에 제정한 「장애인 등에 대한 특수교육법」에 잘 명시되어 있다. 이 법 제1조에서 규정하고 있는 내용은 아래와 같다.

> "이 법은 「교육기본법」 제18조에 따라 국가 및 지방자치단체가 장애인 및 특별한 교육적 요구가 있는 사람에게 **통합된 교육환경**을 제공하고 **생애주기**에 따라 **장애유형·장**

애정도의 특성을 고려한 교육을 실시하여 이들이 자아실현과 사회통합을 하는 데 기여함을 목적으로 한다(「장애인 등에 대한 특수교육법」 제1조).”

이와 같은 법 규정에서 특수교육의 목적은 특수교육 대상자가 특수교육을 통하여 최종적으로 자신들 스스로 독립적이고, 생산적이며, 통합된 삶을 살아 갈 수 있는 '자아실현과 사회통합'에 그 궁극적인 목표가 놓여 있음을 알 수 있다. 즉, '자아실현과 사회통합'이 특수교육이 성취하려는 구체적인 지향점이자 교육 이상인 것이다.

이 같이 특수교육의 목적이 갖고 있는 궁극적 목표는 뚜렷이 정해져 있지만, 이를 달성하면서 효과적인 교육적 성취를 위해 특수교육이 나아가고 있는 미래 지향적 방향과 목표를 압축하면 다음과 같다(신현기 외, 2001).

첫째, 원대한 기대를 계획하고 있다(envisioning great expectation).

장애 아동에게는 아직 계발되지 않은 숨은 잠재능력이 있다. 그들의 잠재능력을 끌어낼 수 있는 가능성을 찾아 계획을 세우고 이를 실천으로 옮기는 것이 필요하다. 그들의 꿈과 능력이 현실화될 수 있도록 최대한 지원해 주고, 성공적 삶을 살아갈 수 있도록 도와주어야 한다.

둘째, 긍정적 기여를 강화하고 있다(enhancing positive contribution).

장애 아동 또한 그들 자신이 속한 가족, 학교, 그리고 지역사회에 기여할 수 있는 존재이다. 그들이 자신이 갖고 있는 능력을 최대한 발휘하여 긍정적으로 기여할 수 있는 최대한의 기회를 제공할 필요가 있다.

셋째, 강점을 구축하고 있다(building on strengths).

장애 아동과 그 가족들은 많은 잠재능력을 갖고 있다. 그들의 잠재능력이 무엇인지 확인하고, 이를 발현하게 만들며, 그것이 강점으로 결집될 수 있도록 다양한 교육프로그램을 마련할 필요성이 있다.

넷째, 선택적 행동을 존중하고 있다(acting on choices).

장애 아동과 그 가족들은 자신들이 선택한 삶을 살 권리가 있다. 따라서 그들이 선호하는 삶을 스스로 선택할 수 있는 자기결정(self-determination)의 기회를 증대시켜가야 한다.

다섯째, 관계형성의 범위를 확대하고 있다(expanding relationships).

연계성이야말로 삶의 질을 좌우하는 중요한 요소 중의 하나이다. 장애 아동과 그의 가족들은 지역사회 일원, 교육자, 친구 등 다양한 관계를 형성할 수 있는 기회가 제공되어야 한다. 가족지원 확대, 지역사회기관(교육기관, 관공서 등)과의 협력체계 속에서 특수교육이 전개되어야 함을 뜻한다.

여섯째, 완전한 시민권을 부여하고 있다(ensuring full citizenship).

장애 아동과 그 가족들은 한 사람의 시민으로서 동등한 권리를 갖고 있다. 따라서 한 사람의 완전한 시민으로서 그 사회에 참여할 수 다양한 기회가 충분히 제공되어야 한다.

2) 특수교육의 원리

현대사회는 다양성과 차이를 존중하는 사회이다. 서로의 차이에 대해 차별하지 않고 오히려 개성으로 인정하여 평화로운 공존을 모색해 가는 시대이다. 이 시대에서 장애는 생활하는 데 다소의 어려움과 불편함을 안겨다 줄 뿐이지, 그 장애 자체로 인해 인간의 존엄과 가치가 무시되어서는 안 된다.

이러한 맥락에서 특수교육은 특수교육 대상자가 갖고 있는 장애를 교육적 재활을 통해 극복하고, 그들의 자아실현과 사회통합에 이르는 데 그 목적을 두고 있다.

이 같은 특수교육의 목적은 미국의 특수교육법인 전장애아교육법(공법 94-142, The Education for All Handicapped Children Act)에 잘 포함되어 있다. 이 법은 1975년 제정 당시 그 목적을 달성하기 위하여 6가지 원리를 제시하고 있다. 이 원리는 1990년 장애인교육법(Individual with Disabilities Education Act: IDEA)에 계승되었으며, 이후 장애인교육법에도 잘 적용되었고, 현재 전 세계 특수교육의 기본 원리로 통용되고 있다. 미국 장애인교육법은 여러 차례 개정을 하였는데, 그동안 자폐장애와 뇌손상을 장애범주에 포함시켰고, 개별화교육계획 안에 전환서비스 계획(Individualized Transition Plan: ITP)과 개별화교육 계획팀에 일반교사의 참여를 포함시키는 등 미국 특수교육 발전을 위한 법적 토대가 되었다.

우리나라에서도 미국의 이 같은 법적 변화와 특수교육 동향을 반영하여 1977년 「특수교육진흥법」의 제정이나 1994년 전면 「개정법」 안에, 그리고 2007년 「장애인 등에 대한 특수교육법」 제정 안에 이 같은 원리와 가치들이 포함되어 있다. 세계 특수교육의 기본 원리를 제시한 IDEA의 6대 원리는 다음과 같다.

IDEA의 6가지 원리

① **배제 금지(Zero Reject)**: 어떤 장애 유형이나 정도를 갖고 있다고 하더라도, 교육으로부터 배제되어서는 안 된다는 규정으로 6~17세에 해당하는 모든 장애 아동은 적절한 무상의 공교육을 받을 권리가 있다.

② **비차별의 판별과 평가(Nondiscriminatory Evaluation)**: 인종, 문화, 언어에 상관없는 공정하고 비차별적의 진단과 평가가 이루어져 그 어떤 불이익도 없어야 한다. 또한 평가상의 오류를 최소화하기 위해 다양한 평가방법이 사용되어야 한다.

③ **개별화된 적절한 공교육(Appropriate Education)**: 장애 아동에게 적절한 교육이 되기 위해서는 무상교육에 기반에 공교육이 실시되어야 하고, 대상학생을 위해 고안된 교수 즉 개별화교육(IEP: Individuals Education Program), 개별가족지원 계획(IFSP: Individualized Family Service Plan)의 수립 속에서 이루어져야 한다.

④ **최소 제한적 환경(Least Restrictive Environment)**: 장애학생은 가능한 한 비장애 아동과 더불어 제한이 최소화된 환경 속에서 교육을 받아야 한다는 것으로써 통합교육이 촉진되었다.

⑤ **적법 절차(Procedural Due Process)**: 학부모와의 갈등이 유발될 시 적법의 절차 속에서 이를 해소하는 노력이 요구된다. 학교와 부모와의 갈등 해결의 방법은 중재(mediation)를 시도하고, 해결이 안 될 시 청문회(Due Process Hearing)과정을 거치며, 이 또한 용이하지 않을 시 법적 절차에 따라 법원에 제소할 수 있다.

⑥ **부모와 학생의 참여(Parental and Student Participation)**: 학교는 장애 아동과 부모들을 모든 교육프로그램 계획과 실행할 시 이에 참여시켜 의사표현 허용과 의사결정과정에 참여시켜야 한다.

3 장애의 정의와 분류

1) 장애의 정의

장애(障碍)는 한자어 '가로막을 障'과 '거리끼고 방해하는 碍'로 구성되어 있다. 이를 풀이하면, 장애란 "가로막아서 거치적거림"을 의미한다. 국어사전에서의 정의는 첫째, 어떤 사물의 진행을 가로막아 거치적거리게 하거나 충분한 기능을 하지 못하게 함, 또는 그런 일 둘째, 신체기관이 본래의 제 기능을 하지 못하거나 정신 능력에 결함이 있는 상태 셋째, 유선통신이나 무선통신에서 유효 신호의 전송을 방해하는 잡음이나 혼신 따위의 물리적 현상 등의 뜻을 갖고 있다(네이버 국어사전). 따라서 장애의 사전적 의미는 제 기능을 하지 못하게 가로막는 일이나 상태 또는 현상을 뜻한다.

일반적으로 장애의 영어 표기는 어려움이나 방해를 뜻하는 'obstacle', 'barrier', 'hindrance', 'hurdle', 'stumbling block' 등이 있고, 신체적·정신적 결함을 내포하고 있는 'disability', 'defect', 'impediment', 'impairment', 'disorder'가 있다.

한편, 장애와 유사 용어로 장해(障害)라는 용어가 있다. 장해는 "하고자 하는 일을 막아서 방해함. 또는 그런 것"의 의미로써, 산업재해사전에는 "업무상의 사유에 의해 부상을 당하거나 질병에 걸려 치유된 후에도 신체 등에 영구적으로 남게 되는 노동력 상실이나 감소 상태"로 정의하고 있다. 일본에서는 장애를 장해(障害), 장해인(障害人)이라는 표현을 쓰고 있다.

2) 장애의 분류

우리나라 「장애인복지법」상에서 장애인에 대한 법적 정의는 동법 제2조 1항에 "장애인이란 신체적·정신적 장애로 오랫동안 일상생활이나 사회생활에서 상당한 제약을 받는 자"로 규정되어 있다. 또한 동항 제1호에는 "신체적 장애"란 주요 외부 신체 기능의 장애, 내부기관의 장애 등을 말하고, 동항 제2호에 "정신적 장애"란 발달장애 또는 정신질환으로 발생하는 장애를 말한다고 규정되어 있다.

『특수교육학 용어사전』에는 장애를 "질병이나 사고 등에 의해 지적, 정신적, 청각, 시각, 내장, 골격, 기형적인 면에 결함(impairment)이 생겨, 이로 인해 정상적인 생활이 곤란하거나 불가능한 상태"라고 정의하고 있다.

한편, 세계보건기구(WHO)는 1980년에 장애에 대한 새로운 관점과 개념에 입각하여 독자적인 장애분류체계(ICIDH: International Classification of Impairments, Disabilities, and Handicaps)를 제시하였는데, 장애를 크게 ① 손상(impairments), ② 기능 장애(disabilities), ③ 사회적 불리(handicaps)로 구분하여 정의하면서 각

국에 분류기준에 입각하여 분류할 것을 권장하였다.

첫째, 손상(impairments)은 질병이나 외상으로 인해 심리학적, 생리학적, 해부학적 기능이 일부 상실되었거나 비정상적인 상태로써 그 변형, 마비, 결손에 병적 변화가 계속 남아있는 생리구조상의 장애를 말한다.

둘째, 기능장애(disabilities)는 손상으로 인하여 인간에게 있어 정상적이라고 생각되는 행동능력(읽기, 말하기, 쓰기, 보기, 걷기 등)이 일부 제약되거나 결여되어 있는 것을 말한다.

셋째, 사회적 불리(handicaps)는 손상, 능력장애로 인해 사회적 불이익을 받는다는 것을 말한다.

표 1-1 WHO의 국제장애 분류 제1판(1980–1977: ICIDH–1)

개념	의미	차원
건강상태	병적인 변화로서의 증상 보유. 개인적 차원에서 어떤 '비정상성'이 발생하였다는 점	
손상 (impairments)	임상적인 질병을 다른 사람이 인식할 수 있게 되었음. 즉, 일반 타인이 개인의 어떤 '비정상성'을 인식하였다는 점	신체적 차원
기능장애 (disabilities)	활동상의 능력 제한이 발생하였음. 즉, 개인 차원에서 활동이 감소되었다는 점	개인적 차원
사회적 불리 (handicaps)	개인의 활동상의 제한에 대하여 사회적 참여의 제한이라는 사회적 반응이 발생함. 즉, 개인은 타인에 비해 불리한 상황에 빠졌다는 점	사회적 차원

출처: WHO(1998). *ICIDH: International classification of impairments, disabilities, and handicaps.*

이어 WHO는 1997년 ICIDH-2를 제안하였는데, 손상(impairments), 활동(activity), 참여(participation)의 3가지 개념을 도입하고, 모든 개인에게 적용함으로써 장애 개념을 크게 확장시켰다. 2001년 세계보건기구에서 승인된 ICF(International Classification of Functioning, Disability and Health)의 경우도 장애에 대한 역동적 설명과 긍정적 용어의 사용을 위한 세계적 노력의 결과라고 할 수 있다.

표 1-2 WHO의 국제장애 분류 제2판(1977-2001: ICIDH-2)

구분	손상유형 (impairments)	활 동 (activities)	참 여 (participation)	상황요인 (contextual factors)
기능의 수준	신체 (신체의 부분)	개인 (전체로서의 개인)	사회 (사회와의 관계)	• 환경적 요인(기능상의 외부적 영향) • 개인적 요인(기능상의 내부적 영향)
특징	신체 기능 신체 구조	개인의 일상 활동	상황에서의 관련	신체적, 사회적, 태도적 세계의 형태
긍정적 측면	기능적, 구조적 통합	활동	참여	촉진자
부정적 측면	손상	활동 제한	참여 제한	장벽, 어려움

출처: WHO(1997). *ICIDH-2: International classification of impairments, activities, and participation. A manual of dimensions of disablement and functioning.*

ICF는 장애에 대한 개별적인 모델과 사회적 모델의 통합을 위한 노력의 결과라고 할 수 있으며, 국제질병분류 체계인 ICD-10과 병행해서 상호보완적으로 사용하도록 만들어졌다. ICD-10이 질병의 진단에 초점을 두고 있다면, ICF는 기능(function)에 대한 풍부한 정보를 제공하도록 되어 있다.

ICF의 장애 개념은 종전의 의학적 모델에서 사회적 모델로 이동을 의미한다. 장애는 신체적 손상만을 지칭하는 것이 아니라, 신체적 손상 여부와 상관없이 사회적 환경과의 상호작용으로부터 생겨나는 장벽이라는 점을 부각하고 있다. ICF에 의한 장애의 설명은 1980년에 제안된 ICIDH와 기능과 장애의 상호작용에 대한 설명에서 근본적으로 차이가 난다. 특히 특정한 영역에서의 개인들의 기능 수준은 건강상태와 상황적 맥락의 상호작용의 결과이다(사회통합과 장애인복지정치, 사회복지학회지, 2002 참조).

3) 장애의 유형 분류

우리나라에서 장애인 유형 분류는 「장애인복지법」의 분류가 대표적이다. 이 법에서는 장애의 종류를 총 15가지로 정하고 있는데, 이를 크게 신체적 장애와 정신적 장애로 대별하였다. 이어 신체적 장애를 신체의 내부와 외부로 중분류하였고, 정신적 장애는 발달장애와 정신장애로 분류하고 있다. 법에서 정하고 있는 장애 유형은 아래 <표 1-3>과 같다.

표 1-3 장애인복지법의 장애 분류

대분류	중분류	소분류	세분류
신체적 장애	외부 신체 기능의 장애	지체장애	절단장애, 관절장애, 지체기능장애, 변형 등의 장애
		뇌병변장애	중추신경의 손상으로 인한 복합적인 장애
		시각장애	시력장애, 시야결손장애
		청각장애	청력장애, 평형기능장애
		언어장애	언어장애, 음성장애, 구어장애
		안면장애	안면부의 추상, 함몰, 비후 등의 변형으로 인한 장애
	내부 기관의 장애	신장장애	투석 치료 중이거나 신장을 이식 받은 경우
		심장장애	일상생활이 현저히 제한되는 심장기능 이상
		간장애	일상생활이 현저히 제한되는 만성 중증의 간기능 이상
		호흡기장애	일상생활이 현저히 제한되는 만성 중증의 호흡기능 이상
		장루, 요루장애	일상생활이 현저히 제한되는 장루, 요루
		뇌전증장애	일상생활이 현저히 제한되는 만성 중증의 뇌전증
정신적 장애	발달장애	지적장애	지능 지수가 70 이하인 경우
		자폐성장애	소아청소년 자폐 등 자폐성 장애
	정신장애	정신장애	정신분열, 분열형 정동장애, 양극성정도장애, 반복성 우울장애

<표 1-3>의 장애인 분류에 따라 「장애인복지법 시행규칙」은 장애정도에 따라 등급을 1~6등급으로 구분하고 있으며, 중복장애를 가진 경우 1등급 위로 판정되고, 모든 등급은 단계가 낮을수록 장애정도가 심하다는 것을 의미하고 있다.

나아가 장애인 분류 기준에 따라 소득보장이나 고용보장, 교육보장이 각각 달리 적용되고 있다. 하지만 「장애인 등에 대한 특수교육법」에서의 장애 유형은 「장애인복지법」에서의 분류와 상이하다. 「장애인복지법」은 주로 질병이나 신체적 손상의 정도에 의해 분류한 반면에 「장애인 등에 대한 특수교육법」에 의한 장애 유형의 분류는 특수교육 가능성의 여하에 따라 분류하고 있다.

4 특수교육대상자와 선정기준

1) 특수교육대상자

「장애인 등에 대한 특수교육법」 상에서 특수교육대상자로 분류하는 장애의 유형은 총 11가지이다.

① 시각장애 ② 청각장애
③ 지적장애 ④ 지체장애
⑤ 정서·행동장애 ⑥ 자폐성 장애(이와 관련된 장애를 포함한다)
⑦ 의사소통장애 ⑧ 학습장애
⑨ 건강장애 ⑩ 발달지체
⑪ 그 밖에 대통령령으로 정하는 장애

(1) 시각장애

시각계의 손상에 의하여 시기능에 제한이 있는 장애(impairment)이다. 시력, 시야의 제한 정도에 따라 맹(blind)과 저시력(low vision)으로 구분된다. 시각 장애인은 시각계의 손상이 심하여 시기능을 전혀 이용하지 못하거나 보조공학기기의 지원을 받아야 시각적 과제를 수행할 수 있는 사람으로서, 시각에 의한 학습이 곤란하여 특정의 광학기구·학습매체 등을 통하여 학습하거나, 촉각 또는 청각을 학습의 주요 수단으로 사용하는 사람을 말한다.

(2) 청각장애

외이로부터 대뇌에서 소리를 이해하기까지의 청각 경로에 장애를 입어 주로 듣기가 어려운 장애이다. 청각 경로의 어느 부분에라도 이상이 있으면 듣기에 어려움을 겪게 되는데 이러한 현상을 청각장애라고 한다. 외이에서 중이까지 소리를 전달하는 경로에 손상이 있을 경우 전음성 난청이라고 하고, 내이와 청신경계의 이상이 있을 경우에는 감각신경성 난청이라고 한다. 청각의 감도에 따라 난청

(hardness of hearing)과 농(a deaf and dumb)으로 구분하기도 하며 농과 난청을 모두 포괄하여 청각장애로 분류한다.

(3) 지적장애

지적 기능과 적응행동의 어려움이 함께 존재하여 교육적 성취와 일상생활에서 제한이 따르는 발달장애이다. 지적 기능과 개념적, 사회적, 실제적 적응 기술로 표현되는 적응행동에 있어서의 심각한 제한으로 특징지어지는 장애로서 18세 이전에 나타난다. 지적 기능과 적응행동에서의 심각한 제한은 주로 표준화된 IQ 검사도구와 적응행동검사 도구를 실시하였을 때 전체 점수가 평균으로부터 적어도 2표준편차 이하, 지능지수인 경우는 70~75 이하를 보일 때를 기준으로 한다.

지직 기능의 손상 정도에 따리 경도(mild), 중등도(modcratc), 중도(severe), 최중도(profound)로 분류하고 있다.

(4) 지체장애

골격·근육·신경 계통의 질환, 손상, 기능 및 발달 이상으로 신체의 이동과 움직임 등에 상당히 제한이 있는 장애이다. 「장애인 등에 대한 특수교육법」에서는 지체장애를 지닌 특수교육 대상자를 "기능·형태상 장애를 가지고 있거나 몸통을 지탱하거나 팔다리의 움직임 등에 어려움을 겪는 신체적 조건이나 상태로 인해 교육적 성취에 어려움이 있는 사람"으로 규정하고 있다.

(5) 정서·행동장애

정서 및 행동이 또래집단의 규준에서 심각하게 일탈하여 학업 및 일상생활 등에서 자신 및 타인을 곤란하게 하는 장애이다. 정서 및 행동이 또래집단의 규준 혹은 기대 수준을 심하게 벗어나 일반적인 환경 하에서 사회적 관계, 감정조절, 활동수준, 주의 집중력 등의 곤란으로 자신 및 타인의 기능을 방해하며, 학업, 대인관계, 일상생활에 부정적인 영향을 미치는 상태로 정의하고 있다. 불안장애, 기분장애, 반항장애, 품행장애 등이 이에 속한다.

(6) 자폐성 장애(이와 관련된 장애를 포함한다)

사회적 상호작용과 의사소통에 결함이 있고, 제한적이고 반복적인 관심과 활동을 보임으로써 교육적 성취 및 일상생활에 도움이 필요한 사람을 말한다.

(7) 의사소통장애

언어 또는 비언어적 형태의 정보를 교환하는 데 장애가 있는 것이다. 원인에 따라서 주로 대뇌와 관련이 있는 언어학적 차원의 언어장애(language disorder), 조음기관에 의한 말 산출과 관련한 말장애(speech disorder)로 나눌 수 있다.

(8) 학습장애

개인의 내적 요인으로 듣기, 말하기, 주의 집중, 지각, 기억, 문제 해결 등의 학습 기능이나 읽기, 쓰기, 수학 등 학업 성취 영역에서 현저하게 어려움을 나타내는 장애이다. 발달적 학습장애(developmental learning disabilities), 학업적 학습장애(academic learning disabilities)가 있다.

(9) 건강장애

만성질환으로 인하여 3개월 이상의 장기 입원 또는 통원치료 등 계속적인 의료적 지원이 필요하여 학교생활, 학업수행 등에 교육지원을 지속적으로 받아야 하는 장애이다. 소아암(백혈병, 뇌종양, 소아천식 등), 소아당뇨 등의 만성질환이 포함된다.

(10) 발달지체

신체, 인지, 의사소통, 사회·정서, 적응행동 중 하나 이상의 발달이 또래에 비해 현저하게 지체된 장애이다. 특별한 교육적 조치가 필요한 영아 및 9세 미만의 아동이 이에 포함된다.

한편, 특수교육대상자란 특수교육을 필요로 하는 사람으로 선정된 사람을 말한다. 즉, 교육장 또는 교육감의 진단 및 평가에 따라 특수교육을 필요로 하는 사람으로 선정된 사람을 말한다. 일반적으로 학령기에 있는 장애인 대부분은 특수교육의 대상자에 포함된다.

하지만 몇 가지 예외가 있는데, ① 학습장애 ② 건강장애 ③ 안면장애가 이에 포함된다. 학습장애는 장애인은 아니지만 특수교육대상자이며, 안면장애는 학업에는 지장이 없거나 중복장애가 없을 시 특수교육대상자로 지정되지 않는다. 또한, 건강장애의 경우는 소아암, 소아천식 등으로 장애는 아니지만, 질병으로 인해 3개월 이상 장기 입원이나 치료가 필요하다고 인정될 경우 특수교육대상자가 된다. 한편 특수교육대상자에는 영재아동은 제외하고 있다.

표 1-4 미국 IDEA 미국의 장애인교육법(IDEA)의 장애 분류 및 정의

• **자폐증**(autism) 언어 및 비언어적 의사소통과 사회적 상호작용이 어려운 발달장애	• **기타 건강장애**(other health impairment) 만성 또는 급성의 건강 이상(간질, 백혈병, 심(신)장질환, 혈우병 등)
• **농-맹**(deaf-blindness) 청각장애와 시각장애가 동시장애	• **중증 정서장애**(serious emotional disturbance) 부적절한 행동과 감정 발현, 학습과 대인관계 어려움
• **농**(deafness)	
• **청각손상**(hearing impaired) 영구적이거나 일시적 청력손상	• **특정학습장애**(specific learning disability) 듣기, 생각하기, 말하기, 읽기, 쓰기, 산수 등에서 불완전한 능력(난독증, 실어증 포함)
• **정신지체**(mental retardation) 평균 이하의 지능	• **말/언어장애**(speech or language impairment) 말더듬, 조음장애, 언어장애, 발성장애와 같은 의사소통장애
• **중복장애**(Multiple disability) 여러 가지 장애가 중복(정신지체-맹, 정신지체-지체장애 등)	• **외상성 뇌손상**(Traumatic Brain Injury)
• **지체장애**(Orthopedic Impairment) 신체적 기형, 뇌성마비, 절단장애, 골절 등	• **시각장애**(visual impairment) 교정 후에도 아동의 학습에 불리한 영향을 미치는 시각손상

2) 선정기준 및 절차

특수교육대상자의 선정과정은 진단 및 평가 실시가 우선이다. 진단 및 평가 신청은 보호자 혹은 학교의 교장이 할 수 있는데, 교장이 신청할 경우에는 보호자가 반드시 동의를 해야 한다. 신청은 교육감 또는 교육장에게 하게 되고 신청을 받은 교육감 또는 교육장은 즉시 특수교육지원센터로 진단 및 평가를 회부한다. 특수교육지원센터는 회부 받은 후 30일 이내에 진단 및 평가를 실시하고, 특수교육대상자로의 선정 여부 및 필요한 교육지원 내용에 대한 최종 의견을 작성하여 교육장 또는 교육감에게 보고한다.

교육장 또는 교육감은 최종 의견을 통지받은 때부터 2주일 이내에 특수교육대상자로의 선정 여부 및 제공할 교육지원의 내용을 결정하여 부모 등 보호자에게 서면으로 통지하여야 한다. 교육지원 내용에는 특수교육, 진로 및 직업교육, 특수교육 관련서비스 등 구체적인 내용이 포함되어야 한다.

▪ 장애진단 검사영역

① **시각·청각장애 및 지체장애:** 기초학력검사, 시력검사, 시기능검사 및 촉지능검사(시각장애의 경우), 청력검사(청각장애의 경우)

② **지적장애:** 지능검사, 사회성숙도검사, 적응행동검사, 기초학습검사, 운동능력검사

③ **정서·행동장애·자폐성장애:** 적응행동검사, 성격진단검사, 행동발달평가, 학습준비도검사

④ **의사소통장애:** 구문검사, 음운검사, 언어발달검사

⑤ **학습장애:** 지능검사, 기초학습검사, 학습준비도검사, 시지각검사, 지각운동발달검사, 시각운동통합발달검사

5 특수교육의 주요 용어 및 개념

1) 진단(diagnosis)

특수교육서비스와 관련한 포괄적인 사정을 위하여 장애의 정도, 원인, 필요한 처치, 배치 등을 결정하는 것이다. 진단은 크게 생육사(case history), 부모 면담, 아동 관찰, 검사와 같은 4단계로 구성된다. 아동의 특성에 따라 교사, 언어치료사, 물리치료사, 심리학자, 사회복지사, 의사 등 전문가의 협력이 필요하다.

2) 중재(intervention)

과제의 목표달성을 위하여 장애 아동들을 위한 도움활동이다. 중재는 주로 교과지식 이외의 부분에서 문제행동의 수정 또는 긍정적 행동의 강화와 같이 외현적인 행동 변화를 도모할 때 사용한다. 이는 주로 행동수정에서 사용하는 용어이다.

3) 개별화교육(individualized education)

각급 학교의 장이 특수교육대상자 개인의 능력을 계발하기 위하여 장애유형 및 장애특성에 적합한 교육목표·교육방법·교육내용·특수교육 관련서비스 등이 포함된 계획을 수립하여 실시하는 교육을 말한다. 여기서 개별화교육 계획은 체계적으로 장애학생에게 무엇을 가르칠 것인가에 대한 문서화된 정보라는 의미를 가질 뿐만 아니라, 학부모가 개별화교육 계획에 참여하도록 함으로써 장애학생 보호자가 장애학생 교육의 협력적 관계자임을 강조한 공식적인 문서이다.

4) 개별화 가족지원 계획(individualized family service plan/IFSP)

장애를 가지고 있거나 장애 위험에 놓인 신생아 및 영아에게 조기에 적절한 서비스를 제공하고자 그들의 가족을 지원하기 위하여 수립하는 계획이다. 미국의 경우 처음에는 3세 미만의 영아들에게 적용되었으나, 현재는 5세 유아들에게도 적용하는 주들이 상당수에 이른다. 최근에는 장애아 가족에게 무엇이 필요한지에 대한 관점보다는 그들이 지니고 있는 자원을 활용한다는 측면이 강조되고 있다.

미국의 장애인교육법(IDEA)은 개별화 가족서비스 계획의 내용을 다음과 같이 8가지로 규정하고 있다.

① 영아의 신체, 인지, 의사소통, 사회성 및 정서, 적응 행동 발달의 현행 수준
② 가족의 자원, 우선순위, 관심
③ 성취의 진도를 진단하는 데 필요한 기준, 절차, 시간
④ 영아 및 그 가족의 독특한 필요를 충족시키기 위해 필요한 조기 개입 서비스
⑤ 서비스의 시작일과 예상되는 기간
⑥ 서비스 책임자의 이름
⑦ 조기 개입 서비스가 제공될 자연적 환경에 대한 서술이나 서비스가 자연적 환경에서 제공되지 않는 경우 그 당위성에 대한 설명
⑧ 장애를 지닌 영아의 유아 프로그램으로의 전환지원 계획

5) 통합교육(inclusive environment)

특수교육 대상자가 일반학교에서 장애의 유형이나 정도에 따라 차별을 받지 않고, 또래와 함께 개인의 교육적 요구에 적합한 교육을 받는 것을 말한다. 통합교육은 단지 물리적으로 장애학생을 통합하는 것을 넘어서 교육과정 및 사회적 통합까지를 고려한 것이다.

6) 특수교육 관련서비스

특수교육대상자의 교육을 효과적으로 실시하기 위하여 필요한 인적·물적자원을 제공하는 서비스를 말한다. 상담지원, 가족지원, 치료지원, 보조인력지원, 보조공학기기지원, 학습보조기기지원, 통학지원 및 정보접근지원 등을 말한다.

7) 순회교육(itinerant education)

일반학교 및 특수교육지원센터에 배치된 특수교육교원 및 특수교육 관련서비

스 담당 인력이 각급 학교나 의료기관, 가정 또는 복지시설(장애인복지시설, 아동복지시설 등을 말함) 등에 있는 특수교육대상자를 직접 방문하여 실시하는 교육이다.

8) 전공과

특수교육기관에 고등학교 과정을 졸업한 특수교육대상자를 위하여 수업연한 1년 이상의 진로 및 직업교육을 말한다. 장애유형별로 교육기관을 달리하고 있으며, 일종의 전문교육과정이다.

9) 진로 및 직업교육

특수교육대상자의 학교에서 사회 등으로의 원활한 이동을 위하여 관련 기관의 협력을 통하여 직업재활훈련·자립생활훈련 등을 실시하는 것이다.

(출처: 특수교육학 용어사전, 2009, 국립특수교육원)

6 우리나라 특수교육 주요 관련법

우리나라 특수교육은 현재 「장애인 등에 대한 특수교육법」에 근거하여 실시하고 있다. 하지만 특수교육은 관계법으로서 「교육기본법」, 「유아교육법」, 「영유아보육법」, 「초·중등교육법」, 「고등교육법」, 「평생교육법」, 「사립학교법」, 「교육공무원법」 등과 법적 연관을 맺고 있다. 아동복지와 관련해서는 「아동복지법」, 「장애 아동복지지원법」, 「장애인 차별금지 및 권리구제 등에 관한 법률」, 「발달장애인 권리보장 및 지원에 관한 법률」 등의 법적 연관 속에서 실행되고 있다. 이 가운데 특수교육의 모법(母法)이라 할 수 있는 「장애인 등에 대한 특수교육법」과 주요 관계 법령에 포함된 내용을 정리하면 다음과 같다.

1) 장애인 등에 대한 특수교육법(2007. 5. 25. 제정·공포)

이 법은 현재 우리나라 특수교육의 기본 법안이다. 우리나라 특수교육은 1977년 「특수교육진흥법」의 제정을 통해 그 법적 토대 위에 실시된 이후, 1994년 한 차례 전면 개정하였지만, 특수교육의 질적 제고에는 미흡하다는 비판에 따라 「특수교육진흥법」을 폐기하고 새롭게 제정한 법이다.

이 법의 제정 목적은 "「교육기본법」 제18조에 따라 국가 및 지방자치단체가 장애인 및 특별한 교육적 요구가 있는 사람에게 통합된 교육환경을 제공하고, 생애주기에 따라 장애유형·장애정도의 특성을 고려한 교육을 실시하여 이들이 자아실현과 사회통합을 하는 데 기여함"을 목적으로 제시하고 있다. 이는 생애주기와 장애유형 및 정도에 따라 달리 특수교육을 지원한다는 점에서 종전 법과 크게 다르다.

주요 내용은 만 3세 미만 장애영아에 대한 무상교육 지원, 유치원 및 고등학교 과정 특수교육대상자에 대한 의무교육 실시, 특수교육지원센터의 설치 및 운영, 특수교육 관련서비스 제공, 장애인의 고등교육 및 평생교육 지원근거 등 장애인의 생애주기별 교육지원 및 특수교육 지원강화 등이다(부록 참조).

2) 장애아동복지지원법(2011. 8. 4. 제정·공포)

이 법은 "국가와 지방자치단체가 장애 아동의 특별한 복지적 욕구에 적합한 지원을 통합적으로 제공함으로써 장애 아동이 안정된 가정생활 속에서 건강하게 성장하고 사회에 활발하게 참여할 수 있도록 하며, 장애 아동 가족의 부담을 줄이는 데 이바지함을 목적"으로 제정되었다.

주요 내용은 장애 아동에 대한 복지라 할 수 있는 의료비지원, 보조기구지원, 발달재활서비스, 보육지원, 가족지원, 돌봄 및 휴식지원, 지역사회 전환서비스, 문화 예술 등 기타 복지지원, 취약가정 복지지원 우선 제공 등의 내용을 담고 있다(부록 참조).

3) 발달장애인 권리보장 및 지원에 관한 법률(2014. 11. 19. 제정·공포)

이 법은 약칭 「발달장애인법」이라고 하며, "발달장애인의 의사를 최대한 존중하여 그들의 생애주기에 따른 특성 및 복지 욕구에 적합한 지원과 권리옹호 등이 체계적이고 효과적으로 제공될 수 있도록 필요한 사항을 규정함으로써 발달장애인의 사회참여를 촉진하고, 권리를 보호하며, 인간다운 삶을 영위하는 데 이바지함을 목적"으로 제정되었다. 지적장애인이나 자폐성장애인, 기타 대통령이 정하는 발달장애인이 이 법에 해당된다.

주요 내용은 발달장애인의 자기결정권 보장, 성년후견제 이용지원, 의사소통도구 개발 및 지원, 발달장애인 전담조사제, 발달장애인 대상 범죄의 신고의무, 발달장애인지원센터 설립 등을 골자로 하고 있다(부록 참조).

4) 장애인 차별금지 및 권리구제 등에 관한 법률(2014. 1. 28. 제정·공포)

이 법은 약칭 「장애인차별금지법」이라고 한다. 모든 생활영역에서 장애를 이유로 한 차별을 금지하고 장애를 이유로 차별받은 사람의 권익을 효과적으로 구제함으로써, 장애인의 완전한 사회참여와 평등권 실현을 통하여 인간으로서의 존엄과 가치를 구현함을 목적으로 하는 법이다. 「장애인차별금지법」 제4조 '차별행위'에서 '차별'로 규정하고 있는 내용은 다음과 같다.

① 장애인을 장애를 사유로 정당한 사유 없이 제한·배제·분리·거부 등에 의하여 불리하게 대하는 경우
② 장애인에 대하여 형식상으로는 제한·배제·분리·거부 등에 의하여 불리하게 대하지 않지만 정당한 사유 없이 장애를 고려하지 아니하는 기준을 적용함으로써 장애인에게 불리한 결과를 초래하는 경우
③ 정당한 사유 없이 장애인에 대하여 정당한 편의 제공을 거부하는 경우
④ 정당한 사유 없이 장애인에 대한 제한·배제·분리·거부 등 불리한 대우를 표시하거나 조장하는 광고를 직접 행하거나 그러한 광고를 허용·조장하는 경우
⑤ 장애인을 돕기 위한 목적에서 장애인을 대리·동행하는 자에 대하여 ①~④의 행위를 하는 경우

⑥ 보조견 또는 장애인보조기구 등의 정당한 사용을 방해하거나 보조견 및 장애인보조기구 등을 대상으로 ④에 따라 금지된 행위를 하는 경우 등이 이에 해당한다.

또한 제5조 '차별판단'은 차별의 원인이 2가지 이상이고, 그 주된 원인이 장애라고 인정되는 경우 그 행위는 「장애인차별금지법」에 따른 차별이라고 간주한다. 이어 제35조 '장애 아동에 대한 차별금지'에는 장애를 가진 아동이라는 이유로 모든 생활 영역에서 차별금지, 교육, 훈련, 건강보호서비스, 재활서비스, 취업준비, 레크리에이션 등을 제공받을 기회 부여, 의무교육으로부터 배제 금지, 유기, 학대, 착취, 감금, 폭행 등의 부당한 대우 금지 및 인권을 무시한 채 강제로 시설 수용 및 무리한 재활 치료 또는 훈련 금지를 내용으로 하고 있다.

이 밖에도 장애인과 관련된 법률로는 「장애인복지법」(1989년 제정), 「장애인·노인·임산부 등의 편의증진 보장에 관한 법률」(약칭: 장애인 등 편의법, 1997년 제정), 「장애인고용촉진 및 직업재활법」(약칭: 장애인고용촉진법, 2000년 제정), 「교통약자의 이동편의 증진법」(약칭: 교통약자법, 2005년 제정), 「장애인연금법」(2010년 제정), 「장애인기업활동 촉진법」(약칭: 장애인기업법, 2012년 제정), 「장애인활동 지원에 관한 법률」(약칭: 장애인활동법, 2014년 제정), 「중증장애인생산품 우선구매 특별법」(약칭: 중증장애인생산품법, 2014년 제정) 등이 있다.

특수교육의 발전과정 02 Chapter

1 서양 특수교육의 역사

서구사회에서 특수교육은 18세기 근대 계몽주의 사상과 의사 및 교육자들의 개척자적 헌신과 노력을 바탕 삼아 시작되었다. 장애 아동을 보호하고 장애에 대한 의학적 이해를 시도하며, 나아가 그들을 가르치고자 하는 노력은 그 이전부터 있어 왔으나, 본격적으로 학교라는 제도적 틀 속으로 들어와 그 형식과 내용을 갖추고 실시된 것은 18세기부터이다.

즉, 근대사회에 접어들면서 인간의 평등과 자유, 인권 등 계몽사상이 대두대고, 그동안 사회의 소외된 곳에서 인간 이하의 대우와 핍박 속에서 살던 장애 아동에게 교육 가능성이 제공되면서 특수교육은 시작되었다. 하지만 장애 아동에게 교육의 기회 제공이 있기까지 그들의 삶은 조롱과 방임, 그리고 유기·살해의 아픈 역사가 놓여 있다.

1) 원시·고대사회에서의 장애 아동

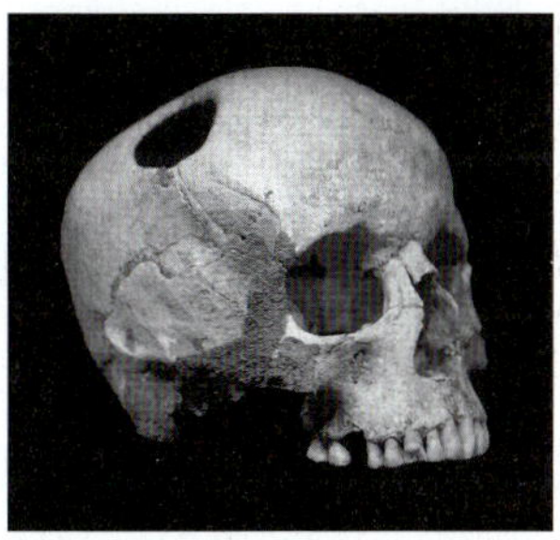

출처: 위키백과.

그림 2-1 천공술의 흔적

원시공동체 사회에서 동족 안에 정신병과 비슷한 이상상태가 생기면 치료사(주술사)가 대담한 두개수술(頭蓋手術)을 실시했다는 증거가 있다. 신석기시대의 퇴적물에서 원형 또는 사각형의 구멍이 뚫린 두개골이 많이 발굴된 것이다. 구멍의 주변을 따라 딱지가 앉은 것으로 미루어 이는 분명 살아 있는 사람의 머리를 수술한 천공술(trepanation)을 시술했다는 것이다. 시술자가 예리한 돌로 두개골을 긁거나 톱질할 때 출혈이나 감염, 경뇌막(硬腦膜)의 손상을 피해서 그 부위를 조심스럽게 고른 흔적도 엿보인다. 현존하는 원시종족 사이에서도 이와 유사한 수술을 볼 수 있어 선사시대 인류가 널리 천공술을 실시했음을 증거하고 있다.

프랑스의 외과의사인 Broca에 의하면, 천공술은 두통이나 간질병을 일으키는 악령을 머리 밖으로 해방시키기 위해 실시된 것이라고 보았다. 또한 선사시대 사람이 머리에 상처를 입었을 경우 두개골 내의 압력을 내리기 위한 실제적인 목적으로 시술된 것이라고 주장하는 사람도 있다. 하지만 아마도 주술과 실제적·경험적 의술이 모두 관여한 주술 의학적 수술이 아니었을까 추정될 뿐이다.

또한 원시공동체 사회에는 샤머니즘이 지배하였고, 샤먼 등의 종교 직능자가 자신의 영력을 사용해 질병을 고치는 주술치료라는 것을 행하였다. 샤먼은 난치병, 정신장애, 심신질환 등에 대해 종교와 의술이 하나이던 시대에 의사의 역할 기능을 수행하였다(의학의 개념과 역사, 2006).

한편, 서양 고대는 그리스(Greece)와 로마(Rome)가 가장 대표적인 국가인데, 도시공동체 사회(polis)이었던 그리스는 개인에 우선하는 국가 우위의 정책을 폘쳤다. 갓 태어난 모든 아이는 가족의 소유라기보다는 국가의 자산이라고 보았다. 그리스의 가장 강력한 국가 중의 하나였다. 아테네(Athene)는 Solon(BC. 632~558)에 의하여 국가의 법(Solon 법)과 제도가 확립되었다. 아테네는 철학과 예술을 발전시켰으며, 교육에 있어서도 정신과 신체와의 조화적 발달에 중점을 두었다. 아테네는 민주주의와 휴머니즘(Humanism)의 발상지였다. 하지만 장애인에 대한 사회적 인식과 시각은 보편적인 고대사회의 특질과 사상적 범주를 벗어나지 못했다. 장애인에 대해 사회적 인식은 낮았으며, 왕과 귀족을 비롯한 지배층은 전반적으로 장애인에 대한 차별과 분리 정책을 폈쳤다.

그리스의 또 하나의 강력한 도시국가인 스파르타(Sparta)는 군사체계를 유지한 국가였다. 스파르타는 Lycurgus[1] 법에 근거하여 태어난 아이 모두는 국가가로부터 신체적·정신적 건강을 공인 받아야 한 사람의 시민으로 살아갈 수 있었던 사회였다. 모든 아이는 국립 신체검사소에서 장로들로부터 신체검사를 받게 법률로

1) 리쿠르고스: BC. 9세기경 스파르타의 전설적인 입법자.

정하였는데, 만일 태어난 아이가 장애자이거나 신체 허약아이면 곧 바로 티게투스(Tygetus) 산에 버렸거나 에우로테스(Eurotes) 강에 던져 강물에 익사시켰으며 농노에게 주기도 하였다. 스파르타인들은 평생을 거의 군인의 신분으로 살아가야 했기에, 장애가 있는 인간은 무력하고 쓸모없는 존재라는 부정적 인식에서 비롯되고 있다.

아테네 역시 'Solon 법'에 근거하여 신체 허약한 아이는 살해하거나 진흙 항아리 같은 곳에 넣어 강물에 띄워 보내는 이른바 포팅(Potting)이라는 유기 풍습이 성행하였다. 아프리카에 있는 도시국가인 카르타고(Cartago)에서는 태양 숭배의 일환으로 맹아(盲兒)를 타오르는 불길에 화형시키기도 하였다. 또한 아테네는 스파르타의 군사훈련보다는 문화적인 것에 비중을 두었다. 태어난 아이는 아버지에 의해 생사여탈권이 주어졌다. 그래서 아버지에 의해 진흙 항아리에 담겨 길가에 버려졌다(French, 1932). 어떤 낯선 이가 아이를 거둬주기를 바라는 희망을 품고 아이들을 유기하였던 것이다.

이를 통해, 스파르타와 아테네에서 아이를 기른다는 것은 확실히 국가에 봉사하는 것이었음을 알 수 있다. 첫 번째는 전쟁에 대비하는 것이고, 그 다음에는 평화를 지키기 위해 필요하였다.

그리스와 마찬가지로 로마사회에서도 장애 아동은 유기·살해·매매의 대상이었다. 가족공동체 사회였던 고대 로마는 12동판법(Law of the Twelve Tables)에 근거하여 아들이나 노예, 아내에 대한 가부장의 절대적인 법적 권리를 인정한 사회였다. 즉, 태어난 아이들을 살해·추방·매매 또는 심지어 불구자로 만들어도 법적인 제재로부터 자유로웠다.

12동판법에서 아이들은 아버지의 재산이었다. 가장인 아버지는 양육을 원치 않는 아이가 태어나면, 노예들을 시켜서 바구니에 담아서 티버(Tiber) 강에 버리라고 명령하였다. 남아 있는 아이를 잘 키우기 위해서는 어쩔 수 없다고 변명 하에 법이 인정한 면죄부라는 것이었다. 또는 노예로 아이들을 팔기도 하였다(Duran, 1944). 태어난 아이를 포기하는 결정은 생후 8일 안에 이루어져야 했다. 비정상인 아이가 확실히 포기되지 않았을 것이기 때문에 많은 장애 아동이 생존하였을 것이라고 가정해 볼 수 있다.

Boswell(1988)에 따르면, 특히 갓 태어난 자식을 포기하는 것은 분명히 살인과는 다른 성질의 것이었다.

한편, 로마에는 기형의 장애인들을 노리개감으로 구매하기도 하였다는 기록이 있다(Durant, 1944). 원시시대에 존경받던 난쟁이가 로마시대에는 왕의 어릿광대로 취급받았다. 바보들은 부자들이나 지배계급의 즐거움을 주는 도구로 전락하였다. 사람들 사이의 전시를 통해 인간의 존엄은 유린되었고, 이 같은 현상은 18세기까지 이어졌다. 일반적으로 고대사회에서 장애아는 아버지의 절대 권리에 좌우되어 생명과 인권이 박탈당하는 유아살해(infanticide)의 최우선적 대상이었다. 로마인들은 장애인을 강물에 던져 익사시키거나 투기장의 제물로 삼았다. 또한 뚜렷한 장애를 보인 아동들은 광장에 목매달아 죽였고, 후천적으로 장애를 입게 된 아동들도 살해하는 것을 허용하였다.

통일 로마제국에서도 많은 맹소년들이 거지로 훈련되거나 노를 젓는 노예로 팔려나가기도 하였으며, 맹소녀는 매춘의 대상이기도 하였다. 정신지체아 또한 노예로 매매되거나 거지행각, 혹은 집안의 즐거움과 유희를 제공하는 조롱의 대상으로 대우받기도 하였다. 그런 연유로 장애 아동들을 거래하는 특수시장이 형성되기도 하였다(Winzer, 1993).

이 같은 장애인에 대한 잘못된 편견은 철학자들도 마찬가지였다. Platon은 『국가론*The Republic*』에서 우생학적 가정, 아이들의 양육은 모범적이고 현명한 타인(대리모)에게 맡기는 위탁가정을 권장하였고, 불량품인 사람(장애인)의 폐기를 주장하였다. 특히 플라톤은 우생학적 근거에 의해 우수한 계급의 자녀들 간에 결혼을 권장하였고, 하층 계급에 속한 이들의 출산을 제한해야 한다고 주장하였다. 플라톤이 그렸던 이상국가 건설을 위해서는 장애인들은 소용이 없다는 것이다.

Aristoteles 또한 『정치학*Politics*』에서 "기형아는 살아서는 안 된다"는 법을 지지하였다. 그렇지만 모든 사회가 그랬던 것만은 아니다. 고대사회에서 장애인, 유아, 노인들은 수용과 보호되기도 하였다. 육체적 손상을 입은 장애인이 정상적인 사람들과 어울리며 살기도 하였고, 심지어 외과적 시술을 시도한 증거들이 나타나고 있다(Lowenfeld, 1975).

그런데 이 무렵, 이집트 의학은 특히 오늘날 사용하고 있는 여러 종류의 약들을 구분하고, 예견되는 병의 증상을 기록하고 있다. 1872년 테베 강가에서 발견된 기원전 1553~1550년 사이에 기록된 파피루스에는 20개 정도의 안과 질환에 대해 기록하고 있다(French, 1931). 장애 아동에 대한 이 같은 상세한 기록에 포함되어 있는 작은 증거들이 장애 아동에 대한 관심이라고 볼 수 있다.

장애를 갖고 있는 사람에게 거처가 제공되기도 하였고, 사회에서 종종 특별한 특권이 제공되기도 하였다. 또한 그리스 내과 의사들은 만성질병을 등급화하기도 하였으며, 추정되는 원인에 기초하여 처치(treatment)를 달리하였다. 신화 속에는 신이 인간의 정신을 빼앗아간다고 하여 신탁의 힘(oracular powers)이 정신병의 원인이라고 보기도 하였다.

한편, 의사들은 그들 자체 판단 안에서 이상 행동에 대하여 심사숙고하기 시작하였다. 그리하여 몸을 지배하는 정신, 그 생명의 힘이 육체와 정신에 연결한다고 보기 시작하였다.

아리스토텔레스는 감각중추기관의 손상은 듣고, 말하고, 나아가 이성에 영향을 미친다고 주장하였다. 이로 인해 농인은 말할 능력이 없고, 나아가 이성 능력이 결여된 사람이라는 생각이 널리 세상에 퍼지게 되었다.

이 같은 잘못된 언어관은 언어가 타고난 능력이라는 생각에서 언어선천설(言語先天說)이라고 부르거나 또는 언어는 신이 준 선물이라고 보는 언어신수설(言語神授說)이라고 한다. 언어선천설은 중세 후반까지 장애 아동에 대한 부정적인 사회인식 형성에 지대한 영향을 미치게 되었다.

2) 중세시대

중세는 동로마제국의 멸망(476년)에서 서로마제국의 멸망(1453년)까지의 시대를 일컫는다. 중세는 기독교 신앙이 전파되면서 내세주의, 종교적 색채가 강한 사회였으며, 교회가 사회의 중심적 역할을 한 사회였다. 교회는 곧 학교였다. 종교교육[2]이 전부였기 때문에 보통교육은 배제되었으며, 장애 아동을 위한 교육제도가 전무했다.

기독교는 신 앞에 만인의 평등이라는 종교적 이념을 갖고 있었지만, 실질적으로 그와 같은 자선보호 기능을 하는 데는 한계를 갖고 있었다. 장애 아동은 노예

2) 종교교육을 담당하였던 학교는 문답학교, 고급문답학교, 본산학교, 수도원학교가 있다.

로 팔려가기도 했고, 지적장애 아동은 육체노동자로 살아가는 등 고대사회와 비교해보았을 때 변화된 사회적 대우를 받지 못했다. 가령, 여성들은 교회 문 앞에 그들의 장애 아이들을 버려 교회에서 아이들을 받아들여 보살펴주기를 원했지만, 많은 아이들이 적절한 보호를 받지 못해 죽어갔다.

하지만 몇 가지 측면에서는 의미 있는 변화를 보이고 있었다. 지적장애를 가진 아동의 경우 교회 또는 주 정부가 후원하는 집이나 고아원, 병원 등에 보내 보호받게 하였거나(Scheerenberger, 1983), 순수한 존재로 바라보던 나라도 있었다. 그러나 근본적으로 기독교 신앙은 원죄의식 교리가 있었고, 원죄는 사악함과 죽음에 이르게 한다는 원리를 갖고 있었기 때문에 지적장애 아동의 부모에게 그들의 잘못된 행동이 장애 아동 출산이라는 비극을 가져온다고 설교하였다.

또한 중세 말기에서부터 근대에 이르는 동안 자행된 마녀사냥에 지적 장애인은 의심받고 비참하게 취급되기도 하였으며, 유희장에서 즐거움을 선사하는 어릿광대나 익살꾼으로 이용되기도 하였다. 그런 가운데 중세 시대 정신병자와 함께 지적장애인을 관리하는 다양한 단체들이 생겨났다. 이러한 단체들은 수도원, 격리병원, 구빈원, 창고, 쓰지 못하는 건물 등에 숙소시설이 제공되었다(Scheerenberger, 1983).

그러나 이 또한 보편적인 공적 구제제도 속에서 이루어진 것은 아니었다. 다만 6세기경 유스티니아누스 법전에는 청각장애인을 5가지 범주로 분류하여 선천적이든 후천적이든, 단순 벙어리에게 문자 지식을 습득하게 하거나 글을 깨우치게 하는 등 어떤 법적 제한도 가하지 않았다고 기록되어 있다. 이런 측면들을 고려할 때, 중세시대에는 가족 계급에 따라서는 농아들에게 교육적 혜택이 부분적이나마 허용되었다고 할 수 있다(세계교육사연구회편, 1974).

이상과 같이, 서양 고대에서 중세 말기에 이르기까지 미신적 주술의식이나 심미주의 사상, 왜곡된 종교관 그리고 사회경제적 조건들이 장애와 장애 아동에 대한 편견과 미신을 양산하였고, 이것이 결국 차별적 인간관으로 발전하여 됨으로써 근대 초기까지 하나의 사회적 통념으로 자리하였던 시대였다고 할 수 있다(김인회, 2002).

3) 근대사상의 성립과 특수교육의 태동

(1) 르네상스 휴머니즘의 발흥

기독교적 세계관과 중세 봉건제도의 질서 속에서 중세 천 년의 시간이 경과하고 서구사회는 15세기에 접어들면서 인간에 대한 새로운 탐구, 자아에 대한 발견, 인간성의 회복과 같은 만능 교양인으로서의 인간 존재를 고양하려는 새로운 운동이 펼쳐지게 되었다. 이른바 르네상스(Renaissance) 운동이 전개된 것이다.

이어 16세기에는 종교적 각성과 교회의 개혁을 주창한 종교개혁(Reformation) 운동이 펼쳐졌다. 이 두 사회 변혁의 흐름은 중세교회의 권위와 속박, 봉건제도의 억압적 질서로부터 인간과 신, 자연에 대한 새로운 시야를 개척하는 계기가 되었다. 이 같은 인간과 세계에 대한 새로운 이해와 사상에로의 발전은 점진적으로 장애인에 대한 새로운 인식 전환으로 이어졌다고 할 수 있다. 이 시기의 특수교육의 서막을 여는 데 중요한 역할을 담당한 인물들은 다음과 같다.

첫째, 르네상스 예술을 대표하는 예술가 다빈치(Leonardo da Vinci)이다. 다빈치는 1489년 인체와 말의 해부학적 연구에 몰두하였고, 인체의 해부와 관련된 논문과 그림을 발표함으로써 신체 해부학의 선구자이기도 하였다. 다빈치는 그의 논문 「Codice Atlantico」를 통해 평소 관찰한 농아인의 독화 기능을 기초로 장애인에 대한 교육가능성을 암시하였다.

둘째, 독일의 인문주의였던 아그리콜라(Rudolfus Agricola)는 『De Invention Dialectica』라는 저서를 통해 한 감각기관의 손상은 다른 감각기관의 발달로 보상된다는 감각기관의 대치원리에 입각하여, 농아나 맹아의 교육가능성을 주장하였다.

셋째, 이탈리아의 내과의사인 카르다노(Girolamo Cardano)는 감각기관의 장애를 갖고 있는 사람은 다른 기관의 자극을 통해 성공적으로 학습할 수 있다는 믿음 속에서, 특히 감정(feeling)을 도구로 하여 맹아 교육을 위하여 브라유 점자와 유사한 점자를 고안하기도 하였다. 나아가 "농아동을 가르치는 것은 어렵지만 가능하다."고 전제한 후, "쓰기는 말하는 것과 관련되며, 말하기는 생각하는 것과 관련 된다."며 쓰인 문지(characters)와 개념(ideas)은 소리(sound)의 중재 없이도 결합될지도 모른다."고 주장하였다(Hodgson, 1973; Winzer, 1993).

한편으로 이 시기는 의학 부분 역시 생리학이나 해부학과 같은 학문의 발전이 가속되었다.

넷째, 베살리우스(Andreas Vesalius)는 직접 인체해부를 통해 의학 혁명의 새로운 장을 열었다. 그는 1543년 그동안의 인체해부에 관한 내용을 담아 『사람 몸의 구조에 관하여*De Humani Corporis Fabrica*』를 발간하였다. 이 같은 의학(해부학)의 발전은 장애의 발생 원인을 과학적으로 규명하여, 장애인에 대한 교육가능성을 더욱 촉진시켰다.

다섯째, 이탈리아의 해부학자 팔로피오(Gabriello Fallopio)는 내이(內耳)의 뼈 구조를 밝혔다.

여섯째, 아퀴아펜던트(Aquapendente)는 1598년에 중이(中耳)의 근육의 기능을 밝혀냈다.

일곱째, 독일의 Alberti는 농아(deaf-mute), 난청(hearing disorder), 귀머거리(mute)를 각각 구분하였다.

여덟째, 스위스의 프래터(Platter)는 농아의 골전도(骨傳導) 현상을 설명하는 등 청각장애와 관련된 의학적 문제들을 하나하나 규명하기 시작하였다.

이상과 같은 의학적 발전과 장애에 대한 인식 전환에 힘입어, 마침내 스페인의 수도사였던 레옹(Pedro Ponce de León)은 귀족 자제를 대상으로 자신이 고안한 방법을 사용하여 세계 최초로 농교육을 실시하여 선구적 업적을 남기게 되었다. 그에게는 최초의 농교사라는 수식어가 붙었다. 그는 오나(Oña)에 있는 산 살바도르 수도원 안에서 농아학교를 설립하였다. 그의 학생들은 대부분 귀족들의 자제였으며, 농교육 방법은 발성법을 어떻게 배우게 하는가에 역점을 두었다. 또한, 쓰기 연습과 간단한 몸짓도 지도했다(Marilyn, 1997).

레옹의 농교육 성과는 16세기 대부분의 유럽 국가들 사이에 통용될 수 있었고, 마침내 당시 불가능하다고 하였던 농교육의 교육가능성을 열었다. 법률가들은 기독교 원칙(농아에게 재산 증여 금지 등)에 입각해 있었던 농아동에게 구제의 길을 열어주었다. 이 성과는 스페인의 보넷(Jean Pablo Bonet)에 의해 보다 체계적인 연구로 이어지게 되었다. 이로 인해 세계 최초의 농교육서인 『농아의 발성 교수법과 알파벳 편지의 단순화』가 출간되었으며, 농아동의 가족들에게는 지문자의 사용이 권장되었다.

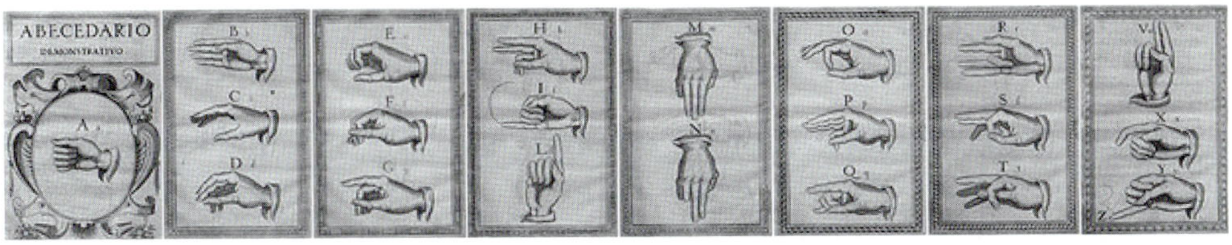

A B, C, D E, F, G H, I, L M, N O, P, Q R, S, T V, X, Y, Z

그림 2-2 보넷의 지문자

그런데 농교육이 스페인에서 이렇듯 활발하게 시작되게 된 배경은 유스티니아누스 법전(Codex Justinian)에 의해 규정되어 내려오던 말하지 못하는 농아에게는 재산 상속을 법적으로 금지했던 것에서 비롯된다. 상속금지는 그 당시 스페인 사회에서 옛부터 관습으로 내려와 통용되고 있었고, 농아 자녀를 둔 귀족들은 농교육에 열정을 가질 수밖에 없었기 때문이다(Winzer, 1993).

스페인의 이 같은 선구적 노력은 이후 뒤비(Kenelm Digby)경에 의해 영국에 전해지게 되었고, 이를 계기로 영국에서 특수교육 발전을 위한 또 다른 촉매제가 되었다. 당시 영국에서는 런던왕립협회(The Royal Society of London)가 결성되어 정확하고 간결한 보편적 언어를 통한 사전편찬에 골두하고 있었다. 영국왕립협회에는 홀더(William Holder)를 포함하여 불러(John Bulwer), 달가르노(George Dalgarno), 베이커(Henry Baker), 왈리스(John Wallis)와 같은 학자들이 이 연구진에 소속되어 있었다. 이들의 연구 결과들은 이후 농교육 발전에 지대한 영향을 미치게 되었다.

불러(Bulwer)는 1648년 『농 친구*The Deaf Man's Friend*』라는 저서를 통해 "농아들이 말하지 못하다는 것이 중요한 것이 아니라 듣지 못하는 데 문제의 소지가 있다."며, 독순(lip reading)을 통한 언어지도의 가능성을 주장하였으며, 특히 농학교 설립을 위한 청원서를 제출하기도 하였다.

이어서 달가르노 또한 『농아교수법*The Deaf and Dumb Man's Tutor*』이라는 저술을 통해 한 손의 특정 부위에, 다른 한 손으로 지적하는 양손 지문자 체계를 고안하였으며, 베이커는 영국 최초로 농아동의 말하기 및 독순 교육프로그램을 개발하기도 하였다.

이 시기 새로운 농교육 방법을 제시한 사람은 암만(John Konrad Amman)이었다. 그는 1694년 『말하는 농아*The talking deaf man*』라는 저술을 통해 "기호(문자)나 몸짓에 의해 만들어진 말하기(Speech)는 비천하고 결함이 있다."고 비판하고, 독순에 의한 농교육을 주장하였다. 이러한 암만의 영향을 받아 베이커는 말하기 및 독순교육 프로그램을 개발하였다.

(2) 특수교육의 성립

① 계몽주의 사상의 기여

근대 특수교육 성립하는 데 있어 의학과 더불어 큰 영향을 미친 것은 계몽주의 사상이다. 계몽주의 사상은 18세기 인간의 자유와 평등, 인권의 중요성을 강조함으로써 국민들 계몽하기 시작하였고, 결국 프랑스 혁명(1789)이라는 시대적 대사건을 만든 바탕 이념이 되었다.

계몽주의를 탄생시킨 두 철학자는 로크(Locke)와 루소(Rousseau)이다. 그들은 천부인권설(天賦人權說)을 내세우며, 국가를 통치하는 국가 권력은 국민으로 나오고, 그 권력은 자유 시민의 '일반의지'에 예속된 것이라고 보았다. 즉, 모든 사람이 자유와 평등의 자연권을 가지고 있다고 주장한 것이다. 특히 무지한 인간들을 일깨우고 미성년(미성숙)의 상태로부터 깨어나기 위한 계몽의 실천방법은 교육의 힘에 의존할 수 밖에 없다고 하였다. 프랑스 혁명 이후 근대학교 체제가 도입되고, 현대적 개념의 교육의 이념과 이상은 계몽사상의 일환으로 이 시기에 태어났다. 또한 성인의 축소판이 아닌 도야되어야 할 존재의 의미로 '아동'이 탄생되고, 아동기(childhood)의 중요성에 대한 인식의 변화도 이 계몽사상에 힘입은 것이다(필립 아리에스, 문지영 역, 2003).

이로 인해 그동안 일반 교육체제로부터 외면 받았던 장애 아동을 위한 근대 특수학교들이 하나 둘씩 문을 열게 되었다.

계몽주의는 감각적 경험주의를 기반으로 삼고 있다. 이 감각적 경험주의는 일반 교육 방법론 및 특수교육 성립에서 매우 중요한 사상적 기초를 제공하고 있다. 백지설(tabura rasa)을 주장한 로크, 경험은 오직 인간의 심리작용과 학습은 단지 감각작용에 의해 이루어진다고 주장한 콘디약(Condillac), 18세기 농·맹교육 성립에 있어서 매우 중요한 이론적 단초를 제공한 디드로(Diderot)가 대표적인 계몽주의자들이다.

이들은 인간 내부의 자연적 발달에 주목하고 체계적인 감각훈련과 개별 학습법을 주장하였고, 프랑스 최초의 농교사인 페레(Péreire)에게 직접적인 영향을 미쳤다.

특히 디드로는 장애아의 상실된 감각의 개발에 주목하고, 농아나 맹아 그리고 농맹 중복 장애아의 교육과 훈련에 관해 새로운 고찰을 시도하였다. 그는 1749년 발간한 『맹인에 관한 서한』을 통해 맹 혹은 중복 농맹아의 교육방법으로 인내심을 갖고 계속적으로 촉각훈련을 하다 보면, 그들도 교육이 가능하다는 것을 제안하였다. 또한 1751년 『귀머거리와 농에 관한 서한』을 통해서 감각손상에 관해 언급하면서 최초로 농아에 대한 과학적인 연구의 성격을 밝히기도 하였다. 이처럼 계몽 사상가들의 학문적 연구와 관심의 표명은 농학교의 선구자 에페(l'Épée)와 맹교육의 선구자 아우이(Haüy) 같은 교육실천가들에 의해 후일 장애아를 위한 특수학교 설립으로 이어지게 되었다.

먼저 농교육의 선구자인 페레(Péreire)는 촉지각의 훈련에 기초하여 프랑스어의 철자 및 음성의 특성을 반영한 한손 지문자를 개발하여 발음지도를 하는 한편, 언어의 자연적 발달에 주목하여 일상적 언어에서 개념적 언어로 점진적이면서도 단계적인 농교육방법론을 체계화하였다. 이 성과는 그의 제자인 이따르(Itard)에 의해 정신지체아의 교육가능성을 실험하는 방법론으로 계승되었고, 그의 감각훈련법은 농교육과 정신지체교육 성립을 위한 귀중한 이론적 기초를 제공하게 되었다.

이따르(Itard)는 아베롱(Aveyron) 숲 속에서 야생상태로 발견된 빅터(Victor)를 대상으로 페레의 감각훈련을 적용함으로써(1800~1804), 정신지체아의 교육가능성에 대한 새로운 전기를 마련하게 되었다. 이따르가 빅터를 대상으로 교육적 실험을 시작할 당시만 하더라도 유럽은 생득론(生得論)과 경험론이 대립하고 있었다. 페레의 농교육적 성과를 직접 목격한 이따르는 사회화, 감각적 자극, 개념발달, 언어, 학습의 전이라는 5가지 훈련 전략을 갖고 감각기능, 지적기능, 감정능력 발달을 목적으로 교육적 실험을 진행하였다. 5년간의 연구와 훈련 결과, 빅터는 부분적이나마 감각기능의 회복과 약간의 지적발달에서 교육적 성과를 보였다.

역사적으로 볼 때, 그의 교육적 성과는 정신지체 연구를 자극하고, 후일 세강(Édouard Séguin)과 몬테소리(Maria Montessori)에게 큰 영향을 미침으로써 정신지체교육의 성립을 위한 초석을 닦았다.

② 근대 특수학교의 설립

18세기 후반에서 19세기 중반에 이르기까지 장애아들을 위한 여러 특수학교들이 속속 설립되었다. 역사적 기원을 이루는 특수학교 설립과정을 정리하면, 먼저 1760년 에페(Épée)가 최초의 특수학교인 「파리농학교」를 설립하였고, 1778년 하이네케(Samuel Heinicke)에 의해 독일 라이프니츠(Leipzig)에 최초로 「공립구화학교」가 설립되었다. 하이네케는 독순술에 의한 구화법을 농교육에서 실시하여야 한다고 주장하였고, 에페의 수화주의 농교육에 공개적으로 비판하기도 하였다. 이로 인해 농교육에 있어서 수화주의와 구화주의 간의 논쟁이 치열하게 전개되기도 하였다. 한편, 맹교육에 있어서는 1784년 아우이(Valentin Haüy)가 「파리맹학교」를 설립하였다.

미국에서는 1817년 갈라뎃(Thomas Hopkins Gallaudet)이 「코네티컷농학교」를 설립하였고, 1832년에는 하우(Samuel Gridley Howe)가 「파킨스맹학교」를 설립하였다. 그리고 미국에서 최초의 정신지체아 학교는 미국으로 이주한 세강이 하우와 함께 1850년에 설립한 「백치와 정신박약아를 위한 매사추세츠 학교」가 기원을 이루고 있다. 이처럼 장애아를 위한 교육은 18세기 후반에 들어 학교교육을 통해 제도화의 길로 들어서게 되었다. 그리고 교육방법에 있어서도 발전을 거듭하게 되었는데, 장애영역별 근대 특수학교 성립에 있어 평가받을 만한 중요한 인물 및 설립과정은 다음과 같다.

가. 농교육의 성립과 발전

파리농학교의 설립을 통해 농교육의 신기원을 이룩한 에페는 농아의 교육방법으로 기존의 농교수 방법에서 탈피하기 위하여 자연적 수화(natural language)와 지화(manual alphabet)를 연구한 후, 이를 기초로 프랑스 언어와 문법체계에 대응하는 조직적인 수화(sign language)를 개발하였다. 에페의 이러한 수화법은 농교육 방법의 혁신을 가져왔을 뿐만 아니라, 유럽 전역에 확산되기 시작하였다.

에페의 수화법을 기초로 한 「파리농학교」가 성공적인 결실을 맺고 있는 동안,

인근 독일에서는 수화를 통한 교육방법에 반대하면서 구화법을 계승 및 발전시킨 하이네케에 의해 1778년 독일 라이프니츠에서 구화를 기초로 하는 세계 최초의 공립농학교인 「구화학교*oral school*」가 설립되었다. 하이네케에 의해 제안된 구화법 이후 유럽에서는 수화주의(manualism)와 구화주의(oralism)가 상호 우위 논쟁을 거듭하게 되었다. 1880년 이탈리아 밀라노 회의는 절대다수의 지지 속에서 "구화법과 수화법을 병행하게 되면 발화와 독화의 정확성을 기하는 데 방해가 되므로 순구화법(the pure oral method)을 채택한다."(Hodgson: 243)라고 선언함으로써 농교육방법은 구화주의 우위에 무게가 실리게 되었다. 영국에서는 브레이드우드(Tomas Braidwood)에 의해 구화법을 기초로 한 「에든버러농학교*Edinburgh Academy*」가 영국 최초로 설립되었다.

브레이드우드의 농교육의 성과는 미국인 그린(Francis Green)에 의해 미국에 소개되었고, 갈라뎃(Gallaudet)이 미국 「코네티컷농학교*The Connecticut Asylum for Education and Instruction of Deaf and Dumb Persons*」를 설립하였다. 하포드(Harford)에 농학교가 설립된 후 미국 농교육은 공적 무상교육을 바탕으로 비약적으로 발전하게 되었으며, 각 주마다 주립농학교가 차례로 설립되었다.

나. 맹교육의 성립과정

계몽사상가 디드로의 감각훈련 방법과 농교육 선구자 에페의 자극에 힘입어 1784년 아우이가 파리맹학교를 설립한 것이 맹 아동을 위한 학교교육의 첫발이다. 이후 맹교육은 영국 1790년, 스코틀랜드 1793년, 1804년 오스트리아 비엔나, 1806년 독일 베를린에 각각 설립되는 등 유럽 전역에 확산되었다. 미국에서의 맹학교는 1832년 하우에 의한 「파킨스맹학교」의 설립을 시작으로, 뉴욕(1833), 펜실베이니아(1833)를 비롯하여 미국 각 주에 맹학교들이 차례로 설립되었다. 미국은 이후 활발한 맹학교의 설립과 함께 점자도서관(1882)을 비롯하여, 점자인쇄소, 점자음판 등 맹인용 교재가 개발되었으며, 특히 직업교육, 음악, 체육 등 교육과정이 다양하게 개설되기 시작하였다.

한편, 맹인용 문자의 개발 또한 이 시기 활발하게 전개 되었다. 특히 루이스 브라이유(Louis Braille)는 6점의 점자 알파벳을 고인하여 맹교육 발전에 지대한 공헌을 하였다. 브라이유는 나폴레옹 군대 포병장교였던 바비에르가 밤에 읽을 수 있는 군 암호로 사용하기 위해 개발한 12점의 점자코드(1808, éciture nocturne)를 기초로 현재의 맹인용 문자로 개발(1834, 음악기보법은 1839년)함으로써 맹교육 발전에 일대 전환을 가져왔다. 당시 프랑스 맹교육은 볼록문자(raised print)를 사용하고 있었는데, 브라이유가 개발한 점자는 즉시 보편화되지 못하다가 1854년에 가서야 「파리맹학교」에서 공식적으로 수용되었다. 「미주리맹학교」 설립자 폴락(Pollak)이 미국에 이를 소개하여 1950년대부터 이를 시험적으로 활용하기 시작하였다.

그러나 당시 미국에는 뉴욕 포인트(Newyork point)를 비롯하여 보스톤문자(Boston line type)나 로만문자(Roman type)를 사용하고 있었으며, 특히 브라이유 점자는 정상인이 읽기에는 쉽지 않다는 비판과 함께 이 점자는 상징이 많다는 이유로 환영받지 못했다. 그러다가 「파킨스맹학교」에서 1879년에 브라유 점자를 채택하였으며, 1892년에 이르러 비로소 미국 대부분의 학교들이 브라유 점자를 사용하기 시작하였다(Koestler, 1976, Winzer, 1993: 209).

다. 정신지체 교육의 성립과 발전

정신지체아 교육은 이따르의 아베롱 야생아를 대상으로 한 교육적 실험과 이를 계승 및 발전시킨 세강으로부터 단초를 찾을 수 있다. 세강은 1842년 『백치교육의 이론과 실제』와 『생리학적 방법에 의한 백치의 교육』을 각각 저술함으로써 이따르의 실험적 연구를 근육운동과 감각기관 훈련을 기초로 하는 생리학적 방법에 의해 실험적으로 증명하고, 정신지체아 교육의 최초의 이론적 기반을 제공하였다(이상춘, 1974). 미국으로 이주한 세강은 하우와 함께 1850년 「Massachusetts School for the Idiotic and Feeble Minded Children」의 설립으로 이어지게 되었고, 정신지체아를 위한 연구단체의 결성 등 정신지체교육의 선구자적 역할을 수행하게 된다.

한편, 몬테소리는 세강의 저서에서 사용된 방법과 도구를 재현시켜 유아교육방법으로 계승 및 발전시켰으며, 데크로이(Decroly)의 생활교육이나 헬러(Heller)와 보네빌레(Bourneville)의 치료교육 방법에 각각 영향을 주는 등 미국을 비롯한 전 세계 정신지체교육의 방법 및 일반교육에도 크게 영향을 미치게 되었다(Winzer, 1993: 216). 구겐빌(Johann Guggenbühl)은 1841년 정신지체아의 포괄적인 치료를 위해 스위스 산간지방에 아덴버그(Abendberg)라는 치료 보호시설을 설립하고, 정신지체아 교육의 성립을 위한 기반을 쌓았다.

하지만 이 무렵, 다윈(Darwin)의 『종의 기원』이 발표되고, 태어날 때 결함이 있는 장애로 태어난 사람이 결혼하여 후손을 낳게 되면 종(種)이 나빠지게 되므로 자연도태를 방해해서는 안 된다는 주장들도 제기되었다. 이어서 20세기 초네 탄생한 우생학(Eugenics, 선택적 번식)은 장애인들에 대한 편견과 잘못된 인식을 더욱 심화시키는 계기가 되었다. 우생학은 영국의 과학자 갈톤(Francis Galton)이 1883년 우생학이라는 용어를 처음 사용하였다. 갈톤은 1869년 『유전적 천재』를 저술하였는데, 그는 이 책에서 똑똑한 남성들과 부유한 여성들이 계속 결혼하면 결국 천부적 재능을 지닌 종족을 만들 수 있다고 제안함으로써 사회적으로 큰 반향을 일으켰다.

이후 1926년 미국에서 미국우생학회가 설립되고, 학자들은 열등한 국가의 이민자를 제한해야 한다는 정책을 지지하기도 하였고, 정신병, 정신지체, 간질병을 갖고 있는 사람들은 불임시켜야 한다는 주장도 제기하였다. 하지만 19세기 후반, 정신지체와 관련된 연구에 큰 진전이 있었는데, 정신지체가 정신병(mental illness)과 다르다는 것을 알게 되었다는 점이다. 정신지체는 일으키는 원인이 매우 다양하고 매우 다양한 유형이 있음을 점차 알게 되었다.

1866년, 영국인 의사인 랭던 다운(John Langdon Down)이 다운증후군(down syndrome)을 발견하였으며, 1877년 아일랜드(William Ireland)는 정신지체를 병인학(etiology)에 따라 분류하기도 하였다. 이어 1887년에는 다운이 서번트 신드롬(servant syndrome)을 세상에 알렸다.

이 무렵 프랑스의 비네(Alfred Binet)에 의해 1905년 지능검사도구가 고안되어, 정신지체아 판별과 교육적 조치를 자극하게 되었다. 굿다드(Henry Herbert Goddard)는 지능검사를 바탕으로 1910년 경도지체장애아를 분류해 냈으며, 또한 이를 번안하여 미국에 소개하였다. 이후 터만(Lewis Terman)이 이를 미국 실정에 맞게 표준화함으로써 이른바 스탠포드(Stanford Binet) 검사가 탄생하게 되었다.

한편 자폐증(autism)은 1940년 오스트리아계 미국인 의사 카너(Leo Kanner)에 의해 처음으로 소개되기도 하였다.

4) 특수교육의 법적 보호와 질적 변화

근대 특수교육은 유럽에서 시작되었다. 하지만 20세기에 들어서서 비약적인 발전을 거듭하고 주도적인 위치에서 현대 특수교육의 성장과 발전을 이끈 나라는 미국이다. 18세기 중반에서 19세기 초에 이르는 유럽의 여러 국가에서의 초기 특수교육적 성과는 미국으로 이식되어 호레스 만(Horace Mann), 하우(Samuel Gridley Howe), 윌버(Wilber), 도로시 딕스(Dorothea Lynde Dix) 등에 의해 기숙제학교의 설립이 촉진되었다. 앞에서 살펴본 것처럼, 1817년 「하드포드농학교」, 1832년 「파킨스맹학교」의 설립 등이 그 대표적인 성과이다.

정신지체교육의 발전과정에 큰 공헌을 한 사람은 도로시 딕스이다. 딕스는 평생을 정신질환자의 복지를 위해 헌신한 사회개혁자이자 인도주의자라고 할 수 있다. 그녀는 당시 정신질환자가 감옥소나 감화원 같은 곳에서 일반 중범자들과 같이 투옥되어 있는 것을 보고, 충격을 느껴 정신질환자만을 위한 특수병원의 설립을 요구하였다. 정신질환자도 초기에 정신병원에 입원시켜 적절한 치료를 하여 주면 치유될 수 있다는 과학적 통계를 제시하면서, 전 미국을 순회하면서 호소하였다. 그녀의 호소와 계몽은 상당한 국민의 호응을 얻었고, 정부에서도 그의 주장을 경청하게 되었다(사회복지학사전, 2009).

그러나 아쉽게도 1860년도 전까지 특수교육 대상자들은 빈민구호원이나 자선센터에 수용되었거나 아무런 대책 없이 가정에 방치되어 있었다. 이 당시 미국 빈민구호원의 수용자 60%가 농·맹, 정신이상, 백치였던 것으로 추산되고 있다. 남북전쟁이 끝나는 1860년대 후반부터 미국의 각 주(州)들은 특수교육에 대한 관심을 확장시켜 나가면서 1867년에 보스턴에 농아를 위한 통학제 농학교, 1896년에는 로드 아일랜드(Rhode Island)에 정신지체아를 위한 특수학급, 1899년에는 지체부자유 특수학급, 그리고 1900년에는 시각장애아 특수학급이 각각 설치되었다. 1900년 이후에는 미국 전역에 걸쳐 공립학교에 특수학급이 설치되었다(Kirk & Gallagher, 1979).

1차 세계대전이 끝나고 1920년대로 접어들면서, 특수교육은 도약을 위한 법적 정비와 제도적 체제 확립이 시작되어 이때부터 대학에서도 특수교사 양성을 시작하였다.

1922년에는 패럴(Elizabeth Farrell)에 의하여 세계특수아동교육학회(International Council for the Education of Exceptional Children)가 설립되었다. 이 학회의 활동은 특수교육 전반에 커다란 변화를 주도하였다. 특히 유전과학의 발달과 임상적 연구 결과에 의해 정신지체의 원인이 유전적 특성에 의한 것만이 아니라, 외상, 감염, 내분비장애와 같은 기타의 주요 요인에 의해 기인하고 있다는 사실이 밝혀짐으로써 장애에 대한 과학적인 접근이 시작되었다. 예컨대, 1934년 노르웨이 내과 의사 Fölling은 신진대사 장애를 일으키는 생화학기제가 PKU (phenylketonuria)라는 사실을 새롭게 밝혀내어 신진대사 장애를 예방할 수 있는 길을 개척하였다.

1935년에는 에드가 돌(Edgar Doll)이 바일랜드 성숙도 검사(Vineland Social Maturity Scale)를 고안하여 장애 아동의 행동특성과 기능수준에 관한 많은 정보를 제공하기도 하였다. 이런 추이 속에서 인간행동의 유전과 환경에 관한 논란이 지속적으로 제기되어, 그전까지 지배해 왔던 유전적 견해나 우생학적 견해는 점차 약화되기 시작하였다.

1950년대에 들어서면서 미국의 특수교육은 역사적으로 그 전환기를 맞이하게 되었다. 이미 1930년에 제1차 백악관 회의 소집을 통해 장애인도 한 사람의 인간으로서 욕구를 가진 존재라는 사실을 공인한 후, 장애인에 대한 관심이 계속적으로 확산되고, 공공복지체제를 통한 국가지원 및 사회적 연대감이나 책임감도 확장되는 분위기로 이어졌다.

1950년대에 들어 정신지체 부모들로 구성된 정신지체아동협회(National Association for Retarded Children)가 발족되어 장애와 관련된 법안 통과를 위한 운동이 전개되는 등 장애 아동의 교육에 관한 사회적 요구가 증대되었다. 더불어 특수교육 관련 전문가들의 열정과 연방정부, 주정부, 그리고 사립재단의 후원이 합치되어 다양한 특수교육 프로그램이나 서비스가 개발되기 시작하였다.

1954년에는 장애를 연구하기 위한 협력연구법(Cooperative Research Act: PL 83-531)이 제정되었고, 1958년에는 특수교사 양성을 목적으로 장학금을 제공하는 PL 85-926이 통과되기도 하였다. 초기 단계이지만 특수교육 발전을 위한 정책적 지원이 1950년대에 이루어지게 된 것이다.

인권과 시민운동이 활발히 전개되었던 1960년대에 들어서자, J. F. Kennedy 대통령의 주도 아래 '정신지체에 관한 대통령자문위원회'가 발족(1961년)되어 장애 아동의 교육프로그램이나 보호지원서비스가 개발되기 시작하였다. 1960년 말까지 연방정부들에 의해 추진된 내용들은 주로 프로그램 개발을 위한 특별보조금이나 전문가 훈련, 그리고 중복장애아를 위한 센터의 설립 등이 추진되었다.

그리고 이러한 사업들은 입법에 기초하여 추진되었다. 1965년 초·중등교육법(Elementary Education and Secondary Education Act: PL 89-10)이 제정되었고, 1968년 제정된 장애 아동 조기교육지원법(Handicapped Children's Early Education Assistance Act, PL 90-538)은 장애 아동의 조기교육을 위한 대표적인 입법이 되었다.

이 밖에도 신체장애아의 건축적 장애요소를 제거한 PL 90-480(1968)이 있으며, 장애아의 직업법을 규정한 PL 90-576(1968)과 장애 아동을 위한 교수매체 개발을 위한 국가 수준의 센터를 규정한 PL 91-61(1969) 등이 제정되어 특수교육에 대한 정책적 지원이 이루어졌다.

이러한 지속적인 관심과 정책적 배려 속에서 마침내 1975년 오늘날 미국 장애아 교육을 기초하는 전장애아동교육법(The Education for all Handicapped Children Act: PL 94-142, EHA)이 제정되었다. 이후에도 PL 90-538과 PL 94-142는 여러 차례 수정되었는 데, PL 99-199(1984, PL 90-538의 수정)는 0~5세의 장애 아동을 위한 주 전체의 종합적 서비스를 계획하고 개발하는 기금을 제공하였고, PL 99-457(1986, PL 94-142 수정)은 영유아(0~2세)와 그 가족을 위한 종합적 서비스에 접근할 것을 명령한 입법이었다.

현재 미국 특수교육을 떠받들고 있는 PL 94-142 속에 내재되어 있는 기본 원리는 완전취학, 공평한 평가, 최소 제한적 환경, 적법절차, 부모 참여로 이 원리는 현재 미국을 비롯한 세계 특수교육에 지대한 영향을 미치고 있다(앞의 제1장 참조). PL 94-142는 1986년 PL 99-457로 재승인되면서, 영유아를 위한 특수교육과 고등학생을 위한 전환교육계획(Individualized Transition Plan)을 의무화하였다. 이 법은 1990년 장애인교육법(Individuals with Disabilities Education Act: IDEA)으로 명칭을 변경하였다.

이 수정된 법에는 EHA의 'Handicapped Children'에서와 같이 장애를 정상인과 구분하려는 명칭 사용에서 'Individuals with Disabilities'라는 용어로 대체함으로써, 이는 장애인 한 사람의 개별 인권을 존중한다는 개념이 도입된 것이다. 더불어 이 법에는 자폐증과 뇌손상을 특수교육 대상자에 포함시켰고, 전환교육계획을 16세부터 수립하도록 의무화하였다.

이 법은 1997년 재승인(PL 105-117)되었는데, 수정된 법에 담긴 원리는 PL 94-142를 계승하고 있으나 부모의 승인과정과 소송권을 첨가한 특색이 있다. 이어 PL 105-117에는 다음과 같은 규정을 두어 장애 아동이 보다 많은 질적 교육 프로그램 혜택을 받게 하였다(유수옥, 2005).

① 부모참여와 공동 의사결정을 촉진한다.
② 개별화교육 계획팀에 일반교사가 참여한다.
③ 장애 아동이 일반교육과정에 접근할 수 있도록 허용한다.
④ 14세 이후에 장애 아동의 개별화교육계획안에 전환교육서비스를 명시한다.
⑤ 개별화교육계획안에 긍정적인 행동중재 계획을 포함시킨다.
⑥ 주정부 또는 지방 교육청에서 실시하는 진단 및 평가에 장애 아동을 포함시킨다.
⑦ 관련 서비스에 방향정위와 이동에 관련된 서비스를 포함한다.
⑧ 장애 아동의 교육배치를 변경시키거나 10일 이상 정학 또는 퇴교시킬 경우 개별화교육 프로그램 팀은 아동의 문제행동이 장애와 무관한지 검토해야 한다.

현재 미국은 IDEA와 PL 101-336인 미국장애인법(The American with Disability Act, 1990)에 기초하여 장애인의 완전 사회통합이라는 목적 아래 사회적·물리적 통합을 강조하면서, 장애인의 삶의 질 향상을 위한 교육의 책무성을 강조하는 방향으로 나아가고 있다.

2 한국 특수교육의 역사

1) 전통사회와 장애인

(1) 삼국시대와 고려시대 장애인복지

우리나라에서 전통사회에서 장애인들에 대한 사회적 대우는 역사적 어떤 상태였을까? 서구 역사에서 보듯이 살해, 유기, 방임, 조롱의 대상이 되었거나 장애인을 법적으로 사회적으로 격리하거나 추방하는 일은 없었을까?

다행히 우리나라 역사 문헌에는 그 같은 기록은 전해지지 않고 있다. 오히려 사궁(四窮: 환과고독) 제도를 확립하여 이들에 대한 국가적 구휼사업에 대한 역사적 기록이 전해오고 있다. 환과고독은 환(鰥)은 부인을 잃은 홀아비, 과(寡)는 남편 잃은 여자, 고(孤)는 부모 잃은 고아, 독(獨)은 늙어서 의지할 곳 없는 노인을 지칭하였다. 이들을 구휼하는 것을 국가의 복지 정책의 제일순위로 삼았다.[3] 이러한 복지 전통은 삼국시대부터 내려오고 있었다.

삼국시대나 고려시대는 불교가 도입되었고, 특히 고려시대에는 불교가 들어와 불교의 자선사상은 장애인을 비롯하여 환과고독과 같은 궁핍한 사람을 구휼하였던 것이다. 전쟁이나 가뭄 등으로 인한 국가적 재난이 발생할 시 이들을 구제한 다양한 정책을 펼쳤으며, 병자나 고아 등을 구제하기 위한 수용시설기관도 설치하여 운영하였다.

고려시대 장애인에 대한 구제는 대표적인 것은 의료구제이다. 고려 성종은 의학교육기관으로 대의감(大醫監)을 설립하였고, 문종 3년에는 동서대비원((東西大悲院)[4]이, 때는 광종 14년에는 빈민, 기민, 병약 폐질자를 구제하기 위한 제위보(濟危寶)를 설치되었으며, 또한 예종 4년에는 구제도감(救濟都監), 예종 7년에는 혜민국(惠民局), 충목왕 4년 관립 구제기관으로 천재지변, 기근, 질병 등으로 구호를 요하는 사람을 대상으로 진제도감(賑濟都監)이 각각 설치되었다.

3) 고려사 진휼 편에 홀아비·과부·고아·홀로 된 늙은이와 독질 폐질자는 관에서 진휼하여 안정되게 하라(鰥寡孤獨 篤疾廢疾 官爲賑恤 毋令失所)고 기록하고 있다.

4) 환자의 치료를 주요 업무로 하고, 기한자(飢寒者: 굶주리고 헐벗어 배고프고 추위에 떠는 사람)나 그밖에 무의무탁자를 수용하였다. 조선 태종 14년(1414년) 활인원으로 개칭되어 이어졌다.

고려시대에는 고려 초부터 국가에서 복업을 과거제도에 포함시켜 복인을 선발하여 운영한 기록이 전해지는데, 국가 운세나 풍수에 관련된 점복 일을 하거나 가뭄에 기우제를 담당하는 매복맹인(賣卜盲人)을 선발하여 운영한 것으로 추측되고 있다.

(2) 조선시대 유교사회와 장애인

조선시대는 유교(성리학)를 국가 통치이념으로 삼았다. 성리학은 충효사상에 기초하여 가족 내에서는 효(孝)의 원리가, 국가적으로는 충(忠)의 원리가 작동된 사회였다. 가족 내에서 가장(家長)의 권위 확장은 곧 군주(임금)의 통치권력 기반이 되었고, 가족 간에는 효와 우애가 중시되었으며, 농본주의 사회이기에 마을과 부락 단위의 가족주의 공동체 사상이 만들어졌다. 또한 성리학은 인간의 도덕을 앙양하고 극기복례(克己復禮)와 같이 인간관계를 소중히 하는 사회질서를 유지하려고 하였다. 따라서 이 같은 공동사회의 원리의 작동에 그 중심에 서 있는 군주는 인(仁)으로 다스려야 한다는 철학인 인정(仁政)을 최고의 통치 이념으로 삼고 있었다.

성리학은 외형적으로 민본주의 철학에 기반하고 있었기에, 조선시대에는 구빈사상에 입각해 민초들의 궁핍한 생활과 고통을 해결하고자 하는 다양한 복지정책을 실시하였다. 그런 까닭으로 장애인에 대해서도 서구처럼 배제하거나 소외시키지 않고 비교적 평등한 존재로 받아들였던 사회였다.

조선시대는 고려의 구빈 복지기관을 계승하거나 확대하였고, 다양한 법적·제도적 장치를 통해 민초들에게 다양한 혜택을 주었다.

일련의 구체적 사항을 살펴보면, 태조 2년에 노동면제 및 구휼을 실시하였고, 세조 3년에는 맹인에 대한 진휼을 실시하였다. 정조 7년에는 불구 폐질자를 규정하여 벙어리와 고자(맹인)는 자력 해결에 맡겼는데, 맹인에게는 복술을, 절름발이는 그물 짜는 일 등 직업보도를 통해 자립하도록 하였다. 장애인에게는 조세와 부역 및 잡역을 면제하고, 죄를 범하면 형벌을 가하지 않고 면포로 대신 받았으며, 연좌제에도 적용하지 않았다. 또한 시정(侍丁), 즉 부양자(활동보조인)를 제공하고, 때때로 노인과 함께 잔치를 베풀어주며 쌀과 고기 같은 생필품을 하사했다. 기타 동서활인원이나 제생원 같은 구휼기관을 설치하여 위기에 처한 장애인을 구제하였다.

특히 맹인들을 위해 '명통시(明通寺)'와 같은 맹인집단시설을 국가가 설립하여 이들에 특별한 대우를 하였을 뿐만 아니라, 과거제도 잡과에 음양과를 두어 맹인도 관직에 진출(명과맹)하거나 궁중음악을 관장하는 관습도감(慣習都鑑)에 총명한 맹인을 선발하고 교육하여 궁중의 내연(內宴) 시 악기연주를 담당하게 하는 관현맹(管絃盲) 제도를 운영하기도 하였다.

이 같은 국가 정책에 대응하여 유학자들도 장애인에 대한 구제와 직업보도가 필요하다고 주장하였다. 조선 후기의 실학자 최한기는 『인정(人政)』[5]을 통해 장애인일지라도 배우고 일할 수 있어야 한다고 했으며, 실학자 홍대용 또한 『담헌서(湛軒書)』에서 맹인은 점복업에 종사하게 하고, 궁형을 당한 자를 궁궐과 성벽을 지키는 문지기로 활용하고, 농아인과 건벽(앉은뱅이 지체장애인) 등의 장애인 모두에게 직업을 갖도록 해야 한다고 주장하였다.

조선시대의 이 같은 장애인에 대한 인식과 국가정책은 관직 등용에 있어서 능력이 있으면 정승과 같은 벼슬에까지 이르기도 했는데, 어깨와 등이 굽은 척추장애인(곱추) 허조(許稠)는 세종 때 좌의정에 올랐고, 간질을 앓고 있던 권균(權鈞, 1464~1526)은 중종 때 이조판서와 우의정에 임명되기도 하였다. 영·정조 때의 명재상이었던 채제공(蔡濟恭)은 시각장애인이기도 하였다. 이 밖에도 예술 분야에서도 많은 장애 예술가들이 활동하였는데, 가장 대표적인 인물로는 한쪽 실명 시각장애인 화가 최북(崔北)이 있다(정창권, 2011).

한편, 조선시대 장애인을 불구 독·폐질자로 불렀는데, 독질(篤疾)은 매우 위독한 병을, 폐질(廢疾)은 시각장애, 청각장애, 언어장애, 일지(一肢) 이상의 장애를 갖고 있는 지체장애인을 지칭한다.

2) 한국 특수교육의 성립과 발전

(1) 시대구분

한국의 특수교육사를 정리하는 데 있어 특수교육 성립기점의 설정과 시대구분을 어떻게 하느냐에 따라 한국의 특수교육사를 서술하는 방향이 달라질 수 있다.

5) 조선 후기 실학자 최한기 쓴 국가 인재등용 정책과 관리방법을 논한 책

김승국(1994, 1995)은 관상감 중심기(1445~1898), 시설중심 교육기(1898~1945), 특수학교와 특수학급 중심교육기(1945~)로 대별하였으며, 1993년 교육부가 발간한 특수교육백서에는 특수교육 전사(중세~19세기 말), 특수교육 성립기(19세기 말~20세기 초), 일본 식민지시대의 특수교육(1910~1960), 특수교육 진흥기(1961~현재)로 시대구분을 하고 있다.

그러나 성립 기점과 시대구분을 어떻게 할 것인가 하는 문제는 앞으로 좀 더 논의되고 고찰되어야 할 문제이다. 따라서 필자는 한국의 자생적인 특수교육 형태를 수용하고, 한국 특수교육의 역사적 성립과 발전과정의 형식과 내용에 주목하면서, 근대 특수교육의 도입과 성립 및 발전과정에 서술의 중심축을 두었다. 이에 따라 그 시대구분을 고전적 특수교육기(1445~1876 개항), 근대 특수교육 이식기(1876~1945), 특수학교 설립기(1945~1977), 특수교육 진흥기(1977~1993), 특수교육 발전기(1994~현재)로 시대구분하고 한국 특수교육의 역사적 과정을 서술하였다.

(2) 특수교육 발전과정

① 고전적 특수교육기

특수교육은 서구 근대 특수교육의 성립에 못지않게 이미 조선시대부터 장애인들을 위한 교육을 시작하였다.

세종실록(세종 27년 3월 무인조, 1445)에 의하면, "영리한 소경 10명을 선발하여 훈도 4~5명으로 하여금 서운관(書雲觀)에 모여 그 업을 익히게 하였다."고 기록하고 있다.

서운관은 이미 고려 때부터 설치되어 세조 12년(1466)에 관상감(觀象監)으로 개칭되어, 여기서 명과학(命課學, 세조 12년에 陰陽學에서 개칭)을 가르쳐 왔다. 명과학은 운명, 길흉화복을 예언하는 잡학으로서 관상감에 소속된 맹 훈도는 산대(算木)를 이용하여 숫자배열학습, 제창학습(提唱學習), 수당학습(手掌學習) 등을 교육받았다. 명과학을 배운 맹인은 잡학 과거시험인 취재(取材)에 응시하여, 합격한 자에게는 검교직이나 체아직을 주고 녹봉을 주어 공직에 종사하게 하였다(오천균, 1988).

일반적으로 조선시대에 맹인들은 점복술을 통해 생업을 이어갔다. 그런데 조선 초 그들은 자치조직기관인 명통시(明通寺)를 만들고, 이곳에서 자신들의 권익 보호와 점복교육 등을 실시한 것으로 보인다. 명통시는 맹인들이 정기적으로(초하루와 보름) 모여 나라의 안녕과 평안을 기원하여 경문(經文)을 암송, 축수(祝壽) 또는 부정기적으로는 기우제 등에 참여하여 독경(讀經)하던 장애인 민간기관 혹은 단체인 것으로 보인다.

그림 2-3 ▸▸ 기산풍속도 중 판수독경

하지만 조선 중기 이후 명통시가 철폐되고, 이를 이어 받아 임란 직후 맹인들 스스로 맹청(盲廳)을 설립하여 점복교육을 실시하였으며, 갑오개혁(1894)으로 맹청이 혁파되기까지 조선의 맹인들은 개별학습에 기초한 점복기술을 습득하여 생업에 종사하였다(임안수, 1986).

한편, 조선시대에서 맹인은 명과맹(命課盲)과 더불어 관현맹(管絃盲)으로도 활동하였다. 민중 교화라는 정치적 이유로 예악(禮樂)을 중시했던 조선시대는 관습도감(중종 때 掌樂院으로 개칭)을 설치하여, 악공이나 여기(女妓)와 더불어 관현맹 또한 이곳에 소속되어 궁중 향연(내연)이나 제향의 반주를 맡기도 하였다.

이처럼 조선시대에는 비록 맹인에 국한되고, 근대적 특수교육의 형태는 아니라 할지라도 맹인들을 위해 서운관과 같은 교육기관을 설치하여 관직에 등용까지 하였다는 점은 한국 특수교육사적으로 그 의의가 매우 크다고 할 수 있다.

② 근대 특수교육 이식기

우리나라에 근대 특수교육이 처음으로 소개된 것은 유길준의 『서유견문』(1889)이다. 유길준은 『서유견문』을 통해 서구의 치아원, 맹인원, 아인원에 대해 비교적 자세히 소개함으로써 개화기에 있어서 장애인도 교육이 가능하다는 사실을 새롭게 인식시키는 데 크게 공헌하였다. 그러나 우리나라 근대특수교육은 한국 최초의 근대학교인 원산학사(1883)의 설립처럼, 개화지식인들에 의해 자생적으로 성립된 것이 아니라 외국 선교사들에 의해 문화적 이식 속에서 태동하였다.

그림 2-4 ››› Rosetta Sherwood Hall

우리나라에서 근대적 형태의 특수교육은 여의사 로제타 셔워드 홀(Rosetta Sherwood Hall)이 오복래(또는 오복녀)라는 맹여아를 대상으로 뉴욕 포인트 점자로 점자 지도를 시작한 1898년(1894년 또는 1900년)을 그 역사적 효시로 삼고 있다.

1894년, 미국 북감리교 선교사로 평양에 파견된 홀은 오복래에게 점자를 가르친 것이 인연이 되어 의사였던 남편이 사망하자, 잠시 미국에 돌아가 체류하는 동안 한국에 맹교육을 이식할 목적 아래 뉴욕 포인트 점자를 배우고 돌아왔다. 홀은 이후 1897년 뉴욕 점자에 기초한 '조선훈맹점자'를 고안하고, 초등독본, 기도문, 십계명 등을 점역하는 일에 몰두하였다. 1898년 가을, 다시 평양으로 돌아가 의료사입과 신교사업을 진개하면서 홀은 오복래에게 점자 지도를 통한 맹교육을 본격적으로 시작하였다. 이후 홀의 평양에서의 맹교육은 1900년 4명의 맹여아를 대상으로 정진소학교(1896년 설립, 1927년 정식인가)에서 특수학급 형태로 이루어졌다.

그런데 북장로교 교단에서도 홀의 이 같은 특수교육에의 열정 못지않게 장애아교육에 관심을 갖고 이를 적극 추진하였다. 그 하나가 평양에서의 마펫(Moffet) 목사 부인에 의한 평양 남맹학교의 설립이며, 다른 하나는 서울에서 진 페리(Jean Perry)가 운영한 '불우아동의 집'(Home for destitute children)에서의 남맹교육(男盲敎育)이다(변호걸, 1997). 마펫 목사 부인의 남맹교육은 1903년부터 교회에서 시작하여 1905년 'Caroline A. Ladd Hospital'에 맹인학급으로 발전되어 운영되었으며, 이 남맹교육은 장로교의 자조원칙에 의거 한국인에 의해 자력으로 운영되었다(백낙준, 1973).

같은 시기에 영국 복음회 소속의 선교사로 한국에 파견된 페리는 1898년경 서울에서 빈민아동 구제 사업의 일환으로 '불우아동의 집'을 운영하였는데, 그녀는 이 시설을 1900년부터 교육과 수용을 병행하는 기숙학교(Home and School)의 형태로 발전시키고, 여기서 남맹아를 대상으로 1913년 제생원이 설립될 때까지 브라유 점자를 통한 일반교육 및 기술직업 교육을 실시하였다(변호걸, 1997).

한편, 우리나라 농교육의 성립은 홀의 학교설립 구상과 록웰(Nathan Lounsbury Rockwell)의 재정적 후원에 의해 가능하였다. 우리나라 농교육의 성립 연도는 현재 1908년(언더우드 주장)과 1909년(백낙준 주장)으로 이견을 보이고 있으나, 여러 자료에 비교 및 검토해 볼 때, 홀과 록웰이 합심하여 농학교(그리스도회보 1911년 5월 30일자에는 男女啓暗學校로 명명)를 설립하고, 체계적으로 농교육을 시작한 해는 1910년인 것으로 기록되고 있다.

그런데 우리나라의 농교육 성립은 록웰의 재정적인 후원이 있어 가능하였다. 록웰은 원래 미국에서 구두를 만드는 제화업에 종사한 사람이었다. 독실한 감리교 신자였던 그는 한국에 파견된 선교사들의 선교활동 보고서를 읽으면서 깊은 감명을 받게 되었는데, 그런 일이 있은 후 평양에 목회활동을 주도하던 노블(Noble) 목사의 초청으로 한국을 방문하게 되었다. 이 때 평양에서 홀이 펼치고 있던 맹교육사업을 직접 목격하였다. 이 만남은 록웰에게 그의 남은 생애를 한국에서 장애 아동을 위한 교육사업에 헌신하기로 결심하게 한 계기가 되었다. 록웰은 홀이 농교육에 관심을 갖고 있지만 자금이 부족하다는 얘기도 들었다.

출처: The Korea Mission Field 제7권.

그림 2-5 이익민 선생이 농교육하고 있는 모습

그는 미국으로 돌아가 자신의 사업을 정리하고, 1898년 재입국하여 홀을 도와 맹 아동 모집과 농아동 실태 파악 및 농학교 설립에 헌신하다가 1910년 독감으로 급작스럽게 타계하였다. 우리나라 농학교의 설립은 바로 록웰이 재입국하면서 여행 경비를 줄여 마련한 200불의 돈이 바탕이 되었다. 이 돈으로 홀과 록웰은 이익민을 중국 체후에 보내 벨 체계 알파벳(visible speech symbol)을 배워오게 함으로써 이 땅에 농아를 위한 특수교육이 최초로 태동되었던 것이다(변호걸, 1997).

선교사들의 이러한 선구자적인 노력에도 불구하고, 한일합방이 되자 일제 조선총독부는 1912년 「제생원」 관제 및 규칙을 제정 및 공포하고, 1913년 「제생원」에 맹아부를 두고, 맹생 16명과 농아생 8명으로 구성된 복지시설형 특수교육기관을 설립 및 운영하기 시작하였다. 이때 평양과 서울에서 각각 특수교육을 받던 남맹아와 농아들은 「제생원」에 통합되고 말았다. 「제생원」은 급비생과 자비생으로 나눠 급비생은 기숙사에 입실하여 교육을 받았으며, 교과목은 침안(鍼按)을 비롯하여 7개 과목, 수업연한은 맹생과 3년, 맹농생과 5년, 맹생의 속성과 1년으로 각각 하였다(안병즙, 1974).

1914년 '안마술·침술·구술 영업취제규칙'을 제정하여 졸업생들에게 침·구, 안마사 면허를 주어 맹인들의 자립을 촉진하였지만, 일본 맹인에게는 10년의 교육과정, 한국의 맹인에게는 3년의 교육과정을 통해 면허를 주고, 한국 맹인은 일본에서는 영업 금지를 하는 등 차별적 정책 속에서 이루어졌다(한국재활재단, 1996).

전체적으로 조선총독부의 장애아를 위한 일련의 교육적 조치는 총독부 당국의 장애 및 특수교육에 대한 이해나 관심의 부족으로, 일제 치하 내내 형식적으로나 내용적으로나 그 체계를 잡지 못하고 지지부진한 가운데 운영되었다.

그러나 이런 가운데에서도 특수교육에 대한 한국인 스스로의 자각과 반성에는 큰 변화가 일어났다. 특히 박두성 선생에 의한 「훈맹정음」(訓盲正音)의 제정 및 반포(1926. 11. 4.)는 한국 특수교육사적으로 매우 중요한 역사적 사건이라고 할 수 있다.

「훈맹정음」의 반포는 맹인들에게 '역사적 복음'인 동시에 민족에게는 자주의식을 고취하여 한국인들의 특수교육에 대한 이해를 증진하는 계기가 되었다. 이는 한국인 스스로 특수교육에 대한 자각의 발로로, 이러한 자각은 이후 1935년 한국인으로서는 최초로 이창호 목사에 의한 평양 「광명맹아학교」의 설립, 1938년 「제생원」 졸업생 손용주에 의한 「원산맹학교」의 설립 등으로 이어지게 되었다.

한편, 우리나라의 병·허약아를 위한 특수학급은 1937년 4월에 설립한 「동대문공립 국민학교」의 양호학납이 최초이다.

3) 특수학교 설립기

해방 후, 미군정 기간 동안 특수교육은 별다른 진전을 보지 못하였다. 다만, 제생원이 6년제 초등학교 학제의 국립맹아학교로 개편 및 설립(1945. 10. 1)되었으며, 1947년 9월 1일에는 5년제 중등부가 설치되었다(서울맹학교 개교 60주년, 1973).

1948년 정부 수립 후 중앙정부 보통교육국 안에 특수교육과가 설치되었으나 본연의 역할을 수행하지 못하고, 이리 저리 소관부처가 이동되는 시련을 겪으며 공립 특수학교 설립 하나 세우지 못한 이른바 유명무실함 그 자체였다.

1949년 「교육법」이 제정되면서 특수교육은 제도적인 발전의 길로 들어서게 되었다. 제헌 「헌법」 제6조에 명시한 모든 국민의 교육권과 초등교육의 의무 무상이라는 조항에 근거하여, 해방 후 처음으로 제정된 「교육법」은 제81조에 "모든 국민으로 하여금 신앙, 성별, 사회적 신분, 경제적 지위 등에 의한 차별 없이 그 능력에 따라 균등하게 교육을 받기 위하여 다음과 같은 학교를 설치한다."라고 규정하고 6항에 특수학교의 설치를 명시하였다.

이밖에 제85조에는 사립특수학교 설립 규정, 제143조 특수학교 조항에 특수교육 대상과 목적 및 교육수준, 제144조 서울·부산·도의 특수학교 설치 의무규정, 제144조 국민학교 및 중학교에 특수학교 설치와 종류 등을 규정하였다. 이러한 「교육법」에 기초하여, 1949년 정신지체아를 위한 <중앙각심학원>이라는 시설이 설립되었다.

그러나 한국의 특수교육은 이 교육법의 제정으로 법령의 테두리 속에서 특수학교 설립을 위한 법적 기반은 마련하였지만, 불행히도 「교육법」 제98조에 "학령아동이 불구, 폐질, 병약, 교육불안전 또는 기타 부득이한 사유로 인하여 취학하기 불능한 경우에는 대통령령이 정하는 바에 의하여 그 의무를 면제 또는 유예할 수 있다."라는 유예조항을 삽입함으로써, 특수교육의 기본 목적을 퇴색시키고 특수교육 발전을 저해하는 근본 원인이 되었다고 할 수 있다.

이런 사정으로 1962년 10월 당시 문교부의 '맹농아를 위한 특수학교 설치에 대한 지시', 나아가 1963년 「교육법」 개정까지 부분적인 법적 보완이 이루어졌다고는 하지만, 실제로 1977년 「특수교육진흥법」이 반포되기까지 실질적인 법적·

제도적 정비가 미비하였으며 또한 특수학교 설립도 그 미약함을 벗어나지 못하였다. 1950년에서 1970년까지 전국적으로 국공립 특수학교가 7개, 사립 특수학교가 25개밖에 설립되지 못했다는 사실은 이를 잘 말해주고 있다.

교육과정의 경우는 1967년에 최초로 국가수준의 교육과정인 맹학교 교육과정과 농학교 교육과정이 고시되었고, 1974년에는 정신지체학교 교육과정이, 1983년에는 지체부자유 학교 교육과정이 고시되었다(김승국, 1994). 이 교육과정은 5년마다 일반교육 과정과 함께 개정되어 오늘의 제7차 교육과정에 이르고 있다.

한편, 민간차원에서의 특수학교 설립도 마찬가지였다. 해방 후 우리나라 최초의 사립특수학교는 1946년 이영식 목사에 의한 <대구맹아학교>인데, 이후 이렇다 할 진전을 보이지 못하다가 1960년대에 들어 민간독지가들과 종교인들에 의한 사학 차원의 학교 설립이 점진적으로 추진되기 시작되었다.

이들은 기독교의 자선사상과 박애주의 사상에 입각하여 사재를 출원하여 특수학교를 설립하였다. 먼저 맹학교는 인천 <성동학교>(1955), 충주 <성심학교>(1955)가 세워졌고, 농학교는 대전 <원명학교>(1958), 전북 <혜화학교>(1962), <한국구화학교>(1963), <부산구화학교>(1966)가 각각 설립되었고, 정신지체학교로는 <대구보명학교>(1967)와 <서울다원학교>(1968)가 설립되었으며, 지체부자유학교는 <세브란스병원 부속초등학교>(1962)에서 설립되는 등 특수교육 설립기에 우리나라 특수교육은 민간인들에 의한 사학 설립이 공립보다 앞서 전국 지방 도시마다 연이어졌다.

그런 가운데 1967년 '제2차 경제개발 5개년 계획'이 수립되고, 이 계획에 근거하여 우리나라에서 처음으로 1967년 '특수교육 5개년 계획'을 수립되었다. 5개년 계획의 주요 골자는 특수학교와 특수학급의 신설, 특수학교 초등과정의 의무교육 실시, 교원 확보, 사학의 재정지원 등을 추진 세부과제로 선정하였으나, 경제발전 논리에 밀려 무명무실하고 말았다.

하지만 이 과정 속에서 농·정신지체 학교인 <경남혜림학교>(1969)와 정신지체학교인 <대구남양학교>(1969)가 각각 공립으로 설립되었고, <대전맹학교>(1969)가 공립으로 전환되기도 했다. 약시학급은 1969년에는 서울 <월계초등학교> 안에 설치되는 것을 시작으로 <서울맹학교>(1969), <대구광명학교>(1969)

에도 각각 설치되었으며, 정신지체아와 학습지진아를 대상으로 한 특수학급은 1971년 대구 <칠성초등학교>가 최초이다.

한편, 특수학교 설립기에 특수교원 양성기관 또한 절대 부족하였는데, 1977년 「특수교육진흥법」 제정 이전에 단 3개의 양성기관에 불과하였다. 처음으로 4년제 대학에서 교사양성을 시작한 대학은 1961년 한국사회사업대학(현 대구대학교)이 최초이고, 1971년 단국대학교와 이화여자대학교에 각각 특수교육과가 설치됨으로써 본격적인 특수교사 양성체제를 갖추게 되었다.

현재(2018년) 전국에 학부에서 특수교육교사 양성과정(특수체육교육과 포함)이 설치된 대학은 38개 대학에 이른다.

4) 특수교육 진흥기

우리나라 특수교육의 질적 발전은 「특수교육진흥법」의 제정 및 반포(1977. 12. 31.)로부터 비롯된다고 볼 수 있다. 그리고 1988년 '세계장애인올림픽'의 개최는 장애 및 장애인에 대한 교육과 복지의 질적 향상과 도약을 또 다른 계기가 되었다.

1977년 「특수교육진흥법」의 제정 및 반포(1979년부터 시행)로 한국 특수교육계는 일대 전환기에 들어섰다고 할 수 있다. 그때까지는 앞서 살펴본 것처럼, 형식적 수준에서 머물러 있었던 한국의 특수교육은 이 법의 제정을 계기로 제도적 · 질적 변화와 발전을 거듭하게 되었는데, 1970년대 후반의 이러한 법 제정은 장애 및 특수교육에 대한 자각에서 비롯되었다기보다는 국제적 흐름과 권고에 힘입은 바 크다고 할 수 있다.

1970년대에 들어서자, 국제사회는 장애 및 장애인에 대한 관심을 고조시켰다. 1971년 UN의 '정신지체인 권리선언', 1976년 '장애인 권리선언', 같은 해 UN 총회에서의 '1981년 세계장애인의 해'로 지정 및 결의 등은 그동안 경제성장 정책에 급급하였던 한국 정부에게 장애인의 복지와 교육문제에 성실한 정책 수립을 요구하였던 것이다. 한국 특수교육의 기본법인 「특수교육진흥법」은 이런 환경과 맥락 위에서 1977년 제정된 후, 마침내 1994년 전면개정하게 된다.

5) 특수교육 발전기

1994년 「특수교육진흥법」(이하 개정법)은 전면 개정되었다. 이때부터 우리나라 특수교육은 양적, 질적 변화를 추구하게 된다. 즉, 특수교육을 진흥을 넘어 도약하는 발전기적 양상을 띠게 된다. 그 시작이 바로 「특수교육진흥법」의 전면 개정에서 비롯된다.

이 「개정법」은 시각장애, 청각장애, 정신지체, 지체부자유, 정서장애(자폐성 포함), 언어장애, 학습장애 기타 교육부령이 정하는 장애가 있는 사람 중 특수교육을 필요로 하는 사람으로 진단 및 평가된 사람을 특수교육대상자로 삼고 있으며, 국가 및 지방자치단체에서 특수교육진흥을 위한 시책을 강구하도록 하는 등 한국 특수교육 전반에 관한 사항을 규정하고 있다. 「개정법」에는 장애아의 학습권을 보장하는 데 최대 역점을 두고, 초등학교 및 중학교과정의 의무교육, 유치원 및 고등학교 과정의 무상교육을 명시하였다(제5조). 더욱이 동법 제2장에는 각급 학교의 지정·배치(제11조), 취학편의(제12조), 차별금지(제14조) 조항이 명시되어 있다.

또한 특수교육대상자의 장애정도, 능력, 특성에 따라 가정·시설·병원·특수학교·특수학급·일반학교의 일반학급 등 어느 곳에서나 순회교육(제14조), 통합교육(제16조), 개별화교육(제16조)을 할 수 있도록 하였다. 이 밖에 보호자교육(제17조), 치료교육(제18조), 직업교육(제20조), 진로교육(제22조), 특수교육의 자질 향상을 위한 교육 및 연수(제23조) 제도를 명시하고 있다.

한편, 「개정법」에 따라 1994년 '국립특수교육원'이 설립되었고, 1998년부터는 '특수교육 발전 5개년 계획'이 다시 마련되기 시작하였으며, 이후 5년 단위의 특수교육발전계획안이 만들어져 특수교육의 내적 충실화를 기해 왔다. 2007년에는 「장애인복지법」의 전면 개정, <장애인고용촉진 등에 관한 법률>이 「장애인고용촉진 및 직업재활법」으로 재개정되기도 하였다.

그리고 동년 「장애인 등에 대한 특수교육법」이 제정되어 선포되기에 이렀다. 2008년에는 <장애인차별금지 및 권리구제에 관한 법률>이 제정됨으로써 장애인 복지 증진도 도모할 수 있게 되었다. 현 「장애인 등에 대한 특수교육법」은 장애의 개념 확장, 모든 학생의 교육접근법 및 적합한 교육지원을 요구하는 국제사회의 특수교육 혁신 요구, 사회변화에 다른 특수교육의 개념 확대, 그리고 특수교육 질 제고 및 특수교육의 지원의 균형적인 발전 도모와 사회의 평생교육 요구 확대가 법 제정의 배경이다(교육과학기술부, 2008, 제3차 특수교육발전5개년계획).

법적인 변화만을 열거하였으나, 지난 1977년 「제정법」에서 「신법」에 이르기까지는 30년이라는 세월의 간격이 있다. 그간 한국 특수교육은 위에서 열거한 변화된 법적 변화를 토대로 내·외적으로, 질적·양적으로 큰 발전을 이루어 오늘에 이르게 되었다. 30년간 특수교육은 교육의 법적 목적에서부터 용어 정의, 임무, 교육대상 선정 취학, 의무교육, 통합교육, 평생교육 등에 이르기까지 질적으로 전면적인 개편이 이루어져 온 것이다.

「특수교육진흥법」은 전체 조문이 전체 16조에 불과했다. 무상교육(제5조), 불익이처분 금지(제10조), 직업보도(제12조), 특수교육자질 향상(제14조) 등을 포함하여 최소의 기본적인 사항만 규정한 법에 지나지 않았다.

제정 이후 「특수교육진흥법」은 여러 차례 법 개정을 하였고, 1994년에 이르러 전면 개정하게 되었는데, 이때 전체 5장 28조로 양적으로 큰 진전을 이루었다. 그 내용에 있어서도 보조인력, 조기특수교육시책 강구, 차별의 금지, 순회교육, 통합교육, 개별화교육, 치료교육, 전공과의 설치, 진로교육 새로운 특수교육서비스 유형 등이 새로이 신설되어 질적 도약을 이루게 되었다고 할 수 있다.

「장애인 등에 대한 특수교육법」은 법체계는 6장 38조로 구성되었는데, 장애의 조기발견, 장애영아 교육지원, 장애인의 고등교육 및 평생교육의 확대·지원에 초점을 맞춰 생애주기별 교육과정을 운영하는 것을 내용으로 하고 있다. 또한 특수교육지원센터의 설립과 운영이 포함되는 등 기존 「개정법」보다 특수교육의 대상과 범위, 지원 서비스 방법에 있어 종전 개정법보다 양적·질적 제고를 담보함으로써 특수교육은 새로운 전환기를 맞이하게 되었다.

1977년 「제정법」에서의 교육 목적은 「교육법」과 비교할 때, 「교육법」에서는 "국민학교, 중학교에 준한 교육"으로 특수교육의 개념을 정의한 반면, 「제정법」에서는 "생활에 필요한 지식과 기능에 관한 교육"으로 '사회생활에 기여'하는 것을 그 목적으로 변경되었다는 차이를 보이고 있다.

「개정법」에서는 보다 구체적으로 역할과 기능 및 방법에 이르기까지 교육내용을 정하고, 특수교육의 목적을 자주적인 생활능력 배양을 통해 '생활안정과 사회참여'에 기여를 목적으로 규정하였다. 그리고 현 「장애인 등에 대한 특수교육법」에 와서는 법의 최종 목적을 '자아실현과 사회통합'에 둠으로써 보다 구체적이고 실질적인 목적으로 변경되었음을 알 수 있다.

「특수교육진흥법」은 독자적 교육특별법의 형태로 입법되었다면, 「장애인 등에 대한 특수교육법」은 일반법으로서 「교육기본법」의 기반 위에서 입법되었다. 그 대상을 '특수교육필요인'으로 범위를 대폭 확대하였으며, ① 통합환경의 제공, ② 생애주기에 따른 교육의 실시, ③ 장애의 유형과 정도에 따른 특성을 고려한 교육의 실시로 질적 발전으로 입법되었다. 그리고 마지막으로 "자주적인 생활능력 향상, 생활안정과 사회참여 기여"를 "자아실현과 사회통합"으로 변경하였는데, 「특수교육진흥법」의 수동적·시혜적 관점에 있다면 「장애인 등에 대한 특수교육법」은 적극적·공존적 관점으로 변경되었다(한현민, 김의정, 2008).

시각장애 03 Chapter

고대에서 중세에 이르기까지 시각장애인들은 다른 장애인들과 마찬가지로 사회로부터 유기 또는 학대의 대상이 되었다. 비록 중세 시대에 기독교가 발전 및 보급되면서 종교적 자선정신 아래 맹인을 위한 보호시설이 설치되기 시작했지만, 이 역시 자립이나 발전을 위한 훈련 또는 교육의 수준까지 이르지는 못했다.

그러나 르네상스 운동 이후 프랑스를 중심으로 최초의 근대적인 시각장애인 교육이 시도되었다. 특히 계몽철학자인 디드로가 1749년 시각장애교육 가능성을 대중에게 알리는 에세이를 출간한 것, 1784년 파리에서 아우이가 세계 최초의 시각장애학교인 'Institution Les Jeunes Avengles'를 설립한 것, 그리고 브라이유가 점자를 창안한 것 등이 두드러지는 성과라 할 수 있다.

우리나라에서는 미국인 선교사이자 의사인 홀이 1894년 오봉래라는 시각장애아동을 가르치기 시작한 것을 시작으로, 1898년 평양에서 시각장애여아들을 위한 특별학교를 개설했는데, 이 학교가 우리나라 특수학교의 시초라 할 수 있다. 이후 1926년 현재의 서울맹학교의 전신인 <제생원>의 교사 박두성이 『훈맹정음』이라는 이름으로 6점 점자 방식인 한글점자를 창안해 시각장애교육의 토대를 마련하였다.

1 눈의 구조 및 기능

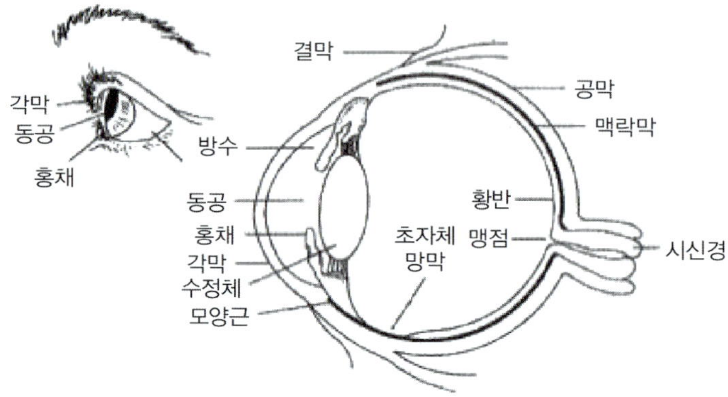

출처: 송준만, 유효순(1997). **특수아 지도.**

그림 3-1 ▸▸▸ 눈의 구조

1) 눈의 구조

사람의 눈은 두개골 앞쪽 안와(眼窩)에 하나씩 들어 있다. 안구의 지름은 약 2.5cm 정도이고 안구에서 나온 시신경을 통해 대뇌피질의 시각중추로 연결된다. [그림 3-1]에 제시된 눈의 주요 구성요소에 대한 설명은 다음과 같다.

① 안구

안구벽으로 둘러싸여 있고 앞쪽에 수정체가 있다. 수정체는 무색투명하고 빛을 모으는 볼록렌즈 역할을 한다. 안구벽은 망막, 맥락막 및 공막으로 구성되어 있다. 공막은 가장 바깥쪽 막으로 안구를 보호하며, 맥락막은 어둠상자의 역할을 하고 모세혈관이 분포되어 있어 안구에 양분을 공급한다. 가장 안쪽에 위치한 망막은 물체의 상이 맺히는 곳으로 시세포가 분포되어 있다.

② 맹점과 황반

시신경이 나가는 맹점에는 시세포가 없어 물체의 상이 맺혀도 볼 수 없으며, 황반은 시세포가 가장 많이 분포하여 상이 가장 선명하게 보인다.

③ 수정체

빛을 굴절시키는 볼록 렌즈의 역할을 한다. 수정체와 각막 사이에는 투명한 액이 차 있고 안구는 초자체로 채워져 있다. 수정체를 둘러싸고 있는 모양체는 수정체를 잡아주는 역할을 하는데, 이는 선명한 초점이 맞춰질 수 있도록 돕는다.

④ 홍채

수정체 전방에 있는 홍채는 동공의 크기를 변화시켜 안구로 들어오는 빛의 양을 조절한다. 즉, 밝은 곳에서 홍채는 이완되어 동공의 크기가 작아져 적은 빛이 들어오며, 어두운 곳에서 홍채는 수축되어 동공의 크기가 커져 많은 빛이 들어온다.

⑤ 시세포

원뿔세포와 간상세포가 있는데, 망막의 부위에 따라 두 시세포의 분포가 다르다. 원뿔세포는 황반 안에 많고 중심 홈에 가까울수록 더 많이 분포되어 있으며, 간상세포는 황반 주변에 많다. 시신경섬유는 모여서 시신경이 되고, 시각정보를 대뇌피질의 시각중추에 전달한다.

2) 눈의 기능

눈이 정상적으로 기능하기 위해서는 첫째, 빛이 있어야 하고, 둘째, 빛을 반사해 주는 무엇이 있어야 하며, 셋째, 반사된 상이 전기 자극으로 바뀌어야 하고, 넷째, 이러한 자극들이 그것이 이해되는 뇌로 전달되어야만 한다. 이러한 과정은 다음의 경로를 통해 이루어진다.

먼저 빛이 눈의 정면에 있는 각막을 통해 들어온다. 들어 온 빛의 양에 따라 홍채는 확장 및 수축운동을 통해 동공의 크기를 조절하고, 적절한 양의 빛이 동공을 통과하도록 한다. 홍채 뒤에 있는 수정체는 물체가 가깝거나 멀리 있을 때 초점을 조절하는 원근조절을 통해 눈 안쪽에 자리 잡은 망막에 물체의 상이 정확하게 맺혀지도록 한다. 빛을 반사해주는 판 역할을 하는 망막에는 빛에 의해 반응하는 세포들이 있어 빛을 전기 자극으로 바꾸고, 이 정보는 시신경을 통해 뇌로 전달된다.

2 정의 및 분류

시각의 갖가지 기능장애(시력, 시야, 광각, 색각, 안구운동 등)를 총칭해서 시각장애라 한다. 이러한 시각장애는 사용 목적에 따라 크게 법적, 교육적 정의 등이 존재하며, 법적 정의가 시력이나 시야를 중심으로 정의되는 반면, 교육적 정의는 시기능의 정도와 학습매체 등을 중심으로 기술하고 있다.

시각장애의 분류는 시력, 실명시기, 진행 정도 등 여러 요인에 따라 나누어지는데, 이러한 요인들이 시각장애 아동의 언어, 사회성, 인지영역 등에 큰 영향을 미치는 것으로 알려져 있다.

1) 교육적 정의 및 분류

시각장애 아동에 대해 교육적으로 접근할 때는 보유 시력과 연령, 시력 손상 시기, 성취 수준, 지적 능력, 현재의 다른 장애 상태, 시력 손상의 원인, 정서 및 심리 상태 등의 요인을 고려한다. 그러나 교육적 측면에서 정의를 내리기 위해 사용하는 주요 기준은 아동이 시력을 학습의 주된 수단으로 사용하는지의 여부와 그에 따른 학습매체 유형이며, 그 수준에 따라 맹과 저시력으로 분류한다. 다음의 <표 3-1>은 각각의 분류기준을 설명해주고 있다.

표 3-1 시각장애 용어 및 분류

용어	분류기준
맹	학습에 시각을 주된 수단으로 사용하지 못하고 촉각이나 청각을 주된 수단으로 사용하여 학습활동이나 일상생활에서 특별한 지원을 지속적으로 요구하는 자
저시력	저시력 기구(광학기구와 비광학기구), 시각적 환경이나 방법의 수정 및 개선을 통해 시각적 과제를 학습할 수 있는 자

2) 법적 기준 및 장애등급

법적 정의는 시각장애의 정도가 국가의 공적 서비스 대상이 될 수 있는지를 결정하는데 사용되고 있으며, 주로 시력과 시야를 기준으로 판정된다. 구체적인 판정 기준은 각 나라마다 다소의 차이는 있으나 대체로 비슷한 편이다.

미국의 경우, 법적인 맹(blindness)의 정의는 두 눈 중 좋은 눈을 교정한 시력이 20/200(200피트 전방에 있는 물체를 20피트 앞으로 가야 식별할 수 있음) 이하이거나, 20/200 이상일 경우에 시야가 20도 이하인 경우를 말한다. 또한 법적 저시력(low vision)의 정의는 교정시력이 20/200 이상 20/70 이하를 말한다(Koestler, 1976).

우리나라의 경우, 장애인복지를 목적으로 하는 「장애인복지법 시행령」 제2조(장애의 종류 및 기준)에서 다음과 같이 시각장애인의 기준을 명시하고 있다. 또한 1989년부터 정부는 기능제한 수준에 따라 시각장애인을 6등급으로 구분해 지원을 제공해 왔다.

그러나 2019년부터 기존의 의학적 관점에 따른 장애인등급제를 폐지하고 '장애 정도가 심한 장애인(중증)과 심하지 않는 장애인(경증)'으로 단순하게 개편하였는데, 시각장애인의 경우 다음과 같이 구분하고 있다.

① 장애의 정도가 심한 시각장애인

1) 좋은 눈의 시력(공인된 시력표로 측정한 것을 말하며, 굴절이상이 있는 사람은 최대 교정시력을 기준으로 한다. 이하 같다)이 0.06 이하인 사람
2) 두 눈의 시야가 각각 모든 방향에서 5도 이하로 남은 사람

② 장애의 정도가 심하지 않은 시각장애인

1) 좋은 눈의 시력이 0.2 이하인 사람
2) 두 눈의 시야가 각각 모든 방향에서 10도 이하로 남은 사람
3) 두 눈의 시야가 각각 정상시야의 50퍼센트 이상 감소한 사람
4) 나쁜 눈의 시력이 0.02 이하인 사람

한편, 「장애인 등에 대한 특수교육법」에서는 특수교육대상자의 선정 기준을 통해 "시각계의 손상이 심하여 시각기능을 전혀 이용하지 못하거나 보조공학기기의 지원을 받아야 시각적 과제를 수행할 수 있는 사람으로서, 시각에 의한 학습이 곤란하여 특정의 광학기구·학습매체 등을 통하여 학습하거나 촉각 또는 청각

을 학습의 주요 수단으로 사용하는 사람"으로 시각장애를 지닌 특수교육대상자를 규정하고 있다.

3 출현율

Trief와 Morse(1987)는 학령기 아동의 15%가 임상적으로 시각장애를 가지고 있으나 교정 후에는 실제적인 출현율이 감소된다고 보았다. 시각장애는 학생 500명당 약 1명(Scott, 1982)에서 1,000명당 1명(Kirk & Gallagher, 1983)의 범위로 추정하는데, 일반적으로는 학령인구의 0.1%를 시각장애 인구로 보고 있다. Hallahan과 Kauffman(2000)은 6세에서 17세의 아동을 대상으로 조사한 결과, 시각장애 아동의 출현율이 0.05%라고 보고한 바 있다(박순희, 2005).

국내의 경우 보건복지부(2017)의 장애인 실태조사에 따르면 우리나라 국민 중 시각장애인은 266,823명으로 추정되고 있으며, 이는 전체 장애인의 10%로 15개 장애유형 중 지체장애, 뇌병변장애, 청각장애 다음으로 많은 수에 해당한다. 또한 특수교육대상자의 경우 특수교육 연차보고서(2018)에 의하면 시각장애를 지닌 아동 수는 모두 1,981명으로 전체 특수교육대상자의 2.2%를 차지하고 있다. 이 중 1,260명은 특수학교에서 교육받고 있으며 나머지 721명은 일반학교의 특수학급과 일반학급 그리고 특수교육지원센터에서 교육을 받고 있는 것으로 나타났다.

4 임상적 원인

시각기능의 이상에는 근시, 원시 등 가장 일반적인 증상인 굴절 이상 이외에도 시력이 전혀 없거나 광각만을 느끼는 아동, 시야가 심하게 좁은 아동 등 다양하게 나타나고 있다. 시각장애의 원인을 발생시기별로 구분해보면, 선천적인 원인으로 백색증, 백내장, 소안구증, 안구진탕증, 시신경 위축 등이 있으며, 출생 시 원인으로 외상, 감염, 미숙아 망막증 등을 대표적인 것으로 들 수 있다. 후천적인 원인에는 후천성 백내장, 녹내장 등이 있다. 다음은 근시와 원시를 제외하고 시각장애를 초래하는 가장 대표적인 원인들을 차례로 보여주고 있다(박순희, 2005; 임안수, 1997).

1) 백색증

백색증은 멜라닌 세포에서이 멜라닌 합성이 결핍되는 선천성 유전질환으로, 피부, 털, 눈에서 모두 증상이 나타나는 눈 피부 백색증과 눈에서만 증상이 나타나는 눈 백색증으로 나뉜다. 눈 백색증은 일반적으로 남자에게 더 많이 나타나고 시력저하, 난시, 광선공포증, 안구진탕증을 수반한다.

2) 백내장

수정체가 혼탁해져 빛을 제대로 통과시키지 못하게 되면서 안개가 낀 것처럼 시야가 뿌옇게 보이게 되는 질환을 백내장이라 한다.

백내장은 수정의 혼탁한 부위, 크기, 위치, 농도 등에 따라 시력에 미치는 영향이 다르며 수술이나 안경 등을 착용해도 시각장애를 갖게 되는 경우가 많다. 선천성 백내장의 경우 산모의 풍진, 갈락토스혈증이 주 원인이며, 눈에 생기는 상처, 열, 방사선 등에 의한 외상성 백내장도 있다. 후천성 백내장은 중년 이후에 주로 나타나는데 인공수정체로 수술하여 시력을 교정해주기도 한다.

3) 녹내장

녹내장은 안압의 상승으로 인해 시신경이 눌리거나 혈액 공급에 장애가 생겨 시신경의 기능에 이상을 초래하는 질환이다. 시신경은 눈으로 받아들인 빛을 뇌로 전달하여 '보게 하는' 신경이므로 여기에 장애가 생기면 시야 결손이 나타나고, 말기에는 시력을 상실하게 된다. 녹내장 증세는 안압의 증가에 따른 통증, 메스꺼움, 두통 등의 증세를 보인다.

4) 안구진탕증

안구진탕증은 무의식적으로 눈이 움직이는 증상을 말한다. 안구진탕은 눈을 한 방향으로는 부드럽게, 다른 방향으로는 경련을 일으키면서 번갈아 움직이므로 초점을 맞추기 어렵게 되고 시력 저하를 유발한다. 안구진탕은 실명의 원인 중 하나가 되기도 하고, 실명한 이들에게서 나타나기도 한다.

5) 망막 박리 및 색소변성

망막 박리는 망막이 안구 내벽으로부터 떨어져 들뜨게 되는 병적 상태를 말한다. 망막이 들뜨게 되면 망막에 영양 공급이 되지 않아 시세포의 기능이 점차 떨어지게 되고, 이런 상태가 지속되면 영구적인 망막위축이 발생하여 실명하기도 한다. 망막색소변성은 눈의 망막에 있는 세포가 변성되어 초기에는 야맹이 나타나고, 상당 기간 진행하게 되면 터널시야가 나타나다가 중심 시력이 감소해 결국 실명하게 되는 유전성 질환이다.

6) 시신경 위축

시신경 위축은 시신경 유두가 창백해지고 시력이 감퇴하는 눈의 질병이다. 그 원인에는 두개저골절, 뇌하수체종양, 매독, 중독, 녹내장, 다발성경화증, 유전 등을 들 수 있는데, 이들로 인해 산소결핍이 발생하여 시신경세포가 기능장애 및 변성을 일으키는 것이다. 손상된 부위와 정도에 따라서 시력, 시야, 색깔 지각 등에서 어려움을 나타낸다.

7) 사시

사시는 두 눈이 정렬되지 않고 서로 다른 지점을 바라보는 시력 장애이다. 즉, 한 쪽 눈이 정면을 바라볼 때, 다른 쪽 눈은 안쪽 또는 바깥쪽으로 돌아가거나 위 또는 아래로 돌아가는 증상이 나타나는 것이다. 근육의 불균형에 의하여 생기며, 사시로 인한 이중 시각상을 피하기 위해 주로 더 나은 쪽의 시력을 사용하고 다른 쪽 눈을 가리는 경우가 많은데, 이에 따라 약시가 초래되기도 한다.

8) 미숙아 망막증

미숙아 망막병증이란 미숙아, 특히 저체중출생아에게서 발생할 수 있는 질병이다. 출생 시 망막의 혈관이 완전히 형성되지 않은 미숙아에게서 출생 후 혈관형성 과정에 장애가 발생하면 비정상적인 섬유혈관증식이 발생하고, 이것이 더욱 진행하여 망막이 박리되면서 최종적으로는 실명을 초래할 수 있는 질병이다.

9) 기타

앞에서 제시한 원인들 이외에도 임산부가 임신 초기 풍진에 감염되면, 시각, 청각, 지적장애 등의 장애를 가진 아동이 태어날 가능성이 높다. 그리고 태아 시기에 안구 형성에 문제가 생겨 소안구증, 무수정체안, 홍채결손증 등이 나타날 수도 있다.

5 선별 및 평가

시각장애 아동을 선별하는 방법은 크게 두 가지로 나뉜다. 하나는 학령기 아동의 경우 매년 실시하는 체력검사의 하위항목인 원거리 시력검사이고, 다른 하나는 아동의 눈 외모 및 행동에 대한 관찰을 통해서이다.

현행 우리나라의 「학교보건법」에 따르면, 초·중·고등학생들은 1년 1회 이상 신체검사의 일부로 시력검사를 받아야 한다. 이 검사에 주로 사용하는 도구는 그림, 숫자, 한글로 구성된 한천석 원거리 시력표이며, 시력표에서 4~6m 떨어진 곳에서 아동의 시력을 측정한다.

각 학교의 보건교사가 이를 관리하고 결과를 건강기록부에 기록해야 한다. 시각장애 아동을 선별하기 위한 또 다른 방법은 부모나 교사가 아동의 눈 외모 및 시각적 행동을 관찰하는 것이다. 현재 표준화된 관찰 도구는 없으나 <표 3-2>에 제시한 항목들을 기준으로 아동을 관찰하고, 관찰 빈도가 주 1회인 항목들이 세 개 이상일 경우 아동이 안과진단을 받도록 하는 것이 바람직하다.

표 3-2 시각장애 아동 선별을 위한 관찰표

영역	항목
1. 눈의 외모	• 눈이 자주 충혈된다. • 눈을 자주 비비거나 깜박거린다. • 눈물이 자주 흐른다. • 눈곱이나 고름이 많이 나온다. • 다래끼가 자주 생긴다. • 동공이 흐려지거나 열린다. • 눈동자가 계속 움직인다. • 각막이 혼탁하다. • 눈꺼풀이 처지거나 부어 있다.
2. 눈을 사용한 후 호소하는 증상	• 어지럽다고 한다. • 눈이 아프다고 한다. • 머리가 아프다고 한다. • 메스껍다고 한다. • 눈이 흐리다고 한다. • 글자나 단어가 겹쳐 보인다고 한다. • 눈꺼풀이 화끈거리거나 간지럽다고 한다.
3. 근거리 과제 수행 시 나타내는 시각 행동	• 머리를 지나치게 앞으로 내밀며 본다. • 얼굴을 찌푸린다. • 한 눈을 가리거나 감는다. • 근거리 작업을 수행한 후 눈의 피로를 지나치게 느낀다. • 비정상적인 각도에서 자료를 들고 읽는다. • 머리를 돌려 한 눈만 사용한다. • 자료를 지나치게 가까이 두고 읽는다. • 책을 읽을 때 줄을 자주 잃는다. • 책을 읽을 때 머리를 몹시 움직인다. • 일반문자를 읽기 어려워한다. • 글씨를 쓸 때 줄을 맞추지 못하고 간격이 일정치 않다.
4. 원거리 과제 수행 시 나타나는 시각 행동	• 머리를 너무 앞으로 내밀며 본다. • 다른 아동들보다 더 많이 떨어진다.

영역	항목
	• 칠판을 볼 때 사시이다. • 벽시계를 찾기 어려워한다. • 멀리 있는 사물을 보지 못한다. • 사물과 자주 부딪친다. • 지나치게 조심하며 걷는다. • 먼 거리에서 일반문자를 읽기 어려워한다.
5. 주변 시각 행동	• 보행할 때 머리를 돌린다. • 정면이 아닌 곳에 있는 사물을 보지 못한다. • 양 옆에 있는 사물과 부딪힌다. • 옆에서 사람이 다가오면 지나치게 놀란다. • 글씨를 쓸 때 페이지 중간부터 쓴다.
6. 기타	• 빛에 지나치게 민감하다.

출처: 박원희 외(2009), **특수교육학**.

6 시각장애아의 특성

아동은 개개인마다 독특한 발달적 특성을 가지고 있다. 그러나 시각장애 아동은 시각의 장애로 인해 경험의 범위와 다양성, 보행능력, 환경과 상호작용에서 제한성을 갖게 되고, 이에 따라 정안 아동들과 비교할 때 여러 발달영역에서 불리함을 갖게 될 수 있다. 시각장애 아동들에게서 나타나는 특성들을 운동발달, 인지적 발달, 언어발달, 사회적 발달로 나누어 살펴보면 다음과 같다.

1) 운동발달

시각장애 자체가 아동의 기초 체력이나 운동발달에 영향을 주지는 않지만, 시각장애 아동 중에는 체력이 약하거나 운동능력이 뒤떨어지는 아동이 많다(Warren, 1994). 이러한 원인은 기본적인 운동량 부족과 운동경험의 제한, 운동욕구의 감소 등을 들 수 있다. 주변 환경에 대한 불확실성은 움직일 때 자신감을 잃게 하며, 눈을 통한 신체적 움직임의 모방이 어렵기 때문에 다양한 신체기능을 습득하고 강화시킬 수 있는 기회를 놓치게 만든다. 그리고 보이지 않음으로 인한 운동상의 반복적 실패경험은 활동 능력에 대한 욕구를 감소시키는데, 이는 시각장애 아동에게 탐구와 참여에서 멀어지게 만들 수도 있다.

실제 운동의 대부분은 주위 환경을 이해하고 자신의 현재 위치와 이동하고자 하는 방향을 파악하는 방향정위(orientation), 그리고 이동(movement)으로 이루어지는데, 시각장애 아동은 따라 할 모델을 쉽게 관찰할 수 없으므로 잔존시력과 다른 감각들을 동원하고 환경 단서와 지표를 최대한 활용해야만 한다. 또한 시각장애 아동은 환경의 상황이나 목적에 따라, 자유롭게 자세를 변화시키거나 유지하는 자세조정능력이 잘 발달되지 않아 동작이 유연하지 못한 경우가 많다. 자세조정능력 또한 타인의 동작을 모방함으로써 습득되는 것이 많아 시각장애 아동은 바른 자세와 민첩한 동작을 갖는 데도 불리함을 가지고 있다.

2) 인지발달

시각장애 아동은 세상의 정보를 받아들이는 주요 감각 수단인 시각이 손상되어 사물을 지각하고 개념을 습득하는 데 지체를 보인다. 맹 아동은 물론이고 저시력 아동 또한 제한된 잔존시력으로 대상을 흐릿하게 인식함으로써 정상시력으로 보는 이미지와 다른 왜곡되고 부정확한 이미지를 가지게 되기 쉬운데, 이러한 이유로 인해 시각장애 아동은 일반 아동이 경험하는 것을 하기 어려운 것이다. 이러한 지각에 대한 경험의 부족 등으로 인해 시각장애 아동은 정안 아동이 2세 정도에 습득하는 사물 항상성 개념이나 인과개념을 습득하는 데 있어서도 지연을 보인다고 한다(이경림, 2008). 지능의 경우, 시각장애 아동이 일반 아동보다 낮게 나오는 경우가 있는데 시각장애 때문이기보다는 지능검사의 불리함 때문인 경우가 많은 것으로 알려져 있다. 실제로 시각장애 아동 중에는 지능검사의 일부 하위영역에 대한 검사가 불가능한 경우가 많다. 결론적으로 시각장애 아동의 지능이 정안 아동과 비교해 크게 차이가 있다고 추정할 만한 증거는 나오고 있지 않다.

3) 언어발달

시각장애가 언어발달에 영향을 준다는 견해와 그렇지 않다는 견해가 있다. 그러나 실제 시각장애 아동의 언어발달이 정안 아동과 차이를 보일 수 있는 가능성이 존재하므로 이에 대한 면밀한 관심이 요구된다.

시각장애를 지닌 영아는 언어가 환경 내의 대상을 상징화한다는 상징적 기능을 이해하지 못해서 언어습득이 지연될 수 있다. 선천적인 시각장애 아동은 시각적 모방이 제한되어 있어 언어발달이 지연되며, 의미를 모르고 사용하는 낱말이 많다. 그러므로 언어발달에 지체를 가져올 경우 시각적 경험과 관련된 언어지도에 특히 유의해서 지도해야 한다.

예를 들어, 시각장애로 인해 경험할 수 없는 색깔에 대한 언어들, 거리가 너무 멀거나 커서 만져 볼 수 없는 하늘, 구름, 안개, 지평선, 산 등을 지도 시 올바른 개념이 형성될 수 있도록 해야 한다. 또한 시각장애 아동의 경우 많은 낱말을 적절히 사용해도 촉각 및 청각 경험에 의존해야 하기 때문에 실제 의미와는 약간 다른 의미로 고착될 수 있다(Perez-Pereira, & Conti-Ramsden, 1999). 직접 경험하지 않은 낱말을 실제로 경험한 것처럼 말할 수도 있고, 경험을 해 본 낱말이라 하더라도 정안 아동이 느끼는 것보다 제한된 범위에서 이해하고 말할 수도 있다.

4) 사회적 발달

시각장애는 아동에게 가족 간 상호작용이나 사회적 상황 인식을 어렵게 하고, 우연적인 관찰을 통한 사회적 기술의 습득 기회를 많이 놓치게 만든다. 또한 시각장애 아동을 이해하는 타인의 태도 등도 시각장애 아동의 사회적 발달에 영향을 미칠 수 있다(이경림, 2008).

시각장애를 지닌 유아의 경우, 청각적인 자극을 통해 능동적인 성향을 유발하거나 유지시키는 데 한계가 있기 때문에 시각장애유아의 성격은 조용하고 수동적인 성향을 갖기 쉽고, 나아가 시각장애 아동의 대인관계는 소극적일 뿐만 아니라 사회나 환경에 대해서도 능동적으로 대처하는 경향이 적다.

따라서 유아기의 모자관계나 그 후의 대인관계의 원만한 성립을 위해서라도, 단순히 장애에 따른 어려움에만 주목하기보다는 시각장애 아동과 주위 사람과의 관계에 대해서도 배려하는 것이 중요하다. 때때로 시각장애 아동의 교육에서 사회화 기술을 소홀히 다루는 경향이 있는데, 이 기술은 아동의 학교생활은 물론 전반적인 삶의 질에 매우 큰 영향을 미친다. 더욱이 차례를 기다리기, 다른 사람에게 주목하기, 대화를 시작하고 계속하기, 같은 연령의 정안 아동이 흔히 사용하는 표현이나 행동을 이해하고 사용하기 등 해당 연령대에 필요한 사회화 기술들은 관찰과 우발학습을 통하여 습득되기 때문에 시각장애 아동은 이러한 기술을 발달시키는 데 큰 어려움을 겪게 된다.

교사는 이러한 사항들을 고려해서 시각장애 아동이 충분한 사회경험을 할 수 있도록 환경을 마련해주고, 직접 경험할 수 있는 기회를 제공하여 여러 사회적 상황과 인간관계에서 요구되는 적합한 행동들을 이해하며, 바람직한 사회적 관계들을 형성시켜 나갈 수 있도록 지도해야 한다.

7 교수적 접근

1) 교수방법

시각장애 아동에게 적절한 교육을 제공하기 위해서는 시각장애 아동의 특성에 적합하게 교육방법을 수정할 필요가 있다. 다음은 시각장애 아동을 위해 적용할 수 있는 교실환경 및 교수자료의 수정 전략에 관한 내용이다.

(1) 교실환경

교실환경은 아동의 시각 활용 수준에 따라 달리 구성할 필요가 있다. 저시력 아동과 맹 아동으로 구분해 필요한 환경 수정 전략을 제시하면 다음과 같다.

① 저시력 아동을 위한 환경 수정

- 명암차이 활용: 서로 다른 두 물체 표면의 밝기 차이가 클수록 각 표면이 눈에 쉽게 띄어 시각 과제 수행에 도움이 된다.

- **색깔 단서 활용**: 색각에 대한 기능시각 평가를 통해 저시력 아동이 쉽게 인식할 수 있는 색을 적용해 목표물을 쉽게 찾을 수 있도록 한다.
- **조명수준 조절**: 적합한 조명 수준은 시각장애 원인에 따라 다르다. 예를 들면 미숙아망막병증, 시신경위축, 백내장(수정체 주변부) 등으로 인한 시각장애 아동의 경우 높은 수준의 조명이 필요하지만, 녹내장, 백내장(수정체 중앙부), 백색증, 안구진탕, 망막색소변성이 있는 아동에게는 상대적으로 낮은 수준의 조명이 적절하다. 개별 아동의 책상에 스탠드를 설치해주는 것이 도움이 되기도 한다.
- **눈부심 방지**: 많은 시각장애 아동이 햇빛으로 인한 눈부심을 심하게 느끼므로 교실에 커튼이나 블라인드 등을 설치하고, 유리창 근처 자리에 저시력 아동을 배치하지 않는다.
- **글지그기 확대**: 게시물 글자의 크기를 크게 하고 칠판에 판서할 때도 크게 쓴다.
- **거리 조절**: 눈과 대상 사물의 거리가 가까울수록 저시력아동의 시각 활용은 증가하므로, 교내 게시물을 바라볼 수 있는 위치와 거리에 주의한다.
- **배열 조절**: 일정한 공간에 제시된 시각 정보가 너무 많거나 복잡할 때, 저시력 아동은 혼란을 느끼거나 과제를 느리게 수행한다. 교실 내 책상이나 가구를 단순하게 배열한다.

② 맹 아동을 위한 환경 수정

- **체계적인 정돈**: 맹 아동이 교내에서 안전하게 보행할 수 있게 교실 내 책상이나 기타 가구를 체계적으로 정돈하고 그 위치 등에 대해 설명해 준다. 책상이나 가구의 위치를 바꿀 경우 변경된 위치를 맹 아동에게 미리 알려 주어야 한다.
- **점자 표찰 활용**: 교실 번호, 명패, 사물함 등에 점자로 표찰을 붙여준다.
- **청각 및 촉각 랜드마크 제공**: 랜드마크란 환경을 이해하는 데 참고할 수 있는 사물 또는 감각 정보를 말한다. 예를 들어, 맹 아동이 자신의 교실을 찾는 것을 돕기 위해 교실 입구에 특정 깔개(촉각)를 고정시켜 두거나 남녀 화장실을 쉽게 구별할 수 있도록 서로 다른 방울소리(청각)를 설치하는 것 등이다.

(2) 교수자료

시각장애 아동에게 적절한 교수자료를 결정하는 것은 학업과 진로에 많은 영향을 주므로 신중하게 이루어져야 한다. 시각장애 아동을 위한 교수자료는 다음과 같이 크게 시각자료, 청각자료, 촉각자료로 구분할 수 있다.

① 시각자료

일반문자로 된 자료, 전자파일, 확대 편집한 자료 등을 포함한다. 시각자료를 활용하기 위해서는 <표 3-3>에 제시된 보조도구들의 도움을 받을 수도 있다. 만약 저시력 아동에게 시각자료를 전자파일로 제공할 수 있다면, 컴퓨터를 사용해 자신에게 알맞게 수정할 수도 있다.

표 3-3 저시력 아동을 위한 보조도구

명칭	설명
확대경	책, 서류 등을 볼 때 주로 사용된다. 램프가 부착되어 있는 것과 없는 것, 그리고 손잡이형, 막대형, 스탠드형 등이 있다.
단안망원경	양안의 시력차가 크게 차이가 나는 경우 단안경을 이용한다. 배율은 2배에서 최고 14배까지 있다. 길거리에 있는 간판, 거리 이름, 자동차 행선지 번호 등을 볼 때 유용하다.
시야보정기	눈의 중심부나 주변부 시야에 제한이 있는 경우 사용하는데, 오목렌즈를 이용한 축소경과 역상 망원경이 있다. 역상 망원경을 통해 보면 사물이 축소되면서 더 넓은 범위를 볼 수 있게 해 준다.
전자확대기	일반적인 광학기구 등으로는 불가능한 25배 이상의 확대가 가능한 전자 장치로서, 일종의 폐쇄회로 텔레비전(CCTV)이다.
휴대용 전자확대기	휴대뿐만 아니라 가정용 TV에 연결해 사용할 수 있는 감지용 카메라이다.
확대 소프트웨어	화면의 일부 혹은 전체를 확대시켜주는 소프트웨어이다.

② 청각자료

녹음자료, 전자파일, 낭독 등이 해당된다. 일부 참고서, 아동 및 청소년 도서는 시각장애인복지관이나 녹음도서관에 제작되어 있어서 대출받아 이용할 수 있다. 간단한 자료는 교사가 직접 녹음해 아동에게 제공해 줄 수도 있다. 전자파일로 되어 있는 자료의 경우 음성으로 화면을 읽어 주는 소프트웨어를 통해 청각 자료로 변환시킬 수도 있다.

③ 촉각자료

점자자료, 사물, 모형, 양각 자료 등을 포함된다. 서적의 경우, 점자로 되어 있지 않더라도 전자파일이 있다면 점자정보단말기에서 파일을 불러내어 점자로 읽을 수 있다. 파일이 없다면 직접 입력해주거나 자원 봉사자를 확보하여 입력하게 한 후 파일을 맹 아동에게 전달한다. 그러나 물체 그림이나 지도 등의 학습내용은 점자자료로 제작하는 데 한계가 있으므로, 실물이나 모형 또는 양각자료 등을 사용해 지도한다. 양각자료란 촉각변별이 가능한 여러 가지 사물을 통해 만든 자료 또는 입체복사기 등으로 복사하여 볼록하게 형태를 나타내는 자료이다.

2) 교수내용

(1) 개념발달

시각장애가 있는 아동에게는 신체개념, 공간개념, 그리고 환경개념에 대한 지도가 매우 중요하다. 첫째, 신체개념에 대한 지식은 공간개념의 발달과 방향정위와 이동에 기초가 된다. 신체개념의 발달에는 여러 신체 부위의 명칭과 정체, 위치, 움직임, 상호관계, 그리고 기능 등의 파악이 필요하다. 인형을 이용한 개인 신체상 훈련 프로그램이 취학 전 맹 아동의 신체상을 개선하는 데 효과가 있다.

둘째, 공간개념은 위치, 모양, 그리고 측정의 세 가지 유형으로 구분된다. 위치 범주에는 앞·뒤, 꼭대기·바닥, 좌·우, 두 사이, 평행 등이 포함된다. 모양 범주에는 원형, 장방형, 정방형 등이 포함된다. 측정범주에는 거리, 양, 무게, 부피, 폭, 길이 그리고 크기가 포함되는데, 표준단위를 사용한 절대적 측정값 이외에도 가깝다, 크다, 작다 등과 같이 상대적인 개념도 포함된다.

셋째, 환경개념에는 거리, 교통 신호등, 도로 위의 안전지대, 지형(구릉지, 경사로), 질감(시멘트, 흙, 자갈, 단단함, 부드러움), 그리고 공기상태(고온, 저온, 다습, 건조) 등이 포함된다. 고정된 대상, 움직이는 대상, 또는 이동 가능한 대상의 차이점과 특성을 이해하는 것이 중요하다. 정확하고 다양한 개념을 발달시키고, 그 용도의 의미를 풍부하게 하려면 환경과의 감각적인 상호작용이 일어나게 한다.

(2) 듣기

듣기는 의사소통의 일부이며 시각장애가 있는 아동들 모두에게 요구되는 중요한 기술이기도 하다. 그들은 다른 사람들의 말을 들으며, 녹음된 서적내용을 듣고, 텔레비전, 라디오, 컴퓨터 등 여러 다른 장치로부터 나오는 소리를 듣는다. 특히, 시각 손상이 심한 사람들에게 듣기는 정보를 얻는 주된 방식이기도 하다. 좋은 듣기 기술을 발달시키는 것은 아동들 모두에게 중요하므로 교사들은 듣기 기술을 향상시키는 것에 목표를 둔 교수활동을 계획, 실천해야 한다.

다음 <표 3-4>는 아동의 듣기 기술을 개발시키기 위해 교사들이 참고할 수 있도록 낮은 위계에서 높은 위계로의 듣기 기술 위계를 제시한 것이다.

표 3-4 듣기 기술 위계

위계	듣기 기술	점검사항
낮음	소리의 인식	소리의 존재 여부에 따라서 행동이 바뀌는가? (놀라는 반응)
↑	청각적 주의집중	서로 다른 소리가 가지는 서로 다른 의미를 해석할 수 있는가? (개 짖는 소리, 초인종 소리)
	청각적 주의집중의 폭	다소 긴 시간 동안 계속되는 소리에 주의를 집중할 수 있는가?
	소리의 위치	소리의 위치나 방향을 말할 수 있는가?
	청각적 변별	소리들 사이의 유사성과 차이점을 인식할 수 있는가?
	청각적 기억	일련의 소리를 저장하고 회상할 수 있는가?
	청각적 기억의 폭	소리와 사건을 합하거나 또는 언어적 명령을 일정 기간 동안 기억할 수 있는가?
	청각적 계열	잇따라 명명된 항목들의 순서를 기억할 수 있는가?
	청각적 투사	멀리 떨어진 곳에서 나는 소리에 주의를 기울이고 그것을 해석할 수 있는가?
	청각적 전경-배경 변별	환경 내에 특정한 소리와 경쟁하는 소리가 있다 할지라도 그 소리에 주의를 기울일 수 있는가?
	청각적 혼합	아동이 완전한 단어를 만들기 위해 소리들을 모아서 표현할 수 있는가?
↓	청각적 종결	아동이 부분만 제시된 단어를 완성할 수 있는가?
높음	재청각화	아동이 음조와 변화 형태를 기억할 수 있는가?

출처: 공주대학교 특수교육연구소(2010), **특수아동교육의 이해**.

이와 같이, 대부분의 듣기 지도는 정상적인 청력을 가진 시각장애 아동이 소리의 정체를 확인하고, 소리를 변별하며, 의미 있는 소리를 선택해서 해석하는 과정을 포함하고 있다.

(3) 점자

시각 손상이 심한 아동들은 일반 아동들과 다른 방법으로 읽기와 쓰기를 한다. 점자는 맹인의 읽기 및 쓰기에 사용되고 있는 한 가지 방법으로, 지면에 볼록 나오게 찍은 점을 촉각으로 느끼게 하는 부호 체계이다. 시각장애 아동이 의사소통을 원활하게 할 수 있도록 하기 위해서는 점자를 우선적으로 가르쳐야 한다. 점자는 시각장애 아동에게 자신감과 독립성 그리고 동등권을 가져다주며, 점자를 능숙하게 읽고 쓸 수 있는 시각장애 아동은 점사를 모르는 시각장애 아동보다 취업률이 높고, 더 높은 자아존중감을 갖는다(Ryles, 1996). 따라서 조기에 시각장애 아동에게 점자를 가르치는 것은 중요하다.

점자는 1829년에 프랑스의 Braille(1809~1852)가 최초로 만들었으며, 우리나라 한글 점자는 1926년 박두성(1888~1963)이 만들었다. 기본적으로 점자는 한 칸을 구성하는 점 여섯 개(세로 측 3, 가로 측 2)가 조합하는 방식인데, 현재 우리나라의 점자는 2006년에 개정된 「한국점자규정」을 따르고 있다. 읽기 수단으로서의 점자는 매우 번거롭고 느리며, 점자 읽기에 어느 정도 숙달하려면 많은 훈련과 연습이 요구된다.

출처: http://blog.daum.net/specialbonus1/22

그림 3-2 ... 점판과 점필

점자 쓰기 지도는 [그림 3-2]에 제시된 점판과 점필을 사용하여 할 수 있다. 점판의 위판과 아래판 사이에 점자용지를 넣고 읽을 때와 반대 방향이 되도록 오른쪽에서 왼쪽으로 점을 찍어나가는데, 한 점자를 구성하는 점의 위치도 읽을 때와 반대가 되도록 좌우를 바꿔서 찍는다. 다음 [그림 3-3]은 손으로 점자용 도서를 읽어나가는 모습이다.

출처: http://blog.naver.com/inno73/40174347319

그림 3-3 ▸▸▸ 점자용 도서

최근에는 [그림 3-4]에 제시된 것과 같은 점자정보단말기가 보급되어 점자 읽기와 쓰기가 용이해지고, 묵자와의 호환, 대량 점자정보의 휴대 등이 가능해 시각장애 아동의 의사소통과 학습에 큰 도움을 주고 있다.

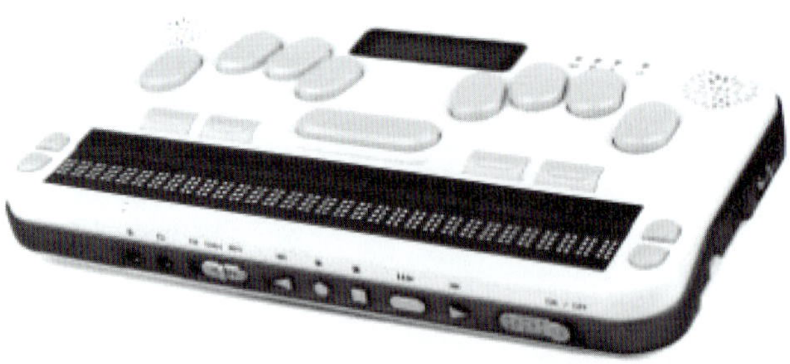

출처: http://blog.naver.com/edufair/220231172171

그림 3-4 ▸▸▸ 점자정보단말기

(4) 보행

보행이란 방향정위(orientation)와 이동(mobility)의 의미가 함께 포함되어 있다(임안수, 1997). 방향정위는 개인이 환경 속에서 자신의 위치와 의미 있는 모든 대상 간의 관계를 정하는 데 있어서 잔존감각을 이용하는 과정이고, 이동은 개체가 한 장소에서 다른 장소로 옮겨가는 것이다.

시각장애가 있는 아동이 환경을 이해하고, 한 곳으로부터 다른 곳으로 이동할 수 있게 하기 위해서는 그들에게 방향정위와 이동에 대한 지도를 해야 한다. 보행지도사, 교사, 작업치료사, 물리치료사, 특수 체육교사, 가족 등이 팀을 이루어 보행지도를 계획하고 실행한다. 시각장애인의 보행을 돕는 대표적인 도구로는 시각장애인의 표지이고 자주성을 상징하는 흰 지팡이를 들 수 있다. [그림 3-5]에 제시된 흰 지팡이는 지면의 변화와 장애물에 대한 정보를 제공해주는 안테나 역할을 하는데, 다른 사람들에게 사용자가 맹인임을 알게 하여 보호를 받게 하는 기능도 있다.

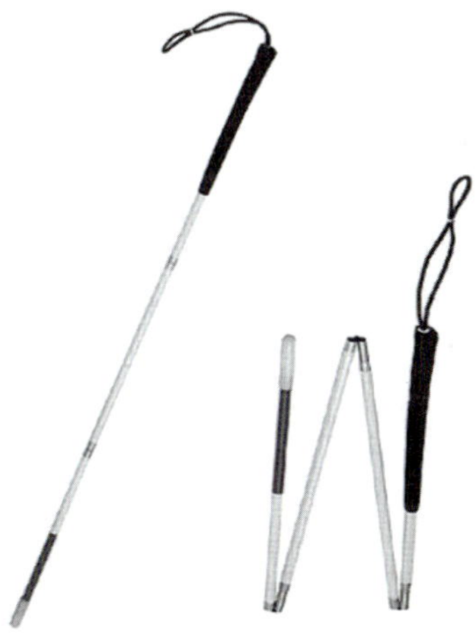

출처: http://blog.naver.com/bakain/70177502897

그림 3-5 ⋙ 시각장애인용 지팡이

일부 맹인들의 경우, [그림 3-6]과 같이 시각장애인 안내견을 이용해 보행의 도움을 받고 있다. 일반인들이 안내견을 만났을 때 귀엽다고 쓰다듬거나 먹을 것을 주게 되면 사용자의 보행에 지장을 주게 되므로 하지 말아야 한다.

출처: http://nicolacornick.co.uk/blog/wp-content/uploads/2013/08/IMG_3660-copy.jpg

그림 3-6 시각장애인 안내견

청각장애 04 Chapter

청각은 학습과 언어 습득을 하는 데 있어 중요한 역할을 한다. 따라서 청각 기능에 문제가 있으면 말을 배워 사용하는 데 어려움이 발생하여 음성언어를 통한 학교생활을 제대로 하지 못하게 된다. 하지만 이들도 교육을 통하여 말을 습득할 수도 있고, 수화나 지문자를 통해 의사소통을 할 수도 있다. 그러므로 이들에게 다양한 의사소통 기술을 가르쳐 이들이 청각장애인뿐만 아니라 일반인과도 의사소통을 할 수 있도록 지도해야 한다.

1 청각장애의 정의와 분류

청각장애의 정의와 분류체계는 전문가의 견해와 학문분야, 그리고 여러 가지 고려되는 변인에 따라 다양하게 정의된다. 「장애인 등에 대한 특수교육법」, 「장애인복지법」, 그리고 미국의 「장애인교육법」에서 규정하고 있는 정의는 다음과 같다.

1) 장애인 등에 대한 특수교육법의 정의와 분류

「장애인 등에 대한 특수교육법 시행령」(2013년 개정)에서는 청각장애인을 다음과 같이 정의하고 있다.

"청각장애를 지닌 특수교육 대상자는 청력손실이 심하여 보청기를 착용해도 의사소통이 불가능 또는 곤란한 상태이거나, 청력이 남아 있어도 보청기를 착용해야 청각을 통한 의사소통이 가능하여 청각에 의한 교육적 성취가 어려운 사람"

「장애인 등에 대한 특수교육법」의 정의를 바탕으로 하여 청각장애를 교육적 관점에서 분류하면 다음과 같다.

- **농**: 청력손실이 심하여 보청기를 사용해도 청각에 의한 의사소통이 불가능하거나 곤란한 상태
- **난청**: 잔존청력을 가지고 있으나 보청기를 착용해야 청각을 통한 의사소통이 가능한 상태

2) 장애인복지법의 정의와 분류

「장애인복지법 시행령(2018)」에서 제시한 청각장애인에 대한 정의는 다음과 같다.

- 두 귀의 청력손실이 각각60dB 이상인 사람
- 한 귀의 청력손실이 80dB 이상, 다른 귀의 청력손실이 40dB 이상인 사람
- 두 귀에 들리는 보통 말소리의 명료도가 50% 이하인 사람
- 평형 기능에 상당한 장애가 있는 사람

「장애인복지법 시행규칙(2013)」에서는 청력 손실정도에 따라 청각장애의 등급을 2~6급으로 분류하고 있었으나, 2019년에 장애인 등급 제도가 폐지됨에 따라 장애의 정도가 심한장애인과 장애의 정도가 심하지 않은 장애인으로 분류되었다. 개정된 「장애인복지법 시행규칙(2019)」의 청각장애에 대한 정의는 다음과 같다.

(1) 청력을 잃은 사람

① 장애의 정도가 심한 장애인

두 귀의 청력을 각각 80dB 이상 잃은 사람(귀에 입을 대고 큰소리로 말을 해도 듣지 못하는 사람)

② 장애의 정도가 심하지 않은 장애인

- 두 귀에 들리는 보통 말소리의 최대의 명료도가 50% 이하인 사람
- 두 귀의 청력을 각각 60dB 이상 잃은 사람(40cm 이상의 거리에서 발성된 말소리를 듣지 못하는 사람)
- 한 귀의 청력을 80dB 이상 잃고, 다른 귀의 청력을 40dB 이상 잃은 사람

(2) 평형기능에 장애가 있는 사람

① 장애의 정도가 심한 장애인

양측 평형기능의 소실로 두 눈을 뜨고 직선으로 10m 이상을 지속적으로 걸을 수 없는 사람

② 장애의 정도가 심하지 않은 장애인

평형기능의 감소로 두 눈을 뜨고 10m 거리를 직선으로 걸을 때 중앙에서 60cm 이상 벗어나고, 복합적인 신체운동이 어려운 사람

3) 미국 장애인교육법의 정의

미국의 <장애인교육법(Individuals with Disabilities Education Act: IDEA)>에서는 청각장애를 농과 난청으로 나누어 정의하고 있다.

> "'농'이란 음을 증폭하여 들려주든 증폭하지 않든 간에 청각적으로 언어 정보를 처리하는 데 장애가 있을 정도로 아동의 교육적 수행에 부정적인 영향을 미치는 대단히 심각한 청각장애를 의미한다. '난청'이란 농의 정의에는 포함되지 않으나 아동의 교육적 수행에 부정적인 영향을 미치는 영구적인 또는 변동하는 청각장애를 의미한다."

2 귀의 구조와 기능

청각기관은 크게 외이(external ear), 중이(middle ear), 내이(inner ear)로 구분된다. 외이는 소리를 모아 중이에 전달하는 역할을 하고, 중이는 음파를 기계적인 에너지로 바꾸어 주는 기능을 한다. 그리고 내이는 기계적 에너지를 전기적 에너지로 바꾸어 주는 역할을 한다. 즉, 외이와 중이는 전음 기능을 하며, 내이는 감음 기능을 한다.

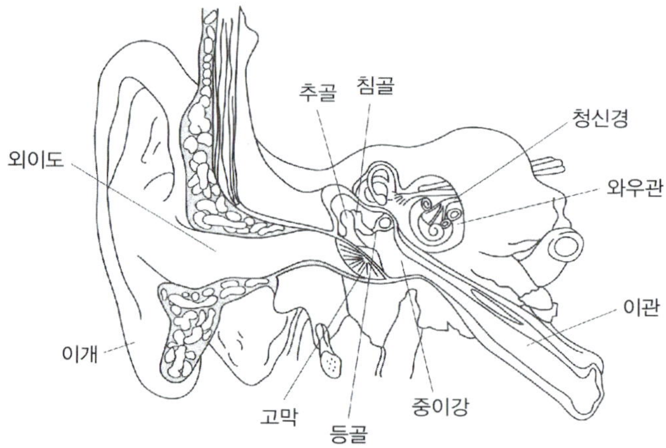

출처: 유은정 외(2013), **청각장애 아동교육**.

그림 4-1 ▸▸▸ **귀의 구조**

1) 외이의 기능

외이는 이개, 외이도로 이루어져 있다. 이개는 소리를 모으는 기능을 하고 소리의 방향 지각에 도움을 준다. 외이도는 외부로부터의 이물질을 막아주는 역할과 공명기의 역할을 한다.

2) 중이의 기능

중이는 소리를 고체 진동으로 바꾸어 내이로 전달하는 역할을 하며, 고막, 이소골, 고실, 이내근, 이관 등으로 이루어져 있다.

① **고막**: 중이 보호와 음의 전도 역할을 한다. 외이를 통해 들어온 소리를 공기의 진동에 비례하여 진동 후 이소골로 전달한다.

② **이소골**: 추골, 침골, 등골로 이루어져 있으며, 고막에서 전달된 진동을 내이로 전달한다.

③ **중이강**: 외이와 내이의 사이에 위치하는 공기로 찬 공간이다.

④ **이내근**: 강한 음에 반사적으로 수축하여 내이를 보호하는 역할을 한다.

⑤ **이관**: 고실의 환기통로 역할을 하며, 고막 안팎의 기압을 일정하게 유지하는 기능을 한다.

3) 내이의 기능

난원창을 통해 내이로 들어온 음파는 와우 내의 림프액을 진동시켜 물리적인 진동 에너지를 전기적인 에너지로 변환시키고, 이는 청신경에 전달된 후 대뇌의 청각중추에 전달되어 소리를 들을 수 있게 한다. 내이는 와우, 전정, 세반고리관으로 구성되어 있는데, 와우는 소리를 받아들이는 청각기관이고, 전정과 세반고리관은 신체의 균형을 유지하는 평형감각기관이다.

3 청각장애의 원인과 유형

청각장애는 50% 이상이 태아기에 발생하는데, 유전적 요인이 1/3, 환경적 요인이 1/3, 그리고 1/3은 원인을 알 수 없다(Heter, Knightly, & Steinberg, 2002). 다른 연구에서는 유전적 요인이 1/2, 환경적 요인이 1/2이라고 분류하기도 한다. 유전에 의한 난청은 선천성 난청의 범주에 포함되지만, 모든 선천성 난청이 유전에 의한 것은 아니다. 환경적 요인에 의해서도 청력손실은 발생하는데, 소음에 오랜 기간 노출되어 청력에 손상을 입는 소음성 난청, 외부의 상처나 압력이 가해져서 청력손상을 가져오는 외상에 의한 난청 등이 이에 해당한다. 이 밖에도 모체의 풍진, 중이염, 뇌막염, 약물중독 등에 의해서도 청력손실이 발생한다.

1) 청각장애의 원인

(1) 외이의 원인

① 귀지 등의 이물질이 외이도를 막았을 경우
② 임신 중 풍진, 인플루엔자 등의 바이러스 감염으로 인한 외이도 폐쇄증

(2) 중이의 원인

① **고막천공**: 타박, 과도한 압박, 염증에 의해 발생
② **중이염**: 감염에 의한 급성중이염, 중이강에 진물이 차는 삼출성 중이염 등
③ **이경화증**: 등골이 난원창에 비정상적으로 붙어있게 하는 경우

(3) 내이의 원인

① **유전**: 선천적인 청각장애의 절반이 유전으로 발생(Tran & Grunfast, 1999).
② **뇌막염**: 출생 후 청각장애 원인 중 가장 많은 비율로 발생되며, 감각신경성 청각장애 유발
③ **풍진**: 임산부의 풍진 감염에 의해 청각장애가 발생 하는데, 백신 접종으로 예방 가능
④ **미숙아**: 조산 및 저체중으로 인하여 청각장애 발생

2) 청각장애의 유형

청각기관의 손상 부위에 따라 전도성 청각장애, 감각신경성 청각장애, 혼합성 청각장애로 구분한다. 외이와 중이가 손상된 경우를 전도성 청각장애, 내이와 청신경 등이 손상된 경우를 감각신경성 청각장애라고 한다. 또한 혼합성 청각장애는 이 두 가지를 모두 가지고 있는 경우이다.

(1) 전도성 청각장애

① 외이와 중이의 손상
② 청각장애의 정도가 심하지 않음(대부분 청력 손실도가 60dB 이하)
③ 골도 청력은 정상, 기도 청력에만 문제가 있음

(2) 감각신경성 청각장애

① 내이나 청신경의 손상
② 대부분 증상이 심하여 청각을 통한 의사소통이 어려움
③ 고주파수대의 청력손실이 심함
④ 골도 청력과 기도 청력 모두 문제가 있으며, 손상 정도의 차이는 거의 없음

4 선별 및 검사

1) 선별

청각의 문제는 가능한 빠른 시기에 발견해야 하는데, 이른 시기에 청각장애의 원인, 청각손실 정도, 특성 등을 파악하여 평가하는 것은 청각기능 발달상의 장애를 경감시키고 언어 기능을 발달시키는 데 중요하다.

청력의 문제는 주 양육자가 발견하는 경우가 많다. 청력손실이 심한 경우는 그 증상이 두드러지기 때문에 쉽게 발견할 수 있다. 그러나 청각장애는 외관상으로 발견하기 어렵고 청력과 언어발달의 관계도 명확하게 판단하기 어렵기 때문에 언어발달 시기에 언어지체가 의심되면 정확한 검사를 받는 것이 좋다. 따라서 다음과 같은 경우에 청력손실을 의심하여 정밀한 검사를 받을 필요가 있다(김영욱, 2007).

① 자주 귀앓이를 하거나 귀에서 고름이 나오는 등 귀와 관련된 신체적인 문제를 보인다.

② 말소리가 명료하지 않거나 조음을 잘하지 못한다.
③ 라디오, 텔레비전 등을 들을 때 보통 사람들이 불평할 만큼 큰 소리로 듣는다.
④ 좀 더 잘 듣기 위해 머리를 치켜들거나 화자 쪽으로 머리를 돌린다.
⑤ 다시 말하라고 자주 요구한다.
⑥ 보통의 말소리에 반응을 보이지 않거나 주의를 기울이지 않는다.
⑦ 언어적 요구를 자주 틀리게 한다.
⑧ 말하는 활동에 참여하지 않으려고 한다.

2) 청력검사

(1) 주관적 청력검사

① **순음청력검사**: 주파수별로 순음을 들려주면서, 각 주파수대의 청력역치를 측정하는 방법
② **어음청력검사**: 언어 청취 및 이해 능력을 측정하기 위해 말소리 자체를 음자극으로 사용하여 청력을 측정하는 방법

(2) 객관적 청력검사

① **중이검사**: 소리를 들려준 후 고막에서 반사되어 나오는 소리의 양을 분석
② **이음향방사검사**: 외모세포의 움직임으로 방사되는 에너지를 측정하여 중이의 상태와 와우의 기능을 평가
③ **자동청성뇌간반응검사**: 소리 자극을 주었을 때 청신경과 뇌간에서 발생하는 전기적 신호를 기록하는 검사로서 신생아가 수면 중인 상태에서 실시

5 청각장애 아동의 특성

1) 청각장애 아동의 언어발달

청각장애 아동의 언어발달은 청력수준, 청력손실 시기, 지적 능력, 중복장애의 유무, 환경 등에 의해 차이가 난다. 특히 청력손실 시기가 언어습득 이전인지 또는 언어습득 이후인지에 따라 언어발달 상태가 크게 달라진다.

(1) 발성 및 발화 특성

청각장애 아동의 발성 특성은 정상발달 유아의 발달에서 보이는 것과 다소 차이를 보인다. 청각장애 아동의 음성발달 특성을 보면, 첫째, 6~10개월부터 자음과 유사한 음성의 발성이 줄어들고, 둘째, 건청 유아에 비해 옹알이를 늦게 시작하고 더 적은 옹알이를 보이며, 셋째, 청력손실도가 클수록 말소리의 명료도가 낮게 나타난다. 이렇게 한정된 옹알이를 하는 것은 자신의 발성을 피드백 할 수 없고, 부모로부터 언어적인 강화를 받지 못하며, 이로 인하여 언어 모방이 불가능하기 때문이다.

중도 이상의 청각장애 아동은 한 번의 호기에 단지 몇 음절만을 발성하는 모습을 보인다. 공명의 문제로 저비음성과 과비음성을 보이기도 하고, 혀를 입안 뒤쪽으로 자리하게 하여 공명하는 맹관공명 특성을 보인다. 발성을 할 때 높은 기본 주파수를 사용하여 발성하고, 말소리 강도에 있어서도 부적절한 형태를 보인다. 조음의 오류는 자음과 모음 모두에서 나타나지만 자음의 오류가 더 많이 나타난다.

(2) 어휘발달과 쓰기 특성

어휘는 명사나 동사와 같은 구체적 단어의 습득은 용이한 편이나 형용사나 부사와 같은 추상적인 단어의 습득에는 어려움을 보이고, 조사 사용, 문법 습득, 문장 이해 등에 있어서 어려움을 보인다. 또한 어휘, 문법, 비유, 문맥에 맞는 이해 등이 어려워 전반적인 읽기이해능력이 성인이 되어도 초등학교 4학년 이상 발달하지 못하는 경향이 있다. 쓰기에서는 유사어귀 나열 현상이 보이고, 수화 어휘의 사용 빈도가 높으며, 중문이나 복문보다는 단문을 많이 사용한다. 그리고 작문의 내용이 명확하지 않으며, 행동의 결과만을 나열하는 등의 특성을 보인다(신현기 외, 2008).

2) 듣기 특성

청력손실 정도에 따라 듣는 능력은 달라진다. 청력손실 정도에 따른 듣기 특성은 <표 4-1>과 같다.

표 4-1 청력손실 정도와 듣기 특성

청력손실 정도	듣기 특성
16~25dB	• 조용한 환경에서는 말을 알아듣는 데 아무 어려움이 없으나 시끄러운 곳에서는 작은 말소리를 잘 알아듣지 못한다. • 교실이 시끄러우면 회화의 10% 정도를 놓쳐버린다.
26~40dB	• 조용한 환경에서 알고 있는 주제에 대해 일반적인 어휘 수준으로 이야기할 때 의사소통의 어려움을 느끼지 않는다. 조용한 곳이라도 희미하거나 먼 소리는 듣기 어렵다. • 말하는 사람의 입 모양이 보이지 않는 경우에는 듣는 것이 힘들다. • 고주파수에 청력손실이 있는 경우 자음을 놓쳐버린다. • 교실에서의 토론을 따라가기 위해서는 노력이 요구된다.
41~55dB	• 일상 대화하는 말은 듣기 어려우나 아주 가까운 거리에서만 들을 수 있다. • 학급 토론과 같은 집단 활동에서는 의사소통의 어려움을 겪는다.
56~70dB	• 대화할 때 크고 분명한 말소리만 들을 수 있고, 여러 명이 있을 때는 훨씬 어려움이 크다. • 보청기가 없으면 이해하기 어렵다. • 말할 때 다른 사람이 알아들을 수는 있지만 명료하지 않다. • 일대일 대화, 그룹 대화에서 음성언어에 대한 의사전달이 곤란하다.
71~90dB	• 큰 소리로 말하지 않으면 대화하는 말을 알아듣지 못하고, 알아들을 때도 잘못 알아듣는 단어가 많다. • 환경음은 감지하지만 항상 그런 것은 아니다.
91dB 이상	• 일부 환경음을 들을 수 있다. • 말을 할 수 있다고 해도 알아듣기 어렵다.

출처: 김수진(2012), **교사와 부모를 위한 청각장애 아동 교육**.

3) 인지발달 특성

청각장애의 정도가 경미한 경우, 그리고 구어환경에서 교육을 받은 경우에는 건청인과 비슷한 인지발달 특성으로 보인다. 그러나 이와는 반대로 청각장애의 정도가 심하고 의사소통의 매개가 수화언어인 경우에는 정상적인 인지발달과 다른 특징을 보일 수 있다(유은정 외, 2013). 청각장애 아동과 건청 아동의 지능 수준은 차이가 없으나, 건청 아동과 비교하였을 때 양적으로는 동일하나 질적으로는 차이가 있는 것으로 알려져 있다.

6 청각장애 아동 지도

1970년대 초 대부분의 청각장애학교에서는 구화법으로 교육을 실시하였다. 그러나 말과 청각을 통한 정보전달의 한계 등 구화법을 사용하였을 때 발생하는 문제를 해결하고, 또 수화만을 사용하였을 때 발생하는 의사소통의 한계를 해결하기 위해 총체적 의사소통방법(total communication)이 개발되었다. 총체적 의사소통방법은 독화, 말하기, 듣기, 수화, 지문자를 모두 함께 사용한다. 미국의 한 조사에 의하면, 청각장애 프로그램의 2/3 이상이 총체적 의사소통방법을 사용하는 것으로 나타났다(Meadows-Orlans, Mertens, Sass-Lehrer, & Scott-Olson, 1997).

1) 청능훈련

청능훈련은 청각의 활용 능력을 향상시키기 위해 실시한다. 청능훈련에서는 청각장애 아동이 잔존 청력을 잘 활용할 수 있도록 환경을 구조화하고, 적절한 청각자극을 제공해주는 것이 중요하다. 또한 청능훈련은 청각뿐만 아니라 시각의 활용 능력을 함께 향상시켜 보다 음성언어를 잘 수용할 수 있도록 한다. 청능훈련의 목적은 의사소통 가능성을 최대한 높이는 것이므로, 청력 손실도가 큰 청각장애의 경우라도 청력을 최대한 활용하도록 하여야 한다. 이러한 청능훈련은 다음의 네 가지 원리에 의해 목표를 설정하고 계획하는 것이 바람직하다(Tye-

Murray, 1998).

① **청각기술 수준**: 청각기술 수준에 따라 음의 인식, 변별, 확인, 이해 중 적합한 단계를 선택 후 훈련 계획을 설정한다.

② **자극단위 수준**: 음성적 수준에서 접근할 것인지 아니면 문장 수준에서 접근할 것인지 결정한다. 분석적 훈련 시 음성적 수준을, 종합적 훈련 시 문장 수준을 사용한다.

③ **활동유형 수준**: 형식적 훈련(임상가와 계획대로 진행) 또는 비형식적 훈련(일상 속에서 부모와 진행)을 선택한다. 경도의 청각장애의 경우는 비형식적 훈련이 바람직하고 중증의 경우는 형식적 훈련이 바람직하다.

④ **난이도 수준**: 일반적으로 쉬운 자극에서 시작하여 어려운 자극으로 제시한다.

과거의 청능훈련은 단지 청지각 능력의 향상을 위해 단계적이고 체계적으로 접근하였다. 그러나 최근에는 이용 가능한 모든 청각 경로를 발달시켜 의사소통 능력을 높이는 방향으로 진행되고 있다.

2) 독화지도

독화는 말을 시각을 통해 이해하는 것이다. 다시 말해서 말의 시각적인 정보를 통하여 화자가 말한 내용을 시각으로 이해하는 기술이다. 독화는 말을 이해할 때 음소의 구형뿐만 아니라 화용적 맥락, 안면표정, 손짓, 몸짓, 상황 등과 같은 비음성 단서를 함께 고려하고, 음성 단서도 활용한다. 독화에서는 말하는 사람 관련 변인이 크다. 따라서 독화 지도에서는 다음과 같은 점을 고려하여야 한다(김영욱, 2007)

① 독화 상황에서 화자는 융통성을 가지고 있어야 한다(말의 속도, 반복, 강조 등).

② 독화자가 확인하기 쉽게 조음하여야 한다.

③ 화자는 과장되지 않은 분명한 발음을 하여야 한다.

④ 적절한 안면표정을 짓는다.

⑤ 불필요한 과장된 동작을 삼가야 한다.

⑥ 적절한 속도로 말한다.

독화는 독화자의 언어 능력에 따라 독화력에 큰 차이를 보인다. 언어 능력이 우수할수록 독화력이 높고, 반대로 언어 능력이 낮은 청각장애인의 경우는 독화에 어려움을 보인다. 최근 독화지도는 청각적 자극과 시각적 자극을 통합하는 방법이 강조된다.

독화기술은 청각, 말, 언어적 기술의 습득과 서로 관련하여 향상되기 때문에 독화와 청각기술을 별개로 사용하기보다는 통합하여 사용하는 것이 의사소통 향상에 도움이 된다. 그렇기 때문에 시각만을 사용하는 전통적인 독화지도 방법보다는 모든 자극을 활용하는 종합적인 접근법이 바람직하다.

3) 발성 · 발화지도

발화지도에서 자연적인 방법은 가능한 한 언어습득 및 발달의 정상적인 과정을 따라 지도하는 것으로, 이는 청각활용을 극대화하여 듣기를 통해 말하기를 지도하는 것이다. 반면에 문법적인 방법은 어떤 감각 양식을 주로 사용할 것인가와 음운, 음절, 낱말 중 어떤 수준에서 시작할 것인가를 고려하여 지도한다.

청력손실 정도가 심하지 않은 경우에는 듣기를 통한 말 발달이 어느 정도 가능하기 때문에 자연스러운 일상생활 속에서 의사소통 지도를 하는 것이 보다 효과적이다. 다음의 네 가지는 청각장애 아동의 발성을 촉진시킬 수 있다(김영욱, 2007).

① 보청기 착용, FM 시스템 활용, 인공와우 이식 등을 통해 최대한 잔청을 사용한다.
② 해부학적 도표, 움직이는 혀를 가진 모형, 혀 구조 사진 등을 사용한다.
③ 임상가의 시각적 자극이나 거울을 사용하여 시각적으로 모니터링 한다.
④ 복합적 피드백 보조기를 사용한다.

4) 수화언어

수화는 농인 사회에서 사용되는 의사소통 양식이며, 주로 농인들에 의해 만들어 졌거나 채택된 기호의 체계로서 일종의 비음성언어이다. 수화는 음성체계가 아니라 시각운동 체계이다(김승국 외, 1998). 즉, 수화는 손의 동작을 통해서 시각적으로 표현하는 언어 체계이며, 음성언어를 그대로 손짓으로 표현한 것이 아니라 그 나름의 독특한 표현 양식과 문법적 구조를 가지고 있는 하나의 완전한 언어이다.

수화는 청각장애인들이 쉽게 의사를 전달할 수 있는 장점이 있지만, 어휘 수가 부족하고 표준화된 수화의 부재로 의사를 전달하는 데 어려움이 있다. 이에 우리나라 문화관광부에서는 2000년에 한국표준수화규범 제정 추진위원회를 구성하여 2005년 표준화된 한국수화사전을 발간하였다. 이어서 정치, 경제, 종교, 교통, 의학, 법률, 정보통신 등에 관한 수화 및 수화교본을 개발하여 청각장애인들이 보다 전문적인 내용의 의사소통도 가능하게 하였다.

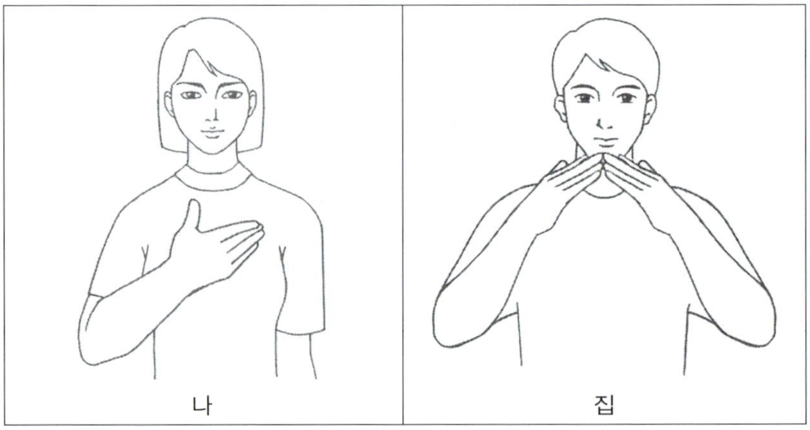

출처: 한국표준수화규범 제정 추진위원회(2005), **한국수화사전**.

그림 4-2 ▸▸▸ 수화의 기호

수화는 손의 움직임뿐만 아니라 표정을 병행하여 의사를 전달한다. 지문자는 한글의 자음과 모음을 손가락으로 표시하는 것으로, 수화로 나타내기 어려운 것을 표현하기 위한 수화의 보조 수단이다([그림 4-3] 참조).

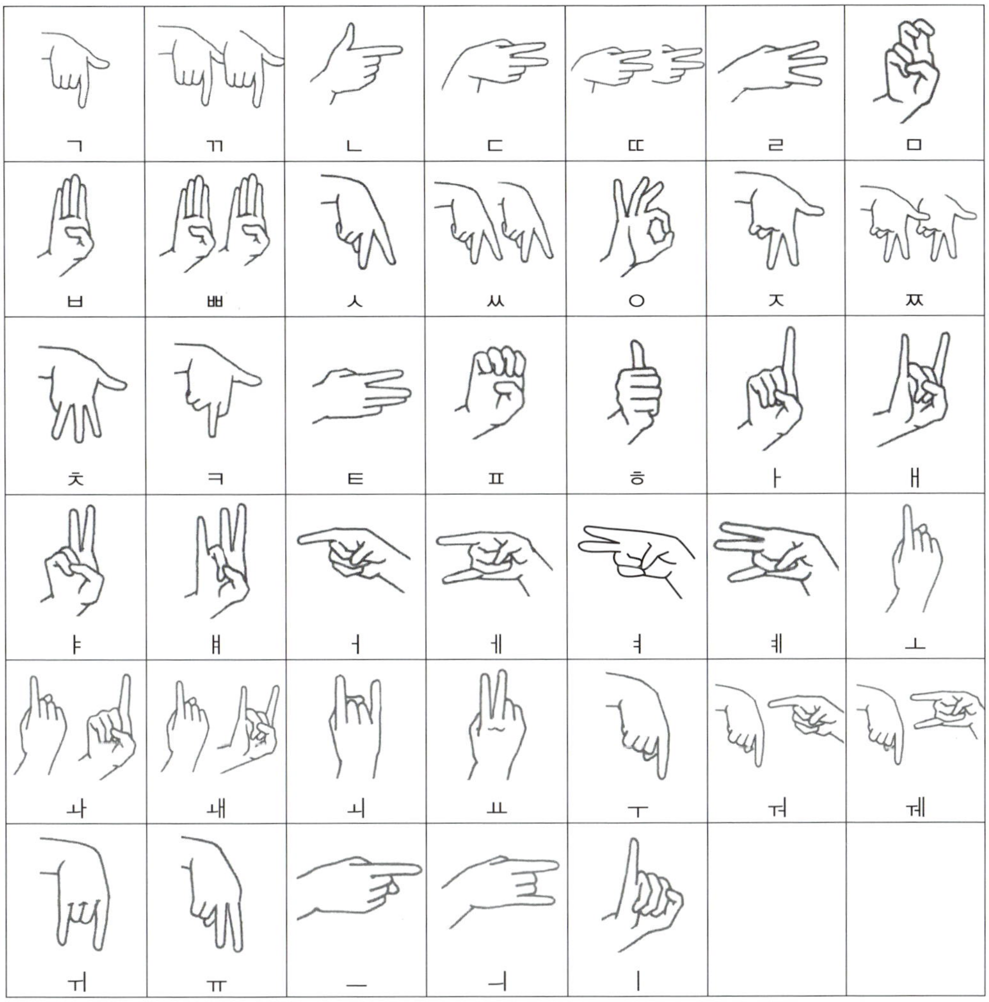

출처: 한국표준수화규범 제정 추진위원회(2005), **한국수화사전**.

그림 4-3 ▸▸▸ 지문자

5) 통합교육 지원

청각장애 학생의 성공적인 통합을 위해서는 물리적인 배치뿐 아니라 학업, 의사소통, 사회성 문제 등에 관한 지원이 함께 이루어져야 한다. 또한 이러한 지원을 효과적으로 하기 위해서는 일반학급 교사, 특수교사, 아동, 기타 전문가의 협력이 필요하다. 통합 환경에서 효과적으로 교수가 이루어지기 위해서는 다음과 같은 지원이 필요하다(이소현, 박은혜, 2007 일부 수정).

① 가르치는 개념에 대해 명확하게 설명하고 시각적 예를 많이 사용한다. 용어를 일관되게 사용하는 것이 좋다.
② 청각장애 아동과 이야기할 때 자연스럽게 이야기하고, 몸짓도 자연스럽게 하되 얼굴을 마주 보며 말하도록 한다.
③ 청각장애 아동이 보청기나 인공와우를 항상 착용하도록 한다.
④ 독화하기 가장 좋은 자리가 어디인지 아동과 상의하여 결정한다.
⑤ 게시판, 그림, 도표, 컴퓨터그래픽 등 가능한 시각적인 교수방법을 최대한 활용한다.
⑥ 자료를 나누어 줄 때는 말하지 않는다. 자료와 교사의 입을 동시에 볼 수 없기 때문이다.
⑦ 비디오나 컴퓨터 동영상 자료를 볼 때 자막이 있는 것을 선택한다.
⑧ 수업 내용을 이해하였는지 물어봄으로써 확인한다.
⑨ 완전한 문장으로 써준다.
⑩ 보청기의 상태를 매일 확인한다.

또한 효과적인 통합교육을 위해서는 교실의 환경구성도 중요하다. 따라서 소음을 줄이고 교사의 목소리 등의 신호음을 크게 해주는 것이 필요하다. 이를 위해서는 첫째, FM보청기를 사용하여 말소리 청취에 대한 환경을 개선하고, 둘째, 교실에서 소리가 반사되어 길게 늘어나는 반향을 줄여주고, 셋째, 학급 전체의 분위기를 파악할 수 있는 U자형으로 배치하고, 넷째, 도우미의 배치를 고려한다.

6) 이중언어-이중문화적 접근

이중언어-이중문화적 접근이란 청각장애 아동이 청각장애인의 언어(수화)와 일반 언어를, 그리고 청각장애인의 문화와 일반 문화를 모두 습득하도록 하는 것을 말한다(Turnbull, Turnbull, Shank, & Smith, 2009). 그들의 언어는 수화이므로 일차적으로 수화를 가르치고 이중언어로 한국어를 가르치는 방법을 사용한다.

7 보청기와 인공와우

1) 보청기

(1) 보청기의 구조

보청기는 송화기, 증폭기, 음량조절기, 수화기, 건전지 등으로 구성되어 있다. 소리는 송화기를 통해 전기신호로 변환되고, 이 전기신호는 증폭기에서 큰 소리로 키워진다. 증폭된 소리는 음량조절기를 통해 적절한 수준으로 조절되어 수화기를 통해 사람들이 들을 수 있는 음향신호로 변환된다.

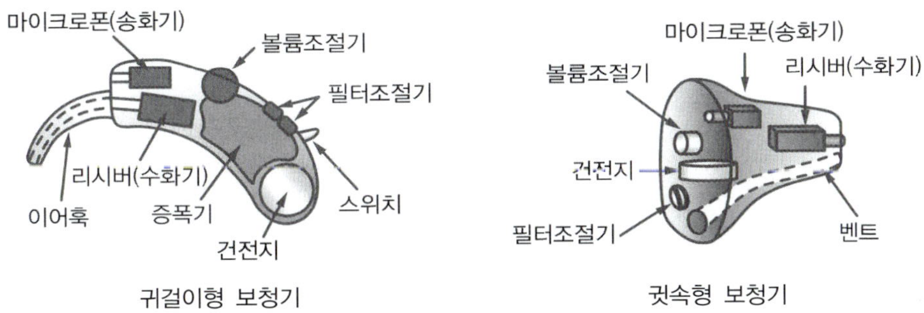

출처: 권유정(2007), 디지털 보청기 성능검사 및 피팅과 방향성에 관한 연구.

그림 4-4 ... 귀걸이형 보청기와 귓속형 보청기의 구조

(2) 보청기의 종류

보청기는 착용하는 위치에 따라 분류하여 상자형, 귀걸이형, 귓속형, 외이도형, 고막형 보청기로 구분한다. 외이도형이나 고막형 보청기는 겉으로 노출되지 않아서 미관상 선호되지만, 각종 분비물에 의해 쉽게 고장이 나고, 조작이 어려우며 분실의 위험이 높아 어린이에게는 적합하지 않다. 또한 아동기에는 외이도가 성장하고 있기 때문에 적합하지 않다. 디지털보청기는 소음 없이 어떤 주파수에서도 증폭이 가능하므로 음의 왜곡을 유발하는 아날로그 보청기보다 많이 보급되고 있다.

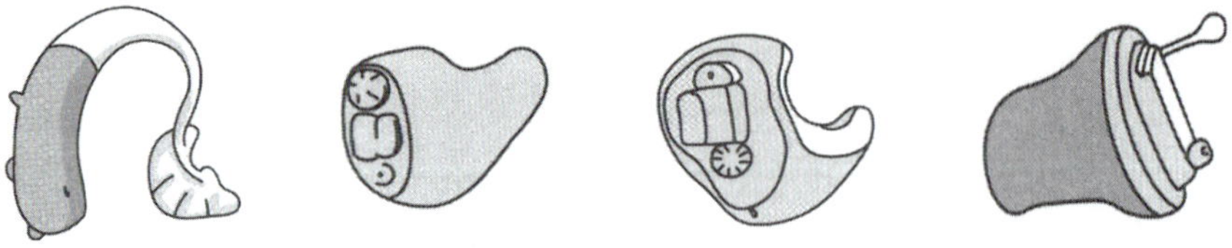

귀걸이형 귓속형 외이도형 고막형

출처: 이소현, 박은혜(2011), 특수아동교육.

그림 4-5 보청기

보청기를 선택할 때에는 첫째, 외이도의 크기나 귓바퀴의 모양을 고려하여 보청기를 결정하고, 둘째, 보청기의 삽입과 제거 또는 음량조절을 할 수 있는 능력을 고려하고, 셋째, 청력손실 정도를 고려하여야 한다(이광선, 2009).

2) 인공와우

인공와우 이식수술은 외부로부터 전달된 소리를 전기에너지로 변환시켜 와우 내에 삽입된 전극으로 청신경을 자극하여 소리를 들을 수 있게 하는 것으로서, 보청기로 효과를 보기 어려운 고도 이상의 감각신경성 난청 환자에게 유용하다.

(1) 인공와우의 구조

인공와우는 외부에 착용하는 마이크로폰, 어음처리기, 송신용 코일로 구성되어 있고, 두개골 내부에 삽입하는 수신기와 전극으로 이루어져 있다. 소리의 인식과정은 마이크로폰을 통해 들어온 소리가 어음처리기에서 전기신호로 부호화되고, 송신용 코일을 통해 수신기로 전달된 전기신호는 와우에 삽입된 전극을 통해 청신경을 자극하고, 뇌에서는 전기신호를 소리로 인지한다(Balkany et al., 1996).

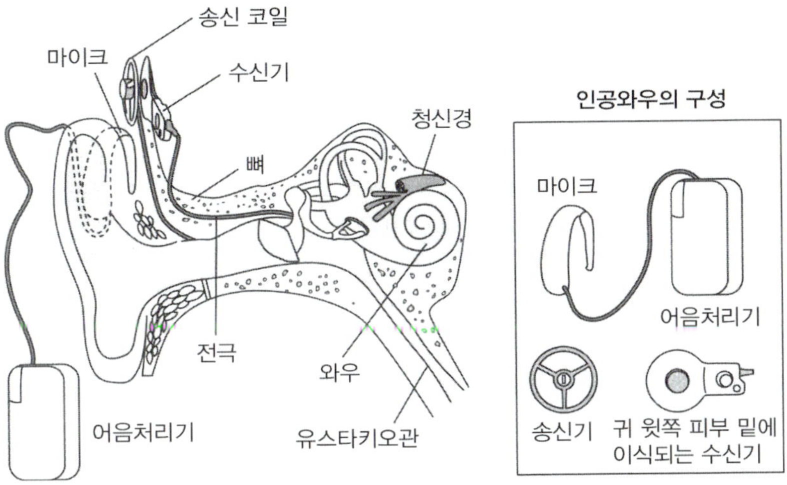

출처: 이소현, 박은혜(2011), **특수아동교육**.

그림 4-6 ... 인공와우의 구조

(2) 인공와우 수술 대상 선정

청각장애인 중 다음과 같은 경우에 인공와우 이식 수술을 시행하는 것이 바람직하다(김희남, 2009).

① 양측 귀에 고도의 감각신경성 난청이 있는 경우
② 보청기를 통한 청력재활에 효과가 없는 경우
③ 청신경의 기능이 정상인 경우
④ 수술에 신체적, 정신적 문제가 없는 경우
⑤ 환자와 보호자가 수술에 대한 강한 동기를 가지고 있는 경우
⑥ 와우이식술과 수술 후 결과에 대해 충분히 이해하고 있는 경우

인공와우 수술 시행 초기에는 주로 성인이 대상이 되었으나, 최근에는 1세 미만의 유아까지 그 대상 범위가 확대되었다. 성인의 경우, 언어습득 이전에 고도 난청이 되었을 경우는 수술에 신중을 기해야 하며, 조기재활을 강조하는 면에서 1세 이하에게도 시술되고 있다(유은정 외, 2013).

그러나 인공와우를 착용했다고 할지라도 정상적인 귀와 똑같이 소리를 들을 수 있는 것은 아니다. 인공와우는 정상 귀와 최대한 비슷하게 소리를 들을 수 있

도록 만들어진 것이며, 특히 말소리를 잘 들을 수 있도록 하는 데 중점을 두고 있다. 따라서 수술 후 청각 재활은 전기신호를 말소리와 연관 지어 해독하는 능력을 기르는 데 초점을 맞추고 있다.

지적장애 05 Chapter

오늘날 우리가 지적장애라 일컫는 현상에 대한 탐구는 고대로부터 있어 온 것으로 추정된다. 그러나 지적장애에 대한 근대적 인식이 이루어지기 시작한 것은 오랜 시간이 흐른 후 이 분야 선각사들에 의해서였다.

먼저 16세기 스위스 의사 Paracelsus에 의해서 최초로 지적장애와 정신질환이 구분되었으며, 18세기 프랑스 아베롱(Aveyron) 지방에서 발견된 야생 소년 Victor에 대한 Itard(1775~1838)의 교육을 통해 처음으로 지적장애 아동에게 교육 및 훈련 가능성이 확인된 것이다.

19세기에는 Itard의 제자인 Seguin(1812~1880)이 미국으로 건너와 지적장애 아동을 위한 개별화된 교수 및 행동수정(behavior management)을 포함하는 체계적인 교육프로그램을 전파하였고, 지적장애 아동들을 위한 시설을 짓기 시작했다.

20세기에 미국은 J. F. Kennedy 대통령의 취임 후 지적장애인을 위한 대통령 상임위원회(President's Committee on Mental Retardation)라는 대통령 직속기구를 만들어 지적장애인의 복지, 재활, 교육 및 서비스와 관련한 모든 사업에 직접적인 자금 지원을 가능하게 하여 지적장애 아동의 교육에 주된 역할을 수행하였다. 더불어 20세기 중반 미국의 시민권리 운동은 지적장애인들의 교육과 삶에도 큰 영향을 주었는데, 지적장애 아동을 무상 공교육 체제로부터 배제하는 데 대한 소송들을 통해 지적장애 아동의 무상 공교육의 권리가 보장되었고, 장애의 정도에 관계없이 중증의 무상의 적합한 공교육을 받을 권리가 보장되게 되었다(백은희, 2005).

20세기 이후의 이러한 미국에서의 노력들은 장애 아동이 공교육을 받을 권리를 확보하고 최소제한 환경에서의 교육을 보장받게 했으며, 오늘날 통합 교육의 기반을 마련해 주었다. 또한 이러한 노력과 사건들은 우리나라 학계와 현장에도 큰 영향을 주어 지적장애에 대한 이해는 물론, 지적장애 아동의 교육에 선도적인 역할을 해주었다.

1 정의 및 분류

지적장애와 관련해서 세계적으로 가장 권위를 인정받고 있는 정의는 1876년 설립되어 오늘날까지 활발한 활동을 하고 있는 미국의 지적장애 및 발달장애협회(the American Association on Intellectual and Developmental Disabilities: AAIDD)의 것이다. 현재 AAIDD가 제시한 정의와 그간 AAIDD가 약 10년 간격으로 제시했던 정의들, 그리고 우리나라의 법적 정의들에 관해 살펴보면 다음과 같다.

1) AAIDD의 정의

(1) 현재의 정의

2010년에 AAIDD는 지적장애의 정의와 다섯 가지 가정들을 다음과 같이 발표하였다. 이에 의하면, 지적장애는 ① 지적 기능성에서의 제한성, ② 개념적, 사회적 및 실제적 적응기술로 표현되는 적응행동상의 제한성, 그리고 ③ 18세 이전에 이 장애가 발현된다는 세 가지 요인으로 정의된다.

AAIDD의 지적장애 정의와 가정들

• AAIDD 2010년 정의

지적장애는 지적 기능과 개념적, 사회적, 실제적 적응기술로 표현되는 적응행동에 있어서의 심각한 제한을 가지는 것으로 특정지어지며, 18세 이전에 나타난다. 이 정의를 적용하기 위해서는 다음과 같은 다섯 가지 가정이 전제되어야 한다.

• **가정**

① 현재 기능에 있어서의 제한이 나이가 같은 또래 및 문화의 전형적인 지역사회 환경의 맥락 내에서 고려되어야 한다.
② 타당한 진단을 통하여 문화적, 언어적 다양성과 함께 의사소통, 감각, 운동기능, 행동요소에 있어서의 차이를 고려해야 한다.
③ 개인 내적으로 제한점과 함께 강점도 공존할 수 있다.
④ 제한점을 설명하는 중요한 목적은 필요한 지원 자료를 개발하기 위해서다.
⑤ 적절한 개인적 지원이 지속적으로 주어짐으로써 지적장애를 지닌 개인의 삶의 기능은 전반적으로 향상될 수 있다.

위의 정의에서, 지능이란 한 개인이 문제에 대해 합리적으로 사고하고 해결하는 인지적인 능력과 학습 능력을 포함하는 총체적인 능력을 말한다(Statt, 1982). 이 외에도 Terman은 지능을 "추상적 사상을 다루는 능력"이라고 정의하였고, Wechsler는 '유목적적으로 행동하고, 합리적으로 사고하고, 환경을 효과적으로 다루는 개인의 종합적 능력'이라고 정의하고 있다. 이와 같이 지능은 학자마다 달리 정의하고 있는데, 그 이유는 '지능'이라는 개념의 구조와 기능에 대해 연구자들마다 견해가 서로 다르기 때문이다.

또한, 적응행동이란 개인이 생활환경에 적응하는 데 필요한 기술을 의미한다. 적응행동에 대한 관심은 1970년에 미국에서 보고된 '6시간 정신지체(six-hour retarded)의 개념을 통해서 촉발되었다고 볼 수 있다(Hallahan, Kauffman, & Pullen, 2009). 영어를 모국어로 하지 않는 이민자 자녀들의 경우 학교에 있는 6시간 동안은 마치 정신지체를 지닌 것으로 분류되기 쉽지만 집이나 지역사회에서의 생활에는 별 문제를 보이지 않았기에 문제가 되었던 것이다. 이에 따라 학업 성취와 지능검사만으로는 지적장애를 판별하는데 한계가 노출되어 일상생활에서의 적응능력을 동시에 고려하게 된 것이다. 적응행동은 크게 개념적, 사회적, 실제적 적응행동으로 나뉘는데 <표 5-1>에는 각 적응행동에 해당하는 예들이 제시되어 있다.

다섯 가지 가정들은 위 정의를 이해하고 적용하는데 있어서 함께 고려해야 할 점들을 기술한 것이다.

표 5-1 개념적, 사회적, 실제적 적응행동의 예

구분	행동의 예	
개념적 적응행동	• 언어(수용언어, 표현언어) • 돈 개념	• 읽기, 쓰기 • 자기 지시(self-direction)
사회적 적응행동	• 인간관계 • 자존감 • 속기 쉬움 • 법 지키기	• 책임감 • 순수함 • 규칙 따르기 • 희생당하지 않기
실제적 적응행동	• 일상생활 활동 - 식사하기 - 화장실 사용하기 • 일상생활의 도구적 활동 - 식사 준비하기 - 교통수단 이용하기 - 돈 관리하기 • 직업 기술 • 안전한 환경 유지하기	 - 이동하기 - 옷 입기 - 집 청소하기 - 약 먹기 - 전화 사용하기

출처: 박승희 외 역(2002), **정신지체 개념화: AAMR 2002년 정신지체 정의 분류 지원체계**.

(2) AAIDD 정의의 변천과정

최초 미국 정신박약 연구학회로 출발한 이 단체는 지적장애를 일컫는 명칭이 정신결함, 정신지체, 지적장애 순으로 바뀔 때마다 단체의 명칭도 함께 수정되었다. 과거 미국정신결함협회(American Association of Mental Deficiency: AAMD)에서 미국정신지체협회(American Association on Mental Retardation: AAMR)로, 그리고 최근에는 미국 지적장애 및 발달장애 협회(American Association on Intellectual and Developmental Disabilities: AAIDD)로 명칭을 바뀐 이 단체는 1921년에 정신지체를 정의하고 최초의 편람을 발간하였다. 그 편람은 그 후 2010년까지 11차에 걸쳐 개정, 출간되었다.

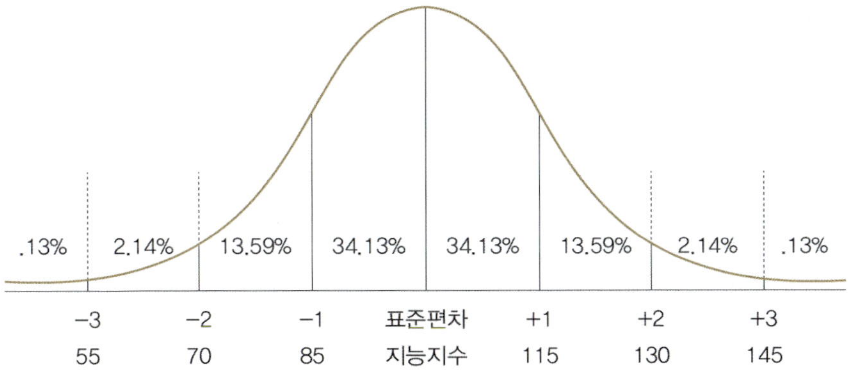

그림 5-1 ▸▸▸ 정상분포곡선상의 표준편차와 지능지수

1959년 AAMR의 제5차 정의가 마련되었으며, 1961년에는 그 정의가 다시 수정 및 발표되었다. Herber는 정신지체를 치료할 수 없는 상태로 보지 않고 현재의 기능을 강조하여 "발달기에 시작되며, 적응행동의 결함과 연관된 보통 이하의 일반 지적 기능"을 정신지체라고 정의하였다. 여기에서 '보통 이하의 일반 지적 기능'이란 표준화된 지능 검사 점수의 표준편차가 -1SD 이하로 나오는 경우를 의미하며([그림 5-1] 참조), '적응행동'이란 성숙, 학습, 사회적 적응에서 나타날 수 있는 것으로서, 환경의 자연적 및 사회적 요구에 순응하는 개인의 능력을 의미한다. 그리고 '발달기'란 태어나서부터 16세까지를 의미하였다.

이 6차 정의는 1973년 다시 수정되는데, "발달기에 나타나는 보통보다 유의하게 낮은 일반 지적 기능과 공존하는 상태"를 정신지체라고 정의하였고, 이 정의에서 '보통보다 유의하게 낮은 일반 지적 기능'이란 표준화된 검사에 의하여 평가될 수 있는 일반 지적 기능이 평균으로부터 표준편차 −2SD 이하에 속하는 것을 의미한다. 그리고 발달기란 태어나서부터 만 18세까지로 연장되었다. 이렇게 지적 기준의 절사점이 표준편차 −1SD에서 −2SD로 변경됨에 따라 정신지체로 분류되는 인구는 과거 15~16%에서 2~3% 정도로 감소되었다.

AAMR의 1983년 정의에서는 지능에서 표준편차의 개념이 사라지고 측정오차(standard error of measurement)의 개념이 도입되었다. 즉, 검사 상황, 문화적 차이, 피검사자의 신체적, 심리적 상태, 검사자의 검사 시의 오류 등이 고려되어야 함을 인정하고, 이러한 측정오차의 개념은 해석의 융통성을 허용하여, 웩슬러 지능검사의 경우, 3점을 감안하여 만약에 지능지수가 72인 경우 72±3을 하여 69~

75의 지능을 갖는 것으로 간주하였으며, 적응행동은 관찰과 인터뷰를 통해 검사하도록 하였다.

1992년 수정된 정의에서는 다소 모호했던 적응행동을 10가지 구체적인 적응기술 영역(의사소통, 자조, 가사, 사회기술, 지역사회활동, 자율성, 건강과 안전, 기능적 학업, 여가 및 직업)으로 제시하는 시도를 했지만, 적응행동을 10개의 적응기술 영역으로 제한했다는 비판을 받았다(MacMillan, Gresham, & Siperstein, 1993).

2002년 AAMR은 정신지체는 "지적 기능 및 개념적, 사회적, 실제적 적응 능력에 있어서 심각한 제한을 갖는 장애이며 18세 이전에 나타난다."고 정의했으며, 적응행동은 다시 개념적, 사회적, 실제적 적응 능력과 같이 포괄적인 용어로 수정했다.

2) AAIDD의 분류체계

AAMR에서는 전통적으로 지능수준에 따른 분류체계를 사용해 왔으며(예, 경도, 중등도, 중도, 최중도), 이러한 분류체계는 지금도 현장에서 가장 많이 사용하고 있다. 그러나 1992년 AAMR은 기존의 지능수준에 따른 분류체계를 포기하고 새로운 분류체계를 제시했다.

그것은 한 개인에게 요구되는 지원의 강도에 따른 분류체계로서 <표 5-2>에 제시된 것처럼, 네 가지 범주로 구분된다. 이 분류체계는 개인의 기능적 제한성을 그의 성장·발달을 위해 필요한 지원의 정도로 설명하고자 하는 것이며, 장애가 한 개인의 문제가 아닌 사회라는 맥락 속에서 파악되어야 함을 말해주고 있다.

표 5-2 지적장애인에 대한 지원수준에 따른 분류

구분	설명
간헐적 (intermittent)	인생의 전환기(예, 실직 또는 심각한 질병으로 인한 위기상황)처럼 단기적이며 일시적인 필요에 따른 지원을 요구하는 수준
제한적 (limited)	일관적이지만 간헐적이 아닌 시간제한적(time-limited) 지원 강도를 요구하는 수준. 적은 수의 지원인력과 적은 비용이 듦(예, 시간 제한적인 고용훈련 또는 학교에서 성인기로의 전환을 위한 지원)

구분	설명
확장적 (extensive)	적어도 몇몇 환경(직장 또는 가정과 같은)에서 정기적으로(예, 매일), 시간 제한적이 아닌(예, 장기적 지원, 장기적인 가정생활 지원) 지원을 요구하는 수준
전반적 (pervasive)	전반적 환경에 걸쳐 요구되며, 잠재적으로는 삶을 유지하기 위해 지속적 지원을 필요로 하는 수준

3) 우리나라의 법적 정의와 분류

우리나라에서 지적장애인을 규정하고 있는 법령은 「장애인 등에 대한 특수교육법」(2008)과 「장애인복지법 시행규칙」(2009)을 들 수 있는데, 각 법에서 사용하고 있는 명칭과 정의는 <표 5-3>과 같다. 현재는 동일한 장애에 대해 서로 다른 명칭을 사용하고 있으며, 정의 또한 약간 달리 기술되고 있지만 내용을 분석해보면 지적 기능과 적응행동이라는 공통적 요소는 동일하다. 또한 「장애인복지법 시행규칙」에서는 지적장애인을 세 등급(1, 2, 3급)으로 분류해 정부의 지원을 제공하는 기준으로 삼고 있다.

표 5-3 지적장애의 정의 및 분류

출처	정의
장애인 등에 대한 특수교육법(2007)	• 지적 기능과 적응행동상의 어려움이 함께 존재하여 교육적 성취에 어려움이 있는 사람
장애인복지법 (2020)	• 지적장애인(장애의 정도가 심한 장애인에 해당함) • 지능지수가 70 이하인 사람으로서 교육을 통한 사회적·직업적 재활이 가능한 사람

2 출현율

출현율(prevalence)은 일정 시기에 인구 중 사례의 총수를 의미하며, 발생률(incidence)은 특정 기간에 인구 중에서 발생한 새로운 사례의 수를 의미한다. 일반적으로 출현율은 장애의 원인을 알아보는 데 활용할 수 없으나, 서비스의 필요를 결정하는 데 유용하며, 발생률은 장애의 원인을 연구하고 장애 예방 프로그램을 개발하는 데 필요하다. 지적장애인의 출현율은 지적장애의 판별기준에 따라 달라진다. 만일 IQ를 지적장애 판별의 유일한 준거로 삼는다면, 그리고 웩슬러 지능검사의 IQ가 70 이하(표준편차 -2 이하)일 경우를 지적장애로 간주한다면 그 출현율은 약 2.3%가 될 것이다(Beirne-Smith, Patton, & Kim, 2006).

국내의 경우, 보건복지부(2017)의 장애인 실태조사에 따르면 우리나라 국민 중 지적장애인은 223,228명으로 추정되고 있으며, 이는 전체 장애인 추정수인 2,668,411명의 8.4%를 차지한다. 또한, 특수교육대상자의 경우 특수교육 연차보고서(2018)에 의하면 지적장애를 지닌 아동 수는 모두 48,747명으로 전체 특수교육대상자 90,780명의 과반수인 53.7%를 차지하고 있다. 이 중 14,390명은 특수학교에서 교육받고 있으며 나머지 34,357명은 일반학교의 특수학급과 일반학급 그리고 특수교육지원센터에서 교육을 받고 있는 것으로 나타났다. 그러나 뇌병변장애나 자폐성장애 아동들 중에는 지적장애를 수반한 경우가 많다는 점을 고려하면 지적장애로 분류되지 않았다 할지라도 실제 지적장애를 지닌 특수교육대상자 수는 훨씬 더 많다고 볼 수 있다.

3 임상적 원인 및 예방

지적장애를 갖게 된 원인에 대해 많은 경우 출생 전 원인과 출생 시, 그리고 출생 후 원인으로 구분해 볼 수 있으며, 선천적인 원인은 다시 유전에 의한 것과 염색체 이상에 의한 것으로 구분한다. <표 5-4>는 지적장애를 유발할 수 있는 유전적 임상유형에 대한 설명이다.

표 5-4 유전에 의한 임상유형

명칭	원인	특성	유전의 방법
갈락토오스 혈증	신진대사 장애	탄수화물을 포도당으로 분해하는 효소 결핍, 식이요법으로 예방 가능	상염색체의 열성유전
뇌수종	뇌 척수액의 축적으로 인한 장애	미치료 시 치명적임, 수술로 손상 예방 가능	다인자성
레쉬-니한 증후군	효소 장애	지적장애, 뇌성마비, 자해행동	반성열성유전
단풍 당뇨증	신진대사 장애	중추신경계 약화와 치료받지 못하면 조기에 사망	상염색체의 열성 유전
신경섬유종증	신경피부의 장애 (중추신경계와 피부)	다양한 증상, 지적장애 혹은 발작	상염색체의 우성 유전
페닐케톤뇨증	신진대사 장애	단백질 분해효소의 결핍, 식이요법에 의해 예방 가능	상염색체의 열성유전
테이-삭스병	효소 장애	일반적으로 3세까지 치명적, 진행성 신경성 쇠약 증세	상염색체의 열성유전
결절성경화증	신경피부의 장애	다양한 증상, 지적장애, 발작, 비악성 종양	상염색체의 우성 유전

출처: 정동영 외 역(2008), **정신지체: 지역사회 통합을 위한 접근**. 일부 수정.

다음의 <표 5-5>는 역시 지적장애와 관련 있는 염색체 이상에 의한 임상유형들이다. 염색체 이상란 세포의 감수분열 단계에서 일어나는 비정상성을 말하는데, 비정상에는 삼염색체, 전위, 결실, 모자이시즘 등이 대표적이다.

표 5-5 염색체 이상에 의한 임상유형

명칭	원인	특징
묘성증후군	5번 염색체의 부분 결손	흔히 중증의 지적장애, 선천적인 심장 질환, 고양이 울음 같은 발성
다운증후군	21번 삼염색체, 모자이시즘, 전위	지적장애의 대표적 임상유형, 전형적인 얼굴 특징, 선천적인 심장 질환
약체X증후군	X 염색체의 부분적 손상 및 파손	거대고환, 과잉행동, 반향어, 전형적인 얼굴 특징 (길쭉한 얼굴)
프래더윌리증후군	15번 염색체의 이상	주로 경도의 지적장애, 빈약한 근육 긴장 상태, 주체할 수 없는 식욕
윌리엄스증후군	7번 염색체의 미세 결실	주로 경도의 지적장애, 심장과 골격 결함, 전형적인 얼굴 특징

출처: 정동영 외 역(2008). **정신지체: 지역사회 통합을 위한 접근**(일부 수정).

<표 5-5>에서 제시한 유전과 염색체 이상에 의한 경우 이외에도 지적장애를 유발할 수 있는 여러 요소들이 있다. 첫째, 폐기물 처리장, 대기오염, 수질오염 등과 같은 환경오염은 주로 빈곤층 사람들에게 부정적인 영향을 끼쳐 지적장애 발생을 증가시킬 수 있다. 둘째, 산모의 임신 중 위험한 독소에 노출 혹은 불충분한 산전 관리 역시 태아의 지적 발달에 심각한 결과를 초래하게 된다. 구체적으로는 산모의 임신 중 음주, 후천성 면역 결핍증, 수두, 성병, 매독, 결핵 등에 걸릴 경우 태아에게 장애를 초래할 수 있다.

니코틴, 코카인, 마리화나, 납중독 등은 태아의 생명을 위태롭게 할 뿐만 아니라 지체된 성장발육을 유발할 수 있다. 셋째, 교통사고나 낙상과 같은 사고에 의한 뇌손상 역시 지적장애를 초래하는 요인이 될 수 있다.

참고로 지적장애 아동을 임상적 유형에 따라 구분할 때 각 아동이 고유한 개체로서 자신만의 독특성을 가지고 있는 것은 사실이지만, 적지 않은 경우 각 유형에 따라 공통적으로 나타나는 행동적 특성들을 열거하는 것 또한 가능하다.

다음 <표 5-6>은 지적장애를 유발할 수 있는 임상적 원인에 따른 행동적 표현형(phenotype)으로서 지적장애 아동에 대한 교육, 의료, 복지 서비스의 제공을 담당하는 인력들이 효과적인 서비스 제공을 위해 참고할 수 있는 사항들이다.

표 5-6 임상적 원인에 따른 행동적 표현형

명칭	행동적 표현형
다운증후군	1. 언어적 또는 청각적 과제보다는 시공간적 과제수행에 강점 2. 지능에 비해 강한 적응기술 3. 명랑하고 사회적인 성격 4. 성인기에 흔한 우울증
윌리암스증후군	1. 언어, 청각 기억력과 얼굴인식에 강점 2. 시공간적 기능성, 지각-운동 계획과 소근육 기술에서의 제한 3. 마음이론에 강함(인간 상호 간 지능) 4. 손상된 사회적 지능으로 친구가 없음 5. 모든 연령대에 걸쳐 흔한 불안장애
약체X증후군	1. 시공간적 기술에 비해 더 나은 음성언어 기술 2. 일상생활과 신변관리기술에서 비교우위 3. 무관심, 과잉행동, 자폐성 행동과 빈번히 연관 4. 모든 연령대에 걸쳐 흔한 불안장애
프래더윌리증후군	1. 손상된 포만감, 탐식행동과 비만 2. 시각적 처리와 퍼즐을 해결하는 데 강점 3. 모든 연령대에 걸쳐 흔한 강박장애와 충동조절장애 4. 성인기에 간혹 정신 이상
앤젤맨증후군	1. 부적절한 웃음이 어린이들 사이에 특징적 2. 모든 연령대에 걸쳐 일반적으로 행복한 성향을 보임 3. 과잉행동과 수면장애가 어린이들 사이에 보임

출처: 박원희 외(2009). **특수교육학**(일부 수정).

한편, 지적장애 아동에 대한 지원을 고려하는 것과 더불어 지적장애의 예방활동에 최선을 다해야 함을 잊어서는 안 될 것이다. 지적장애의 예방을 위해서는 지적장애를 유발할 수 있는 위험요인들을 다차원적으로 검토하고, 각 위험요인들에 대한 예방지원책을 강구 및 실시할 필요가 있다. 다음 <표 5-7>은 지적장애 유발 범주별 위험요인과 예방지원책들이다.

표 5-7 지적장애 유발 범주별 예방과 지원

범주	위험 요인들	예방 지원
생의학적	1. 태아 알코올 증후군 2. 선천성 심장 질환	1. 영양 지원 2. 심장질환에 대한 의료적 수술처치
사회적	1. 가정의 빈곤 2. 무 거주지 3. 부적절한 양육 기술	1. 가족 지원 2. 부모역할 훈련 3. 양육기술 개발
행동적	1. 부모의 약물 남용 2. 아동학대 혹은 방조	1. 알코올 중독 치료 2. 가정 폭력 예방
교육적	1. 적절한 조기 중재 서비스의 결여	1. 조기 중재에 등록
위험요인들 사이의 상호작용	1. 부모의 관리 결여와 태아 알코올 증후군을 야기하는 어머니의 빈곤과 약물남용 2. 적절한 조기 중재 서비스의 결여를 야기하는 무 거주지	1. 알코올 중독 치료와 직업 훈련을 통해 부모의 관리를 촉진하고 임신기간 동안의 음주를 회피케 함 2. 가족지원, 직업훈련, 지역의 조기 중재 프로그램에 등록시킴

출처: 박원희 외(2009), **특수교육학**.

4 진단 및 평가

지적장애 아동의 진단은 지능 검사와 적응행동 검사를 통하여 주로 이루어진다. 현재 가장 많이 사용하고 있는 지능검사도구는 웩슬러 지능검사인데, 대상 연령대에 따라 WPPSI(유아용), WISC(아동용), WAIS(성인용)로 구분된다. 그 외에도 스탠포드-비네검사, 커프만 지능검사(K-ABC) 등이 사용되고 있다. 지능검사는 검사자가 엄격한 시행절차를 준수해야 하고, 검사결과는 규준집단과 비교하는 표준화된 규준지향검사이다.

적응행동의 측정도구로는 사회성숙도검사(김승국, 김옥기, 1995), 적응행동검사(김승국, 1997), KISE-적응행동검사(정인숙 외, 2003). 한국판 적응행동검사(백은희 외, 2007) 등이 있다. 적응행동검사도구는 관찰 체크리스트 형식으로 구성되어 있으며, 지능검사처럼 특정한 장소에서 시행하는 것이 아니라, 일상생활에서 여러 날을 두고 아동의 일상생활을 관찰하거나 부모 또는 보호자와의 면담을 통해 측정하는 것이 특징이다. 이와 같이, 지능의 경우 대상의 최대 잠재능력을 측정하는 것인 데 반해, 적응행동은 일상에서 측정 대상이 보여주는 관찰 가능한 행동들을 측정한다는 차이가 있다. 특히 적응행동은 합의된 정의가 없을 만큼 문화적으로 구인이 다양하여 객관적인 측정을 어렵게 만들고 있는데, Grossman은 한 개인이 동일 연령과 문화에서 얼마나 문제해결력과 독립성을 가지고 있는가를 적응행동 측정의 핵심적 내용으로 보고, 임상적 평가와 표준화된 척도에 의해서 평가되어야 한다고 지적하였다.

5 지적장애 아동의 특성

1) 인지적 특성

인지라는 개념의 사전적 의미는 어떤 사실을 인정하여 앎을 의미한다. 이러한 인지와 관련해서 주로 연구되는 것으로는 인지의 발달, 주의, 기억, 사고 등을 들 수 있다. 다음은 지적장애 아동의 인지와 관련한 특성들이다.

(1) 인지발달

지적장애 아동의 인지발달과 관련해서 발달적 지체(developmental delay)와 발달의 차이(developmental difference)를 주장하는 두 이론이 있다.

첫째, 발달적 지체를 주장하는 학자들은 지적장애인들은 비장애인들과 동일한 순서로 인지적 발달 단계를 거치지만, 일반인에 비해 속도가 느리고 궁극적으로 도달할 수 있는 수준도 낮은 수준이라고 주장한다. 발달적 지체에 대한 보다 깊은 이해를 위해서는 Piaget의 이론이 도움을 준다.

Piaget는 아동이 환경에 대한 자신의 경험을 통해 마음의 도식(schema)을 발달시켜 간다고 보았다. 그 발달 기제는 동화(assimilation)와 조절(accommodation), 그리고 평형화(equilibrium) 과정인데, 이러한 발달기제를 통해 아동의 도식은 감각운동기(출생 후~2세), 전조작기(2세~7세), 구체적 조작기(7세~11세), 형식적 조작기(11세~)순으로 발달하게 된다는 것이다. 지적장애 아동은 Piaget의 각 발달단계에 도달하게 되는 연령이 늦을 것이고, 장애정도가 심할수록 발달속도가 보다 느릴 뿐만 아니라 모든 발달단계를 성취하지 못할 수도 있다고 한다. 또한 경도 지적장애 아동은 구체적 조작 단계에 도달할 수 있으나, 중증도 지적장애 아동은 전조작 단계 이상 발달할 수 없고, 중도 혹은 최중도 지적장애 아동은 감각운동단계에 머무르게 된다고 한다(Beirne-Smith et al., 2006).

둘째, 지적장애와 일반인들과는 인지발달에서 서로 질적인 차이가 있다는 입장이다. 이러한 차이 이론은 비슷한 인지적 발달 수준에 있는 지적장애인과 일반인에 의해 사용되는 인지적 처리 방식에서 차이가 있다는 것이다. 또한 이러한 발달적 차이는 지적장애인들이 특정 병인(예, 유전적 요인, 영양실조, 임신기간 중 약물남용, 뇌손상, 독극물 노출)들을 가질 때 더욱 분명해진다고 한다.

교육에 있어서 두 이론이 시사하는 점은 지적장애를 발달적 지체로 볼 경우 지적장애 아동의 발달을 촉진시킬 수 있는 방법에 집중해야 하는 반면, 발달적 차이로 볼 경우 지적장애인들이 가지고 있는 결함을 없애거나 감소하는 데 중점을 두어야 한다는 것이다(Ellis & Dulaney, 1991).

그러나 위 주장들 중 어떤 이론이 옳다는 결론을 내리기기는 쉽지 않다. 이는 인지발달에 영향을 미치는 변인들이 너무나 다양하기 때문이다.

(2) 주의

주의(attention)는 외부 환경이나 개체 내부로부터의 많은 자극 중 특정한 것을 분명하게 인지(認知)하거나 특정한 것에만 반응하는 마음의 집중적인 활동 및 상태를 의미한다.

주의는 자신과 관련 있는 것을 선택하고 주의하는 동시에 관련 없는 다른 자극은 무시하는 선택적 주의(selective attention)와 환경에서 방해 자극을 억제하면서 집중된 주의를 유지하는 주의의 유지(sustained attention)로 구분된다. 지적장애 아동들은 일반 아동에 비해 선택적 주의 집중과 주의의 유지능력이 부족한 것으로 알려져 있으며, 주의를 기울여야 할 상황에서 무관 단서에 주의를 기울이는 경향이 있다고 한다.

(3) 기억

기억(memory)에 대한 이해를 위해 가장 많이 인용되는 모형은 컴퓨터의 데이터 처리과정에 착안해 인간의 기억처리과정을 설명하는 정보처리모형(Information processing theory)이다.

이 이론을 바탕으로 지적장애인의 기억특성을 연구한 결과, 일반인에 비해 지적장애인은 단기기억(short term memory) 혹은 작동기억(working memory)에서 차이를 보인다고 한다. 단기기억은 경험한 것을 수 초 동안 의식 속에 유지하는 기억을 말하며, 작동기억은 동일한 다른 정보를 처리하면서 동시에 그 정보를 보존하는 자원을 의미하는데, 지적장애인의 경우 특히 작동기억의 용량이 적고 속도가 늦어 어려움이 크다고 한다(Swanson, 1999).

장기기억(long term memory)은 용량에 제한이 없고 몇 분에서부터 평생 동안 보존되는 기억을 의미한다. 일반적으로 지적장애인들은 정보가 단기기억에서 충분히 전송되고 난 후 장기기억에서의 파지는 지적장애의 영향을 덜 받는 것으로 본다. 즉, 지적장애 아동과 일반 아동 간 장기기억에서의 차이는 없다고 보고 있다(McCartney, 1987).

(4) 사고

일반적으로 지적장애인들은 초인지(Metacognition)에 결함을 가지고 있는 것으로 알려져 있다. 초인지는 학습자가 자신의 과제 수행 과정을 점검하고, 통제 및 조절하며, 문제를 능동적으로 해결하는 능력을 말하며, 개인이 자신이 알고 있는 것에 관해 아는 능력이라고도 한다(Ellis & Dulaney, 1991).

또한 지적장애인들은 인지적 과제에서 일반 아동들에 비해 추리와 기억 과제를 잘 처리하지 못하며, 효과적인 문제해결을 위해 추리와 전략 요구를 잘 발달시키지 못하는 것으로 알려져 있다.

2) 학습 특성

(1) 일반화와 전이

지적장애 아동들은 일반화(generalization)와 전이(transfer)에 어려움을 가지고 있다(Heyes & Taplin, 1993). 일반화란 어떤 특정한 자극에 대한 반응이 형성된 뒤에 그 자극과 다소 다른 자극을 주어도 동일한 반응을 보이는 것을 말한다.

다시 말해, 학습자가 어떤 과제를 학습한 뒤, 자신이 배운 지식을 비슷한 과제에도 적용할 수 있는 능력으로 일상에서 동일한 실수를 반복적으로 하지 않으려면 일반화 능력이 필요한 것이다. Ferguson과 McDonnell(1991)은 지적장애인들이 일반화에 도달하는 데 어려움은 전형적인 문제이지만, 잘 설계된 교수를 통해 어느 정도 이러한 문제를 극복할 수 있다고 하였다.

전이는 이전의 장면에서 학습한 지식을 새로운 문제 장면에 가져오는 것 또는 이전에 학습한 것이 현재의 학습에 영향을 주는 현상을 말한다. 예를 들면, 한국어의 어순을 아는 학습자는 일본어를 배우는 데 도움이 되는데, 이 경우 한국어 학습내용의 전이가 이루어진 것이다. 지적장애인의 전이 기술을 높이기 위해 학습한 기술과 개념을 적용할 집중적인 기회를 제공해주어야 한다.

(2) 우연학습

지적장애 아동들은 우연학습(incidental learning)에도 어려움을 가지고 있다. 우연학습이란 주의를 다른 곳에 쏟고 있어 어떤 것을 학습하려는 동기나 준비, 의도가 없는 데도 이루어지는 학습을 말한다. 일반아동들이 일상에서 자연스럽게 우연학습을 하는 데 반해, 지적장애 아동들의 부족한 우연학습 능력으로 인해 이들을 지도할 때는 학습내용을 상당히 주의 깊게, 그리고 직접적으로 전달해야만 한다.

3) 동기적 특성

외부 지향성(outerdirectedness)은 문제해결에서 자신의 인지적 능력을 활용하기에 앞서 외부 세계에서 단서를 찾으려고 하는 것이다(Bybee & Zigler, 1992). Bybee와 Zigler는 지적장애 아동은 보통 자신의 능력을 신뢰하지 않고 과거에 많은 실패를 경험했기 때문에 외부지향성을 보이는 경우가 많다고 하였다.

학습된 무기력(learned helplessness)은 아무리 노력해도 성공할 수 없을 것이라는 믿음이 굳어져, 과제가 조금만 어려워보여도 포기하거나 문제를 해결하려고 시도조차 하지 않은 것을 말한다. 심지어 그들이 스스로 할 수 있는 과제나 상황에서도 자신은 할 수 없다고 믿는다. 설사 과제수행에 성공했다고 하여도 그 결과를 자신의 노력보다는 행운으로 돌린다. 이러한 특성을 보이는 지적장애 아동에게는 작은 성공의 경험을 축적시켜 주는 것이 학습된 무기력을 극복하는 한 방법이 될 수 있다.

통제소재(locus of control)는 행동결과의 원인을 어떻게 지각하느냐에 관한 것이다. 통제소재는 내적 통제소재(internal locus of control)와 외적 통제소재(external locus of control)로 구분된다. 내적 통제소재를 지닌 사람은 긍정적이거나 부정적이든 행동 결과를 자신의 것으로 간주하는 데 반해, 외적 통제소재 경향이 있는 사람은 행동 결과를 운명이나 행운 혹은 다른 사람과 같은 외부의 힘에 의해 이루어진 것으로 보는 것이다. 지적장애인들은 자신들의 행동 결과에 대하여 성공이나 실패에 대한 원인이나 책임을 외적 통제소재에 두는 경향이 강한 것으로 알려져 있다.

4) 사회적 관계 특성

지적장애 아동들의 자기중심적 사고는 대인관계 형성 및 유지에 장애를 주는 주요 요인으로 알려져 있다. 연구에 의하면, 지적장애 아동은 상대방의 관점을 무시하고 자기중심적인 사고와 행동을 하므로 이로 인해 동료들로부터 배척을 받게 되고(김형일, 1995), 이로 인해 친구가 거의 없으며 사회적 고립과 외로움을 만성적으로 겪게 되고, 가족 구성원 이외의 다른 사람과의 사회적 상호작용은 적은 것으로 나타났다(Newton & Horner, 1993).

또래관계의 한 형태인 친구관계는 통합교육에서 사회적 통합을 구성하는 한 요인이라 할 수 있다. 즉, 또래들이 지적장애 아동을 구성원으로 인정한다 할지라도 아무도 친구가 되어주지 않는다면 불완전한 사회적 통합에 머무는 것이다. 원래 친구관계란 상호 호혜적(reciprocal)이고, 오랜 시간에 걸쳐 안정적이며, 역동적인 사회적 상호작용에 기초하는데(Hartup, 1992), 지적장애 아동의 경우 낮은 사회인지 등으로 인해 친구관계를 형성하는 데 어려움을 가지고 있는 것이다.

이러한 문제를 해결하고자 최근에는 아동들이 친구를 사귈 때 중요시하는 속성이 무엇인지를 파악하는 척도의 개발 및 통합상황에서 일반 아동과 지적장애 아동의 친구관계를 도울 수 있는 방안들에 대한 연구가 이루어지고 있다(남경욱, 2014; 남경욱, 신현기, 2012a; 2012b).

6 교수적 접근

지적장애 아동을 위한 교육은 교수전략과 교육내용에서 일반 아동을 위한 것과 차이가 난다. 그 이유는 일반 아동과 비교할 때 대부분의 지적장애 아동은 학습능력이 떨어지고, 상이한 교육적 요구를 지니기 때문이다. 지적장애 아동을 교육하는 데 있어서 고려해야 할 교수전략과 교육내용은 다음과 같다.

1) 교수 전략

(1) 교육과정 설계 시 고려사항

일반학교에서 지적장애 아동을 위한 교육과정을 설계할 때는 <표 5-8>과 같이 아동, 부모, 일반학급, 특수교육 등을 고려하여야 한다.

표 5-8 교육과정 설계 시 고려할 사항들

영역	변인
아동	인지-지적 수준, 교과 기술 준비도, 교과 성취, 등급배치, 동기 및 책임감, 또래와 성인과 사회적 상호작용, 행동의 자기 통제
부모	장·단기 부모 기대, 지원수준(경제적, 교과적), 교육에 관한 부모의 가치관, 문화적 영향(언어, 삶의 가치)
일반학급	다양성에 대한 교사와 동료 수용 정도, 통합을 위한 행정적 지원, 교육과정 변화의 가능성, 교실의 조절 역량, 일일 학급계획의 융통성과 졸업 이후 학점, 다양한 직업프로그램
특수교육	교사 대 아동 수, 보조교사나 개인교사의 이용 가능성, 교육과정 자료를 이용할 수 있는 방법, 교사 훈련의 초점, 이용 가능한 자문과 자료 지원, 아동들에 유용한 관련 서비스

출처: 신종호 외 역(2002), **정신지체**.

(2) 획득, 숙달 및 일반화

기술의 획득은 어떤 기술을 수행할 수 있게 학습하는 것을 말한다. 기술 습득은 최초 학습하게 되는 기술의 여러 부분들을 부호화하며, 이어서 기술을 수행하는 여러 부분들을 하나의 단위로 좀 더 밀접하게 연결한다.

최종적으로는 그 기술의 수행을 자동화시켜 실수를 최소화시킨다. 일반적으로 최종 단계에 도달해서 정확성과 빠른 속도로 자연스런 환경에서 그 기술을 수행할 수 있게 될 때 숙달되었다고 표현한다.

또한 숙달된 지식이나 기술은 교수가 끝난 뒤 새로운 사람, 장소 또는 과업에 일반화할 수 있어야 한다. 다음 <표 5-9>는 지적장애 아동을 교수를 함에 있어서 획득, 숙달 및 일반화를 향상시키기 위해 참고할 수 있는 전략과 점검사항들이다.

표 5-9 획득, 숙달, 일반화 향상 전략과 점검사항들

영역	구분	상세 내용
획득	전략	• 빈번한 교수 기회를 제공한다. • 아동이 참여하는 기회를 늘려 준다. • 아동의 오류에 대한 피드백을 제공한다. • 정확한 수행에 대한 강화된 피드백을 제공한다.
	점검사항	• 교수 전달상에 문제가 없었는지 확인한다. • 단서가 효과적이었는지 확인한다. • 실수한 유형을 확인하고 점검한다. • 아동이 수업과 자료에 어느 정도 참여하였는지 확인한다. • 수업을 방해할 만한 아동의 특성 유무를 확인한다. • 학습을 방해하는 문제를 확인한다.
숙달	전략	• 완성과제에 대하여 피드백을 제공한다. • 속도내기와 전력질주에 대해 격려한다. • 아동의 학습 시 교사의 참여를 줄인다. • 정확성뿐만 아니라 속도에 대한 피드백을 제공한다. • 과제수행 이전의 리허설을 점점 늘려간다.
	점검사항	• 강화자가 작용하는지 확인한다. • 충분한 연습기회가 주어졌는지 확인한다. • 연습기회가 교사에 의해 방해받지 않았는지 점검한다. • 어느 수준의 정확성을 제공했는지 확인한다.
일반화	전략	• 다양한 지도사례를 사용한다. • 실세계와 연결된 수업을 한다. • 기술의 숙달을 높인다. • 일반적인 자료 및 언어를 사용한다. • 수업 시 구체적인 일반화 전략을 활용한다.
	점검사항	• 충분한 정확성 및 유창성이 이루어졌는지 확인한다. • 일반화 기회가 제공되었는지 확인한다. • 일반화를 높이는 수업이 활용되었는지 확인한다.

출처: 정동영 외(2010), **특수아동의 이해**.

(3) 교수방법

지적장애 아동을 위한 교수방법은 크게 교사 주도, 아동 주도, 또래 주도 방법으로 나누어 볼 수 있다.

첫째, 교사 주도적 방법에서 많이 사용되는 방법은 과제분석(task analysis)과 모델링이다. 과제분석이란 주어진 과제를 수행하기 위한 선행기술들을 분석하고, 해당과제를 하위 단계들로 나누는 것을 말한다.

교사가 아동에게 필요한 선행기술을 먼저 가르친 후 하위과제들을 순차적으로 지도하는 방식이다. 이러한 과제분석은 지적장애 아동을 교육하는데 매우 효과적이며, 다방면으로 활용할 수 있다. 모델링은 교사가 직접 과제를 수행하는 것을 아동에게 보여주는 것이다. 교사가 먼저 시범을 보인 후 아동이 따라 하도록 하고, 최종적으로 아동이 독자적으로 기술을 수행하게 만드는 것이다.

이때 강화와 피드백을 병행하는 것이 효과적이며, 교사는 전반적 신체적 도움, 부분적 신체적 도움, 제스처, 그림 촉구, 언어적 지시와 같은 다양한 촉구와 지원 전략들을 사용할 수 있다.

둘째, 아동 주도적 방법은 아동의 자발성과 독립성을 향상시키기 위해 활용하는 방법으로, 주로 초인지 기술을 활용하는 자기점검법, 자기교수법, 자기강화법 등이 대표적인 방법들이다.

자기점검법은 자기 행동을 스스로 기록, 점검케 해서 자신의 행동에 대한 인식을 향상시키는 것이며, 자기교수법은 스스로 과제수행단계를 말하면서 과제를 수행토록 하는 것이다. 또한 자기강화법은 자신의 과제수행에 대하여 미리 정한 보상을 제공하는 것을 말한다.

셋째, 또래 주도적 방법은 또래로 하여금 다른 아동의 학습이나 참여를 촉진하게 하는 학습방법으로, 주로 지적장애 아동들이 필요로 하는 추가적 연습과 개인적인 도움을 제공하기 위해 사용한다.

또래 교수를 실시하기 위해서는 또래교사 역할을 맞는 학생에게 분명하게 지시하는 법, 최소한의 도움으로 학습을 돕는 방법, 정확한 반응에 따르고 오류를 수정하는 방법 등을 사전에 지도해야 한다.

2) 기능적 기술

일반학생의 경우 고학년으로 올라갈수록 보다 학술적(academic)인 내용을 학습하게 되지만, 지적장애 아동의 경우, 특히 중등도 이상일 경우 독립적으로 일상생활을 영위하고 사회에 참여하는 데 필요한 기능적 기술(functional skills)들을 중심으로 학습을 하게 된다.

각 아동마다 필요한 기능적 기술은 다를 수 있기 때문에 기능적 기술의 내용을 결정함에 있어서 다음과 같은 원리들을 고려해야 한다(백은희, 2005; 신현기 역, 2006).

① 교수 내용은 다양한 지역사회 환경에서 교수가 이루어질 수 있는 것이어야 한다.
② 교수 내용은 지적장애 아동의 현재 혹은 미래 환경에 참여하는 데 도움이 되는 것들이어야 한다.
③ 교수 내용은 지적장애 아동의 더 나은 삶의 질에 기여하여야 한다.
④ 교수 내용은 연령에 적합한 기술, 일과 그리고 자료들이어야 한다.
⑤ 교수 내용은 사회에서 가치 있다고 보는 기술들이어야 한다.
⑥ 교수 내용은 아동에게 도움이 되고, 지역사회에서도 생산적인 기여자가 되도록 하는 것이어야 한다.
⑦ 교수 내용은 아동의 관심과 흥미를 반영하고 있어야 하고, 해당 아동의 재능을 향상시킬 수 있는 것이어야 한다.

이를 반영해 지적장애 아동을 위한 교육현장에서 공통적으로 많이 교수되고 있는 기능적 기술들은 다음과 같다(신현기 역, 2006).

① **독립생활기술**: 위생 및 용변처리/옷 입기/가정생활/독립적인 이동(자가 통학)
② **의사소통**: 말 문제(대체, 생략, 왜곡 등 조음의 문제)/목소리 문제/언어장애(지체된 언어나 발달되지 않은 어휘)/비상징적인 의사소통 기능
③ **사회적 상호작용 및 관계**: 사회성 기술/사회적 지각/관계수립 기술 등
④ **교과기술**: 일반교육 교육과정에의 접근 혹은 기능적 교육과정에 초점
⑤ **전환 및 지역사회 기술**: 자기결정 기술/졸업 후 긍정적인 고용 및 지역사회 생활

학교에서는 <표 5-10>과 같이 도구교과에 해당하는 읽기, 쓰기, 수학과 같은 과목에서 기능적 기술에 초점을 맞춰 지도하고 있다.

표 5-10 기능적 학업의 예

영역	연습활동
읽기	• 건물이나 지역에서 흔히 볼 수 있는 표시(남, 여, 정지, 진입금지, 위험 등) • 성인 혹은 아동용 신문이나 잡지 • 패스트푸드점이나 일반음식점의 메뉴 • 학급 시간표나 TV, 기차, 영화시간표 • 전화번호부 • 물건이나 구인광고 • 완구 조립이나 신청서 작성을 위한 설명문 • 음식, 약, 옷 등의 라벨
쓰기	• 쇼핑 목록, 해야 할 일의 목록 작성하기 • 친구나 가족에게 메모 남기기 • 엽서, 초대장, 친구에게 편지 쓰기 • 주문서 양식을 이용하여 우편으로 주문하기 • 다른 사람을 위해 전화내용 메모하기
수학	• 물건 구입하기 • 용돈 예산 세우기 • 물건 값 비교하기 • 저금하기(통장 관리하기) • 음식 준비하기 • 측정도구 이용하기(예, 온도계, 체중계, 키 재기) • 시계 보기, 달력 보기, 시간 계산하기

출처: 이소현, 박은혜(2002), **특수아동교육**.

또한 이러한 기능적 기술은 주로 지역사회 기반으로 교수가 이루어지는데, 아동의 통학하기 지도를 예를 들어 제시하면 다음과 같다.

통학하기 지도 사례

- **영역**: 지역사회생활
- **하위** 영역: 통학하기
- **지도내용(과제분석)**
  - 이동 거리를 안다.
  - 대중교통 수단의 종류를 안다.
  - 대중교통 수단에 따라 승·하차하는 방법을 안다.
  - 목적지까지 가서 내리고 다시 돌아온다.

- **훈련방법**
  - 모델링: 아동이 이동 경로와 이동 절차에 친숙하도록 교사와 동행한다.
  - 촉진: 교사는 아동이 각 절차에 성공할 수 있는 언어적 단서를 사용한다.
  - 지원 줄이기: 교사는 아동의 수행 여부가 성공적인지 관찰하고, 좀 더 많은 지원을 필요로 하는지 판단하면서 아동으로 하여금 독립적으로 수행하게 한다.
  - 혼자 시키기: 아동이 안전하게 그리고 최선의 방법으로 수행한다면 교사는 자신의 차로 뒤에서 따라가기만 한다. 이때 더 필요한 훈련 내용이 무엇인지를 결정하기 위한 기초 자료를 수집한다.

출처: 정동영 외(2010), **특수아동의 이해**.

지체장애 06 Chapter

지체장애의 역사는 선사시대로 거슬러 올라간다. 그 시대 유적에서 척추장애인의 목에 고기와 꿀을 발라 상처를 치료한 흔적이 발견된 바 있으며, 히포크라테스 시대(기원전 400년)에는 사람의 등을 곧게 펴기 위해 문지르거나 늘리는 처치 방법이 사용되기도 했다. 근대적인 척추수술이 시작된 것은 1800년대 중반에 이르러 마취법이 개발된 이후이며, 이 시기에 이르러서 안전조치 기법 또한 많이 향상되었다.

지체장애 아동의 교육과 관련해서 본격적인 체계가 구축된 것은 미국의 경우 19세기 후반부터이다. 1893년 보스턴(Boston)에 최초의 지체장애 아동을 위한 교육기관인 '지체 및 기형 아동을 위한 산업학교'가 창설되었고, 공립학교 내 지체장애아를 위한 학급은 시카고(Chicago)에 최초로 만들어졌다. 이후 지체장애아를 위한 특수학교가 뉴욕, 필라델피아, 클리블랜드 등에 세워졌다.

우리나라의 경우, 공식적인 지체장애교육은 1937년 서울 동대문 공립국민학교에 설치된 신체허약아동 양호학급에서 시작되었다. 그러나 본격적으로 지체장애아동을 위한 교육이 확산된 것은 6·25 전쟁 이후 전쟁고아들이 늘어나고, 그 시기 각종 질병으로 인해 지체장애 아동이 늘어나면서부터이다. 일부 독지가들이 그들을 수용하고 보호할 의료재활사업을 시작하고, 그러한 가운데 점차적으로 특수교육을 병행해 나갔는데, 복지시설에서 지체장애 아동의 수용, 보호와 더불어 자체에서 한글이나 수 개념을 지도하는 공민교육 형태의 교육을 실시한 것이다(김병하, 2002).

이후 1964년에 우리나라 최초의 사립 지체장애 특수학교인 연세대학교 의과대학 세브란스 소아재활원 국민학교(현재의 연세대학교 재활학교)가 설립되었고,

1972년에는 최초의 독립된 통학제 공립 지체장애학교인 대구성보학교가, 그리고 2000년에는 국립 지체장애학교인 한국우진학교가 설립되어(정해동, 2009) 지체장애 아동을 위한 교육을 현재까지 이어오고 있다.

1 정의

1) 교육적 정의

지체장애란 다방면에 걸쳐서 발생하는, 선천적 또는 후천적인 원인으로 일상생활 활동의 제약을 초래하는 신체적 기능의 손상을 의미한다. 여기서 다방면이라 함은 주로 신체의 골격·근육·신경 계통을 의미하며, 손상은 절단 등에 의해 신체 형태에 이상이 발생하거나 있다 해도 기능이 곤란한 상태를 말한다. 지체장애인 중에는 가벼운 보행 곤란만을 가질 수도 있고, 말하기·먹기·걷기와 같은 운동 기능과 관련된 모든 영역에서 곤란을 갖는 중증장애일 수도 있다(Hunt & Marshall, 1994).

한국특수교육학회(2008)에서는 지체장애를 "원인에 관계없이 지체(체간 및 사지) 기능의 부자유로 인하여 그대로 두면 장차 재활이 곤란한 사람"으로 정의하고 있는데, 여기서 '지체'란 하지와 상지를 포함하는 의미로 체간은 척추의 상반신으로 두부는 속하나 흉·복부와 내장기관은 포함되지 않는 개념이며, '기능의 부자유'란 정적인 지지능력의 부자유와 동적인 운동 기능의 부자유 및 형태 이상에 의한 부자유를 말하고, '재활 곤란'이란 일상생활 동작 및 사회인으로서의 제 활동에 불편을 겪는 것을 의미한다.

미국의 장애인교육법(IDEA)에서는 지체장애(physical disabilities)를 정형외과적 장애(orthopedic impairments)라고 부르는데, 아동의 교육 수행에 악영향을 미치는 심한 외과적 손상을 일컫는다. 그러나 비록 IDEA가 정형외과적 장애라는 용어를 사용할지라도, 교육자들은 이와 같은 아동들을 언급할 때 지체장애라는 용어를 주로 사용하기 때문에 미국에서는 IDEA의 용어와 교육자들의 용어 두 가지가 함께 사용되고 있다(Turnbull et al., 2004).

2) 법적 기준

지체장애 아동의 경우 「장애인 등에 대한 특수교육법」을 통해 특수교육을 받을 자격을 부여받을 수 있으며, 지체장애인을 가진 국민은 정부에 장애인 등록절차를 통해 「장애인복지법」이 정한 법률적 지원을 제공받을 수 있다.

한 가지 유의할 점은 비록 두 법에서 '지체장애'라는 용어를 사용하지만 그것이 포함하고 있는 범위는 서로 차이가 있다는 점이다. 「장애인 등에 대한 특수교육법」 상의 지체장애 범주는 「장애인복지법」의 지체장애인과 뇌병변 장애인을 함께 포함하고 있다. 즉, 뇌성마비 아동인 경우, 장애인 등록 시 지체장애가 아닌 뇌병변 장애로 등록되지만, 특수교육 대상자로 지정받을 때는 지체장애 범주에 속하는 것이다. 각 법에서 규정하고 있는 지체장애인의 법적 기준은 다음과 같다.

표 6-1 지체장애인의 법적 기준

구분	기준
장애인 등에 대한 특수교육법 (2007)	기능·형태상 장애를 가지고 있거나 몸통을 지탱하거나 팔다리의 움직임 등에 어려움을 겪는 신체적 조건이나 상태로 인해 교육적 성취에 어려움이 있는 사람
장애인복지법 (2010)	**• 지체장애인** 가. 한 팔, 한 다리 또는 몸통의 기능에 영속적인 장애가 있는 사람 나. 한 손의 엄지손가락을 지골(지골: 손가락 뼈) 관절 이상의 부 위에서 잃은 사람 또는 한 손의 둘째손가락을 포함한 두 개 이 상의 손가락을 모두 제1지골 관절 이상의 부위에서 잃은 사람 다. 한 다리를 리스프랑(Lisfrane: 발등 뼈와 발목을 이어주는) 관절 이상의 부위에서 잃은 사람 라. 두 발의 발가락을 모두 잃은 사람 마. 한 손의 엄지손가락 기능을 잃은 사람 또는 한 손의 둘째 손가락을 포함한 손가락 두 개 이상의 기능을 잃은 사람 바. 왜소증으로 키가 심하게 작거나 척추에 현저한 변형 또는 기형이 있는 사람 사. 지체에 위 각 목의 어느 하나에 해당하는 장애정도 이상의 장애가 있다고 인정되는 사람 **• 뇌병변장애인** 뇌성마비, 외상성 뇌손상, 뇌졸중 등 뇌의 기질적 병변으로 인하여 발생한 신체적 장애로 보행이나 일상생활의 동작 등에 상당한 제약을 받는 사람

2 분류

지체장애는 여러 가지 방식으로 분류해 볼 수 있지만, 본 장에서는 신경장애, 근·골격장애, 외상성 손상, 선천성 기형으로 나눠 살펴보도록 한다.

1) 신경장애

중추신경계(뇌와 척수)의 손상으로 인한 대표적인 신경장애로는 뇌성마비, 이분척추, 간질을 들 수 있으며, 각각의 특성은 다음과 같다.

(1) 뇌성마비

뇌성마비(cerebral palsy)는 운동중추의 손상에 의한 비진행성 운동장애이다. 뇌가 아직 완성되지 않은 시기인 출산 전, 출산 시, 그리고 아동 초기에 손상을 입어 장애를 갖게 되는 것을 말하며, 한 개인이 움직이는 방식, 근육의 신장 또는 긴장, 몸을 지탱하는 통제력 등에 영향을 미치게 된다.

뇌성마비 아동은 자발적인 운동이 어렵고, 팔과 다리가 마비되거나 불수의적 운동을 보이는데, 운동 이외에도 인지와 언어 등 다른 발달영역의 장애를 수반하는 경우가 많다. 중도의 뇌성마비는 출생 후 수개월 이내에 진단할 수 있지만, 2~3세가 되어 서기나 걷기, 균형 등에서 문제를 나타내기 전까지 발견되지 않을 수도 있다. 이러한 뇌성마비는 일반적으로 마비부위에 따라 다음과 같이 일곱 가지로 분류한다.

① 단지마비(monoplegia): 사지 중 어느 한쪽의 마비
② 편마비(hemiplegia): 몸 한쪽 부분의 마비
③ 삼지마비(triplegia): 팔다리 세 부분만 마비
④ 사지마비(quadriplegia): 양팔과 양다리의 마비(몸통과 얼굴 마비 수반 가능)
⑤ 대마비(paraplegia): 양다리(하지)만 마비
⑥ 양지마비(diplegia): 주된 마비는 하지에 나타나고, 상지는 경도마비
⑦ 중복편마비(double hemiplegia): 주된 마비는 상지, 하지는 경도마비

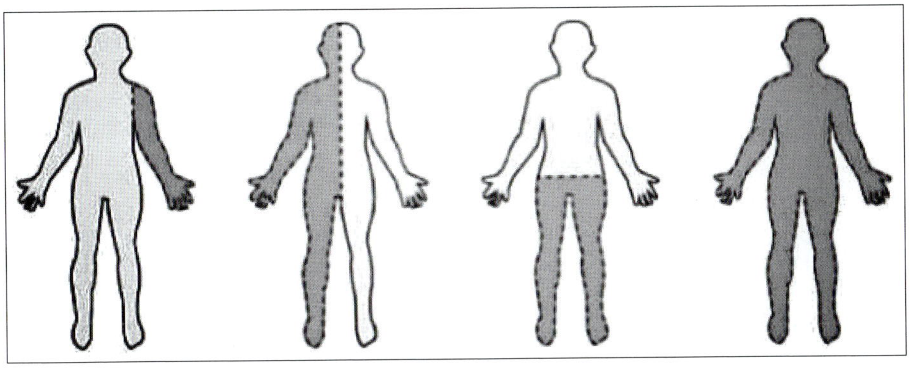

(좌에서 우로 단지마비, 편마비, 대마비, 사지마비의 순)

출처: sarabetholetti.com/tag/cerebral-palsy/

그림 6-1 ... 마비 부위에 따른 뇌성마비의 네 가지 유형

뇌성마비를 운동장애의 유형에 따라 분류할 때는 다음 <표 6-2>와 같이 여섯 가지로 분류할 수 있다.

표 6-2 ... 운동장애 유형에 따른 뇌성마비 분류

유형	설명
경직형 (spasticity)	전체 뇌성마비인 중 약 60%를 차지한다. 근육에 심한 긴장과 수축을 보이는 특성을 가지고 있다. 운동이 부자유스럽고, 과도하며, 협응이 거의 안 되며, 운동을 통제하려 할 때, 더욱 부자유스럽게 된다.
무정위운동형 (athetosis)	전체 뇌성마비인 중 약 20%가 이에 해당한다. 통제할 수 없을 정도로 크고 불수의적인 운동을 나타낸다. 쉬거나 수면 시에는 이상 동작이 잘 나타나지 않는다. 이 아동들은 입술, 혀, 목의 근육을 조정할 수 없어 침을 흘리기 쉽고, 걸음걸이는 비틀거리며 어색하다.
운동실조형 (ataxia)	전체 뇌성마비인 중 약 5%가 이에 해당한다. 소뇌 손상으로 인해 발생하는 마비로서 균형·공간 위치감각의 결여로 인해 운동부조화가 현저하게 나타난다. 특히 협응에 결함이 있고, 균형·자세·공간 내에서의 방향 정위 등에 필요한 운동이 서투르다.
강직형 (rigidity)	신체 여러 부위에서 계속적인 근육의 긴장을 보이고, 그 결과로 심한 경직성을 보인다. 이는 매우 드물다.
진전형 (trimor)	일정한 근육이 규칙적인 불수의 운동을 한다. 이는 매우 드물다.
혼합형 (mixed)	전체 뇌성마비인 중 약 3%가 이에 해당하며, 여러 가지 유형이 혼합되어 있는 경우이다.

(2) 이분척추

이분척추(spina bifida)는 태아 발달기에 척추가 온전하게 완성되지 못하고 갈라져생기는 선천성 척추 결함이다(국립특수교육원, 2009). 이 결함은 척추의 상부에서 말단까지 어디에서나 나타날 수 있지만, 대부분은 척추의 뒤쪽 허리 부분에서 발생한다. 폐쇄되지 않은 척추에서 척수가 빠져 나와 신경 손상을 일으키고 결함이 있는 부위 아래의 기능장애를 유발한다.

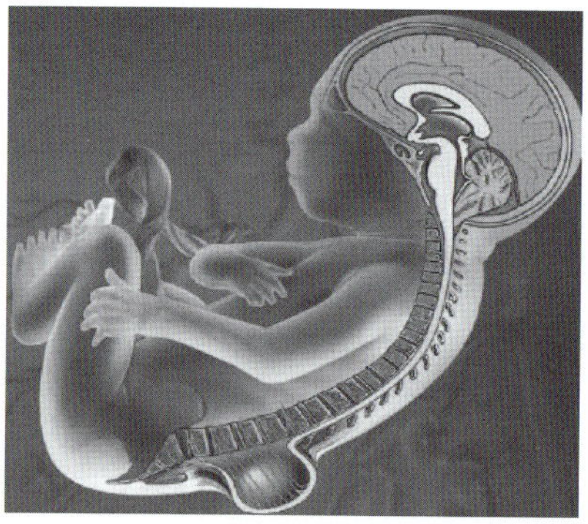

출처: http://www.doctortipster.com/1132-spina-bifida-a-congenital-disease-of-the-spine.html

그림 6-2 ››› 이분척추를 가진 태아

이분척추에는 잠재이분척추, 수막류, 척수수막류 등의 유형이 있다.

표 6-3 ››› 이분척추의 유형과 특징

유형	특징
척수수막류 (myelomeningocele)	이분척추의 가장 흔한 형태로서 수막류와 같이 주머니를 가지고 있다. 그 주머니에는 척수나 그 일부가 들어 있으며, 신경섬유가 들어 있다. 그러므로 이 경우에는 신경장애를 일으키며, 신경충동이 척수 결함을 지나갈 수 없기 때문에 하지 마비와 항문 및 방광괄약근의 마비가 수반되는 경우가 많다.
수막류 (menigocele)	척추를 따라서 어떤 지점에 종양과 같은 주머니가 생기는 것이다. 그 주머니 속에는 뇌액이 들어 있으며, 신경조직은 들어있지 않다. 그러므로 이 경우에는 신경장애를 일으키지 않는다.
잠재이분척추 (spina bifida occulta)	가장 적게 나타나는 형태로서 척수가 삐져나오지 않기 때문에 어떤 신경장애도 일으키지 않는다.

(3) 뇌전증(간질)

뇌전증(epilepsy)은 뇌에서 발생한 비정상적인 전기 자극으로 운동, 행동, 의식 등에 장애가 발생하여 돌발적인 의식상실, 경직, 강직 등의 증상을 나타낸다. 주로 생활장면에서 갑작스럽게 운동발작으로 인한 심한 경련을 일으켜 주변 사람들을 당황케 하는 경우가 많다. 뇌전증은 인구의 약 0.5~1% 정도 발생하는 것으로 알려져 있으며, 뇌성마비 아동의 약 25~50%가 뇌전증을 수반하는 것으로 추정하고 있다(국립특수교육원, 2009).

뇌전증의 유형에는 전신 긴장성-간대성 발작(대발작), 결신 발작(소발작), 복합부분발작, 단순부분발작 등이 있다.

표 6-4 뇌전증의 유형과 특징

유형	특징
전신 긴장성-간대성 발작(대발작)	경련 발작의 가장 심각한 유형으로 그 증세는 근육이 뻣뻣해지고 의식을 잃게 되며, 신체 모든 부분을 심하게 흔들리게 되며, 침을 흘리거나 다리와 발이 갑자기 비틀어질 수 있으며, 배뇨를 할 수도 있다. 대부분 2~3분 경과하면 의식을 회복하게 된다.
결신 발작(소발작)	대발작보다 심각한 것은 아니지만 더 자주 발생하며, 대개 몇 초에서 길게는 30초 정도로 장소에 관계없이 짧은 시간 동안 의식을 잃게 된다. 그 증세로는 한 곳을 멍하니 응시하거나, 눈을 깜박거리고 혈색이 창백해지며, 쥐고 있던 물건을 떨어뜨리는 행동을 보인다.
복합부분발작(심리운동성발작)	짧은 기간 동안 부적절하거나 목적 없이 활동하는 형태로 일어난다. 그 증세로는 입맛을 다시거나, 목적 없이 주위를 걸어 다니다가 고함을 지른다. 보통 2~5분 정도 지속되며, 발작 후에 전체적인 일에 대해 잘 기억하지 못한다.
단순부분발작	증세는 의식을 잃지 않고서도 갑자기 몸이 뒤틀리는 동작을 보이는 특징이 있다. 이 발작은 매주, 매월, 혹은 1년에 한두 번 정도 일어날 수 있다.

뇌전증 대발작 발생 시 대처요령

- 침착하게 대처한다. 다른 아동들에게 발작 증세를 보이는 아동은 곧 좋아질 것이라고 안심시킨다.
- 발작을 하는 아동을 바닥에 옆으로 눕히고 옷의 단추나 혁대 등을 풀어서 느슨하게 해주며, 주변의 기구나 딱딱한 물건 또는 위험한 기계 등에서 멀리 떨어뜨려 준다.
- 당황하지 말고 침착하게 옆에서 조용히 지켜준다. 인공호흡 등 희생시키려는 어떠한 조치를 해서는 안 된다.
- 머리 밑에 방석이나 부드러운 담요 등을 놓아서 발작 중에 머리를 상하지 않도록 한다.
- 환자를 옆으로 눕게 하여 입에 고인 침이나 이물이 흘러나오게 한다.
- 발작 중에는 입안에 아무 것도 집어넣지 말아야 한다.
- 휴식을 취한 후에는 대부분 하던 일을 계속하도록 한다. 만약 휴식을 취하고 나서도 계속 상태가 좋지 않으면 귀가토록 한다.
- 만약 발작 증세가 5분 이상 오랫동안 지속되면 응급적인 조치를 강구해야 한다.
- 발작이 끝난 후 발작 중에 어떠한 일이 일어났었는지 아동에게 말하지 않도록 한다.

2) 근·골격장애

근육이나 골격의 결함 또는 질환을 말한다. 이러한 결함이나 질환은 대개 아동의 다리 팔, 관절 또는 척추에서 발생해서 아동이 걷고, 서고, 앉거나 손을 사용하기 곤란하게 만든다. 근·골격장애의 가장 흔한 유형은 근디스트로피, 연소성 류마티스 관절염, 불완전골생성증 등이다.

(1) 근디스트로피(근이영양증)

근디스트로피(muscular dystrophy)는 점진적인 근위축과 근쇠약을 특징으로 하는 진행성, 유전성 근육병이다. 근디스트로피는 중추신경계나 말초신경계와 상관없이 골격근의 퇴화가 진행되어 근육의 약화, 구축, 변형을 보인다(국립특수교육원, 2009). 또한 근디스트로피는 근육 약화의 정도와 유전적 패턴에 따라 다음과 같은 형태로 분류한다.

표 6-5 근디스트로피의 유형과 특징

유형	특징
뒤센형(Duchenne)	근디스트로피 중에 가장 많이 나타나는 유형이다. 대개 2~5세 사이에 근육위축이 나타나며, 달리거나 계단을 오르는 데 어려움을 겪게 되며, 배를 앞으로 내밀고 등이 움푹 들어간 이상한 자세로 걷는다. 이 아동은 대개 10~14세에 이르면 걷기 어렵게 되고, 마지막에는 손과 손가락의 소근육 기능이 상실된다.
베커형(Becker)	발병 시기가 보통 5~20세로 뒤센형보다 조금 늦고 질환의 진행도 느리다. 뒤센형이 심근장애와 조기사망(주로 10대)을 특징으로 하는 데 반해, 베커형은 20대 이후에도 생존하며 심근장애를 갖지 않는다.
안면 견갑상완형 (facioscpulohueral)	남아와 여아 모두에게서 발견되며, 보통은 사춘기에 시작된다. 다리의 쇠약보다는 어깨와 팔의 쇠약이 더 현저하며, 안면근육도 영향을 받는다.

현재 근디스트로피 치료법은 알려져 있지 않으며, 대부분 청소년기나 청년기에 가슴 근육의 위축으로 인한 심장박동이나 호흡기관 정지로 사망한다(Heward, 2006). 아동이 근디스트로피를 가지고 있을 경우에는 근조직의 퇴화가 극소화되도록 가능한 한 정상적인 활동을 유지하도록 노력해야 하며, 아동과 가족이 질병으로 인한 활동의 제약을 잘 극복하도록 정서적 지원을 해야 한다.

(2) 연소성 류마티스 관절염

연소성 류마티스 관절염(juvenile rheumatoid arthritis: JRA)은 사지나 등의 통증과 경직이 특징인 류마티스 질환이다. 이 관절염은 16세 이전의 아동에게 나타나고, 최소 6주 동안 지속된다. 가장 흔하게 나타나는 관절은 무릎, 발목, 팔꿈치, 엉덩이, 손목, 발이다. 이러한 관절염의 원인이 밝혀진 것은 많지 않으며, 남아보다 여아에게서 더 많이 발견된다. 류마티스 관절염은 관절과 결합조직 내의 비교적 가벼운 염증, 종창, 경직으로부터 위축과 관절 기형을 동반하는 극도의 심각한 증상까지 포함한다. 류마티스 관절염을 가진 아동의 경우, 아동이 할 수 있는 범위 내의 운동과 다양한 활동을 하게 하고, 용변, 휴식과 같은 일상생활동작 훈련을 지속적으로 해야 한다.

(3) 불완전골생성증

불완전골생성증(Osteogenesis imperfecta)은 결합조직의 유전성 질환이며, 주요 증상으로는 부서지기 쉬운 뼈, 청색 공막(blue sclera), 조기 농(early deafness)을 들 수 있다. 아동이 불완전골생성증을 가진 경우 외상을 막기 위한 치료와 함께 잔존뼈 조직을 강하게 하기 위한 적당한 신체적인 활동을 해야 한다. 부모와 교사는 아동이 골절을 당하지 않도록 조심하면서 동시에 가능한 많은 활동에 참여시킬 수 있도록 노력해야 한다.

3) 외상성 손상

외상성 손상(trumatic injury)은 출생 후 신체에 가해진 충격으로 손상을 입는 경우를 말하는데, 대부분 사고 혹은 아동학대로 인해 발생한다(Hunt & Marshall, 1994).

(1) 척수손상

척수손상(spinal cord injuries)은 관통상, 척추 신전, 척추 골절이나 척수 압박으로 척수가 손상된 결과를 말한다. 척수손상은 주로 자동차, 오토바이 사고 등이 원인이며 손상 부위에 따라 영구적인 손상이 될 수도 있다. 하부 척수손상은 하지의 결함이나 마비를 가져오고, 척수 상부나 목의 손상은 팔, 몸통, 목 등을 포함하여 더욱 광범위한 장애를 가져올 수 있다. 학교에서는 척수손상을 입은 아동들의 신체적, 심리적 문제 등을 신중히 고려해야 한다.

(2) 외상성 뇌손상

외상성 뇌손상(Trumatic Brain Injury: TBI)이란 외부의 물리적 힘에 인한 뇌 부위의 손상을 의미한다. 외상성 뇌손상은 주로 자동차 사고, 추락, 아동학대, 스포츠 사고로 발생하는데, 뇌손상은 인지(특히, 단기기억) 혹은 신체기능의 손상을 야기하며, 행동과 정서상의 혼란을 가져올 수도 있다.

4) 선천성 기형

선천성 기형은 태아기에 유전적 원인 혹은 바이러스, 박테리아, 방사선 또는 화학 물질의 영향으로 어떤 신체 부위나 기관의 결함을 가지고 태어나는 경우를 말한다. 이러한 선천성 기형에는 사지 결손, 왜소증 등이 있다.

(1) 사지 결손

사지 결손은 사지가 없거나 부분적으로 상실된 상태이다. 선천적 사지 결손은 염색체 결함이나 임신 중 자궁 수축에 의해 발생할 수 있으나, 많은 경우 그 원인을 알 수 없다. 1950~60년대에 임산부 우울증 치료제로 사용되었던 탈리도마이드(Thalidomide)라는 약물이 사지결손과 높은 관련성을 가진 적이 있다.

(2) 왜소증

왜소증은 유전자 변형으로 인해 내분비기능의 장애, 즉 갑상선기능저하증(크레틴병, 점액수종), 뇌하수체기능저하(하수체성 왜소증), 부신 및 성선의 기능장애(성조숙성 왜소증) 등을 일으켜서 연령에 맞지 않게 매우 작은 신체의 크기를 갖게 되는 선천성 질환이다. 성인 남자의 경우 145cm, 여자는, 140cm 이하로 같은 연령의 사람들에 비해 키가 현저히 작은 것이 특징이다.

3 출현율

지체장애의 출현율을 장애유형별로 살펴보면, 뇌성마비는 1,000명당 2명, 근디스트로피는 3,500명당 1명, 불완전골생성증은 10,000명당 1명, 이분척추는 2,000명당 1명, 외상성 뇌손상은 10,000명당 23명 정도로 나타난다고 한다(Bigge, 1991).

국내자료를 살펴보면, 보건복지부(2017)의 장애인 실태조사에서 우리나라 국민 중 지체장애인은 1,278,368명이고 뇌병변장애인은 306,855명으로 추정되고 있다. 이는 전체 장애인의 59.4%로 과반수에 해당한다. 또한 특수교육대상자의 경우 특수교육 연차보고서(2018)에 의하면 지체장애를 지닌 아동 수는 모두 10,439명으로 전체 특수교육대상자의 11.5%를 차지하고 있다. 이 중 3,680명은 특수학교에서 교육받고 있으며 나머지 6,759명은 일반학교의 특수학급과 일반학급 그리고 특수교육지원센터에서 교육을 받고 있는 것으로 나타났다.

4 임상적 원인

지체장애의 원인은 임상유형에 따라 매우 다양하며, 유전질환이나 염색체 돌연변이에 의한 것 이외에 원인이 밝혀지지 않은 경우도 많다. 임상유형 중 뇌성마비와 근디스트로피의 원인에 대해 살펴보면 다음과 같다.

뇌성마비의 원인은 다양하며 대부분의 경우 하나 또는 그 이상의 원인 인자를 가진 다인성으로 나타나므로 정확하게 그 원인을 알 수 없는 경우가 많으며, 20% 정도에서는 원인을 전혀 추정할 수 없다. 주로 뇌의 미성숙 시기인 태내에서 생후 1개월 이내의 출생초기까지 뇌의 기형, 유전적 증후군, 태내 감염, 심한 산소결핍, 질식, 외상성 뇌손상, 중추신경계 감염 등 복잡한 상황이 원인으로 발생하는데, Heller 등(1996)은 뇌성마비를 유발하는 원인을 출산 전, 출산 중, 출산 후로 나누어 제시하고, 그 위험 요소들을 다음 <표 6-6>과 같이 제시하고 있다.

표 6-6 뇌성마비를 유발하는 원인과 위험요소

구분	내용
원인	(출산 전)뇌 기형, 유전적 증후군, 태내 감염, 심한 산소결핍
	(출산 시)질식, 중추신경계 감염
	(출산 후)중추신경계 감염, 외상성 뇌손상, 약물중독, 산소결핍
위험요소	임신중독증, 산모의 과다출혈, 태반 부족, 산모 감염, 쌍생아 출산, 산모의 정신지체

근디스트로피 가운데 유전질환인 듀센형(Duchenne muscular dystrophy)은 계

속 진행되는 특성을 갖고 있는데, 지금까지 밝혀진 원인으로는 디스트로핀(dysrtophin)이라 불리는 단백질이 없어지거나 변질되기 때문이다. 디스트로핀이 제 기능을 하지 못함에 따라 근육세포가 점차 지방질이나 섬유질 세포로 변형되어 운동 기능을 무력화시켜 버린다. 또한 디스트로핀의 생성에 관여하는 유전자는 여성의 X염색체와 관련이 있다고 한다.

5 진단 및 평가

「장애인 등에 대한 특수교육법」에서 특수교육대상자 선별검사 및 진단평가 영역을 규정하고 있지만, 지체장애의 경우 기초학습기능검사와 시력검사만을 제시할 뿐 매우 불충분하다. 이에 한국특수교육학회(2008)는 보다 구체적이고 실제에 활용하기 용이한 지체장애를 가진 특수교육대상자 선별기준을 제안하고 있다.

표 6-7 지체장애를 가진 특수교육대상자 선별기준의 예

구분	설명
손상	• 사지와 몸통에 외형적인 장애를 가지고 있으며 이로 인하여 동작이 불편 하다. • 사지 또는 체간에 장기적으로 보조기를 착용한다. • 척추가 심하게 전·후, 좌·우로 기울어져 있다. • 근육이 뻣뻣하거나 불필요한 동작이 수반되는 등 뇌성마비의 증상을 보인다.
학습문제	• 골 형성이 불완전하거나 너무 약하여 부러지기 쉽다. • 필기가 아주 늦거나 곤란할 정도로 손 기능이 떨어진다. • 골, 관절, 근육 등의 문제로 수업 시간동안 의자에 앉은 자세를 유지할 수 없거나 곤란하다. • 침을 많이 흘려 옷이나 노트가 젖어 있는 경우가 많다. • 활동량이 많은 체육활동 등에 참가하는 것을 힘들어한다.
일상생활 문제	• 주로 휠체어를 사용하여 생활한다. • 장거리 이동이 힘들어 보조기기 또는 사람의 도움을 받아 이동한다. • 근육의 마비 등으로 숟가락이나 젓가락 사용이 곤란하다. • 정형외과적 장애는 보이지 않으나 쉽게 넘어지는 등 몸의 밸런스 감각이 심하게 떨이진다. • 혼자서 계단을 오르내리기가 곤란하다.

또한 한국특수교육학회(2008)는 지체장애를 가진 특수교육대상자 선별 도구로서, ① 체크리스트(예, ADL 평가도구 등), 뇌성마비 반사검사, ② 대근육 운동기능 평가(예, 한국판 오세레츠키 운동 능력 검사 등), ③ 정상관절 운동범위 검사, ④ 기타 측정도구 등을 제안하고 있다. 이밖에도 ① 시지각발달 검사, ② 시각-운동통합발달 검사, ③ 지각-운동발달 진단 검사, ④ 비운동성 시지각 검사, ⑤ 퍼듀지각·운동 검사, ⑥ BGT 검사 등을 활용할 것을 권장하고 있다.

6 지체장애아의 특성

지체장애 아동의 운동, 인지 및 학습, 의사소통, 사회·정서적 특성에 관해 살펴보면 다음과 같다.

1) 운동발달

지체장애 아동의 경우 임상유형에 따라 서로 다른 운동발달 차이를 나타낸다. 그 중 뇌성마비, 이분척추, 듀센형 근디스트로피, 뇌상성 뇌손상의 운동발달적 특성을 살펴보면 다음과 같다.

첫째, 뇌성마비 아동은 부적절한 신체적 기능에 영향을 받아 부정적인 변화를 가져올 수 있다. 등뼈나 말단부(엉치, 다리, 발, 팔, 손, 손가락 등)의 골 기형으로 인해 근육이 계속 굳을 수 있고, 균형을 유지하기 위해 많은 운동 에너지를 소모하므로 일반 또래들에 비해 정상적인 몸무게를 유지하기 어렵다.

둘째, 이분척추를 지닌 아동은 유아기와 아동기에 발달적 다양성이 큰 편인데, 뒤집기, 앉기, 기기에 지체를 보일 수 있다. 장애의 정도에 따라, 이들은 여러 가지 지지나 이동 관련 장비의 도움을 받아야만 서거나 걷기가 가능할 수도 있다(Liptak, 1997). 이 아동들의 제한된 운동기능은 놀이기구를 다루거나 놀이 활동, 그리고 다른 또래들과의 신체적 활동을 하는 데도 어려움을 준다.

셋째, 듀센형 근 이영양증을 지닌 아동은 계단을 오르거나 뛰는 데 어려움을 보인다. 근육약화는 일반적으로 하지와 골반둘레 근육에서 시작되고, 약해진 다리 근육으로 인해 흔들거리며 걷고 뒤쪽의 근육이 약화되면서 척추만곡이 진행된다. 결국 이동이 더 이상 불가능해짐으로써 아동은 휠체어에 의존하게 된다.

넷째, 외상성 뇌손상을 입은 아동의 경우, 뇌세포의 손상으로 움직임이 둔하거나 서툰 경우가 많고, 균형에도 문제를 보인다. 또한 뇌전증으로 인한 발작이 일어나 인지적인 혼란을 초래할 수도 있다.

2) 인지 및 학업

뇌성마비 아동의 약 40%가 IQ 70 이하라는 조사결과가 있다. 그러나 이러한 조사결과는 매우 신중히 해석되어야 한다. 뇌성마비 아동의 지능을 신뢰롭게 측정할 수 있는 도구가 아직 없기 때문이다. 대부분의 표준화된 지능검사 도구들은 그 내용과 요구하는 반응양식이 뇌성마비 아동이 수행하기 힘든 경험이나 운동, 그리고 언어적 반응에 기초하기 때문에 뇌성마비 아동의 지능을 측정하기에는 한계가 있는 것이다. 뇌성마비 아동을 제외한 다른 지체장애 아동들의 경우, 일반 아동의 지능과 거의 차이가 없다고 알려져 있다.

그러나 지체장애는 뇌손상을 당한 경우는 물론이고, 신체적 어려움 그 자체가 학교 결석을 포함해 환경 및 타인들과의 상호작용을 제한하고, 학업전반에 흥미와 의욕을 잃게 만들어 인지적 발달과 학업성취의 지연을 초래할 수 있음에 유의해야 한다.

3) 의사소통

지체장애 아동의 대부분을 차지하고 있는 뇌성마비 아동은 약 85~90%가 말과 의사소통에 장애를 가지고 있다. 이러한 의사소통 장애는 경도 조음장애부터 발성기관의 장애까지 그 정도가 다양하며, 뇌성마비 유형에 따라 특성이 다르게 나타난다(정해동 외, 2010).

이와 같은 뇌성마비 아동 외에도 선천성 운동장애를 가진 지체장애 아동들 대부분은 의사소통에 곤란을 가질 수 있다. 그 예로 불완전골생성증 아동은 잦은 골절 사고로 쓰기에 의한 의사소통에 어려움을 겪을 수 있고, 근디스트로피 아동들도 팔의 기능이 떨어지므로 기본적으로 쓰기 활동에 곤란을 보이며, 구강 근육이 약화되어 말하기가 곤란할 수도 있다(정해동 외, 2010). 따라서 이러한 아동들의 경우, 언어치료의 제공과 보완·대체의사소통과 같은 대안적 의사소통방법을 통해 읽기와 쓰기 학습을 지원해 줄 필요가 있다.

4) 사회·정서

뇌성마비 아동은 생애 단계에 따라 각기 다른 특성들을 보인다. 생애 초기에는 뇌성마비 아동의 자조기술과 치료, 의료적 과제에 중점을 두지만, 이후 교육을 중시하게 되고 또래와 사회적 상호작용, 독립에도 관심을 갖는다. 성인으로의 전환기에 이르면, 직업과 생활편의, 지역사회, 가족구성 등이 중심사로 떠오르지만 뇌성마비 아동이 그 모든 것을 순조롭게 성취하기는 매우 어렵다.

첫째, 이분척추 아동들은 용변, 착탈의, 걷기와 같은 기술들을 끝내 습득하지 못할 수도 있다. 그래서 자신의 신체를 부모에게 의탁하는 습관이 생기기 쉽고, 그것이 문제해결력의 결핍으로 이어질 수 있다. 또한 몸에서 나는 악취로 인해 따돌림을 당하고 마비나 감각 상실로 인해 겪을 수 있는 성적 기능장애는 낮은 자아존중감과 신체상을 갖게 할 수도 있다.

둘째, 듀센형 근디스트로피를 지닌 아동은 어느 정도 나이를 먹게 되면 자신의 불행한 예후를 깨닫게 되고, 의존성 증가, 사회적 고립, 신체상의 변화 등으로 우울증을 겪을 수 있으며, 상태가 점점 악화되어 감에 따라 심리적 문제들이 더욱 심각해질 수도 있다. 이 경우 아동 자신과 가족, 교사 등 주변인들은 죽음에 대한 교육 프로그램을 통해 도움을 받을 수 있다.

셋째, 외상성 뇌손상을 갖고 있는 아동들 가운데 장애를 입기 전에 자신의 삶에 대해 좋은 기억을 가지고 있던 아동들은 뇌손상 이후 자신의 장애를 쉽게 수용하지 못하는 등 그렇지 않은 아동들보다 심리사회적으로 더 큰 어려움을 겪는다.

넷째, 뇌손상 아동들은 갑자기 흥분하거나 공격적으로 변하는 등 정서적 조울증 혹은 만성적인 우울증을 경험할 수 있다.

7 교수적 접근

지체장애 아동은 아동의 발달영역 간 차이가 매우 크기 때문에 아동 개개인의 지능, 신체, 감각, 정서적 특성에 대한 상세한 사정을 통해 교육목표, 교육내용, 교수방법, 교육자료 등을 달리 계획할 필요가 있다.

또한 교사는 지체장애 아동들에게서 자주 보이는 발작, 마비, 건강과 결석 문제 등에 대처하는 지침을 미리 가지고 있어야 하며, 어떻게 지체장애 아동에게 편의를 제공하고 학급활동에 참여시킬 것이며, 사회적 통합을 성취할 것인지 방안을 마련해야 할 것이다.

1) 교수·학습방법

지체장애 아동은 임상적 유형에 따라 그 특성이 무척 다양하고, 장애의 심각성 또한 그 폭이 매우 크기 때문에 교수 시 다음 사항들을 유념해 지도할 필요가 있다.

첫째, 교육적인 분석을 하여 아동에게 적합한 개별화교육계획을 세운다. 생육력, 신체적 조건, 가정환경, 교육적 능력, 성격 등의 정확한 진단과 조사연구를 통한 구체적인 자료를 기반으로 포괄적인 분석과 검토를 거쳐 아동의 가능성을 정하고 그 위에 교육계획을 세운다.

둘째, 신체적인 문제를 충분히 고려한다. 지체장애를 유발하는 원인은 단일하지 않으며, 장애의 부위나 증상도 다양하다. 최근에는 대부분의 교육대상이 뇌성마비인 경우가 많다. 이들 뇌성마비 아동은 운동기능장애, 뇌파의 이상, 뇌전증(간질), 시각·청각장애, 지각장애, 언어장애 등 여러 가지 중복장애를 가지고 있다. 이러한 신체적 특성을 구체적으로 정확하게 인식하며 숙지해야 한다.

셋째, 전문의의 지도 조언과 치료 대책이 강구되어야 한다. 이차적인 장애의 예방과 보장구를 통한 잔존능력의 계발을 위한 전문의의 지도 조언과 그에 따른 치료 대책이 강구되어야 한다.

넷째, 교사에 대하여 신뢰감을 갖도록 한다. 지체장애 아동들에 대한 지도의 골자는 불안과 긴장감을 제거하는 데 있다. 지체장애 아동들이 교사에 대하여 신뢰감을 가지고 원활한 인간관계를 맺도록 해야 한다.

다음 내용은 지체장애 아동을 교육하는 데 교사들이 참고할 수 있는 효과적인 지침들이다(김효선, 1995).

지체장애 아동 교수를 위한 지침

1. 아동이 할 수 있는 일은 스스로 하게 한다.
2. 아동에게 정답을 암시해 주거나 알려주는 것을 삼간다.
3. 최대한 많은 것을 직접 경험하도록 기회를 제공한다.
4. 아동의 현재 환경과 미래의 환경을 고려하여 아동교육을 전망한다.
5. 아동교육의 방향을 결정하기 전에 가능한 방향을 다 제시한다.
6. 아동의 생활연령에 맞는 교재와 지도방법을 사용한다.
7. 교육에 사용하는 교재와 교구를 변형하여 아동의 장애를 극복한다.
8. 아동을 담당하는 다른 전문인들의 조언을 참고한다.
9. 아동에게 가장 중요한 교육목표를 향해 전문인들 간의 협조체계를 이룬다.
10. 부모의 교육 참여를 격려한다.
11. 아동의 잠재능력을 과소평가하지 않는다.
12. 아동의 동기유발에 힘쓰고, 긍정적인 자아개념을 갖도록 지도한다.
13. 교육을 최대한 일반 환경에서 실시하도록 한다.
14. 아동에게 가장 필요한 기능적인 능력과 기초적인 지식을 가르친다.

2) 물리적 환경

미비한 물리적 환경은 지체장애 아동의 교육권에 직접적인 피해를 줄 수 있으므로 세심한 준비가 필요하다. 지체장애 아동을 위한 물리적 환경을 구축하기 위해서는 먼저 아동의 이동성을 확보해주어야 하며, 다음으로 장애로 인한 불편함을 최소화시켜 학습을 도와줄 수 있는 환경을 구축해야 한다.

이를 위해 학교는 휠체어를 사용하는 아동이 학교 건물까지 용이하게 접근할 수 있는지, 건물 내부의 학급과 복도에서 층수에 관계없이 학급과 화장실 등을 자유롭게 다닐 수 있는지, 그리고 설치해야 하는 보조시설물은 없는지 등을 점검해야 한다. 이어서 학교에서 아동이 장시간 학습하는 데 어려움이 없도록 환경을 조성할 필요가 있다. 특히 책상과 의자는 학습에 있어서 능률상의 문제뿐만 아니라 자세 교정에도 중요한 역할을 하므로, 책상은 신체적인 개인차를 고려해 높낮이 조절이 가능하도록 하며 발받침을 부착하여 자세가 안정되도록 한다. 아동에 따라서는 특수한 책상과 걸상이 필요한 경우도 있다. 특정한 높이나 각도를 가진 책상이 필요한 경우도 있고, 책상 가장자리에 홈이 파여 있거나 테두리가 올라와 있어서 지우개나 연필 등이 잘 떨어지지 않도록 만들어진 것도 있다. 책상과 의자는 지체장애 아동에게 적합한 학습 조건을 만들어 줄 뿐만 아니라, 자세 교정에도 영향을 미치므로 아동 개개인의 특성에 알맞게 제작되어야 한다(이소현, 박은혜, 2011).

3) 보조공학 기기

보조공학 기기(assistive technology devices)란 장애인이 과제나 작업을 할 때 그것이 없으면 할 수 없거나, 또는 더 쉽고 나은 방법으로 할 수 있게 해 주는 등 장애인의 기능적인 능력의 개선, 유지, 확대에 필요한 도구나 물품 및 생산 시스템을 말한다(국립특수교육원, 2009).

신체적인 불편함을 가진 지체장애 아동의 일상과 학업에 보조공학 기기를 적용하는 것은 가장 효과적이며, 실질적인 방법의 하나임에 틀림없다. 보조공학 기기는 사용되는 영역이 매우 다양하며, 기술적 수준 또한 무공학(no-technology)에서 첨단공학에 이르기까지 그 폭이 매우 넓다. 사용 영역별 보조공학 장치 및 도구를 살펴보면 다음 <표 6-8>과 같다.

표 6-8 지체장애 아동을 위한 보조공학 장치 및 도구

영역	보조공학 장치 및 도구
학업 및 교과활동 (쓰기, 읽기, 수학 등)	소프트웨어 프로그램, 컴퓨터 기기, 주변장치(스위치, 마우스스틱), 대안적인 입력장치
일상생활활동	일상생활훈련 보조도구(식사, 옷 입기 보조도구 등)
환경과의 상호작용	편의시설, 환경 조절장치
의사소통	보완대체 의사소통 도구, 컴퓨터 접근 도구, 음성인식기, 음성합성기
자세잡기와 다루기	일상생활의 자세 유지, 앉기 서기, 걷기, 호흡과도 관련, 어깨 가슴 벨트, 방석, 허리 벨트, 다리 분리대
보장구와 보철	신체기능 개선 보장구, 자세잡기 보장구, 브레이스, 신체 각 부분을 대신할 수 있는 보철

영역	보조공학 장치 및 도구
이동성	수동 휠체어, 전동 휠체어, 스트롤러, 스쿠터, 리프트를 이용한 안전한 이동, 보조운전, 위치파악시스템(GPS)
여가 및 레저	외발 스키, 스포츠용 휠체어 등
시각 및 청각	광학, 전자식 확대경, 망원경, 확대도서, 폐쇄회로텔레비전(CCTV), 컴퓨터 주변기기(스크린 확대기, 음성출력 프로그램, 점자키보드, 소리 증폭 도구, 음성다이얼 서비스 등), 보청기, 인공 와우, 청각장애인을 위한 알람기구

출처: 이소현 외(2011), **특수아동교육**.

보조공학 기기에는 휠체어도 포함된다. 휠체어는 혼자서 걷지 못하거나 걷기 힘든 노약자, 환자 등의 경우 주로 기성품을 사용하지만, 지체장애 아동의 경우 아동의 신체발달과 건강을 고려해 주문제작하는 경우가 많다. 또한 팔의 근력이 부족해 수동 휠체어 사용이 곤란한 경우에는 적은 힘으로 움직일 수 있는 전동 휠체어가 대안이 될 수 있다.

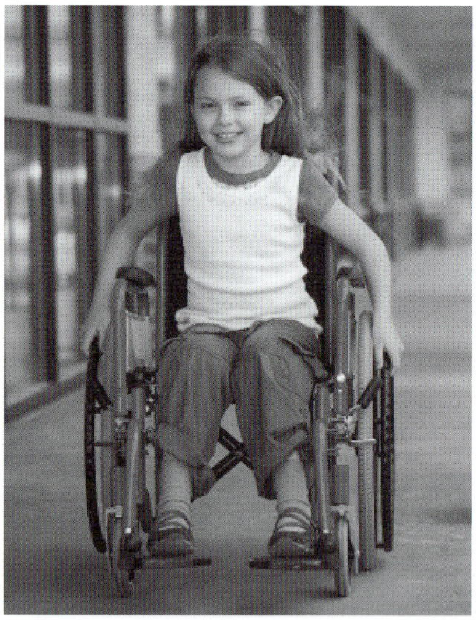

출처: http://trustsandestatesblog.com/three-types-of-special-needs-trusts/

그림 6-3 ▸▸▸ 휠체어를 사용하는 아동

또한 휠체어는 사용자의 몸에 잘 맞고 몸의 약한 부분을 적절히 지지해 줄 수 있는 것이 중요하다. 성장기 아동의 경우, 너무 큰 휠체어를 구입하게 되면 몸통 지지능력이 부족해서 올바로 몸을 지탱하지 못해 척추가 휠 수 있고, 작아진 휠체어에 억지로 의지하고 다니는 경우 또한 바람직하지 못하다. 그러므로 휠체어를 사용하는 아동을 가르치는 교사는 휠체어에 대한 기본적인 지식과 작동법을 잘 알고 있어야 하며, 휠체어를 사용하는 아동이 바른 자세를 유지하고 있는지를 자주 확인해 주어야 한다. 다음은 휠체어를 타고 있는 아동이 바른 자세를 유지하고 있는지를 확인하기 위해 점검해야 할 사항들이다(이소현 외, 2011).

바른 휠체어 사용을 위한 점검사항

1. 자세 지지대가 적절히 설치되어 있는가?
2. 의자 깊이가 적절한가?
3. 의자 넓이가 적절한가?
4. 등 높이가 사용자의 활동수준을 고려할 때 적절한가?
5. 발받침의 높이가 적절한가?
6. 정면을 향해 있을 경우 골반 높이에서 보았을 때 어깨와 눈높이가 수평이고 코는 수직인가?
7. 측면에서 볼 때 골반이 평평하게 유지되고 어깨와 머리의 균형이 적절한가?
8. 사용자가 뒷바퀴를 쉽게 밀어서 이동할 수 있는가?
9. 끈과 벨트가 적당히 위치해 있는가?
10. 가슴 벨트나 끈이 목 주변을 조이지는 않는가?
11. 무릎을 꼬지 않고 양쪽으로 안정되게 벌린 채 양 다리를 적절히 벌릴 수 있는가?
12. 겨드랑이 지지대와 몸의 옆 선 사이에 적당한 공간이 있어서 팔에 압박이 가지 않도록 하는가?
13. 휠체어용 책상과 복부 사이에 적당한 공간이 있어서 옷을 편안하게 하고 호흡이 불편하지 않은가?
14. 아동이 휠체어를 사용하고 있는 동안 휠체어가 안정적인가?

출처: Bryant, D. P., & Bryant, B. R.(2003). *Assistive technology for people with disabilities.*

4) 의사소통

지체장애 아동들의 경우, 독립적으로 구어나 글을 사용해 의사소통할 수 없는 아동의 비율이 다른 장애영역들에 비해 높은 편이다. 이럴 경우에 언어능력을 촉진하기 위하여 활용하는 구어 이외의 여러 형태의 의사소통 방법인 보완대체의사소통(Augmentative and Alternative Communication)이 하나의 대안이 될 수 있다.

보완대체의사소통 체계는 개인의 의사소통에 사용되는 상징(symbol), 보조도구(aids), 전략(strategies), 기법(techniques) 등에 관한 총체적인 접근방법이다. 상징이란 실제 사물, 제스처, 수화, 사진, 그림, 표의문자, 낱말, 점자 등을 말하며, 보조도구란 메시지를 전달하거나 받는 데 사용되는 의사소통 책, 의사소통판, 음성출력도구 등을 의미한다. 전략은 의사소통 기술을 신장시키기 위한 효과적인 방법을 말하며, 테크닉이란 의사소통 도구나 상징을 이용하여 의사를 표현하는 방법으로 직접 선택하기, 눈 응시, 스캐닝 방법 등을 말한다(국립특수교육원, 2009).

보완대체 의사소통에 사용되는 보조기구는 각각의 장단점을 지니고 있으므로, 아동의 잔존 능력과 요구에 따라 충분한 능력을 발휘할 수 있도록 효율적인 표현수단을 선정하고, 의사소통 기술을 촉진시키기 위해 교육환경을 조성하여 다음의 사항에 유의하여 지도해야 한다(이소현 외, 2011).

① 바람직한 언어모델의 제공
② 수용적인 학습 환경의 조성
③ 발달수준 및 기능적인 기준에 근거한 교수목표 설정
④ 자연적인 환경에서의 기능성 강조
⑤ 다른 사람과의 상호적 의사소통의 촉진
⑥ 의사소통 대상자의 교육을 통한 아동의 표현력 증진

출처: https://meds.queensu.ca/central/assets/modules/rehab/ot871-nicholas/alphatalker_augmentive_communication_technology.html

그림 6-4 보완대체의사소통 장치(Alphatalker)

학습장애 07 Chapter

어느 시대, 어느 사회에서나 소위 '공부를 못하는' 아동들은 존재하였고, 사람들은 공부를 못하는 것을 대부분 본인의 노력이 부족한 탓으로, 본인이 게으른 탓으로 돌렸다. 그러나 우리는 주위에서 열심히 노력함에도 성적이 향상되지 않는 아동들을 어렵지 않게 볼 수 있다. 그렇다면 과연 이들에게 조금 더 부지런하지 않아서, 조금 더 노력을 하지 않아서 성적이 오르지 않았다고 분명하게 말해줄 수 있는가? 학업성취가 향상되지 않는 데에는 여러 가지 원인이 있을 수 있다. 그러나 우리가 흔히 그리고 상식적으로 생각할 수 있는 원인들로 인한 것이 아님에도 성적이 오르지 않는 것은, 심지어 성적이 오르지 않는다고 얘기할 수조차 없는 것은 어떻게 설명할 수 있을까?

'학습장애(Learning Disability)'는 이러한 현상을 그 기반으로 알려지게 된 장애영역이다. 학업성취 수준이 매우 낮고, 종종 정서 및 행동에, 언어에, 사회적 능력에 문제를 함께 보이는 학습장애아동들은 지능에는 문제가 없는 것으로 알려져 있다. 따라서 이들의 낮은 학업성취의 원인은 아직도 논란의 중심에 있고, 이를 밝혀내기 위한 노력도 계속되고 있다. 물론 어떤 아동의 학업성취 수준이 매우 낮다고 하여 반드시 이 아동이 학습장애를 지니고 있다고 할 수는 없는 것이고, 그렇게 단정해서도 안 된다. 그러나 해당 아동의 학업성취가, 특히 학교 교육의 기본이 되는 간단한 읽기, 쓰기, 세기, 셈하기 등에서의 수행이 또래들에 비해 현저히 낮을 경우 교사와 부모는 여러 가능성에 주의를 기울일 필요가 있다.

1 학습장애의 정의

학습이 뇌에서 이루어진다는 평범한 사실은 학습장애의 원인이 뇌와 관련되어 있을 것이라는 상식적인 믿음을 낳게 되었다. 사실 학습장애의 원인을 규명하려는 노력의 역사는 학습장애를 뇌손상과 관련짓는 입장과 이를 부인하는 입장 사이의 치열한 공방의 역사라 할 수 있다.

1918년과 1919년 전 세계에 창궐했던 인플루엔자는 수많은 사람들의 생명을 앗아갔고, 유럽에서는 이 인플루엔자에 이어 뇌염에 걸린 아동들이 보고되었다. 이 아동들은 흥분성, 충동성, 과잉행동, 정서불안, 학습문제 등을 보였고, 이로 인해 사람들은 이 아동들과 유사한 행동 및 학습 문제를 보이는 모든 아동들이 구조적인 뇌손상을 겪고 있을 것이라고 생각하게 되었다(Silver & Hagin, 2002). 그러나 이러한 입장에 반대하는 사람들(예, Orton 등)은 학습에 있어 뇌가 차지하는 비중을 무시하는 것은 아니지만, 뇌 구조의 손상만이 학습장애를 설명할 수 있는 것은 아니라는 주장을 펴게 되었다. 학습장애의 원인에 대한 논란은 그 이후로도 계속되었고, 현재도 정확한 원인이 밝혀지지 않은 채 뇌손상과 관련된 논쟁은 되풀이되고 있다.

원인에 대한 논쟁은 자연스럽게 정의를 내리는 데 있어서 문제를 가져와, '학습장애'라는 명칭이 1963년 Kirk에 의해 처음으로 사용되었음에도 불구하고, 50여 년이 지난 지금까지도 정의에 대한 일치된 의견이 없이 논란이 계속되고 있는 실정이다. 이에 대해 몇몇 학자들은 '유령 범주(phantom category)'라는 조롱을 듣고 있는 현재 및 과거의 정의에 연연하지 말고 새로운 학습장애의 정의를 수립하자고 주장하기도 하였다(Kavale & Forness, 1995).

학습장애라는 용어가 사용된 후 수많은 학자들 및 단체들이 이를 정의하기 위해 애썼고, 그 결과 '미국 교육국(USOE)', '학습장애 기관 간 위원회(ICLD)', 그리고 '전미 학습장애 합동위원회(NJCLD)' 등의 기관에서 유력한 정의들을 제시하게 되었다. 그 중 미국 교육국의 정의는 미국 '장애인교육법(Individuals with Disabilties Education Act, 이하 IDEA)'을 비롯하여 장애인들의 교육과 관련된 법률들에서 제시하는 학습장애 정의의 근간이 되어 법률로써의 구속력을 갖게 되었으며, 현재 전미 학습장애 합동위원회의 정의와 함께 가장 많이 언급되고 있다.

IDEA 학습장애 정의

특정학습장애는 언어, 즉 구어(口語) 또는 문어(文語)를 이해하거나 사용하는 것과 관련된 기본적인 심리적 처리과정 중 하나 이상의 영역에서 보이는 장애를 의미하며, 이는 듣기, 생각하기, 말하기, 쓰기, 읽기, 철자법, 또는 수학적 계산에 있어 불완전한 능력으로 나타날 수 있다. 이 용어에는 지각장애, 뇌 손상, 미세 뇌 기능이상, 난독증, 그리고 발달적 실어증과 같은 상태가 포함된다. 이 용어에는 일차적으로 시각, 청각, 혹은 운동장애, 정신지체, 정서장애, 또는 환경적, 문화적, 혹은 경제적 불이익의 결과로 생긴 학습상의 문제는 포함되지 않는다.

다음과 같은 경우 아동은 특정 학습장애가 있다고 판단될 수 있다.

아동의 나이와 능력 수준에 적합한 학습경험이 제공되었을 때, 해당 아동이 (1) 구두 표현(Oral expression), (2) 듣기 이해(Listening comprehension), (3) 문어 표현(Written expression), (4) 기초 읽기기술(Basic reading skill), (5) 독해(reading comprehension), (6) 수학적 계산(Mathematics calculation), (7) 수학적 추론(Mathematics reasoning) 영역 중 하나 이상의 영역에서 자신의 나이와 능력 수준에 상응하는 성취를 보이지 못할 때

아동이 위의 영역들 중 하나 이상의 영역에서 성취와 지능 사이에 상당한 차이를 보인다고 판단될 때

만일 능력과 성취 사이의 상당한 차이가 일차적으로 (1) 시각, 청각, 혹은 운동장애, (2) 정신지체, (3) 정서장애, 또는 (4) 환경적, 문화적, 혹은 경제적 불이익의 결과라면 해당 아동은 특정 학습장애로 판별되지 않는다.

이에 대하여 NJCLD는 IDEA의 정의가 본질적으로 정의의 융통성을 제약하고 있다고 보고, 보다 구체적인 정의를 다음과 같이 내놓았다.

> "학습장애는 듣기, 말하기, 읽기, 쓰기, 추론, 또는 수학적 능력을 습득하고 사용하는데 있어서 상당한 어려움으로 나타나는 일군의 이질적인 장애들을 일컫는 일반적인 용어이다. 이 장애들은 개인에게 있어 내재적인 것으로, 중추신경계의 기능이상에서 기인한다고 추정되며, 일생에 걸쳐 발생할 수 있다. 자기 통제적 행동, 사회적 지각, 그리고 사회적 상호작용에 있어서의 문제점들이 학습장애와 함께 존재할 수 있으나, 그러한 문제점들만으로는 학습장애가 성립되지 않는다. 비록 학습장애가 다른 장애 상태들(예, 감각장애, 정신지체, 정서장애 등) 또는 외재적 영향들(예, 문화적 차이, 불충분하거나 부적절한 교수 등)과 동시에 발생할 수 있으나, 그러한 장애들이나 영향들의 결과로 생긴 것은 아니다"(National Joint Committee on Learning Disabilities, 1997: 29).

비록 이 두 가지 정의가 가장 많이 언급되고 있다 하더라도, 이 정의들이 학습장애를 정확하게 설명하고 있음을 의미하는 것은 아니다. 지난 50여 년 동안 수많은 학습장애 정의들이 제시되어 왔으나 아직까지도 정의에 대한 일치된 의견이 없이 논란이 계속되고 있다는 점을 고려하면, 반드시 IDEA의 정의나 NJCLD의 정의가 정답이라고 할 수는 없을 것이다. 이에 Lerner(2000: 10)는 그동안 발표되었던 학습장애의 정의들을 종합하여 분석한 후 다음과 같은 다섯 가지의 공통요소를 제시하였다.

① 중추신경계 기능 이상

② 정신능력의 균일하지 못한 성장형태와 기본적인 심리과정상의 결함

③ 학교에서 요구하는 학업의 수행상 어려움

④ 배제요인

⑤ 능력과 성취 사이의 차이

위에서 제시된 요소들은 많은 학습장애 정의에서 공통으로 언급되고 있다는 점에서 학습장애가 무엇인가를 보여준다고 할 수 있으나, 대부분 나름대로의 약점 또한 지니고 있다. 예를 들어, 중추신경계, 특히 대뇌 구조의 손상으로 인해 학습장애가 발생한다는 의견은 아직은 추정일 뿐 사실이라고 하기에는 그 증거가 부족하다는 비판을 받고 있다.

또한 외재적 요인들(예, 문화적 차이, 불충분하거나 부적절한 교수 등)이나 다른 장애로 인해 발생한 학업상 어려움은 학습장애에서 '배제'한다는 의미의 배제요인은 외재적 요인들 및 다른 장애의 결과와 학습장애의 결과 사이의 구분이 명백하게 드러나지 않는다는 지적을 받고 있다. 하지만 무엇보다도 많은 비판의 대상이 되는 것은 바로 '능력과 성취 사이의 차이'이다. 흔히 '차이 공식'(Discrepancy Formula)으로 불리고 있는 이 차이는 학습장애를 판별하는 데 결정적인 준거로 작용하고 있지만, '능력'과 '성취'로 대표되는 구인의 타당하고도 신뢰로운 측정 및 평가, 차이의 정도, 적용 실제 등에서 많은 문제점들이 지적되고 있어 그 효용 가치에 의구심을 갖게 된다.

비록 아직도 학습장애의 개념에 대한 혼란과 그에 따른 논쟁들이 계속해서 벌어지고 있기는 하지만 Lerner가 제시한 공통요인을 감안하여 학습장애에 대한 정의를 제시한다면 다음과 같이 진술될 수 있을 것이다.

"학습장애는 기본적인 심리적 처리과정상의 결함으로, 중추신경계의 기능이상에서 기인한다고 추정된다. 이는 개인의 능력과 실제 성취 사이의 상당한 차이로 나타나며, 읽기, 쓰기, 수학 등 학교에서 요구하는 학업 수행을 상당히 어렵게 하지만, 다른 장애나 환경적 요인의 직접적 결과는 아니다."

현재 미국에서 학습장애는 가장 큰 장애 범주이며, 일반적으로 남자가 여자보다 약 4배정도 많은 것으로 알려져 있지만 실질적으로는 별 차이가 없는 것으로 보고되고 있다(Lerner, 2000).

차이 공식

'능력과 성취 차이'를 의미하며, 나이와 교육정도를 감안하여 기대되는 성취수준과 실제 성취도 사이의 차이를 일컫는다. '능력'은 IQ 점수로, '성취'는 표준화된 성취검사 점수로 대표되고 수량화되어, 그 차이가 '상당한' 수준인지 그렇지 않은지 결정하게 된다. 이 차이공식은 학습장애의 진단 및 평가에 있어 결정적인 요소로서, 대부분의 정의에 차용되고 있다. 그러나 이 차이공식은 학습장애의 개념적 정의만큼이나 많은 논쟁을 일으키고 있다. 우선 차이공식이 통일되어 있지 않아 지역마다의 기준이 다르고, 능력을 판별할 때 사용되는 지능지수, 즉 IQ의 타당도에 끊임없는 의문들이 제기되고 있다. 즉, 많은 연구결과들은 IQ가 개인의 지적능력을 제대로 측정하는지, 그리고 미래의 성취수준을 예언할 수 있는지에 대해 회의적이다.

그러나 이러한 비판에도 불구하고, 차이공식은 많은 지역 및 학교구에서 사용되고 있다. 실제로 Mercer 등(1996)의 연구에 따르면, 전체의 약 2/3에 달하는 미국의 주들이 특수교육에의 적격성을 판단하기 위해 위탁된 대상자들을 상대로 여러 가지 형태의 차이공식들 중 하나를 사용하여 학습장애를 수량화하고 있다고 한다.

우리나라에서의 학습장애는 1980년대 초부터 본격적으로 논의되기 시작하였으나, 1994년 「특수교육진흥법」이 개정되면서 비로소 장애영역으로 편입되어 학습장애를 지닌 특수교육 대상자를 '셈하기, 말하기, 읽기, 쓰기 등 특정한 분야에서 학습상 장애를 지니는 자'로 규정하게 되었다. 이후 2007년 「특수교육진흥법」이 「장애인 등에 대한 특수교육법」으로 개정되면서 학습장애에 대한 정의 또한 조금 더 구체적으로 제시되었다.

"개인의 내적 요인으로 인하여 듣기, 말하기, 주의집중, 지각, 기억, 문제 해결 등의 학습기능이나 읽기, 쓰기, 수학 등 학업 성취 영역에서 현저하게 어려움이 있는 사람" (법제처, 2015. 10. 22.).

하지만 「장애인 등에 대한 특수교육법 시행규칙」에서 학습장애 진단 및 평가를 위한 도구 여섯 가지(지능검사, 기초학습기능 검사, 학습준비도 검사, 시지각발달 검사, 지각운동발달 검사, 시각운동 통합발달 검사 등)를 지정해 놓았을 뿐, 진단 및 평가의 방법, 대상자 선정을 위한 구체적인 기준 및 절차 등에 대해서는 아무런 언급이 없는 형편이다. 이러한 법 규정으로 인해 학습장애아동들을 위한 교육정책이나 서비스가 제대로 제공되지 않고 있음은 물론, 학습장애로 인해 학습상의 어려움을 겪고 있는 아동들 중 실제로 학습장애로 진단되어 특수교육의 혜택을 받고 있는 아동은 거의 없다고 보인다.

학습장애 정의에 대한 논란은 비단 우리만의 문제는 아니다. 그러나 우리나라의 경우, 학습장애에 대한 정의는 물론, 선별도구, 절차 등 어느 하나의 영역에서도 합의를 이끌어내지 못하고 있고, 현재 진단 및 평가에 사용되는 도구들조차 우리 실정에 맞게 개발된 것이 아니라 외국의 것을 그대로 번역한 것에 지나지 않으며, 그나마 잘 활용되지도 않고 있다는 데 문제의 심각성이 있다.

학습장애에 대한 합의된 정의의 도출은 그 무엇보다도 중요하고 시급한 문제로, 해외의 정의를 그대로 따를 것이 아니라 우리 실정에 적절한 개념적, 조작적 정의를 확립하여 대상자의 선정, 선정절차 및 진단평가도구의 개발, 교육서비스의 계획과 실행은 물론 관련 연구의 시작점으로 삼아야 할 것이다.

2 학습장애 및 유사 개념

학습장애 정의에 대한 논란만큼이나 혼란스러운 것은 학습장애와 학습부진(underachievement) 및 학습지진(slow learner)로 대표되는 학습장애의 유사개념들 사이의 구분이다. 이 범주들은 학업성취 수준이 낮다는 공통점을 지니고 있으나, 이 공통점으로 인해 혼동되기도 한다.

미국의 경우에서 볼 수 있듯이, 학령기의 많은 아동들이 학습장애로 판별되고 있다. 비록 이 아동들이 모두 진정한 의미에서의 학습장애아동은 아니라 하더라도, 이들 중 많은 아동들은 일반적인 교수로는 해결될 수 없는 낮은 수준의 학업 수행을 보이는 독특한 교육적 요구를 지니고 있는 것 또한 부인할 수 없는 사실이다. 그러나 학습장애의 정의 어느 부분을 봐도 학습장애와 그 유사개념들을 구분할 수 있는 단서를 찾아보기는 어렵다. 다만 외재적인 요인으로 인한 학업상 어려움을 학습장애의 범주에서 제외한다는 배제요인에서 그 구분을 어렴풋이 유추해볼 수 있을 뿐이다. 그렇다면 학습장애는 어떤 면에서 그 유사개념들과 구분할 수 있는가?

우선 학습부진의 경우, 그 개념이 아직 논란의 대상으로 이를 정확하게 정의하기는 쉬운 일이 아니다. 많은 학자들은 학습부진에 대한 나름대로의 정의들을 제시하고 활용하고 있는 형편이다. 특히 이들이 제시한 정의들을 정리해보면 학습부진아동들은 나음과 같은 공동점을 지니고 있음을 알 수 있다(김동일, 1999; 김선, 김경옥, 김수동, 이신동, 임혜숙, 한순미, 2001; 신세호, 1979; 이영하, 박희연, 2001).

① 정상범주에 속하는 지적능력
② 잠재적인 학습능력에 비추어 현저히 낮은 학업성취
③ 장애에서 기인한 것이 아닌 학업성취에서의 문제
④ 환경적 결핍이나 선수학습의 결손에서 비롯된 학업성취에서의 문제

이와 같은 공통점을 바탕으로, 학습부진은 지적 잠재력에 비춰볼 때 현저하게 낮은 수준의 성취를 보인다는 측면에서, 즉 '능력과 성취 사이의 상당한 차이'라는 특성을 지니고 있다는 점에서 학습장애와 동일한 특성을 보인다. 그러나 학습장애가 중추신경계의 기능 이상으로 인한 것일 수 있고, 환경적 결핍이나 선수학습의 결손 등의 외재적 요인들은 그 정의에서 배제된다는 측면에서는 학습부진과 구분된다.

학습지진은 "지적능력의 저하로 인해 학업성취가 뒤떨어지는 경우로 지능지수는 약 75~90 사이에 속한다"(김선 등, 2001: 26). 결국 학습지진은 신경학적인 문제와 관련된 낮은 지적능력이 학업성취에 부정적인 영향을 준다는 점이 가장 큰 특성으로 지적되고, 따라서 신경학적인 문제가 아직은 추정일 뿐인 학습장애와 구분된다.

3 중재에 대한 반응

학습장애아동은 물론 학습장애아동의 판별을 위해 그동안 주로 사용되어 왔던 차이공식의 한계 및 이로 인한 비판은 학습장애아동 판별을 위한 새로운 대안을 요구하게 만들었고, 결국 2004년 12월 IDEA의 개정을 통해 '중재에 대한 반응'(Response To Intervention, 이하 RTI)의 개념을 판별에 적용할 수 있게 되었다.

중재에 대한 반응(IDEA 2004. P.L. 108-446. Sec.614[b])

어떤 아동에게 특정학습장애가 있는지 결정하기 위해 다음과 같은 변화 및 명확화가 있었다.

- 어떤 아동에게 특정학습장애가 있는지 결정할 때, 해당 지역 교육당국은 그 아동이 구두 표현, 듣기 이해, 작문, 기초적인 읽기 기술, 독해, 수학적 계산, 혹은 수학적 추론 등에서 성취와 지적 능력 사이에 상당한 차이가 있는지 그렇지 않은지를 고려하지 않을 수 있다.
- 어떤 아동에게 특정학습장애가 있는지 결정함에 있어, 해당 지역의 교육당국은 평가절차의 일부로 그 아동이 과학적이고 연구결과를 근거로 한 중재에 반응하는지 결정하는 과정을 활용할 수 있다.

법 조항의 이러한 변화는 차이공식에만 의존하던 기존 학습장애 판별체제의 문제점을 인정한 것으로, 결과보다는 과정에, 교육적 결정보다는 중재에 중점을 두고 학습장애를 판별하고, 더욱 정확한 판별을 하려는 노력의 일환으로 볼 수 있다.

RTI는 전혀 새로운 '판별도구'가 아니며, 현장에서 익숙하게 볼 수 있는 '접근방식'이다. RTI는 학습이 부진한 아동을 대상으로 교사가 일종의 중재(예, 방과 후 개별지도 등)를 실시하고, 그 결과에 따라 후속 행동을 결정하는 모델로 우리나라에서도 이미 일종의 RTI가 실행되고 있다.

RTI 체제에서 교사는 학습장애가 의심되는 아동을 평가 팀에 직접 의뢰하기보다는 학급에서 중재를 실시해보고 그 결과에 따라 의뢰를 결정하는 형식으로, 중재에 따른 진전을 모니터링 하는 방식으로 이루어진다. 결국 RTI에서는 아동이 지속적으로 제공되는 효과적인 중재에도 불구하고, 수행수준과 성장속도가 또래 아동들에 비하여 현저하게 낮을 때 학습장애로 의심하게 된다(이태수, 최종근, 2005).

RTI는 2004년 법으로 규정되었지만 필요성에 대한 논의는 그 이전부터 진행되어 왔다. 따라서 RTI에 대한 다양한 모델들이 제시되고 있지만 보통 3단계(three-tier)로 이루어지며, 대상 아동들에게는 더 성공적인 학습을 할 수 있도록 돕기 위해 고안된 연구기반 중재들이 활용된다(Pierangelo & Giuliani, 2007). RTI의 일반적인 단계는 다음과 같다(김윤옥, 2006; Fletcher-Janzen & Reynolds, 2008).

① 1단계(Tier 1): 아동들을 대상으로 특정 교과영역에서 그들이 갖고 있는 능력을 사정한 후 어떤 아동이 해당 영역에서 뒤떨어진 수행을 보인다면, 잘 검증된 교수·학습 방법으로 일정 기간 동안 가르친다.

② 2단계(Tier 2): 해당 아동이 1단계에서 반응을 보이지 않는다면, 과학적 근거를 갖고 있는 중재를 집중적으로 실시한다.

③ 3단계(Tier 3): 해당 아동이 2단계에서도 중재에 반응을 보이지 않을 경우, 학습장애로 판별되거나 더 아동 중심의 포괄적인 평가에 의뢰하여 그 이유를 결정하게 된다.

이와 같은 과정에는 항상 대상 아동에 대한 면밀한 관찰 및 모니터링이 수반되며, 대상 아동에게 아직 장애가 있는지 밝혀지지 않은 관계로 모든 과정이 일반교사에 의해 진행된다. 학습장애아동 판별에 대한 이러한 흐름을 반영하여 우리나라에서도 RTI에 대한 연구가 이루어졌고, 여러 가지 모형이 소개 혹은 제안되었다. 예를 들어, 김동일과 이대식, 그리고 신종호(2009)는 차이공식을 중심으로 판별이 이루어지는 기존의 모형과 RTI를 조화시킨 형태의 모형을 제공하고 있다(<표 7-1> 참조).

표 7-1 학습장애 진단 모형

단계	내용
1단계 (일반교육)	• 일반교사가 학급아동들 전체를 대상으로 기초 학습능력 반복 측정 • 또래보다 낮은 수행(하위 25%)을 보이는 아동들 선별 후 2단계 의뢰
2단계 (집중교육)	• 방과 후 교육 혹은 학습부진아 교육 등 추기적인 집중교육 제공 • 최소 2~3개월 지속, 지속적인 모니터링 실시

단계	내용
2단계 (집중교육)	• 대상 아동의 학습문제가 일회적인 것이거나 진전 수준이 높을 경우 일반학급으로 환급 • 나머지 아동들의 경우 특수교육 지원센터에 진단 의뢰
3단계 (특수교육 지원센터 진단)	• 학습장애 적격성 판정 - 심각한 저성취 확인 - 배제준거(문화적 결손, 낮은 사회경제적 지위 등)에 의거, 저성취 원인 확인 - 지적능력과 학업성취 사이의 불일치 확인
4단계 (특수교육)	• 학습장애로 판별되지 않은 경우 - 일반교육과 함께 집중교육 제공 - 지속적인 모니터링 실시, 일반학급으로의 환급 가능성 평가 • 학습장애로 판별된 경우 - 특수교육 및 관련 서비스 제공

RTI는 이러한 과정을 통해 평가에 의뢰되는 아동들의 수를 줄일 수 있고, 따라서 불필요한 검사를 과도하게 실시하는 것을 막을 수 있으며, 학습문제를 보일 때까지 기다리지 않고 학업성취에 문제를 보일 수 있는 아동들을 찾아 중재를 실시할 수 있다는 장점을 지니고 있다(김윤옥, 2006).

또한 과학적으로 검증된 중재를 집중적으로 제공함으로써 학습부진의 원인으로 지목되고 있는 교육기회의 부족, 부적절한 교수 등 외재적 요인에 의해 낮은 학업성취를 보이는 아동들을 가려낼 수 있으며, 대상 아동이 보이는 반응 및 진전을 지속적으로 감독한다는 측면에서 결과를 중심으로 했을 때 나타나는 우연 요인을 배제할 수 있다는 점에서 차이공식에 대한 효과적인 대안이라고 할 수 있다.

하지만 다른 한편으로, '과학적 근거를 갖고 있는 중재'가 어떤 것을 말하는지에 대한 불분명성, 그러한 중재가 존재한다고 하더라도 그것이 학습장애아동들에게도 타당한 중재인지에 대한 의구심, 진전을 평가할 도구의 부족, 그리고 중재를 제공하고 진전을 점검할 인력의 부족 등(양민화, Landrum, 2005) RTI에 대한 회의적인 시각 또한 존재한다.

또한 RTI에서의 주체는 특수교사가 아닌 일반교사이기 때문에 이들이 학습장애아동들의 특성을 적절하게 파악하기 힘들고, 학습장애 외에도 다른 장애나 외재적 요인들로 인해 학업성취에서 문제를 보이는 아동들이 존재하기 때문에 중재에 반응을 보이지 않는 아동들 모두 학습장애아동이라고 하기에는 무리가 있다(김윤옥, 2008).

아울러 교사가 학업성취에 문제가 있는 소수의 아동들에게 지속적으로 중재를 제공하면서 진전 여부를 감독할 수 있는 현실적 여건이 갖춰져 있는가의 문제 또한 제기되고 있다. 실제로 일반 초등학교 교사들은 전문성 부족으로 인해 진전도의 점검 등이 어렵고, 인력 부족 및 업무과다로 인해 집중적이고 지속적인 교육의 제공에 부담을 느끼는 등 RTI의 적용 가능성에 의문을 제기하고 있는 것으로 나타났다(서은정, 하영례, 이희정, 2010; 이대식, 2009).

4 학습장애아동의 특성

일반적으로 학습장애는 '감춰진'(hidden) 혹은 '보이지 않는'(invisible) 장애라 일컬어진다. 이는 다른 장애들에 비해 학습장애가 그 신체적, 행동적 특성들이 겉으로 잘 드러나지 않기 때문이며, 아울러 학업성취에 있어서의 낮은 수준은 보통 본인의 노력 부족에서 기인한다고 생각하는 일반적인 믿음 또한 학습장애를 '보이지 않게'하는 한 가지 원인이라 할 수 있다.

하지만 조기판별 및 조기중재의 중요성을 강조하는 특수교육 분야에서 이러한 특성이 결코 유리한 조건이라고 할 수 없으며, 따라서 학습장애아동들이 지니고 있는 일반적인 특성을 미리 안다는 것은 판별 및 서비스 제공에 있어서의 학습장애의 불리함을 어느 정도 상쇄해 줄 것이다.

학습장애아동들의 특성을 인지, 언어, 정서 및 행동, 그리고 사회성 등의 측면에서 알아보면 다음과 같다. 한 가지 주의해야 할 점은 '모든' 학습장애아동들이 다음과 같은 특성들을 '모두' 보이는 것이 아니라는 점이다. 학습장애아동들은 '이질적(heterogeneous)'인 집단이다. 이는 다음과 같은 특성들을 모두 지니고 있을 수 있으나, 개개인에 따라 나타나는 특성들이 다를 수도 있음을 의미한다.

1) 인지

인지는 사람들로 하여금 알게 하고, 주의하게 하며, 생각하게 하고, 개념화하게 하며, 추상개념을 사용하게 하고, 추론 및 비판을 가능하게 하며, 그리고 창조적이게 하는 능력을 의미한다(Lerner, 2000: 198). 인지는 인간기능의 핵심으로, 인간이 다른 동물들과 구별되는 독특한 특성 중 하나이다. 물론 다른 동물들에게도 인지라는 기능이 전혀 없다고 할 수는 없으나, 인간만큼 복잡하고 정교한 체계라고는 할 수 없다.

학습장애아동들은 평균 혹은 그 이상의 지능을 소유하고 있으면서도 여러 가지 인지처리 과정에서 부족함을 보여, 의미 있는 방식으로 자극상황을 분석 및 종합하는 능력에서 덜 세련된 인지활동을 한다(허묘연, 1991).

(1) 주의

학습장애아동들의 일부는 주의집중에 문제가 있는 것으로 나타난다. 과제가 제시되었을 때 집중하지 못하거나 주의집중 시간이 짧으며, 쉽게 산만해진다. 또한 적절한 자극에 선택적으로 주의하는 데 비능률적이며, 심사숙고하지 못하고, 과제에 충동적으로 반응하는 경향을 보인다(강위영, 1996; 서봉연, 1996; Lerner, 2000).

(2) 기억

기억과 학습장애의 관계에 대한 많은 연구가 이루어져 왔으며, 학습장애아동들이 기억의 여러 단계 어느 곳에서도 문제를 가지고 있을 수 있다는 일반적인 합의가 도출되고 있다. 기억은 "현재의 상황을 파악하기 위해 이전의 정보를 저장하고 인출해 내는 능력"(강위영, 1996: 32)을 말한다.

학습장애아동들은 비교적 짧은 시간동안 정보를 유지하는 단기기억에서 정보의 부호화나 저장에 문제가 있음이 지적되고 있다. 또한 정보를 유지함과 동시에 인지적 처리를 하는 작업기억(working memory)에서의 문제, 단기기억에서 장기기억으로의 이행, 혹은 장기기억에서의 인출 문제 또한 학습장애와 관련이 있다는 점도 제시되고 있다(허묘연, 1991; 서봉연, 1996; Hallahan, Kauffman, & Lloyd, 1999).

2) 초인지

초인지(metacognition)는 자신이 사고하고 있음을 생각할 수 있는 능력으로, 문제해결을 위해 알맞은 전략이 있음을 이해하며, 자신의 과제 수행을 감독하고, 필요한 경우 조절을 함으로써 과제수행을 통제하는 능력으로 이루어져 있다(강위영, 1996; Hallahan, Kauffman, & Lloyd, 1999). 일반적으로 사람들은 무엇인가를 배우고 기억하는 것을 용이하게 하기 위해 초인지적 행동을 보이는 데 비해, 학습장애아동들은 과제에 대해 심사숙고하지 않고 충동적으로 반응하는 경향이 있으며, 과제수행 도중 자신의 수행을 스스로 감독하거나 필요한 경우 다른 방법을 사용하여야 함을 깨닫지 못하기도 한다.

3) 언어

학습과정에서 언어가 차지하는 비중은 매우 크다. 언어와 인지 사이의 관계를 고려해볼 때, 언어는 의사소통뿐 아니라 사고력을 향상시키는 도구로서의 역할을 한다. 많은 학습장애아동들이 언어에서의 어려움을 지니고 있고, 이 어려움은 학습문제를 악화시키는 원인이기도 하다.

언어는 복잡한 것이고, 읽기, 쓰기, 말하기, 듣기 등 각각의 하위체제들은 서로 영향을 준다. 예를 들어, 음성언어에 있어서의 문제는 읽기장애와 같은 다른 장애를 야기할 수도 있다. 읽기 및 쓰기와 관련된 학습장애아동들의 특성('영역별 학업특성' 참조) 및 주로 조음기관의 이상과 관련된 말장애(speech disorder)를 제외하고, 모두는 아니지만 많은 학습장애아동들은 언어의 습득 및 활용에서 문제를 보이는 것이 사실이다.

이들의 언어문제는 크게 언어발달 지체 및 언어의 부적절한 사용 등으로 나눠볼 수 있다. 이들은 구어 산출능력이 또래들에 비해 뒤처져 언어가 정상적으로 발달할 나이에도 언어를 거의 사용하지 못하기도 한다. 또한 시제나 수의 일치 등 문법과 관련된 능력에 있어서 어려움을 보이는 경우도 있고, 이상한 문법형태를 보이기도 하며, 어순이 제대로 갖춰지지 않거나 적절하지 않은 어휘를 사용하기도 한다.

화용론(pragmatics)의 측면에서도 자신과 대화하는 상대방의 연령 수준에 맞지 않는 언어를 구사하거나, 자신이 말하고 있는 주제를 유지하지 못하기도 하며, 같은 말을 반복하기도 한다. 다른 사람들이 말한 것을 해석하거나 추론하는 데 어려움을 보이기도 하고, 그 사람의 관점을 취하지 못하기도 한다. 사용되는 문장이 짧고, 어휘 또한 다양하지 못하며, 억양이나 눈 맞춤, 몸짓 등 비언어적·준언어적 단서 또한 적절하게 활용하지 못하는 등의 특성 또한 보일 수 있다.

최근에는 표현언어(expressive language)에서의 문제뿐 아니라, 수용언어(receptive language)에서의 문제 또한 지적되고 있다. 어떤 학습장애아동들은 다른 사람이 문장으로 의사소통할 때 해당 문장에 포함되어 있는 개개의 단어들은 이해해도 전체로서의 문장을 이해하지 못하거나, 극단적인 경우 자신이 듣고 있는 것에서 단 하나의 어휘의 의미도 이해하지 못하는 경우도 있다. 또한 모호한 문장이나 농담, 은유 등을 잘 이해하지 못한다(Bender, 2004; Lerner, 2000; Smith, 2004).

4) 정서·행동

학습장애아동들은 우울이나 불안, 낮은 자아 존중감 등 부정적인 감정을 많이 경험하는 것으로 알려져 있다. 이러한 특성은 자신에 대한 비관적인 생각으로 이어져, 심지어는 자살을 생각하거나 실제로 자살을 시도하는 비율이 또래의 비장애 아동들에 비해 더 높은 것으로 보고되기도 한다. 이들은 정서자극에 대한 통제력이 약하여 정서적 자극을 접했을 때, 이를 회피하거나 방어적으로 대응하는 양상을 보이고 있고 정서적으로 매우 경직되고 위축되어 있다(강위영, 1996; 허묘연, 1991; Bender, 2004; Bryan, 1997). 아울러 누적된 실패로 인한 '학습된 무기력(learned helplessness)'이 보고되고 있다.

학습된 무기력은 자신의 노력이 바람직한 성과로 귀결되지 않을 것이라는 믿음으로, 학습된 무기력을 지닌 사람들은 자신이 얼마나 열심히 노력했든 관계없이 실패를 예상한다(Hallahan et al., 2005). 학습장애아동들은 비장애 아동들은 물론 학습부진아동들에 비해서도 학습된 무기력이 상대적으로 일반화되어 있으며, 학년이 거듭될수록 그 정도가 심화되는 것으로 나타났다(이상훈, 1996).

학습장애아동들은 과제에 대한 귀인(attribution) 또한 부정적이다(강위영, 1996; 이상훈, 1996; Bryan, 1997; 이은림, 1998). 즉, 비장애 아동들의 경우 보통 과제에 있어서의 성공은 자신이 통제할 수 있는 요소들을 그 원인으로, 실패의 경우 자신이 통제할 수 없는 요소들을 그 원인으로 생각하는 데 비해, 학습장애아동들은 그 반대의 양상을 보이는 경우가 상대적으로 많다. 이로 인해, 학습이나 대인관계에서의 동기는 저하되고 수동적인 입장을 취하게 되며, 실패를 경험할 가능성은 더욱더 높아지게 된다.

이러한 정서적 요인들은 행동에 있어 두 가지 형태로 표현된다. 첫째는 외현화된 문제행동으로, 과잉행동이나 공격성, 비행 등의 형태를 띠고, 둘째로 내현화된 문제행동으로, 불안, 우울, 강박-충동성 신체증상을 들 수 있다. 허묘연(1991)의 연구에 따르면, 학습장애아동들은 내현화된 문제행동들보다는 외현화된 문제행동들을 더 많이 보이고 있으며, 이 중 공격성, 과잉행동, 우울, 사회적 위축, 불안의 순서로 문제행동을 보이는 것으로 나타났다.

학습된 무기력

1967년 Seligman과 Maier는 중앙에 어깨 높이의 장벽이 쳐 있는 직사각형의 상자 안에서 개들을 훈련시켰다. 때때로 10초 정도 경고 불빛을 주어지고, 뒤이어 50초 정도의 전기충격이 상자의 바닥을 통해 전달되었다. 전기충격이 가해질 때 장벽을 뛰어 넘는다면 전기충격은 즉시 철회되었고, 전기충격이 주어지기 전에 뛰어 넘게 되면 불빛이 꺼지고 예정되었던 전기충격은 취소되었다. 따라서 개들은 불이 켜져 있을 때 장벽을 뛰어 넘게 되면 전기충격에서 빠져 나오거나 전기충격을 피할 수 있었다.

개들은 두 집단으로 나뉘어 한 집단의 개들에게만 사전훈련이 주어졌다. 사전훈련에서 개들은 벨트에 묶여 도망칠 수도, 피할 수도 없는 상태에서 64번의 전기충격을 받게 되었다.

실험상황에서 사전훈련이 주어지지 않았던 집단의 개들은 이를 재빨리 학습하여 한 번 내지는 두 번 정도의 전기충격만 경험해도, 그 다음부터 전기충격이 주어지면 곧바로 장벽을 뛰어넘기 시작했고, 곧 거의 모든 전기충격을 피하는 방법을 학습하게 되었다.

반면, 사전훈련을 받은 개들은 처음에는 사전훈련을 받지 않은 개들처럼 전기충격을 받자 상자 안을 이리저리 뛰어다니기 시작했다. 그러나 약 30초 정도가 지나자 그 개들은 바닥에 가만히 엎드린 채, 전기충격이 끝날 때까지 조용히 낑낑거리기만 하였다. 더욱이 대부분의 경우에서 이 개들은 전기충격으로부터 도망치려는 노력을 거의 혹은 전혀 하지 않았고, 어쩌다가 한 마리가 장벽을 뛰어넘어 전기충격을 피하는 모습을 보일 뿐이었다.

사전훈련에서 피할 수 없는 전기충격을 받은 개들은 성공적인 회피를 학습했다는 징후를 보이지 못했고, 실제로 이 개들은 성공적인 회피행동을 보인 후에도 즉시 앞서 보인 수동적인 수용의 자세로 돌아옴을 볼 수 있었다.

출처: Lieberman, D. A.(2000: 303-304). *Learning: Behavior and condition*(3rd ed.).

귀인이론

귀인이론은 대표적인 인지주의 동기이론으로, 관찰된 행동의 원인을 보여주는 일반적인 법칙을 규명하여 인간행동에 대한 설명과 예측을 가능하게 하려는 하나의 이론적 체계를 말한다. '귀인'이란 성공과 실패에 대해 지각된 원인을 의미하며, 한 개인이 과제에서의 성공이나 실패의 원인이 무엇인가를 자신에게 설명하는 방식을 말한다.

Weiner는 귀인이론을 성취동기에 직접 적용하였고, 성취와 관련된 사건들을 이해하는데 중요한 요소를 노력, 능력, 운, 그리고 과제의 난이도 등 4가지로 제시하고 있다. 그는 사람들은 과제수행의 결과에 대해 그 원인을 대체로 4가지로 귀인하는 경향이 있는데, 과제에 성공하거나 실패한 것을 위의 4가지 요소들 중 하나 혹은 이들의 다양한 조합의 결과에 귀인할 것이라고 하였다. 그리고 이러한 요소들은 원인의 소재(내적/외적), 안정성(안전/불안정), 통제 가능성(통제 가능/통제 불가능) 등의 세 가지 차원으로 분류될 수 있고, 각각의 차원에 따른 요소들의 분류는 다음과 같다.

	내적		외적	
	안정	불안정	안정	불안정
통제 가능	평소의 노력	즉시적 노력	교사의 편견	타인의 도움
통제 불가능	능력	기분	과제 난이도	행운

출처: 이성진(1998: 110-111). **교육심리학서설.**

5) 사회성

1987년 ICLD는 다음과 같은 학습장애 정의를 내놓았다.

> "학습장애는 듣기, 말하기, 읽기, 쓰기, 추론, 혹은 수학적 능력의, 또는 사회성 기술의 습득과 사용에 있어서 상당한 어려움으로 나타나는 일군의 이질적인 장애들을 일컫는 일반적인 용어이다. 이 장애들은 개인에게 있어 내재적인 것으로, 중추신경계 의 기능이상에서 기인한다고 추정된다. 비록 학습장애가 다른 장애 상태들(예, 감각장애, 정신지체, 정서장애 등) 또는 사회·환경적 영향들(예, 문화적 차이, 불충분하거나 부적절한 교수, 심인성 요소들 등), 그리고 특히 주의집중장애와 동시에 발생할 수 있고, 이 모든 것들이 학습상의 문제의 원인이 될 수 있지만, 학습장애는 그러한 장애들이나 영향들의 직접적인 결과는 아니다."

ICLD의 정의는 사회성 기술을 읽기, 쓰기, 그리고 수학 등과 같은 수준으로 언급하고 있다는 것을 제외하고는 기존의 여러 정의들과 별다른 차이를 보이고 있지 않다. 다시 말해서, 아동들은 읽기나 수학과 같은 교과영역에서의 어려움과는 상관없이 사회성 기술을 습득하고 사용하는데 있어서의 어려움만으로도 학습장애로 판별될 수 있음을 의미하는 것이다. 이러한 차이는 표면적으로는 단어 한두 개의 삽입에 지나지 않지만, 실질적으로 사정, 분류, 중재 등에서 많은 변화를 가져오는 것으로, 이 정의가 제안된 이후 전문가들 사이에 논란을 불러오게 되었다(Gresham & Elliott, 1989).

결국 ICLD의 학습장애 정의는 채택되지 않았으나, 이 정의는 역으로 학습장애 아동들이 사회성 기술의 습득 및 활용에 있어 많은 어려움을 지니고 있음을 보여준 것이라 할 수 있다. 모든 학습장애아동들이 사회성기술에서 어려움을 보이는 것은 아니며 경우에 따라 비장애 아동보다 더 나은 사회성 기술을 보이는 학습장애아동들 또한 존재한다.

하지만 많은 학습장애아동들은 사회성 기술에 문제를 보이고 있다. 이와 함께 자신이 처해 있는 사회적 상황을 적절하게 판단하지 못할 수 있고, 다른 사람의 입장에서 바라보는 능력과 상대방 행동의 의미 및 그 중요성을 파악하는 능력이 떨어지는 것으로 나타났다.

특히, 상대방과의 상호작용에 있어서 사회적 단서(social cues)를 잘 해석하지 못해 다른 사람들의 감정이나 느낌을 잘못 해석할 가능성이 있다. 이러한 특성은 학습장애아동들이 비장애 또래들에 비해 만족스러운 개인적·사회적 상호작용을 습득하지 못해 친구들에게 무시당하거나 따돌림 당하게 하는 원인이 되고 있으며, 결과적으로 친구가 적다. 또한 친구들의 부정적인 압력에 저항하는데 필요한 기술을 가지고 있지 못하거나, 바람직하지 않은 또래모델을 선택하여 모방함으로써 비행에 연루될 가능성도 크다(김동일, 이대식, 신종호, 2003; Bryan, 1997; Hallahan et al., 2005).

최근 기존의 교과영역 중심의 학습장애에 대해 특히 사회적 기능에 있어서의 문제로 대표되는 '비음성언어적 학습장애(Nonverbal Learning Disability)'라는 개념이 대두되고 있다. 비록 비음성언어적 학습장애가 사회성에 있어서의 문제만을 그 특징으로 하는 것은 아니라 할지라도, 이러한 개념을 통해 학습장애아동들이 지니고 있을 수 있는 사회성과 관련된 문제점들을 파악할 수 있을 것이다.

비음성언어적 학습장애

학습장애의 하위 영역으로 사회적 상호작용 및 대인관계 기술에 심각한 어려움이 있음을 의미한다. 보통 교과와 관련된, 인지적인, 그리고 언어적인 학습장애가 뇌의 좌반구와 관계가 있는 것으로 추정되고 있는 데 비해 NLD는 뇌 우반구의 기능이상으로 인해 발생한다고 여겨진다. NLD 아동들은 종종 높은 언어성 지능을 지니고 있어 일찍 말을 배우고, 말을 많이 하며, 읽기나 해독 능력에서 좋은 수행을 보일 수 있다. 따라서 NLD는 규명하기가 그만큼 어려울 수 있다. 이 아동들의 경우 빈약한 시·공간감각 및 비음성언어성 문제해결 능력에서 어려움을 보이고 연산기술도 취약하다. NLD와 관련된 문제들은 초등학교 고학년 때부터 명백하게 드러나기도 한다.

NLD 학생들은 새롭거나 낯선 환경에 적응하는 데 어려움을 보인다. 높은 언어성 지능과 표현 및 수용언어에서의 높은 점수에도 불구하고, 비음성언어적 신호와 단서를 부정확하게 읽고 비음성언어성 의사소통 단서들을 이해하는 데 어려움을 보인다. 사회적 단서들은 보통 관찰을 통해 직관적으로 파악되는데, NLD 아동들은 직접적이고 명시적으로 가르칠 필요가 있다. NLD 성인들은 직장에서 많은 어려움을 경험할 가능성이 높고, 낮은 자아개념, 정신건강에서의 문제점, 사회적 관계에서의 어려움, 그리고 짤막한 반응형태 등의 특성을 보인다.

출처: Lerner, J.(2000: 528-529). *Learning disabilities: Theories, diagnosis, and teaching strategies*(8th ed.).

5 영역별 학업특성

학습장애에 대한 어떠한 정의를 막론하고 공통으로 제시하고 있는 특성이 바로 학업성취에 있어서의 문제이다. 정서·행동장애 아동들이 그 이유야 어떻든 정서나 행동에서 문제를 보이기 때문에 정서·행동장애로 분류되듯, 학습장애아동들은 결국 학업에 있어 심각하게 낮은 수준을 보이기 때문에 학습장애아동으로 판별되는 것이다.

이들은 읽기, 쓰기, 수학 중 특정 교과에서 혹은 모든 교과에서 수행 상 상당한 어려움을 보일 수 있다. 한 가지 주의해야 할 것은 학습장애아동들이 보이는 낮은 수준의 학업성취가 단지 비장애 또래들에 비해서 낮음을 의미하는 것이 아니라는 점이다. 학습장애아동들은 교과영역에서의 수행을 위해 필요한, 가장 기본이 되는 기초적인 읽기 및 쓰기 그리고 수, 셈하기 등에서 그들이 지니고 있는 지적능력에 비추어 볼 때 이해할 수 없을 정도로 낮은 수준을 보임으로써 그 이상의 학업수행이 불가능하다.

1) 읽기

한때 학습장애와 읽기장애를 동일시했을 정도로 읽기는 학습장애아동들이 겪는 대표적인 문제로 이들 중 약 80%에 달하는 아동들이 읽기에 문제가 있는 것으로 나타난다(강위영, 1996; Lerner, 2000). 학습장애, 특히 읽기장애 아동들은 음소나 단어의 생략, 도치, 첨가 등과 같은 문제들, 비슷한 단어의 혼동, 읽는 속도 및 정확성, 그리고 이해 등에서의 어려움 등의 특성을 보인다(김동일, 이대식, 신종호, 2003).

Chall(1983)의 읽기발달 단계에 따르면, 읽기는 습득 속도와는 관계없이 예측이 가능한 과정을 거친다고 한다. 즉, 읽기는 문자인식으로부터 시작해서 해독(decoding), 유창성, 이해 등의 순서로 나아간다. Chall의 모델은 읽기 이해를 성공적으로 다루기 위해서는 해독과 유창성을 갖춰야 함을 강조하고 있다.

그러나 읽기에 문제를 보이는 학습장애아동들은 특히 '음운론적 인식(phonological awareness)'과 '시각적 명명속도(visual naming speed)'에서 결함을 보인다. 음운론적 인식 및 시각적 명명속도는 읽기장애와 밀접한 관련이 있으며, 특히 이 두 능력에 있어서의 결함이 결합될 경우가 가장 심각한 읽기장애와 관련이 있다.

음운론적 인식은 음소와 해당 음소의 소리를 연결시킬 수 있는 말하며, 해독 기술을 습득하는 바탕이 된다. 비록 한글과 같이 음소에 따른 소리가 매우 규칙적인 언어보다는 영어처럼 불규칙한 형태를 보이는 언어에서 더 중요한 의미를 갖기는 하지만, 음소에 따라 단어를 분리시키고, 분리된 음소를 결합시켜 단어로 발음하는 조작능력은 가장 읽기에 있어 가장 기본적이고 핵심적인 것이라 할 수 있다.

또한 시각적 명명속도는 단어를 전체 한 단위로 빠르고 정확하게 재인하는 능력으로 유창한 읽기를 가능하게 해주고, 단어 더 나아가서 문장 전체의 이해와 직결된다(Lovett, Stainbach, & Frijters, 2000). 이러한 점으로 미루어 볼 때, 읽기에 문제를 지니고 있는 학습장애아동들은 해독 및 유창성에서 이미 어려움을 겪을 수밖에 없는 상황이고, 이는 결국 읽기의 목적이라 할 수 있는 읽기이해에 부정적인 영향을 주게 될 것이다.

결론적으로 학습장애아동들이 겪는 읽기에서의 문제는 단어 해독, 기초단어 재인, 유창성, 이해 등 전반에 걸쳐있다. 1980년대 중반부터 주목받기 시작한 '발현적 문식성(emergent literacy)'은 학습장애아동들의 읽기문제에 관하여 유용한 시사점을 제공하고 있다. 발현적 문식성은 아동들이 학교에 들어가서 형식적인 읽기, 쓰기를 배우기 전에 다른 사람들 및 환경을 탐색하고 상호작용하면서 얻게 되는 읽기, 쓰기에 대한 일종의 비형식적 지식으로 읽기, 쓰기 자체가 아닌, 이를 가능하게 하는 기반이 되는 기술들(예, 인쇄물에 대한 지식, 낙서 등)을 의미한다(이원영, 2000; Gunning, 1998).

앞서 밝혔듯이, 대다수의 학습장애아동들이 읽기에서 문제를 보이고 있고, 읽기의 구성요소들을 습득하는 데 많은 어려움 또한 보이고 있다. 이러한 아동들에게 우선 읽기 및 쓰기에 필요한 발현적 문식성이 확립되어 있는지, 즉 책이라는 것이 무엇이며, 책 안에 들어 있는 인쇄된 글자 및 문장부호는 어떤 기능을 하고, 각종 인쇄물을 어느 방향으로 읽어나가는지 등에 대한 해당 아동의 지식 정도를 점검하고, 만약 이러한 기술들이 부족할 경우 이에 대한 교수를 제공하는 것이 앞으로의 읽기 성취에 도움을 줄 것이다.

발현적 문식성

발현적 문식성은 어린 아동들의 읽기 및 쓰기 행동들로 관습적인 문식성을 선행하고 궁극적으로 관습적 문식성으로 발전해 간다. 한때 읽기 및 쓰기는 자연스러운, 생물학적으로 예고된 과정으로 생각되어 준비를 필요로 하는 것으로 생각되었다. 따라서 읽기 및 쓰기와 관련된 인지적·지각적 요인들은 서두른다고 해서 빨리 습득되는 것이 아닌 것으로 여겨졌다. 그러나 이러한 개념은 곧 상호작용적 관점으로 대치되었고, 이에 따라 준비는 교수에 의해 향상될 수 있는 것으로 간주되었다.

따라서 형식적 읽기 및 쓰기를 위한 선수기술들을 제공하고, 아동들의 발달을 촉진하기 위한 프로그램들이 개발되어 제공되었다. 그러나 이러한 기술들은 읽기기술을 가르치기 위한 것이 아니다. 만약 아동들이 준비가 되어있지 않은 상태에서 읽기 및 쓰기를 가르친다면 정서적으로 해로울 수 있고 나중에 읽기나 쓰기 분야에서 실패를 경험하게 될 수 있다.

읽기에 있어 발현적 문식성에 해당되는 행동들로는 그림책의 책장을 빨리 넘기는 것에서부터 반복된 문장을 읽는 것에 이르기까지, 쓰기에서는 그리거나 낙서하듯이 쓰는 것에서부터 발명된 철자(invented spelling) 혹은 관습적인 철자로 메시지를 구성하는 것에 이르기까지 다양하다. 발현적 문식성이라는 개념에서는 모든 아동들이 학교에 들어올 때 이미 읽기 및 쓰기에 대한 지식 및 경험을 지니고 있다고 인정하지만, 그 지식 및 경험은 아동들마다 다르며 그 차이 또한 막대할 수 있다고 본다.

문식성의 발달을 위해 체계적인 교수 외에 문식성이 풍부한 환경을 제공하고, 아동들에게 소리 내어 책을 읽어주는 등 인쇄물에 대한 개념을 심어주는 것이 중요하다. 문식성이 풍부한 환경이란 표면적으로는 읽고 쓰기 위한 도구들(책, 잡지, 워드프로세서 등)이 풍부한 환경을 의미하지만, 조금 더 심층적으로 말해서 문식성이 풍부한 환경은 인쇄물에 초점을 맞추고, 아동들로 하여금 인쇄물이 실제 맥락에서 보여주는 다양한 기능을 인식할 기회를 마련해주는 것을 의미한다.
출처: Gunning, T. G.(1998: 153-155). *Assessing and correcting reading and writing difficulties.*

2) 쓰기

언어는 크게 듣기와 말하기, 그리고 읽기와 쓰기로 나뉜다. 그 중 쓰기는 언어를 기호로 전환하는 과정으로 언어에서 가장 복잡하고 까다로운 영역으로, 보통 가장 늦게 학습된다. 쓰기는 글씨쓰기(handwriting), 철자(spelling), 그리고 작문(written expression) 등의 영역으로 구성되어 있다(김동일, 이대식, 신종호, 2003; Lerner, 2000). 읽기에 있어서의 궁극적인 목적이 읽기 이해이듯 쓰기에 있어서의 궁극적인 목적은 작문이다.

일상생활 및 학교생활을 통해 우리는 많은 쓰기를 하고 있지만, 일기나 수업시간의 필기 정도를 제외하고는 대부분 다른 사람들이 읽을 것을 예상하고 글을 쓴다. 이는 결국 쓰기를 통해, 더 정확히 말하면 문자를 통해 다른 사람들과 의사소통을 하려 하는 것으로 여기서 작문의 중요성을 찾아볼 수 있다.

물론 쓰기의 다른 영역들이 중요하지 않다는 것은 아니지만, 글씨쓰기나 철자법 등은 작문을 더 정확하게 그리고 더 효과적으로 해주는 기술들이라 할 수 있고, 이러한 영역에서의 어려움은 최근의 컴퓨터 관련 기술들(예, 워드프로세서, spell checker 등)의 발달로 어느 정도 교정이 가능하다는 점에서 작문보다 더 중요하다고 말하기 어렵다.

능숙한 쓰기를 위해서는 문자나 해당 언어체계에 대한 지식은 물론 적절한 구어(oral language) 기술과 함께 주제에 대해 생각하고, 조직할 수 있는 능력이 있어야 하며, 단어나 문장을 산출하는 동안 생각을 기억할 수 있어야 한다(김동일, 이대식, 신종호, 2003).

또한 학습장애아동들에게 쓰기는 읽기보다 훨씬 더 어려운 과제이고, 쓰기에 있어서의 문제점은 읽기 문제가 해결된 이후에도 오랫동안 지속될 수 있다. 특히 쓰기에 문제를 갖고 있는 학습장애아동들은 글씨쓰기, 철자, 작문 등 모든 부분에서 어려움을 보일 수 있다. 일반적으로 생각하듯 읽기와 쓰기 사이에는 일종의 관계가 있고, 따라서 읽기에 있어서의 어려움과 쓰기에 있어서의 어려움 또한 서로 영향을 미치는 것으로 보인다.

예를 들어, 글씨쓰기에 있어서 특정 문자나 부호를 어떻게 쓰는지 기억하지 못하거나, 부분적으로만 기억하는 것을 그 특성으로 하는 난서증(dysgraphia)은 일반적으로 난독증(dyslexia)과 연계되어 있고, 해독에 어려움을 보이는 사람들은 거의 철자에서도 어려움을 보인다고 알려져 있다(Hallahan, Kauffman, & Lloyd, 1999; Lerner, 2000).

학습장애아동들의 쓰기 특성은 다음과 같다(강영심, 1997; 강위영, 1996, 재인용; Hallahan, Kauffman, & Lloyd, 1999; Lerner, 2000).

① 글씨를 쓰는 속도가 매우 느리고, 많은 힘을 들여서 쓴다.
② 철자를 알아볼 수 없게 쓴다.
③ 단어를 쓰는 데 보다 나이 어린 아동들과 비슷하게 쓰고, 형태 구조에 특히 더 어려움을 갖는다.
④ 정확한 철자의 음성적 특징을 갖는 철자를 쓴다.
⑤ 자신의 생각을 유창하게 표현하지 못한다.
⑥ 가능한 짧게 쓰려하는 경향이 있다.
⑦ 사용된 어휘의 수가 적고, 아이디어 또한 빈약하다.
⑧ 글이 조직적이지 못하고, 나열식 글쓰기를 한다.
⑨ 초고(draft)를 쓰고 편집 및 수정을 하는 등의 쓰기 전략을 모르고 있다.

3) 수학

학습장애아동들의 수학과 수행에 관한 연구는 읽기에 비해 상대적으로 그 역사가 짧다. 그러나 이 분야에서 연구된 각종 결과들을 살펴보면, 비록 읽기에서의 어려움만큼은 아닐지라도 많은 학습장애아동들이 수학에서도 문제를 보이고 있다. 학습장애아동들이 지니고 있을 수 있는 주의집중, 기억, 그리고 시·공간감각 등에서의 문제들은 수의 인식 및 처리에 부정적인 영향을 미치게 된다.

그 결과, 학습장애아동들은 기초적인 수학지식에서는 물론 간단한 연산에서조차도 기대에 훨씬 미치지 못하는 수행결과를 보인다. 또한 학습장애아동들은 과제를 수행하는데 필요한 기술들과 전략들, 자원들에 대한 인식이 부족하여 종종 문제를 해결하는 데 있어 적절한 전략들을 적용하는 데 실패한다.

이들은 간단한 산술문제를 푸는 데 있어서도 자신들의 발달단계에 비해 성숙하지 못한 전략들을 사용하며(예, '모두 세기' 대 '큰 수부터 세기' 등), 같은 또래의 정상적인 발달을 보이는 아동들보다 더 많은 오류를 범하고, 집중적인 연습을 거친 후에조차도 산술과 관련된 사실들을 기억하는 데 어려움을 보인다(이병혁, 신현기, 2005; Geary, 1994; Miller & Mercer, 1997; Tucker, Singleton, & Weaver, 2002).

학습장애아동들이 보이는 이러한 부정적인 특성들은 시간이 거듭될수록 누적되어 결국 수학적 추론이나 수학적 문제해결 등 더 높은, 더 추상적이고 더 복잡한 수준의 수행을 저해하는 요인이 된다. 예를 들어, 학습장애아동들은 덧셈 및 곱셈보다 뺄셈과 나눗셈처럼 복잡하거나 추상적인 개념이 포함되는 연산에서 정상적인 성취를 보이는 아동들에 비해 더 더딘 진전과 더 큰 폭의 수행차이를 보이고 있다(Cawley et al., 1998).

특이한 것은 수학에서의 문제와 사회적, 정서적 문제와의 상관관계이다. Davis 등은 "두드러진 사회적 문제점들이 특히 산술능력에 약점을 가지고 있는 아동들에게서 발견되었다"고 언급하면서 수학에서의 두드러진 어려움과 빈약한 사회적 응과의 사이에 일종의 관계가 있음을 제안하였다(Davis, Parr, & Lan, 1997: 347).

산술능력에 약점을 가지고 있는 아동들은 비언어적 지각, 해석, 그리고 표현 등을 포함하는 미묘한 사회적 의미(social nuances)를 다루는 데 비교적 심각한 어려움을 가지고 있고, 따라서 학교에서 정서적, 행동적 문제점들을 보일 수 있는 비교적 높은 위험성을 갖고 있다고 한다. 예를 들어, 개별화교육계획의 일환으로 상담서비스를 받는 아동들 중 수학에서 어려움을 보이는 아동들이 읽기나 철자에 있어서 어려움을 보이는 아동들보다 더 높은 비율을 차지하고 있었다.

최근 수학장애와 읽기장애의 공존 가능성에 대한 연구가 이루어지고 있다. 그 원인에 대해서는 아직 확실히 밝혀진 것은 없으나, 읽기장애를 갖고 있는 아동들의 절반 이상이 수학에 있어서 문제를 보이고 있으며, 전부는 아닐지라도 많은 수학장애 아동들이 읽기에 문제를 가지고 있는 것으로 나타나고 있다. 더욱이 이처럼 읽기장애와 수학장애를 모두 갖고 있는 아동들은 전형적인 발달을 보이는 아동들은 물론, 두 가지 장애 중 하나만을 갖고 있는 아동들에 비해서도 숫자의 산출 및 이해, 인출만을 이용한 덧셈, 단기기억 과제 등에서 낮은 수행을 보인 것으로 나타났다(변찬석, 1998; Fleischner & Manheimer, 1997; Geary, 1994; Geary, Hamson, & Hoard, 2000; Prior, 1996).

숫자를 처리하는 것은 언어능력과 수 처리능력 모두를 요구한다. 다시 말해, 수를 이해하고 산출한다는 것은 음성언어 표상(예, '사십 이')과 숫자 표상(예를 들어, '42')을 처리하는 능력, 처리된 숫자의 의미를 이해하는 능력(예, '42'의 '4'는 '10'이 네 개가 있음을 나타낸다)을 필요로 한다. 수를 처리하는 것은 또한 하나의 표상에서 다른 표상으로 수를 해석하는 능력에 달려 있기도 하다(Geary, Hamson, & Hoard, 2000).

아울러 수학은 숫자로만 이루어지는 것이 아니다. 아동들이 수학문제를 풀 때, 그들은 수학에서 사용되는 기호들과 상징들의 의미를 파악하여 읽고, 종종 다양한 유형의 문장제 수학문제들을 또한 풀어야 한다. 따라서 언어와 수학기술에는 강력한 관계가 성립되어 있다고 볼 수 있으며, 이는 언어적 기억에 문제가 있는 아동들은 산술에서도 어려움을 보일 수 있는 취약한 상태에 있을 수 있게 됨을 의미하는 것이다.

정서·행동장애 08 Chapter

1 정서·행동장애의 용어와 정의

흔히 주변에서 말썽을 피우거나 가정, 학교, 지역사회에서 반복적으로 문제를 보이는 아동들을 볼 수 있다. 이러한 갈등요소를 보이는 아동들을 흔히 문제아, 부적응자로 명명하기도 한다. 일반적으로 정서·행동장애는 아동 그 자신의 발달이나 타인의 생활 혹은 그 둘 다를 방해하는 행동으로서, 일반 아동에 비해 현저하게 일탈된 행동으로 정의된다(김미경 외, 2007). 교실상황에서도 정서적, 행동적으로 문제를 보이는 아동들이 점차 늘어남에 따라 교사들은 정서·행동장애의 용어나 정의를 이해하여, 정서·행동장애가 개인적인 차원의 문제가 아닌 다양한 사회적 환경에서 일어나는 문제임을 인식하고 아동 개인에 적합한 교수방법을 적용해야 할 것이다.

1) 정서·행동장애의 용어

정서·행동장애의 하위유형을 포함하여 정서·행동장애의 용어는 '정서장애', '행동장애', '심각한 장애' 등 다양하게 사용되고 있다. 그 중에서도 정서장애(Emotionally Disordered: ED)와 행동장애(Behaviorally Disordered: BD)가 많이 사용되어 왔지만, 최근에는 정서장애와 행동장애를 합한 '정서·행동장애' 용어가 특수교육 분야에서 사용되고 있다. 미국의 '국립정신건강 및 특수교육협회(The Nation Mental Health and Special Education Coalition)'나 우리나라의 「장애인 등에 대한 특수교육법」을 보더라도 '정서·행동장애'라는 용어를 사용하고 있다. 그러나 많은 전문가들은 정서장애보다는 행동장애 용어를 사용하는 것을 더 선호하는 부분이 있으며, 1992년 미국 국립정신건강 및 특수교육협회에서 '심각한 정서장애'를 '정서 및 행동장애'로 변경한 이유는 다음과 같다(Feldman et al., 1983).

① 장애영역 표현의 적합성(Huntze, 1985)
② 종합적·포괄적 판별 가능성
③ 장애 낙인정도의 최소화
④ 장애명칭에 따른 교육 적용의 유용성
⑤ 대상자의 특성을 구체적으로 표현
⑥ 관찰가능한 행동적 측면을 강조

2) 정서·행동장애의 정의

정서·행동장애(emotional or behavioral disorder)의 정의와 관련하여 국제적으로 많은 논쟁이 끊임없이 있어왔지만, 아직까지 학자들마다 정서장애, 행동장애, 심리장애 등과 같은 개념을 사용하여 정의되고 있다. 여기서는 우리나라 「장애인 등에 대한 특수교육법」에서 제안한 정의와 미국의 국립정신건강 및 특수교육협회에서 규정하는 정의를 제시하도록 한다(전경원, 권미은, 2015).

(1) 장애인 등에 대한 특수교육법

우리나라의 「장애인 등에 대한 특수교육법」(2008)에서는 다양한 이유 즉, 지적, 감각적, 건강상 이유, 또래나 교사와의 대인관계 어려움, 일반적 상황에서 부적절한 행동이나 감정조절의 어려움, 전반적인 불행감이나 우울감, 학교나 개인 문제로 학습에 어려움을 겪는 사람으로 특별한 교육적 조치가 필요한 사람을 정서·행동장애로 정의하고 있다. 반면에 「특수교육진흥법」(1994)에서는 정서장애를 학습부진, 부정적 대인관계, 부적절한 행동이나 감정, 불안과 우울, 신체적 통증이나 공포, 감각적 자극에 대한 결함이 있는 자로 정의하고 있다. 「장애인 등에 대한 특수교육법」(2008)에서 규정하고 있는 정서·행동장애의 정의가 기존 「특수교육진흥법」(1994)의 장애범주와 정의에서 보이는 차이점은 다음과 같다.

① 자폐성 장애를 정서·행동장애에 포함하지 않고 자폐성 장애를 정서·행동장애와 분리시키고 있다.
② 사회부적응 등의 행동특성에 초점을 맞추기보다 여러 가지 이유로 학습에 어려움을 겪는 사람으로 범주를 정의하고 있다.
③ 감각적 자극에 대한 반응, 언어, 인지능력 또는 대인관계에 결함이 있는 자에 해당되는 범주를 제외시키고 있다.

「장애인 등에 대한 특수교육법」(2008)과 「특수교육진흥법」(1994)에서 규정하고 있는 정서·행동장애의 정의는 다음과 같다.

장애인 등에 대한 특수교육법의 정서·행동장애 정의

장기간에 걸쳐 다음 각 목의 어느 하나에 해당하여 특별한 교육적 조치가 필요한 사람
가. 지적·감각적·건강상의 이유로 설명할 수 없는 학습상의 어려움을 지닌 사람
나. 또래나 교사와의 대인관계에 어려움이 있어 학습에 어려움을 겪는 사람
다. 일반적인 상황에서 부적절한 행동이나 감정을 나타내어 학습에 어려움이 있는 사람
라. 전반적인 불행감이나 우울증을 나타내어 학습에 어려움이 있는 사람
마. 학교나 개인 문제에 관련된 신체적인 통증이나 공포를 나타내어 학습에 어려움이 있는 사람

특수교육진흥법의 정서장애 정의

가. 지적, 신체적 또는 지각적인 면에 이상이 없음에도 학업성적이 부진한 자
나. 늘 불안해하고 우울한 기분으로 생활하는 자
다. 친구나 교사들과 대인관계에 부정적 문제를 지닌 자
라. 학교나 개인문제에 관련된 정서적인 장애로 인하여 신체적인 통증이나 공포를 느끼는 자
마. 정상적인 환경에서 부적절한 행동이나 감정을 나타내는 자
바. 감각적 자극에 대한 반응, 언어, 인지능력에 결함이 있는 자

현재 「장애인 등에 대한 특수교육법」(2008)에 정서·행동장애를 정의하고 있지만 정서·행동장애를 정의하고 그 범위를 정하기는 매우 어렵다. 정서·행동장애

를 정의하기 어려운 이유는 다음과 같다(Kauffman, 1993).

① 인간이 나타내는 여러 가지 행동양상 중에서 정상과 비정상의 기준을 정하는 것은 어렵다. 일반 아동의 경우에도 정서적인 부분의 혼란은 가질 수 있으며, 정서·행동장애를 가진 아동이라 하더라도 정상적인 행동을 할 수 있기 때문이다.

② 정서·행동장애에 대한 개념은 다양하기 때문에 공통적인 정의를 내리기는 어렵다. 정서·행동장애의 다양한 이론개념 모델을 보더라도, 인간의 정서와 행동을 바라보는 견해가 다양하기 때문에 일관된 정의를 만드는 것은 어렵다.

③ 사람의 감정이나 행동을 측정하는 것은 어렵다. 특히 정서적인 부분은 개별적인 특성이나 양상이 다양하여 측정상의 문제가 있으며, 모든 사람에게 적용될 수 있는 측정 기준을 선정하여 관찰자의 주관성을 배제해야 한다.

④ 정서·행동장애는 다른 장애와 중복적으로 나타날 수 있다. 특히 학습장애나 지적장애와 동시에 복합적으로 나타나기 때문에 정서·행동장애만을 하나로 분리시켜서 정의하는 일은 적절하지 못할 수도 있다.

⑤ 정서·행동장애 아동이 보이는 정서나 행동적인 특성은 일시적인 경우가 많기 때문에 정서·행동장애를 정의하는 것이 어렵다.

⑥ 정서·행동장애로 인한 장애표찰의 부정적인 영향 때문에 이상 행동의 정의 규정을 거부하는 태도를 보인다는 것이다.

(2) 미국 국립정신건강 및 특수교육협회

미국의 국립정신건강 및 특수교육협회에서 제안한 정서·행동장애의 정의는 다음과 같다.

「국립정신건강 및 특수교육협회」의 정서행동장애 정의

- 정서·행동장애는 학교생활에서의 행동이나 정서적 반응이 정상 또래의 나이나 문화, 민족 내의 평균치와 매우 달라서 결과적으로 학업, 사회성, 직업, 성격적인 면을 모두 포함한 교육적 성취에 부정적인 영향을 미치게 되는 것으로 특징지어지는 장애로서 다음과 같다.

가. 일시적인 현상으로 나타나는 것이 아니며, 환경 내의 스트레스성 사건에 대해서 예측이 가능한 반응을 보이며,
나. 두 개의 다른 환경에서 지속적으로 나타나고, 적어도 그 중 하나는 학교생활과 관련된 환경이며,
다. 교수방법이 적절하지 못하다는 전문가의 판단이 없었음에도 불구하고 계속적인 개별화교육을 받아 온 경우를 말한다.

- 정서·행동장애는 기타 장애와 중복되어 나타날 수 있다.
- 항목 ①에서 명시한 대로 교육적인 성취에 부정적인 영향을 미치는 경우에는 정신분열증, 정동장애, 불안장애, 품행이나 적응에 문제를 보이는 아동이 포함될 수 있다.

2 정서·행동장애의 분류

정서·행동장애는 크게 의학적 분류와 교육적 분류로 나눌 수 있다. 의학적 분류체계는 정신과 의사들이 주로 사용하며, 특수교육 전문가들은 교육적 분류에 익숙하지만 정서·행동장애 아동과 그 가족을 고려한 포괄적인 이해를 위해서는 정신의학적 분류체계도 알아 둘 필요가 있다(이성봉 외, 2014; 김진호 외, 2011).

1) 의학적 분류

의학적 분류 체계는 미국정신의학회(American Psychiatric Association: APA, 2013)의 정신장애진단 및 통계편람(DSM-5)이 보편적으로 사용된다. DSM-IV-TR에 이어 최근 출간된 DSM-5에서 제시하고 있는 20가지 정신장애 범주(신경발달장애, 정신분열 스펙트럼 및 기타 정신적 장애, 양극성 및 관련 장애, 우울장애, 불안장애, 강박 및 관련 장애, 외상 및 스트레스요인 관련 장애, 해리장애, 신체화 증상 및 관련 장애, 섭식 및 급식장애, 배설장애, 수면-각성장애, 성기능장애, 성불편증, 파괴적 장애 및 충동조절과 품행장애, 물질관련 및 중독성장애, 신경인지장애, 성격장애, 성도착장애, 기타 정신장애) 중 아동기 정서·행동장애와 밀접하게 관련된 범주는 <표 8-1>과 같나.

표 8-1 DSM-5 정신장애 범주 내용

범주	내용
신경발달장애	신경발달의 문제로 인해 야기되는 장애로 지적장애, 의사소통장애, 자폐스펙트럼장애, 특정학습장애, 주의력결핍 및 과잉행동장애, 운동장애를 포함한다.
우울장애	우울하고 슬픈 기분이 계속되는 장애로, 주요 우울장애, 분열적 기분조절장애, 기분부전증, 월경 전 불쾌장애를 포함한다.
불안장애	특정대상이나 상황, 이전에 경험한 사건, 일상에 관련된 근심 등으로 인해 고통스러울 정도의 불안을 경험하는 상태로, 분리불안장애, 선택적 함묵증, 특정공포증, 사회공포증, 공황장애를 포함한다.
섭식 및 급식장애	음식의 섭취와 관련하여 어려움을 보이는 상태로, 이식증, 반추장애, 신경성 식욕상실증과 신경성 식욕항진증을 포함한다.
배설장애	유뇨증과 유분증을 포함한다.
파괴적 장애 및 충동조절과 품행장애	타인의 권리를 침해하고 사회적으로 심각한 갈등을 야기하거나 권위를 가진 인물들에게 반항하는 상태로, 반항성 장애, 간헐성 폭발장애, 품행장애, 반사회적 성격장애, 방화광, 도벽을 포함한다.

2) 교육적 분류

교육적 분류에 속하는 분류 체계는 정서·행동장애 아동의 행동을 교사와 부모에 의한 행동 평정, 아동의 발달사, 질문에 대한 아동의 반응 등 행동특성에 따른 정보를 가지고 주요 행동범주를 외현화 행동과 내면화 행동 특성으로 묶었다. 이 분류 체계는 <표 8-2>와 같다.

표 8-2 교육적 분류

유형	내용
외현화 행동	개인의 정서 및 행동상의 어려움이 외적으로 표출되는 상태로, 공격성, 타인에 대한 반항, 충동성, 불복종 행동 등이 포함된다.
내면화 행동	개인의 정서 및 행동상의 어려움이 내재화되어 나타나는 상태로, 불안, 사회적 위축, 우울 등이 포함된다.

3 정서·행동장애의 원인

정서·행동장애는 한 가지의 원인으로 발생되기보다는 다양한 원인이 복합적으로 연결되어 있다. 지금까지의 연구결과에 따라 정서·행동장애의 원인을 크게 생물학적 요인과 환경적 요인 두 가지로 나누어 볼 수 있다.

1) 생물학적 요인

기질은 출생 시부터 지니고 태어나는 행동 양상으로, 모든 아동은 서로 다른 기질(temperament)을 지니고 태어난다. 일부 학자들은 기질이 아동의 정서·행동 문제를 야기할 수 있다고 보기도 하지만(Thomas, Chess, & Brich, 1968), 기질 요인이 정서·행동장애를 가져오는 결정적인 요소라고 단정 지을 수는 없으며, 선천적으로 타고난 기질 외 질병, 영양부족, 뇌 손상 등도 아동에게 정서적 문제를 가져올 수 있다. 특히 정서·행동장애의 대표적인 유형인 정신분열증은 유전적 요소로 그 원인이 입증되고 있다(Gattesman 1991; Plomin, 1989). 그 밖에 출산 합병증이나 사고에 의한 뇌 손상, 중독물질(납, 약물)에의 노출도 정서·행동발달에 영향을 미친다고 본다. 정서·행동장애와 관련이 있는 생물학적 변인은 다음과 같다.

① 사람마다 타고난 기질
② 영양결핍
③ 뇌손상
④ 약물남용 및 중독물질(납, 약물) 노출
⑤ 출산 합병증

2) 환경적 요인

(1) 가정

가정에서 부모의 양육태도는 부모와 자녀의 관계에 영향을 미친다(Gottesman,

1991). 부모가 사용하는 양육방법에 따라 아동의 행동은 달라질 수 있으며, 가정 환경에서 부모와 자녀 간의 관계가 좋지 않을 경우 정서·행동장애가 유발될 수 있다.

여러 연구결과에서도 밝히고 있듯이 부모가 자녀를 수용하지 않고, 자녀를 거칠고 일관성 없이 감정적으로 다루면 아동은 공격적이고, 비행을 하게 될 가능성이 있게 된다(Martin, 1975). 따라서 아동의 정서·행동적 문제를 줄이기 위해서는 부모가 아동의 요구에 민감하게 반응하고, 사랑이 전제된 일관적인 훈육을 하는 것이 중요하다. 정서·행동장애와 관련이 있는 가정환경 내 변인은 다음과 같다.

① 부모의 갈등
② 부모의 이혼과 별거
③ 부모의 학대와 과도한 처벌
④ 부모의 무관심과 방임적 태도
⑤ 부모의 일관성 없는 훈육과 양육태도
⑥ 양육자의 빈번한 교체

(2) 학교

학교에서의 여러 가지 요인은 아동의 정서·행동장애에 영향을 미치기도 한다. 학업의 계속된 실패, 교사의 아동에 대한 낮은 기대수준과 아동의 요구에 민감하게 반응하지 않는 태도, 취학 전부터 가지고 있던 아동의 기질적 문제, 또래와의 상호작용 실패, 학업 성취 기술의 부족에서 오는 또래 및 교사와의 부정적 반응 등이 있다(변호걸 외, 2012; 이소현 외, 1998). 정서·행동장애와 관련이 있는 학교환경 내 변인은 다음과 같다.

① 교사의 비일관적이고 엄격한 훈육 방법
② 아동의 성취수준에 대한 교사의 너무 높거나 낮은 기대
③ 아동의 개별적 특성에 대한 교사의 무감각한 태도
④ 아동의 문제행동에 관심을 주고, 바람직한 행동은 무시되는 학교 환경

4 정서 · 행동장애의 특성

2013년에 출간된 미국정신의학회(American Psychiatric Association: APA, 2013)의 정신장애진단 및 통계편람(DSM-5)에서는 20가지 정신장애 범주를 제시하고 있다. 여기에서는 DSM-5에 포함된 정신장애 범주 중 아동기 교육현장에서 이해되어야 할 일부 하위유형만 살펴보고자 한다.

1) 주의력결핍 과잉행동장애

주의력결핍 과잉행동장애(Attention Deficit Hyperactivity Disorder: ADHD)는 미세뇌손상, 미세뇌기능장애, 아동기 과잉운동반응, 주의력결핍장애 등 다양한 용어로 지칭되고 있다(Guyer, 2000). 다음과 같이 최근 DSM-5에서 밝히고 있는 ADHD 아동은 부주의 또는 과잉행동 및 충동성 양상이 또래연령의 아동들보다 지속적으로 두 가지 이상의 장면에서 나타나면서 기능이나 발달을 저해하는 특성을 보인다고 한다. 이와 관련한 ADHD의 특성은 다음과 같다.

(1) 부주의

부주의(inattention)란 특정과제에 주의를 기울이거나 주의를 지속함에 있어 제한된 능력을 보이는 경우를 말한다. ADHD 아동의 부주의한 특성은 다음과 같다.

① 매일 하는 일상활동(이 닦기, 화장실 물 내리기, 옷 벗고 걸기)을 자주 잊어버린다.
② 학교나 가정에서 자신의 소지품들을 자주 잃어버린다.
③ 외부자극에 대해 쉽게 주의가 산만해진다.
④ 숙제, 작업 등에 부주의로 인해 실수를 많이 한다.
⑤ 세수하기, 숙제하기 등 기본적으로 해야 할 일을 끝까지 마치지 못한다.
⑥ 다른 사람이 이야기할 때 귀를 기울이지 않는 것처럼 보인다.

(2) 과잉행동 및 충동성

과잉행동(hyperactivity)은 활동의 양이 지나치게 과도하며 끊임없이 움직이거나 또래 및 주어진 과제에 비해서 움직임의 양이 부적절한 경우를 말한다. ADHD 아동의 과잉행동 특성은 다음과 같다.

① 손발을 가만히 두지 못하며, 움직이거나 몸을 꼰다.
② 가만히 앉아 있으라고 지시하여도 앉아 있지 못하고 돌아다닌다.
③ 걷지 못하고 주로 뛰어다니며, 심하게 위에 올라가는 것을 좋아한다.
④ 쉬는 시간에 조용히 노는 데 어려움이 있다.
⑤ 늘 말을 많이 한다.

충동성(impulsivity)은 주의 깊은 생각이나 목적 없이 행동하는 경우를 말한다. ADHD 아동의 충동적 특성은 다음과 같다.

① 질문이 끝나기도 전에 대답해 버린다.
② 집단생활이나 게임 시에 자기 순서를 기다리지 못한다.
③ 다른 친구들 대화나 놀이에 무조건 끼어들거나 방해한다.

DSM-5의 주의력결핍과잉행동장애 진단기준

1. 부주의 또는 과잉행동-충동성의 지속적인 패턴이 기능이나 발달을 저해한다.

- 부주의: 다음 증상들 중 여섯 가지(또는 그 이상)가 발달수준에 적합하지 않고, 사회적 활동과 학업적·작업적 활동에 직접적으로 부정적인 영향을 미칠 정도로 적어도 6개월 동안 지속된다.

① 흔히 세부적인 면에 대해 면밀한 주의를 기울이지 못하거나 학업, 직업 또는 다른 활동에서 부주의한 실수를 저지른다(예, 세부적인 것을 간과하거나 놓친다. 일을 정확하게 하지 못한다).
② 흔히 일 또는 놀이를 할 때 지속적인 주의집중에 어려움이 있다(예, 수업, 대화, 또는 긴 문장을 읽을 때 지속적으로 집중하기 어렵다).
③ 흔히 다른 사람이 직접적으로 말을 할 때 경청하지 않는 것처럼 보인다(예, 분명한 주의산만이 없음에도 생각이 다른데 있는 것 같다).
④ 흔히 지시를 따르지 못하고, 학업, 잡일, 또는 직장에서 임무를 수행하지 못한다(예, 과제를 시작하지만 빨리 집중력을 잃고, 쉽게 곁길로 빠진다).
⑤ 흔히 과업과 활동조직에 어려움이 있다(예, 순차적 과제 수행의 어려움, 물건과 소유물 정돈의 어려움, 지저분하고 조직적이지 못한 작업, 시간관리 미숙, 마감시간을 맞추지 못함).

⑥ 흔히 지속적인 정신적 노력을 요하는 과업에의 참여를 피하고, 싫어하고, 저항한다(예, 학업 또는 숙제, 청소년과 성인들에게는 보고서 준비, 서식완성, 긴 논문 검토).
⑦ 흔히 과제나 활동에 필요한 물건들을 분실한다(예, 학교 준비물, 연필, 책, 도구, 지갑, 열쇠, 서류, 안경, 휴대폰).
⑧ 흔히 외부자극에 의해 쉽게 산만해진다(청소년과 성인에게는 관련 없는 생각이 포함된다).
⑨ 흔히 일상활동에서 잘 잊어버린다(예, 잡일하기, 심부름하기, 청소년과 성인에게는 전화 회답하기, 청구서 납부하기, 약속 지키기).

- 과잉행동 및 충동성: 다음 증상들 중 여섯 가지(또는 그 이상)가 발달수준에 적합하지 않고, 사회적 활동과 학업적·작업적 활동에 직접적으로 부정적인 영향을 미칠 정도로 적어도 6개월 동안 지속된다.

① 흔히 손발을 가만히 두지 못하거나 의자에 앉아서도 몸을 움직거린다.
② 흔히 앉아 있도록 기대되는 교실이나 기타 상황에서 자리를 뜬다(예, 교실, 사무실이나 작업장, 또는 자리에 있어야 할 다른 상황에서 자리를 이탈한다).
③ 흔히 부적절한 상황에서 지나치게 뛰어다니거나 기어오른다.
④ 흔히 여가활동에 조용히 참여하거나 놀지 못한다.
⑤ 흔히 끊임없이 움직이거나 마치 자동차에 쫓기는 것처럼 행동한다(예, 식당, 회의장과 같은 곳에서 시간이 오래 지나면 편안하게 있지 못한다. 지루해서 가만히 있지 못하거나 지속하기 어렵다는 것을 다른 사람들이 경험한다).
⑥ 흔히 지나치게 수나스럽게 말한다.
⑦ 흔히 질문이 채 끝나기 전에 성급하게 대답한다(예, 다른 사람의 말에 끼어들어 자기가 마무리한다. 대화에서 차례를 기다리지 못한다).
⑧ 흔히 차례를 기다리지 못한다(예, 줄서서 기다리는 동안).
⑨ 흔히 다른 사람의 활동을 방해하고 간섭한다(예, 대화, 게임, 또는 활동에 참견함, 요청이나 허락 없이 다른 사람의 물건을 사용함, 청소년이나 성인에게는 다른 사람이 하는 일에 간섭하거나 떠맡음).

2. 몇몇 부주의 또는 과잉행동-충동 증상이 만 12세 이전에 나타난다.

3. 몇몇 부주의 또는 과잉행동-충동 증상이 두 가지 이상의 장면에서 나타난다(예, 가정, 학교 또는 직장에서, 친구 또는 친척들과 함께, 다른 활동들에서).

4. 증상이 사회, 학업, 또는 직업기능에 방해를 받거나 질적으로 감소하는 명백한 증거가 있다.

5. 증상이 조현병 또는 기타 정신병적 장애의 경과 중에만 발생되지는 않으며, 다른 정신질환(예, 기분장애, 불안장애, 해리장애, 성격장애, 물질중독 또는 금단)으로 더 잘 설명되지 않는다.

출처: 권준수, 김재진, 남궁기, 박원명, 신민섭, 유범희 외(2015). **DSM-5 정신질환의 진단 및 통계편람 제5판.**

2) 틱장애

틱은 갑작스럽고 빠르며 반복적이고 비율동적인 동작이나 음성 증상을 말한다. 틱은 크게 운동틱과 음성틱으로 구분되며, 각각 단순형과 복합형으로 세분화된다. 단순 운동틱에는 눈 깜빡임, 눈동자 움직임, 얼굴 찡그림, 머리 흔들기, 입술 내밀기, 어깨 들썩거리기 등의 양상이 포함된다.

이러한 증상들은 가장 흔하게 발견되는 틱장애의 초기증상이다. 복합 운동틱에는 자신을 치는 행동, 갑자기 뛰어오르는 행동, 의미 없이 물건을 만지는 행동, 손의 냄새를 맡는 행동, 다른 사람을 만지는 행동, 반향행동, 외설행동 등이 포함된다. 심리적 요인으로 인한 틱은 대부분의 경우에 있어서 틱 양상이 1년 이내에 끝나는 경우가 많지만, 일부에 있어서는 스트레스가 있을 때마다 반복되기도 하고, 또는 양상이 진행되어 만성운동 또는 음성 틱장애나 투렛장애로 이행되기도 한다. DSM-5에서 밝히고 있는 틱장애의 진단기준은 다음과 같다.

DSM-5의 틱장애 진단기준

• 투렛장애

① 여러 가지 운동성 틱과 한 가지 또는 그 이상의 음성 틱이 질병 경과 중 일부 기간 동안 나타난다. 2가지 틱이 반드시 동시에 나타날 필요는 없다.
② 틱 증상은 자주 악화와 완화를 반복하지만 처음 틱이 나타난 시점으로부터 1년 이상 지속된다.
③ 18세 이전에 발병한다.
④ 장애는 물질(예, 코카인)의 생리적 효과나 다른 의학적 상태(예, 헌팅턴병, 바이러스성 뇌염)로 인한 것이 아니다.

• 지속성(만성)운동 또는 음성 틱장애

① 한 가지 또는 여러 가지 운동 틱 또는 음성 틱이 장애의 경과 중 일부 기간 동안 존재하지만, 운동 틱과 음성 틱이 모두 나타나지는 않는다.
② 틱 증상은 모두 악화와 완화를 반복하지만 처음 틱이 나타난 시점으로부터 1년 이상 지속된다.
③ 18세 이전에 발병한다.
④ 장애는 물질(예, 코카인)의 생리적 효과나 다른 의학적 상태(예, 헌팅턴병, 바이러스성 뇌염)로 인한 것이 아니다.
⑤ 투렛장애의 진단기준에 맞지 않아야 한다.

3) 적대적 반항장애 및 품행장애

적대적 반항장애 및 품행장애 아동들은 또래들과 유대관계가 거의 없고, 거짓말을 잘하거나 냉담한 태도를 보이기 때문에 대인관계를 유지하기 어렵다. 또한 다른 사람들의 권리를 침해하고, 다른 사람들에게 해를 끼치는 행위를 하기 때문에 주변 사람들을 불안하게 만들며, 교사의 지시에 잘 따르지 않고, 버릇없고 무례하며 남의 물건을 잘 빼앗는다.

DSM-5 진단기준에 따르면, 적대적 반항장애는 분노, 과민한 기분, 논쟁적 · 반항적 행동 또는 보복적인 양상이 적어도 6개월 이상 지속되고, 8개 기준 중 적어도 4가지 이상의 증상이 존재해야 하며, 이러한 증상은 형제나 자매가 아닌 적어도 한 명 이상의 다른 사람과의 상호작용에서 나타나야 한다고 밝히고 있다. 이와 관련한 적대적 반항장애의 특성은 다음과 같다.

(1) 적대적 반항장애의 특성

① 분노, 과민한 기분

- 자주 욱하고 화를 낸다.
- 자주 과민하고 쉽게 짜증을 낸다.
- 자주 화를 내고 크게 분개한다.

② 논쟁적 · 반항적 행동

- 권위자와의 잦은 논쟁, 아동이나 청소년의 경우는 성인과 논쟁한다.
- 자주 적극적으로 권위자의 요구나 규칙을 무시하거나 거절한다.
- 자주 고의적으로 타인을 귀찮게 한다.
- 자주 자신의 실수나 잘못된 행동을 남의 탓으로 돌린다.

③ 보복적 특성

지난 6개월 안에 적어도 두 차례 이상 악의에 차 있거나 앙심을 품는다.

(2) 품행장애의 특성

품행장애는 다른 사람의 기본적 권리를 침해하고 연령에 적합한 사회적 규범을 위반하는 지속적이고 번복적인 행동 양상으로, 지난 12개월 동안 15개 기준 중 적어도 3개 이상에 해당되고, 지난 6개월 동안 적어도 한 개 이상의 기준에 해당된다. 이와 관련한 품행장애의 특성은 다음과 같다.

① 사람과 동물에 대한 공격성

- 자주 다른 사람을 괴롭히거나, 위협하거나, 협박한다.
- 자주 신체적인 싸움을 건다.
- 다른 사람에게 심각한 신체적 손상을 입힐 수 있는 무기를 사용한다(예, 방망이, 벽돌, 깨진 병, 칼, 총).
- 다른 사람에게 신체적으로 잔인하게 대한다.
- 동물에게 신체적으로 잔인하게 대한다.
- 피해자가 보는 앞에서 도둑질을 한다(예, 노상강도, 소매치기, 강탈, 무장강도).
- 다른 사람에게 성적 행동을 강요한다.

② 재산 파괴

- 심각한 손상을 입히려는 의도를 가지고 고의적으로 불을 지른다.
- 다른 사람의 재산을 고의적으로 파괴한다(방화로 인한 것은 제외).

③ 사기 또는 절도

- 다른 사람의 집, 건물 또는 차에 무단 침입한다.
- 어떤 물건을 얻거나 환심을 사기 위해 또는 책임을 피하기 위해 거짓말을 자주 한다(다른 사람을 속임).
- 피해자가 없는 상황에서 귀중품을 훔친다(부수거나 침입하지 않고 상점에서 물건 훔치기, 문서 위조).

④ 심각한 규칙 위반

- 부모의 제지에도 불구하고 13세 이전부터 자주 밤늦게까지 집에 들어오지 않

는다.

- 친부모 또는 양부모와 같이 사는 동안 밤에 적어도 2회 이상 가출, 장기간 귀가하지 않은 가출이 1회 있다.
- 13세 이전에 무단결석을 자주 한다.

4) 우울장애

주요 우울증장애는 최소 2주 동안 우울한 기분을 가지거나 모든 활동에서 흥미나 즐거움이 상실된 경우로, DSM-5에서 밝힌 9개의 우울증상 중 5개 이상 증상이 연속 2주 동안 지속되면 주요 우울장애로 진단하고 있다. 이와 관련한 우울장애 특성은 다음과 같다.

① 하루 중 대부분 거의 또는 모든 지속되는 우울 기분에 대해 주관적으로 보고(예, 슬픔, 공허감 또는 절망감)하거나 객관적으로 관찰되며(예, 눈물 흘림), 아동 · 청소년의 경우는 과민한 기분으로 나타나기도 한다.

② 거의 매일, 하루 중 대부분 거의 또는 모든 일상 활동에 대해 흥미나 즐거움이 뚜렷하게 저하된다.

③ 체중 조절을 하고 있지 않은 상태에서 의미 있는 체중의 감소(예, 1개월 동안 5% 이상의 체중 변화)나 체중의 증가, 거의 매일 나타나는 식욕의 감소나 증가가 있으며, 아동에서는 체중 증가가 기대치에 미달되는 경우도 있다.

④ 거의 매일 나타나는 불면이나 과다수면이 나타난다.

⑤ 거의 매일 나타나는 정신운동 초조나 지연(객관적으로 관찰 가능함, 단지 주간적인 좌불안석 또는 처지는 느낌뿐만이 아님)이 나타난다.

⑥ 거의 매일 나타나는 피로나 활력의 상실을 보인다.

⑦ 거의 매일 무가치감 또는 과도하거나 부적절한 죄책감(망상적일 수도 있는)과 느낌(단순히 병이 있다는 데 대한 자책이나 죄책감이 아님)을 보인다.

⑧ 거의 매일 나타나는 사고력이나 집중력의 감소 또는 우유부단함(주관적인 호소나 객관적인 관찰 가능함)을 보인다.

⑨ 반복적인 죽음에 대한 생각(단지 죽음에 대한 두려움이 아닌), 구체적인 계획 없이 반복되는 자살 사고, 또는 자살 시도나 자살 수행에 대한 구체적인 계획을 보인다.

5) 분리불안장애

분리불안(separation anxiety)은 돌을 전후하여 평균 9개월~20(24)개월경에 영아가 부모나 애착을 느끼는 대상과 분리될 때 느끼는 불안이다.

DSM-5의 분리불안장애 진단기준

- 애착 대상과의 분리에 대한 공포나 불안이 발달 수준에 비추어 볼 때 부적절하고 지나친 정도로 발생한다. 다음 중 3가지 이상이 나타나야 한다.
  ① 집 또는 주 애착 대상과 떨어져야 할 때 과도한 고통을 반복적으로 겪는다.
  ② 주 애착 대상을 잃거나 질병, 부상, 재앙 혹은 죽음 같은 해로운 일들이 자신에게 일어날 것이라고 지속적으로 과도하게 걱정한다.
  ③ 곤란한 일(예, 길을 잃거나, 납치당하거나, 사고를 당하거나, 아프게 되는 것)이 발생하여 주 애착 대상과 떨어지게 될 것이라고 지속적으로 과도하게 걱정한다.
  ④ 분리에 대한 공포 때문에 집을 떠나 학교, 직장 혹은 다른 장소로 외출하는 것을 지속적으로 거부하거나 거절한다.
  ⑤ 집이나 다른 장소에서 주 애착 대상과 떨어져 자는 것을 지속적으로 과도하게 거부하거나 거절한다.
  ⑥ 집을 벗어나 잠을 자거나 주 애착 대상 곁이 아닌 장소에서 자는 것을 지속적으로 과도하게 거부하거나 거절한다.
  ⑦ 애착 대상과의 분리와 관련된 반복적인 악몽을 꾼다.
  ⑧ 주 애착 대상과 떨어져야 할 때 신체 증상을 반복적으로 호소한다(예, 두통, 복통, 오심, 구토).
- 공포, 불안, 회피 반응이 아동·청소년에서는 최소한 4주 이상, 성인에서는 전형적으로 6개월 이상 지속되어야 한다.
- 장애가 사회적, 직업적, 또는 다른 중요한 기능 영역에서 임상적으로 현저한 고통이나 손상을 초래한다.
- 장애가 다른 정신질환으로 더 잘 설명되지 않는다(예, 자폐증에서 변화에 대한 저항으로 인해 집 밖에 나가는 것을 회피하는 경우, 정신병적 장애에서 분리에 대한 망상이나 환각이 있는 경우, 광장공포증으로 인해 믿을 만한 동반자 없이는 밖에 나가기를 거부하는 경우, 범불안장애에서 건강 문제나 다른 해로운 일이 중요한 대상에게 생길까 봐 걱정하는 경우, 질병불안장애에서 질병이 발생할까 봐 걱정하는 경우).

DSM-5 진단기준에 따르면, 분리불안장애는 애착 대상과의 분리에 대한 공포나 불안이 발달 수준에 비추어 볼 때 부적절하고 지나친 정도로 발생하는 것으로, 아동이나 청소년의 경우 4주 이상 지속되어야 한다고 밝히고 있다. 분리불안장애의 경우 유아기에 발생하는 장애로 아동이 집이나 친숙한 환경, 대상으로부터 분리될 때 극도로 불안해하는 것을 의미한다.

이들은 자기와의 주요 애착 대상인 어머니나 할머니 등에게 어떤 위험이 닥칠지도 모른다는 불안과 이들이 자기 곁을 떠나서 다시는 돌아오지 않을 것 같다는 불안을 느낀다. 그래서 때로는 주요 애착 대상과 함께 있기 위해서 유아교육기관에 가는 것을 싫어하거나 거부한다. 이와 관련한 유아기 분리불안을 보이는 아동들의 특성은 다음과 같다(박계신, 이효신, 황순영, 2010).

① 자신의 부모에게 해로운 일이 생길 것이라고 과도하게 걱정한다.
② 분리 상황이 생길 때 울거나 두통이나 복통을 호소한다.
③ 부모가 곁에 잘 있는지 자주 확인한다.
④ 혼자 자거나 집을 떠나는 것을 거부한다.
⑤ 자신이 집을 떠난 사이 무슨 일이 일어날 것을 걱정하여 학교 등교를 거부한다.

5 정서·행동장애 아동의 교육

정서·행동장애 아동이 나타내는 특성은 정서·행동장애의 하위유형만큼 다양하게 나타나지만, 앞에서도 언급했듯이 크게 외현화 행동과 내면화 행동으로 나누어 볼 수 있다. 여기에서는 정서·행동장애의 하위 유형별 중재모델을 제시하기보다는 정서·행동장애의 특성 중 외현화 행동과 내면화 행동 범주로 나누어 중재방법을 살펴보고자 한다.

1) 외현화 행동유형 중재

외현화 행동은 개인의 정서 및 행동상의 어려움이 외적으로 표출되는 상태로 공격성, 타인에 대한 반항, 충동성, 불복종 행동 등이 포함된다. DSM-5에서 제시하는 범주 중 파괴적 장애 및 충동조절과 품행장애 아동이 외현화 행동유형에 대표적이다. 이들 외현화 행동을 보이는 아동들은 다음과 같은 점을 고려하여 중재를 하면 도움이 된다(Sprague & Walker, 2000).

① 아동이 보이는 행동적 약점뿐만 아니라 강점(장점)을 이용하여 중재를 한다.
② 중재의 시기는 빠르면 빠를수록 좋다.
③ 아동과 함께 가족구성원도 중재에 포함시킨다.

위의 내용을 고려하여 현장교사들은 중재계획을 작성하여야 할 것이며, 다음에 제시되는 일반적인 중재방법을 중재계획에 포함시킬 수도 있다.

(1) 가족중재

정서·행동장애 아동의 원인 중 가정 특히 부모의 영향은 간과할 수 없다. 이에 가정환경에서 부모와 자녀 간의 관계가 좋지 않을 경우 정서·행동장애가 유발될 수 있으므로, 아동 개개인의 문제를 직접 중재하기보다 부모를 포함한 중재를 먼저 고려해야 한다. 정서·행동장애를 가진 아동의 가정환경을 보면 부모의 양육방식이나 자녀와의 의사소통 및 상호작용에 문제를 보임으로써 다음과 같이 부모와 자녀의 관계를 향상시킬 수 있는 효과적인 부모교육이 필요하다(Kazdin, 1997).

① 부모-자녀 간 효과적으로 의사소통하고 상호작용하는 방법을 지도한다.
② 문제행동을 판별하고 정의하며 관찰하는 방법을 지도한다.
③ 사회적 강화, 토큰 강화, 타임아웃 등 행동문제를 관리하는 방법을 지도한다.
④ 부모에게 지도한 행동지도방법을 연습할 수 있는 기회를 제공한다.
⑤ 학교에서 지도하는 행동지도방법을 연계하여 부모에게 가정에서 적용하도록 한다. 이때 교사는 학교에서 이루어진 행동지도 결과를 부모에게 정기적으로 정보를 제공한다.

또한 Walker 등(1995)은 반사회적 행동을 보이는 아동들의 부모를 학교프로그램에 참여시키기 위한 방법을 다음과 같이 제시하고 있다.

① 가정과 학교 간 긍정적인 상호작용을 위해 다양한 의사소통 방법을 사용한다.
② 가정과 학교 간 협력적인 문제해결을 위해 문서화된 문제해결 순서를 사용한다.

③ 가정-학교 간 공동 계약을 이행한다.
④ 가정에서 사용할 수 있는 훈육과 행동관리 전략(예, 타임아웃, 권리박탈 등)을 훈련하여 부모를 조력한다.

(2) 인지행동중재

인지행동중재(Cognitive Behavioral Intervention: CBI)는 특정 인지적 절차에 따라 아동 스스로 자신의 행동을 점검하여 관리하도록 가르치는 방법이다. 이 중재는 자기교수, 자기점검, 문제해결의 통합적인 접근방법에 기초하여 충동성 감소와 특정 학습, 그리고 행동조절에 효과적이다(방명애, 이효신, 2008). 인지적 행동중재방법에는 여러 가지가 있지만, 여기에서는 문제해결 훈련, 자기교수 훈련, 자기관리 훈련을 중심으로 살펴보고자 한다(이성봉 외, 2014; 변호걸 외, 2012).

① 문제해결 훈련

문제해결 훈련은 다양한 문제상황에 노출되었을 때 효과적으로 해결하는 훈련방법으로, 6단계의 문제해결 훈련단계로 구성된다.

- 1단계: 문제해결 훈련의 중요성을 설명한다. 교사는 문제를 해결하는 방법을 학습하는 것이 왜 중요한지를 학생에게 설명한다. 학생은 문제해결 기술을 학습해야 하는 이유를 이해하고 최선을 다할 것을 다짐한다.
- 2단계: 학생에게 효과적인 문제해결 단계를 지도한다. 교사는 학생에게 문제해결 절차(예, 문제 인식하기, 문제 정의하기, 가능한 해결방안 만들기, 해결방안 검토하기, 해결방안 실행하기, 결과 점검하기)를 설명한다.
- 3단계: 문제해결 기술의 시범을 보인다. 교사는 문제해결 전략을 사용할 수 있는 상황과 구체적인 전략을 설명하고, 보조원 또는 또래 학생과 함께 문제해결 절차의 시범을 보인다.
- 4단계: 문제해결 전략을 사용할 수 있는 역할놀이 기회를 제공한다. 교사는 실생활에서 접할 수 있는 문제해결 전략적용 상황을 준비하여, 학생들이 문제해결 기술을 보일 수 있는 역할놀이에 참여할 수 있도록 한다. 교사는 학생

들의 역할놀이에 대한 피드백을 제공한다.

- 5단계: 문제해결 관련 숙제를 제공한다. 학생들에게 실생활 상황에서 문제해결 절차를 연습할 수 있는 숙제를 준다.
- 6단계: 피드백과 강화를 제공한다. 학생이 사용한 문제해결 절차에 대한 피드백을 제공하고 적절한 강화를 제공한다.

② 자기교수 훈련

자기교수 훈련은 충동성이나 품행장애를 가진 아동이 자신의 행동을 조절하기 위해 자기진술과 문제해결 순서를 말하면서 연습하고, 점차적으로 소리를 내지 않고 내적으로 말할 수 있도록 학습하는 방법으로, 5단계의 자기교수 훈련단계로 구성된다.

- 1단계: 과제수행 시 인지적 모델링(시범)을 보인다. 교사는 큰 소리로 과제수행의 단계를 말하면서 시범을 보이고 학생은 이를 관찰한다.
- 2단계: 외적 안내를 한다. 학생은 교사의 지시에 따라 같은 과제를 수행하며, 교사는 학생이 과제를 수행하는 동안 큰 소리로 과제 수행 단계를 말한다.
- 3단계: 외적 자기교수를 한다. 학생은 큰 소리로 과제수행 단계를 말하면서 같은 과제를 수행하고 교사는 관찰하며 피드백을 제공한다.
- 4단계: 외적 자기교수를 점차적으로 줄인다. 학생은 작은 목소리로 과제수행 단계를 속삭이면서 과제를 수행하고 교사는 관찰하고 피드백을 제공한다.
- 5단계: 내적 자기교수를 한다. 학생은 소리 내지 않고 내적 언어를 사용하며, 과제를 수행한다.

③ 자기관리 훈련

자기관리 훈련은 자신의 행동을 스스로 관리할 수 있도록 교수하는 방법으로, 여기에는 자기점검, 자기평가, 자기강화가 포함된다.

- 자기점검: 아동이 보이는 특정행동을 기록하고 점검하여 그 행동의 발생을 증진시키거나 감소시키는 방법이다. 즉, 자신의 행동을 기록하는 방법으로 학생의 행동을 개선하거나 학업성취에 도움을 줄 수 있다.
- 자기평가: 아동이 자신의 행동을 사전에 선정된 기준과 비교하여 원하는 수준에 도달했는지 결정하는 방법이다. 이를 위해서 자신의 수행을 비교할 수

있는 기준이나 목표가 있어야 한다.

- **자기강화:** 아동이 정한 기준을 달성하였을 때, 자신의 행동에 대해 스스로 강화를 제공하는 방법이다.

2) 내면화 행동유형 중재

내면화 행동은 개인의 정서 및 행동상의 어려움이 내재화되어 나타나는 상태로, 불안, 사회적 위축, 우울 등이 포함된다. DSM-5에서 제시하는 범주 중 우울, 불안 장애 아동이 내면화 행동유형에 대표적이다. 이들 내면화 행동을 보이는 아동들에게 사회적 학습의 원리를 적용하여 과도한 불안이나 공포를 해결할 수 있으며, 특히 다음과 같은 모델링, 체계적 둔감법, 자기통제 훈련 기법이 효과적이다(김진호 외, 2011; 방명애, 이효신, 2008; 변호길 외, 2012; 이성봉 외, 2014).

(1) 모델링

모델링은 두려움을 일으키는 물건이나 상황에서 무서운 대상에 접근하여 놀이하는 장면을 영상(비디오 모델)이나 또래모델을 통해 보여주는 방법으로, 대리경험을 통해 두려움이 소거될 수 있다는 사회학습원리에 바탕을 두고 있다.

예를 들어, 털이 있는 동물에 공포를 가진 아동에게 또래 모델링이나 비디오 모델링을 통해 털이 있는 동물에게 접근하여 만지거나 재미있게 노는 모습을 보여주는 것이다.

이 방법은 동물 공포증, 병원 공포증(수술, 치과치료 등)을 가진 아동의 두려움을 감소시키는 데 도움이 되며, 병원진료절차를 두려워하지 않도록 예방하는 차원에서도 효과가 있다(King, Hamilton, & Murphy, 1983; Strauss, 1987).

(2) 체계적 둔감법

체계적 둔감법은 두려움이나 공포를 일으키는 자극에 점진적이고 반복적으로 노출하는 방법으로, 애착대상으로부터 분리되는 데 두려움을 가지는 분리불안장애 아동에게 자주 사용된다. 분리불안장애 아동에게 적용될 때는 부모와의 애착으로부터 분리되어야 하는 활동에 초점을 두고, 엄마와 함께 방에서 놀이하는 것부터 시작하여 엄마와 떨어져서 놀이터, 이웃집에서 놀이하도록 한다. 체계적 둔감법을 적용하기 위한 절차는 다음과 같다.

① 1단계: 불안장애 아동에게 두려운 대상에 노출하는 절차를 분명하게 설명한다.
② 2단계: 불안을 유발하는 대상을 찾아 우선순위를 정한다.
③ 3단계: 약한 공포를 유발시키는 상황에서부터 점진적으로 노출을 시작한다.
④ 4단계: 노출기회를 반복적으로 제공한다.

자폐스펙트럼장애

09 Chapter

1 자폐스펙트럼장애의 정의와 분류

정신의학자인 캐너는 1943년에 아동 11명을 대상으로 5년 이상 해온 임상 경험을 정리하여, 「정동적 접촉의 자폐장애」라는 논문을 발표하였다. 그는 이 논문에서 이러한 장애를 가진 아동의 증후군을 초기 유아자폐증(early infantile autism)이라 하였다. 이후 자폐증, 자폐성장애 등의 용어가 사용되었으며, 2013년 발행된 DSM-5에서는 자폐스펙트럼장애를 공식적인 진단명으로 제시하고 있다.

1) 장애인 등에 대한 특수교육법의 정의

「장애인 등에 대한 특수교육법 시행령」에서는 '자폐성장애를 지닌 특수교육대상자'로 분류하여 다음과 같이 정의하고 있다.

> "사회적 상호작용과 의사소통에 결함이 있고, 제한적이고 반복적인 관심과 활동을 보임으로써 교육적 성취 및 일상생활 적응에 도움이 필요한 사람"

2) 장애인복지법의 정의

「장애인복지법 시행령」(2014년 개정)에서는 '자폐성장애인'으로 분류하여 다음과 같이 정의하고 있다.

> "소아기 자폐증, 비전형적 자폐증에 따른 언어·신체표현·자기조절·사회적응 기능 및 능력의 장애로 인하여 일상생활이나 사회생활에 상당한 제약을 받아 다른 사람의 도움이 필요한 사람"

「장애인복지법 시행규칙(2015)」에서는 장애의 정도와 일상생활 수행 수준에 따라 자폐성장애의 등급을 1~3급으로 분류하고 있었으나, 이 후 2019년에 장애인 등급 제도가 폐지되었고, 이에 따라 개정된 「장애인복지법 시행규칙(2019)」의 자폐성장애에 대한 정의는 다음과 같다.

'제10차 국제질병사인분류(International Classification of Diseases, 10th Version)의 진단기준에 따른 전반성발달장애(자폐증)로 정상발달의 단계가 나타나지 않고, 기능 및 능력 장애로 일상생활이나 사회생활에 간헐적인 도움이 필요한 사람'

2 자폐스펙트럼장애의 진단 기준

정신장애진단 통계편람 제4판(DSM-IV-TR)에서는 자폐성장애를 아스퍼거장애, 레트장애, 아동기붕괴성장애, 비전형 전반적 발달장애와 함께 전반적 발달장애(pervasive developmental disorders)의 하위 영역으로 분류하였다. 그러나 2013년 발표된 정신장애진단 통계편람 제5판(DSM-5)에서는 자폐성장애, 아스퍼거장애, 비전형 전반적 발달장애 등의 용어를 없애고, 그 증상에 해당하는 이들을 자폐스펙트럼장애의 영역에 포함시켰다. 따라서 전반적 발달장애 용어 대신 자폐스펙트럼장애를 새로운 범주의 용어로 공식적으로 사용하게 되었다. DSM-5에서 제시하고 있는 자폐스펙트럼장애의 진단 기준은 다음과 같다(APA, 2013).

① 다양한 상황에서 사회적 의사소통과 사회적 상호작용의 지속적인 결함을 보이며, 다음의 세 가지 모두가 현재 또는 이전부터 지속적으로 나타난다.
- 사회 및 정서적 상호성에서의 결함
- 사회적 상호작용을 위한 비언어적인 의사소통 행동에서의 결함
- 사회적 관계를 맺고 유지하고 이해하는 것에 대한 결함

② 제한적이고 반복적인 행동, 흥미, 활동을 보이며, 다음 중 두 가지 이상이 현재 또는 이전부터 지속적으로 나타난다.
- 상동적이거나 반복적인 동작, 물건 사용 또는 말하기
- 동일성에 대한 고집, 판에 박힌 일과에의 집착, 또는 의례적인 언어나 비언어적 행동 양상정도나 초점이 비정상적인 매우 제한적이고 한정된 흥미
- 감각 자극에 대한 둔감 혹은 민감 반응 또는 환경의 감각 양상에 대한 특이한 감각적 관심

③ 증상은 반드시 초기 발달 시기부터 나타나야 한다.
④ 이러한 증상은 사회적, 직업적 또는 다른 중요한 현재의 기능 영역에서 임상적으로 유의미한 결함을 초래한다.
⑤ 이러한 증상은 지적장애 또는 전반적 발달지연으로 더 잘 설명되어서는 안 된다.

따라서 예전 DSM-IV의 진단 기준에 의해 자폐성장애, 아스퍼거장애, 달리 분류되지 않는 전반적 발달장애로 진단 받은 경우, 앞으로는 자폐스펙트럼장애로 진단되어야 한다. 그리고 사회적 의사소통에 두드러진 결함이 있으나 자폐스펙트럼장애의 다른 진단 항목을 충족하지 않는 경우에는 사회적 의사소통장애로 진단된다(APA, 2013).

3 자폐스펙트럼장애의 출현율

DSM-IV에서는 자폐성장애의 출현율을 인구 만 명당 2~5명 정도로 보고 있다(APA, 1994). 다른 연구에서는 1000명당 1명 정도로 자폐성장애가 나타났으며(Fombonne, 2003), 자폐성장애를 포함한 전반적 발달장애의 출현율은 200명당 1명 정도로 보고되고 있다(Chakrabarti & Fombonne, 2001). 최근 발표된 DSM-5에서는 자폐스펙트럼장애의 출현율을 인구의 1% 수준으로 보고 있다.

이렇게 출현율이 과거에 비해 점점 높게 나타나는 이유는, 이러한 장애를 가진 아동이 예전에 비해 많이 태어난다고 하기보다는 자폐스펙트럼장애의 증후를 정

확하게 판별하는 능력이 증가되었기 때문으로 볼 수 있다. 뿐만 아니라, 장애를 판별하는 기준이 과거에 비해 확대되었기 때문으로도 해석할 수 있다.

따라서 DSM-5에서 전반적 발달장애 범주에 속하는 장애를 자폐스펙트럼장애로 통합한 것은 출현율이 더 높아지는 이유가 될 수 있다. 또한 자폐스펙트럼장애는 여자보다 남자에서 4배 이상 더 많이 발생한다. 그렇지만 자폐스펙트럼장애를 지닌 여자는 남자보다 더 심한 증상을 보이는 것으로 알려져 있다. 1970년대 중반 이전의 관련 연구들은 자폐스펙트럼장애가 사회경제적으로 지위가 높은 계층에서 좀 더 많이 발생한다고 보았으나, 이후의 연구에서 사회경제적 요인과 자폐스펙트럼장애의 출현과는 관련이 없는 것으로 밝혀졌다.

4 자폐스펙트럼장애의 발생원인

1940년대부터 1960년대 후반까지는 많은 사람들이 자폐스펙트럼장애의 원인을 심리적인 요인으로 보고, 무관심하고 냉정한 부모가 자녀와의 정서적 유대를 발달시키지 못해 자폐증이 나타난다고 주장하였다. 이러한 주장은 아동이 부모로부터 애정을 받지 못하면 심한 스트레스를 받게 되어 외부 세계로부터 고립된다는 것이다. 또한 좋지 못한 환경이 정상적으로 태어난 아동을 자신의 세계로 빠져들게 한다고 생각하였다.

그러나 애정이 많은 부모 밑에서 자란 아동과 좋은 환경에서 자란 아동에게서도 자폐증이 나타난다는 것이 분명해지면서, 이러한 인식은 점차 사라지고 보다 합리적인 원인을 찾게 되었다. 현재 자폐스펙트럼장애의 원인은 선천성이며 유전적 요인, 생화학적 요인, 뇌의 구조 차이 등으로 설명되고 있다. 이와 같은 자폐스펙트럼장애에 관련된 연구가 원인에 대한 해답을 일부 제시하고 있지만, 정확하게 무엇이 장애를 일으키는지는 알려진 바가 없다.

1) 유전적 요인

가족 연구의 결과는 자폐스펙트럼장애가 유전에 근거한다는 것을 입증하고 있다. 자폐스펙트럼장애 아동의 형제 중 2~6%가 유사한 장애를 보이는 것으로 나타났다(Bolton et al., 1994). 이는 비장애인에게서 발견되는 것보다 유의미하게 높은 비율이다. 일란성 쌍생아의 경우 한 아동이 자폐일 경우 다른 아동도 자폐일 확률은 60%이며(Bailey et al., 1995), 한 명이 자폐일 때 다른 아동이 의사소통 또는 사회적 상호작용에 문제를 갖게 될 확률은 90% 이상이다.

이처럼 자폐스펙트럼장애와 관련한 수많은 유전 문제는 확인되었지만, 여전히 자폐스펙트럼장애와 유전과의 인과관계를 완전하게 밝혀내지는 못하고 있다. 예를 들어, 일란성 쌍생아 모두가 자폐스펙트럼장애를 갖는 비율이 100%가 아니라는 것은 유전적 요소 외에도 다른 요인이 영향을 미치고 있음을 의미한다.

2) 생화학적 요인

세로토닌(serotonin)은 체온, 통증, 감각, 수면, 운동기능, 신경 내분비 조절, 식욕, 학습, 기억 등과 연관되어 있는 신경전달 물질이다. 세로토닌은 자폐스펙트럼장애에게 가장 영향을 미치는 신경전달 물질로, 언어 산출에도 관련이 있다. 자폐스펙트럼장애 아동의 3분의 1에서 혈중 과다 세로토닌증이 있다는 것이 많은 연구를 통해 일관성 있게 보고되었다. 그러나 혈중 세로토닌 농도와 자폐증 행동이나 증상과의 일관성 있는 관계는 아직 발견되지 못했다.

자폐스펙트럼장애 아동에게는 세로토닌뿐 아니라 도파민(dopamine)의 생성도 높은 수준으로 나타났다. 도파민 수준의 증가는 과잉행동, 상동행동, 주의집중 문제, 공격성 등을 나타나게 한다. 이와 같이 신경전달 물질의 과다 생성으로 나타나는 문제는 약물치료를 통하여 어느 정도 효과를 볼 수 있다. 세로토닌 수준을 조절하는 데는 흔히 선택적 세로토닌 재흡수차단제(SSRIs)가 사용되며, 도파민의 생성을 억제하는 데는 비전형 신경이완제인 리스페리돈(risperidone) 등이 사용된다. 그러나 약물의 사용은 대부분의 대상에게 증후를 개선하는 데 도움을 주지만, 특정 대상에게는 기능 저하 및 부작용이 나타나기 때문에 약물사용 시 주의가 요구된다.

3) 뇌의 구조 차이

사람의 뇌는 수많은 미세한 신경세포로 구성되어 있다. 현재 자폐스펙트럼장애에 관하여 학계에서는 뇌 구조의 해부학적 연구에 많은 관심을 갖고 있으며, 이 연구의 대부분은 뇌간, 변연계, 소뇌 등에 관한 것이다.

(1) 뇌간

뇌간(brainstem)은 호흡, 소화, 균형, 운동 협응, 보행, 수면과 같은 기초 기능 수행을 조절하고, 감각자극의 유입과 운동 산출의 조절을 돕는다. 자폐스펙트럼장애 아동이 다양한 자기자극 행동을 보이는 것은 뇌간이 보다 많은 자극을 요하기 때문이라고 보고 있다(Wong & Wong, 1991). 또한 감각 자극에 대한 반응에 있어서도 정상인과 다르게 반응하는데, 어떤 이들은 청각 또는 촉각 자극에 대해 과민하게 반응하고, 어떤 이들은 매우 둔하게 반응한다.

(2) 변연계

변연계는 대뇌의 양 옆에 있는 측두엽 안에 깊이 위치해 있으며, 편도체와 해마로 구성되어 있다. 변연계는 충동·동기·정서에 영향을 미치며, 사회적·정서적 행동에 관한 중요한 역할을 한다. 변연계와 이러한 영향에 대한 연관성은 동물실험을 통해 어느 정도 타당성을 입증하고 있다. 쥐의 해마를 손상시켰을 때 이 쥐는 과잉행동과 상동행동을 하였으며, 변연계에 손상이 있는 동물들은 촉각, 온도, 불빛, 소리 등에 대해 과민 반응을 나타냈다.

또한 영장류 동물도 변연계가 손상되면 상동행동, 분노발작 행동, 안면표정의 이상, 비정상적인 눈맞춤 등을 보이는 것으로 나타났다. 이 외에도 이 부위를 손상시켰을 때에 새로운 정보를 학습하거나 기억하는 데 어려움을 겪는 것이 관찰되었다.

(3) 소뇌

소뇌는 앞으로 다가올 상황을 예측하고 대비하는 역할뿐만 아니라 푸르킨예 세포 방식으로 뇌를 정화시키는 역할을 한다. 일부 자폐스펙트럼 장애인들은 정상인에 비해 작은 소뇌(cerebellum)를 가지고 있다(Miles & Hillman, 2000). 이는 자폐스펙트럼장애 아동의 소뇌가 발달적으로 지체되어 있음을 예측할 수 있으며, 소뇌가 지배하는 기능과 활동도 지체됨을 의미하는 것이다.

5 자폐스펙트럼장애의 특성

1) 사회적 상호작용과 의사소통의 특성

사회적 상호작용의 결함은 자폐스펙트럼장애를 판별하는 데 가장 중요한 부분이다. 사회적 상호작용의 결함으로 인해 나타나는 대표적인 특성은 다른 사람과의 눈 맞춤의 결여이다. 이들은 사람보다는 사물에 더 관심이 많고, 친숙한 사람의 목소리에 대해서도 선호하는 모습을 보이지 않는다. 따라서 아동의 이름을 불렀을 때 상대방과 눈 맞춤을 적절하게 보이지 않는 행동은 자폐스펙트럼장애를 판별해 볼 수 있는 중요한 특성이라고 할 수 있다.

다른 사람과 즐거움이나 흥미를 함께 나누려고 하지 않는 공동관심의 결함은 자폐스펙트럼장애 아동에게서 나타나는 중요한 특성이다. 이들은 다른 사람의 시선을 따라가지 않을 뿐만 아니라, 자신이 관심을 갖는 것을 함께 보도록 유도하지도 않는다(Wetherby, Prizant, & Hutchinson, 1998). 따라서 자폐스펙트럼장애 아동은 무엇인가를 요구하거나 다른 사람의 행동을 조절하기 위해서는 사회적 상호작용을 시도한다고 볼 수 있으나, 타인의 관심을 유도하거나 설명하기 위한 목적으로는 시도하지 않는다는 것을 알 수 있다.

자폐스펙트럼장애 아동은 구어의 발달이 지체되어 있는 경우가 많고, 구어발달이 이루어진 자폐스펙트럼장애 아동의 경우에는 음성의 고저, 억양, 속도, 리듬 또는 강도가 비정상적일 수 있다. 예를 들어, 음성의 억양이 단조롭거나 문맥이 부적절하거나 질문할 때처럼 문장의 끝을 높이기도 한다. 또한 자폐스펙트럼장애 아동은 문법을 잘 이해하지 못하여 미숙한 문법구조를 보이기도 한다(APA, 1994). 자폐스펙트럼장애 아동은 일반적으로 약 5∼6세까지 음성 언어를 습득하지 못하면 언어 습득의 예후가 좋지 않다. 또한 자폐스펙트럼장애 아동은 말을 적절하게 하는 경우에도 다른 사람과 대화를 시도하거나 유지하는 능력에 현저한 장애가 있고, 언어 이해가 매우 지체되어 있으며, 간단한 질문이나 지시를 이해하지 못한다. 이들은 자신을 나타내고자 할 때 '나' 대신 '너'를 사용하는 대명사의 반전을 보이며, 특이한 말을 한다. 이들은 언어 사용의 장애로 단어를 몸짓과 통합하지 못하고, 유머나 함축된 의미를 이해하지 못한다(Aarons & Gittens, 1992). 또한 이들의 언어는 대부분 일방적이며, 사회적 상호성이 결여되어 있고, 견해를 밝히거나 감정을 공유하거나 대화를 나누기보다는 요구를 하는 용도를 사용한다(APA, 2013).

자폐스펙트럼장애 아동은 말을 듣고 바로 반복하는 즉각 반향어(immediate echolalia)를 보이기도 하고, 말을 듣고 나서 얼마 후에, 심지어는 며칠, 몇 주, 또는 몇 년 후에 반복하는 지연 반향어(delayed echolalia)를 보이기도 한다. 의미와 무관한 단어나 구를 반복하여 사용하기도 하고, 같은 음을 반복하거나 상업적인 선전문구를 반복하기도 한다. 개인의 의사소통 형식에 친숙한 사람만이 이해할 수 있는 특이한 언어를 반복하여 사용하기도 한다. 과거에는 자폐스펙트럼장애 아동의 반향어가 비기능적이며 언어를 이해하지 못하기 때문에 나타나는 현상이라고 생각했으나, 최근에 와서는 반향어가 지닌 다양한 형태와 기능들이 보고되고 있다.

비음성 의사소통 기술은 음성 언어를 사용하지 못하더라도 사회적 상호작용을 하고 유지하는 데 중요한 기능을 한다. 그런데 자폐스펙트럼장애 아동은 비음성 의사소통 기능도 심하게 지체되어 있다. 또한 이들은 몸짓이나 흉내와 같은 의사소통의 대체 형식으로 보충하려는 시도도 하지 않는다.

2) 행동 특성

자폐스펙트럼장애 아동은 사물의 전체보다는 특정한 일부분에 관심을 보이기도 한다. 예를 들어, 자동차 장난감을 가지고 놀 때에, 바닥에서 굴리거나 밀며 노는 대신에 자동차를 거꾸로 들고 바퀴만을 돌리며 놀기도 한다.

이러한 특정한 부분에만 관심을 보이는 증상은 사람을 볼 때에도 나타나서, 상대방의 얼굴 전체를 보고 기억하기보다는 얼굴의 일부분을 보는 경향으로 인해 사회적 기능 수행에 문제를 보이기도 한다(Klin et al., 2002) 또한 자폐스펙트럼장애 아동은 동일성에 집착하는 경향이 있어서 친숙한 환경에 변화가 일어나면 문제행동을 보이기도 한다. 예를 들어, 장난감의 위치가 바뀌어 있다든지, 집안의 가구 위치가 달라졌다든지, 또는 하루의 일과에 변화가 생기게 되면 심한 스트레스를 받게 된다.

이들의 제한된 흥미와 활동은 상동행동을 가져오게 한다. 상동행동이란 분명한 기능적 효과를 가지고 있지 않은 반복적인 몸짓 등으로, 손 흔들기, 손뼉 치기, 머리 또는 몸 흔들기, 물건 들고 흔들기, 얼굴 찡그리기 등의 여러 가지 형태로 나타난다. 자폐스펙트럼장애 아동은 이러한 상동행동을 통해 즐거움과 편안함을 얻는다고 보고되고 있다. 그래서 예전에는 상동행동을 무조건 제거해야 하는 행동으로 보았으나, 최근에는 이러한 상동행동이 스트레스를 감소시킬 뿐만 아니라 최적의 각성수준에 이를 수 있도록 도와준다는 긍정적인 측면에서 이해되고 있다.

따라서 상동행동을 강제적으로 없애려고 하기보다는, 이들이 충분한 자극을 받을 수 있는 환경으로 재구성하여 자연스럽게 상동행동을 줄이게 하는 것이 바람직하다.

일부 자폐스펙트럼장애 아동들은 자해행동 또는 공격행동을 보이기도 한다. 자해행동은 머리박기, 깨물기, 할퀴기 등의 형태로 나타나며, 심한 자해행동을 하는 아동의 경우는 영구적인 신체 손상을 입게 되기도 한다.

공격행동은 자해행동과는 달리 그 대상이 자신이 아닌 다른 사람이 되는 경우이다. 이러한 자해 및 공격행동은 자신 및 타인의 신체에 손상을 가져올 뿐만 아니라, 이들이 지역사회에 통합되는 데 걸림돌이 될 수 있기 때문에 조기에 소거되어야 하는 문제행동이다.

이러한 자해행동이나 공격행동은 흔히 분노발작(temper tantrum)과 함께 나타나는데, 이 분노발작은 의사소통 능력이 향상될수록 감소한다(김응범, 2010). 따라서 자폐스펙트럼장애 아동의 자해행동과 공격행동을 줄이기 위해서는 우선 의사소통 기술을 훈련시키는 것이 바람직하다.

3) 감각 특성

자폐스펙트럼장애를 가진 사람의 42~80%가 비정상적인 감각반응을 보인다(Kientz & Dunn, 1997; Rapin, 1996). 이들은 특정 감각에 대해서는 너무 예민하게 반응하지만, 또 어떤 감각에 대해서는 너무 둔한 감각 반응을 보이기도 한다. 이러한 감각체계의 이상은 여러 가지 문제행동을 나타나게 한다. 예를 들어, 시각이 너무 예민한 아동은 조금만 밝은 곳에 노출되면 눈을 감고 있는 행동을 보이고, 시각적 자극이 부족한 아동은 불빛을 바라보며 자극행동을 보일 수도 있을 것이다. 또한 후각이나 미각의 감각 이상은 식사를 잘하지 못하게 하는 원인이 될 수도 있으며, 촉각의 문제는 타인과의 접촉을 거부하는 행동으로 나타날 수 있다. 자폐스펙트럼장애 아동에게서 나타나는 감각 특성은 다음과 같다.

(1) 청각

자폐스펙트럼장애 아동은 사람의 음성보다는 다른 소리를 더 선호하는 경향을 보인다. 청력이 정상임에도 불구하고 소리정보를 제대로 처리하지 못한다. 청각에 민감한 아동은 소리에 거부적인 반응을 보이고 소리가 커지면 불안해한다. 청각에 둔감한 아동은 스스로 소리 자극을 찾고 심지어 스스로 소음을 만들어 내기도 한다.

(2) 시각

시각에 둔감한 아동은 밝은 빛을 뚫어지게 쳐다보는 등 스스로 자극을 찾는다. 반대로 시각에 예민한 아동은 시각적 자극에 민감하게 반응하기 때문에 눈에 들어오는 자극을 줄이기 위해 눈을 가늘게 뜨거나 감는다.

(3) 후각

많은 수의 자폐스펙트럼장애 아동이 냄새에 대해 낮은 역치를 가지고 있기 때문에 냄새에 심한 거부 반응을 보인다. 활동의 참여가 주위의 냄새에 의해 결정되기도 하는데, 불쾌한 냄새는 심한 회피행동을 하게 한다. 반대로 아동이 선호하는 냄새로 활동 참여를 촉진시킬 수 있다.

(4) 미각

맛에 대한 비정상적인 반응으로 인해 특정 음식만을 먹는 경우가 많다. 제한된 종류의 음식만을 섭취하고 새로운 음식은 거절하는 등 익숙한 음식만은 선호하는 경향을 보인다.

(5) 촉각

촉각이 둔감한 아동은 감각자극에 적절하게 반응하지 않고, 감각자극을 유발하기 위해 벽에 손바닥을 대고 훑는 행동을 한다. 촉각이 예민한 아동은 타인이 자신을 만지는 것, 몸에 달라붙는 옷, 옷 안쪽의 상표가 닿는 것 등에 지나치게 민감하게 반응한다.

이처럼 비정상적인 감각 체계를 가지고 있는 자폐스펙트럼장애 아동은 최적의 각성 수준에 도달하기 위해 지속적으로 자기자극행동이나 문제행동을 한다. 따라서 자폐스펙트럼장애 아동 개개인의 감각특성을 파악하여, 그들에게 맞게 환경을 수정해주면 자기자극행동과 문제행동의 빈도를 줄일 수 있다.

예를 들면, 시각이 민감한 아동에게 밝지 않은 불빛을 사용하거나 책상 주위에 칸막이를 설치하면 주변의 시각 자극이 감소하여 문제행동을 줄일 수 있다. 또한 청각이 둔감한 아동을 위해서는 과장된 큰 소리로 수업을 하거나, 소리를 만들어 내는 작업을 많이 하면 청각자극을 얻기 위한 자기자극행동을 줄일 수 있다.

4) 인지 특성

자폐스펙트럼장애 아동은 다양한 수준의 인지적 특성을 나타내고 있지만, 대부분은 지적장애 범위의 인지 수준을 가지고 있다. 인지가 높은 자폐 아동과 낮은 자폐 아동에게서 주요 증상은 비슷하게 나타나지만, 인지가 낮은 경우 사회적 발달에서 더 심한 손상을 보이고, 상동행동과 자해행동과 같은 문제행동을 더 많이 보인다. 자폐스펙트럼장애 아동의 인지는 전반적인 영역이 일관성 있게 지체되어 있는 지적장애 아동과는 달리, 각각의 인지 영역에서의 수준이 매우 이질적으로 나타나기도 한다.

5) 자폐스펙트럼장애의 예후

자폐스펙트럼장애의 증상은 아동기의 사회·언어·행동적인 문제들이 나이가 들어가면서 다소 다른 양상을 취하기는 하지만 본질적인 문제는 지속적으로 나타난다. 특히 자폐스펙트럼장애 아동의 예후는 최초의 진단이 내려지는 영유아기 시점에서의 지능 및 언어발달 정도와 상당한 관련이 있다. 즉, 5~7세 시점에서 지능이 70 이상이고, 구어적인 표현이 가능하며, 지속적인 조기특수교육을 받은 경험이 있는 자폐스펙트럼장애 아동이 예후가 좋다.

일반적으로, 자폐스펙트럼 장애인의 1~2% 정도만이 성인이 되어 직업을 갖고 자립생활을 영위하게 되며, 3분의 2 정도는 평생 가족에 의존하거나 장기간의 보호를 받아야 하는 경우로 알려져 있다.

6 자폐스펙트럼장애의 진단

자폐스펙트럼장애 증상은 영유아기 때부터 다양한 모습으로 나타난다. 의사소통을 위해 사용되는 비언어적인 의사소통 기술이 매우 제한적이기 때문에 모든 상황에서 한 가지 표정만을 보이기도 한다.

영유아기에 자폐스펙트럼장애를 의심해 볼 수 있는 초기 특성으로는 첫째, 생후 7~9개월경 부모를 쳐다보고 팔을 뻗어 부모가 자신을 안아주기를 기대하는 모습을 보이지 않고, 둘째, 12개월경 낯선 환경에 부딪히게 될 때, 엄마를 쳐다보면서 이 상황을 어떻게 대처해야 하는지에 대한 반응을 얻으려는 시도를 하지 않고, 셋째, 14~15개월경 보이는 사람에 대한 관심, 미소 짓기, 말을 할 때 반응하기 등의 능력이 떨어지고, 넷째, 18개월경 공동주의 능력이 결여되어 있으며, 다셋째, 만 1~2세경 친밀한 대상들의 몸동작을 모방하지 못하는 양상과 비전형적인 감각조절행동이 나타난다(양문봉, 신석호, 2011).

그리고 언어발달 측면에서 16개월까지 한 단어 수준의 발화가 나타나지 않고, 24개월까지 두 단어 수준의 자발적인 발화가 나타나지 않으면 자폐스펙트럼장애를 의심해 볼 수 있다(신현기 외 역, 2014).

자폐스펙트럼장애는 단일질환이 아니다. 즉, 자폐스펙트럼장애는 여러 원인요소에 의해 표현되는 행동 증후군으로 이해되어야 한다. 그러므로 자폐스펙트럼장애의 진단을 위해서는 부모와의 면담을 통한 발달력과 과거력의 조사, 직접적인 아동관찰, 인지 및 심리검사 등이 병행되어야 한다. 또한 자폐의 진단은 조기에 이루어지는 것이 바람직하다.

자폐스펙트럼장애를 진단하기 위해서는 어느 정도는 시간이 걸리고 복잡한 과정을 필요로 한다. 무엇보다도 한 번에 적당히 진단을 내려서는 안 되며, 명확한 진단을 위해서뿐만 아니라 부모나 교사들이 유용하게 활용할 수 있도록 자세한 정보가 얻어질 때까지 다양한 평가방법이 적용되어야 한다.

1) 과거력

과거력과 관련한 체계적인 질문을 하기 전에 부모들 자신이 아동에 대해 걱정하는 사항 등에 관해 자유롭게 말할 수 있는 기회를 준다. 자신의 아이에 대해 가장 잘 알고 있는 부모들의 걱정에 귀를 기울이는 것이 필수적이고, 아울러 가정에서 가장 문제가 되는 행동을 치료의 첫 번째 대상행동으로 정해야 한다.

부모가 제시한 문제와 관련된 체계적인 질문을 먼저 하되, 실제행동을 자세하게 설명할 수 있도록 질문하는 것이 중요하다. 부모들이 아동의 과거력과 관련하여 개략적으로 요약해서 말하는 것은 크게 도움이 되지 않는다. 체계적으로 과거력과 관련한 정보를 얻기 위해서는 아동기 자폐증 평정척도나 자폐증 부모면담도구 등을 사용한다.

2) 발달력

현재 나타내고 있는 문제들에 대한 적절한 답을 얻었으면, 다음으로는 발달에 대한 정보를 얻는 것이 필요하다. 자폐증은 일련의 발달장애이므로 시간적인 순서대로 발달에 대해 물어보는 것이 필요하다. 그렇더라도 임신 시와 출산시점부터 질문하기보다는 뭔가 잘못됐다고 처음으로 느낀 시점부터, 그리고 그때에 가장 걱정되었던 점이 무엇이었는지에 대해 먼저 물어보도록 한다. 특히 대상 아동의 놀이, 사회성, 언어발달 등에 대한 정보에 특별한 관심을 기울여야 한다.

3) 아동관찰

부모와의 면담을 통해 과거력과 발달력에 관한 정보를 얻었다면, 그 다음에는 이들을 바탕으로 직접 관찰을 통해 평가하여야 한다. 이를 위해 다양한 상황에서 아동을 관찰하는 것이 필요하다. 학교는 일대일이 아닌 집단상황에서의 아동을 관찰할 수 있는 장소이다. 따라서 교사의 자세한 보고를 받는 것은 필수적이고, 학교를 방문하여 직접 관찰하거나 아동의 행동과 성취와 관련된 치료목표와 계획을 의논해야 한다.

4) 심리검사

아동의 정확한 현재 인지수준과 관련한 정보는 진단, 예후, 치료를 계획하는데 결정적으로 중요하다. 이를 위해 심리검사의 적용이 필수적이나 이것만을 단독으로 적용해서는 결코 안 된다. 모든 사례에 부모와 교사로부터 얻어진 집과 학교에서의 행동에 대한 과거력도 인지수준을 평가하는 데 사용되어야 하고, 또한 다른 상황에서의 관찰 자료도 참조하여야 한다.

이러한 정보들이 검사소견과 맞지 않을 때는 언제라도 자세한 검사를 좀 더 시행하여야 한다. 또한 검사결과만이 정확한 정보를 제공한다는 결론을 내려서도 결코 안 된다. 일반적인 심리검사에서 나타나는 것보다도 높은 수준의 특별한 재능을 보이는 경우가 자폐스펙트럼장애에서는 흔하다.

이런 경우는 보고된 재능이 발현되는 상황에서 관찰하고, 필요하면 특별한 검사를 통해 그 신뢰성을 평가하여야 한다. 또한 자폐스펙트럼장애 아동은 때때로 어느 상황에서는 다른 상황에서보다 특정과제를 훨씬 잘 하기도 한다.

7 자폐스펙트럼장애의 중재

1) 의사소통 중재

(1) 보완대체 의사소통 체계

보완대체 의사소통 체계(alternative and augmentative communication)란 음성 언어와 함께 사용하여 부족한 음성 언어 때문에 하게 되는 불충분한 의사소통을 보완하거나, 음성 언어를 가지고 있지 않아서 그 대체 수단으로 사용하는 의사소통 체계를 말한다. 자폐스펙트럼장애 아동은 정보 처리에 청각보다는 시각을 더 잘 활용하기 때문에 이들을 위한 보완대체 의사소통 체계는 시각 단서를 사용하는 것이 효과적이며, 그 체계의 그림, 단어, 문자 등은 구어처럼 일시적이지 않으므로 처리하기가 쉽다.

보완대체 의사소통 체계는 보조 도구의 사용 여부에 따라 나누어지는데, 보조가 필요 없는 의사소통 도구(unaided communication device)는 몸싯, 수화 등이며, 보조가 필요한 의사소통 도구(aided communication device)는 의사소통 보드, 의사소통 책, 음성 산출 장치, 컴퓨터 등이다. 이러한 보조도구는 직접회로(IC) 장치 유무에 따라 첨단도구(high tech)와 단순도구(low tech)로 구분된다. 첨단도구는 컴퓨터를 이용한 입출력 장치 등이 있으며, 단순도구는 그림, 문자카드, 의사소통 보드 등이 있다. 자폐스펙트럼장애 아동에게 가르칠 수 있는 비음성 의사소통 체계는 시각을 활용하여 수용할 수 있는 수화, 그림 의사소통 체계, 그림교환 의사소통 체계 등이 있다.

(2) 그림교환 의사소통 체계(Picture Exchange Communication System)

그림 의사소통 체계의 특수한 응용 체계인 그림교환 의사소통 체계는 자폐스펙트럼장애 아동에게 의사소통 기술을 가르치기 위해 개발한 것이다(Bondy & Frost, 1994). 이 체계는 비음성 의사소통 체계 중에서 비교적 효과적인 체계로 알려져 있으며, 준비 자세, 운동 모방, 눈 맞춤 등과 같은 선수 기술들을 필요로 하지 않는 장점을 가지고 있다.

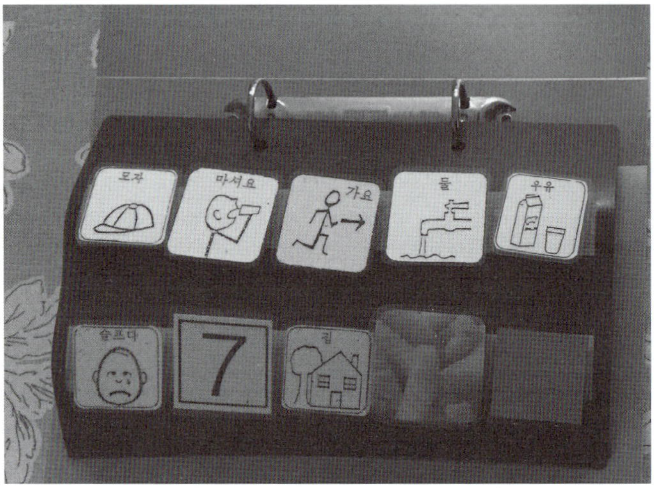

그림 9-1 ▸▸▸ 그림교환 의사소통 체계

이 체계는 아동이 원하는 물건의 그림을 의사소통 상대에게 주고, 그로부터 원하는 물건을 받을 수 있게 가르치는 것이다. 이 체계는 아동에게 사회적 의사소통을 할 수 있도록 가르칠 수 있다.

그림교환 의사소통 체계의 훈련 과정은 6단계로 구성되어 있다. 1단계는 그림교환 훈련 단계이며, 2단계는 자발 행동의 확장 단계이다. 3단계는 그림의 변별 단계이며, 4단계는 문장의 구성 단계이다. 5단계는 질문 '무엇을 원하니?'에 대한 반응 단계이며, 6단계는 '무엇을 원하니?', '무엇을 보니', '무엇을 갖고 있니?', 그리고 이와 유사한 질문들을 무작위로 할 때 적절하게 대답하는 단계이다. 이러한 6단계 훈련이 끝나면 언어 개념이 추가되며, '예'와 '아니요'로 대답하기가 추가된다.

그림교환 의사소통 체계를 습득한 후에 많은 수의 자폐스펙트럼장애 아동이 음성 의사소통 기술을 습득하게 되었으며, 문제행동의 감소에도 긍정적인 영향을 미치는 것으로 나타났다. 또한 이 체계는 중증 자폐스펙트럼장애 아동에게도 효과가 있는 것으로 나타났다(김응범, 2007).

(3) 자연적 중재법

자연적 중재법(naturalistic intervention approach)에는 우발 교수와 자연 언어 패러다임 등이 있다.

첫째, 우발 교수는 자연 언어 방법의 하나로서 아동의 자발 의사 표현을 향상시킬 수 있을 뿐만 아니라, 상황과 문맥에 맞는 의사표현 능력을 발전시킬 수 있는 방법이다. 다시 말해, 아동의 관심과 동기를 기초로 일상적인 활동 중에 교수를 하는 것이다. 우발 교수는 치료실 환경이 아닌 일반 생활 속에서 응용행동분석 전략을 활용하여 지도하는 방법이다.

언어 치료실에서 사용하는 교육방법은 기계적 언어 사용과 문맥에 맞지 않는 언어 습관을 갖게 할 수 있지만, 우발 교수는 이러한 단점을 보완하여 적절한 자발어가 유발되게 한다. 또한 우발 교수는 아동이 문맥과 무관한 이야기를 할지라도 이를 의미 있는 대화로 이끌어 내는 방법이며, 이는 정해진 시간에 하기보다는 자연적 상황에서 창조적으로 하는 것이 바람직하다.

둘째, 자연적 언어 패러다임은 언어 획득을 촉진하기 위해서 행동주의 기법과 아동 중심 접근법을 결합하여 사용한다. 자연적 언어 패러다임은 성인이 선택한 물건보다는 아동에게 가장 흥미 있는 물건과 활동 단어를 가르침으로써 교사가 아동의 주도를 따르는 '맨드 모형(mand model)' 접근법이다. 이러한 물건들은 아동의 흥미가 변하면 따라서 바뀐다. 교사가 아동의 주도를 따르는 것이 일반적인 교실 상황에서는 어려울 수 있지만, 자연적인 상황에서 이러한 행동주의 접근법을 사용하는 것은 결국 아동의 사회성과 의사소통 능력을 향상시키게 된다(Quill, 2000).

2) 의학적 접근

(1) 약물치료

약물치료가 자폐스펙트럼장애의 근본적인 문제들을 해결하지는 못하지만 과잉운동, 위축, 상동행동, 자해행동, 공격행동, 수면장애 같은 특정 증상들을 완화시키는 데는 도움이 된다. 항정신병약물인 할리페리돌(Haloperidol)을 자폐스펙트럼장애 아동에게 투여할 경우 위축과 상동행동의 장·단기간 호전을 가져오는 것으로 알려져 있다.

클로미프라민(Clomipramine)은 강박적이고 제식적인 행동, 상동행동, 사회적인 관계형성, 공격적이고 충동적인 행동에 호전이 있게 하는 것으로 알려져 있으며, 플루옥세틴(Fluoxetine)은 자폐 증상의 전반적인 호전을 가져오기는 하나, 안절부절, 과잉행동, 초조, 식욕감소, 불면 등의 부작용이 있는 것으로 알려져 있다. 클로니다인(Clonidine)은 과잉 각성상태를 감소시키고 사회적인 관계형성 능력을 호전시키나, 졸림과 활동 감소의 부작용이 있는 것으로 알려져 있다. 강력한 세로토닌 길항제이자 도파민2 길항제인 리스페리돈(Risperidone)도 자폐 증상의 전반적인 호전을 가져오는 약물로 알려져 있다.

대부분의 관련 전문가들은 궁극적인 자폐스펙트럼장애 아동치료와 교육의 목적을 달성하기 위해서는 행동치료적인 접근과 구조화된 환경에서의 특수교육을 포함하는 포괄적인 치료교육 프로그램들이 우선적으로 적용되어야 하고, 그런 연후에 포괄적인 치료교육 프로그램이나 기법들로는 다룰 수 없는 행동들을 통제하는 데 약물치료적인 접근이 적용되어야 함을 강조하고 있다.

(2) 비주류 대체치료

자폐증을 완벽하게 치료하는 것은 불가능하기 때문에 많은 부모들이 의사나 전문가의 동의 없이 의학적 근거가 부족한 비주류 대체치료를 하는 경우가 많다. 비록 비주류 대체요법 자체만으로는 그 효과를 입증하기 부족하지만, 정통적인 방식의 치료를 효율적으로 진행하는 데 도움을 준다고 주장하고 있다.

① **중금속 이상**: 중금속이 체내에 축적되면 신경정신과적 문제를 일으킬 수 있다. 일부 자폐스펙트럼장애 아동은 체내 중금속을 적절하게 배출하지 못하여 몸속에 중금속이 축적될 수 있다. 따라서 모발분석을 통해 중금속이 검출되면 중금속 제독 치료를 하고, 마그네슘과 같은 미네랄 결핍을 보충해 준다.

② **식이요법**: 자폐스펙트럼장애 아동은 위장에 문제를 보이는 경우가 많기 때문에 카세인이나 글루텐과 같은 유해한 단백질이 많이 흡수될 수 있다. 따라서 우유나 밀가루 음식에 과민반응을 보이는 경우 섭취를 제한할 필요가 있다.

③ **비타민요법**: 자폐스펙트럼장애 아동의 소변에서 도파민의 대사물질인 HVA가 많이 검출된다는 연구가 있는데, 비타민 B6의 투여로 HVA의 검출이 감소되었다는 보고가 있다. 그러나 이 연구는 광범위하고 체계적인 연구에서는 입증되지 못하였다.

④ **미네랄요법**: 자폐스펙트럼장애 아동에게 마그네슘, 칼슘, 아연 등을 보충하면 자폐의 증상이 호전된다는 연구가 있다. 그러나 효과성에 대해 논란이 많아 정신의학계에서는 지지하지 않고 있다.

3) 긍정적 행동지원

긍정적 행동지원은 문제행동의 직접적인 제거보다는 문제행동을 동일한 기능을 가진 적절한 행동으로 대체하도록 가르치는 것을 목적으로 한다. 전통적인 행동수정 방법은 문제행동의 감소에는 일시적 효과를 보이지만, 장기적인 효과를 기대하기 어렵고, 적절한 기술을 사용하도록 가르치는 데 한계가 있다.

그러나 긍정적 행동지원을 통해 아동은 문제행동의 기능을 대신하는 바람직한 행동을 습득함에 따라 보다 친사회적인 행동을 할 수 있게 한다. 예를 들어, 아동이 과제를 그만하고 싶어서 교사를 때렸다면, 이 아동의 공격행동은 과제를 회피하고자 하는 기능을 가지고 있다고 볼 수 있다.

그렇다면 공격행동과 동등한 기능을 가진 수용 가능한 적절한 대체 행동을 가르쳐야 한다. 음성 언어를 사용할 수 있는 아동이라면, '그만 해요.', '쉬어요.' 등의 언어적인 방법을 가르치고, 음성 언어를 사용하지 못하는 아동이라면, '그만 해요.' 카드를 손가락으로 가리키게 하거나 수화를 가르치면 된다.

또한 문제행동이 발생하기 직전에 나타난 선행 사건을 조작할 필요가 있다. 선행 사건을 수정하여 문제행동을 일으키는 자극을 감소시키고, 바람직한 행동이 나타날 수 있는 선행 사건을 첨가하는 것도 효과적이다. 또한 긍정적 행동지원은 문제행동이 발생하는 실제 상황에서 이루어지기 때문에, 중재의 효과가 일반화되고 유지될 수 있다.

4) 통합교육

통합교육은 또래와의 사회적 상호작용 기술이 지체되어 있는 자폐스펙트럼장애 아동에게 도움이 되는 교육환경을 제공한다. 그러나 일반 교육 환경에 배치한다고 해서 이들의 사회성이 자동적으로 될 것으로 기대해서는 절대 안 된다. 따라서 통합교육이 효과적으로 이루어지기 위해서는 전문가, 가족, 또래 아동, 그리고 지역사회의 협조가 필요하다.

이러한 통합교육 프로그램을 효율적으로 운영하기 위해서는 특수교사와 일반교사 간의 긴밀한 협조가 필요하며, 나아가 언어치료사, 작업치료사, 음악치료사 등과 같이 현재 아동을 중재하고 있는 치료사들과도 협력이 필요하다. 이러한 협력은 자폐스펙트럼장애 아동의 통합 프로그램 개발에 도움이 될 수 있다.

자폐스펙트럼장애 아동의 부모는 통합기관에서 아동이 활동하는 모습을 수시로 관찰하고 교사와 수시로 의견을 교환해야 한다. 그래서 가정에서의 교육이 학교 수업의 연장선에서 이루어 질 수 있도록 해야 한다. 일반 또래 아동의 협조는 통합교육에서 매우 중요한 요인이다. 학급 내 또래들은 자폐 아동의 사회성을 증진시키기 위한 훈련을 받아야 한다.

즉, 또래들에게 적절한 강화 방법, 촉구, 모델링 등의 중재 방법을 훈련시켜, 자폐스펙트럼장애 아동이 적절한 사회적 반응을 할 수 있도록 해야 한다. 일반적으로 또래들은 눈맞춤 하기, 놀이 활동하기, 대화 시작하기, 도움을 주거나 요청하기, 사회적 상호작용의 주제 유지하기, 감정 보여주기 등의 역할을 수행한다(Utley & Mortweet, 1997). 이러한 또래 개입 전략을 통해 자폐스펙트럼장애 아동의 사회적 행동은 다른 사람들에게 수용될 수 있을 정도로 향상될 수 있을 것이다.

의사소통장애 10 Chapter

인간을 비롯한 모든 동물들은 혼자 살아갈 수 없는, 즉 사회적 속성을 갖는다. 비록 동물들 중에는 무리를 지어 생활하는 동물들이 있고, 독립적으로 움직이는 동물들이 있기는 하지만 태어나서 죽을 때까지 오롯이 혼자 생활하는 동물은 없을 것이다. 즉, 규모의 차이일 뿐 모든 동물들은 집단 내에서 사회적 상호작용을 하며, 사회적 상호작용을 위해서는 의사소통 능력이 필요하다. 의사소통은 "그 자체가 목적이라기보다는 어떤 목적을 위한 기능적 수단으로 취해진다"(한규석, 2002: 262).

사람들은 집단 안에서 상호작용을 하고 의사소통은 상호작용을 하기 위해 사용하는 수단으로 기능한다. 결국 사회적 상호작용과 의사소통 능력은 생존과 직결되는 문제일 수 있다. 의사소통은 개인들이 정보를 변화시키고, 생각을 전달하는 과정이다(Owens, 1990). 의사소통에는 두 명 이상이 참여하고 송신자에게는 정보를 부호화하는 능동적인 과정이 필요하고, 수신자는 메시지를 이해하거나 해석하는 능력이 필요하다. 의사소통은 여러 가지 매개체를 통해 이루어진다. 사람들은 어떨 때는 음성언어로, 어떨 때는 몸짓으로, 어떨 때는 글로 자신의 요구를 전달하고 전달 받는다.

의사소통에는 주로 음성언어가 사용되지만 음성언어는 보통 말의 빠르기, 억양-패턴이나 강조 등 준언어적 부호(paralinguistic codes) 및 몸짓, 시선, 표정 등 비언어적 단서(nonlinguistic cues)와 함께 사용된다. 준언어적 부호는 음성언어와 함께 사용되며 화자의 정서와 태도 알려주고, 언어적 정보를 변화시킬 수 있다. 예를 들어, 의사소통 과정에서 어떤 단어를 강조하는가에 따라 전달되는 메시지의 의미가 달라지기도 한다. 이에 비해 비언어적 단서는 그 자체로 의사소통을 위한 도구가 될 수 있으나, 음성언어와 함께 사용됨으로써 전달하고자 하는 메시지를 더욱 풍부하게 할 수 있고, 심지어 왜곡시킬 수도 있다. 예를 들어, 음성언어를 통해 의사소통을 할 때 상대방의 표정은 때때로 해당 메시지가 진실인지 혹은 거짓인지, 상대방이 의사소통에 관심이 있는지 등을 알려주는 지표로서의 역할을 하기도 한다(Bernstein & Tigerman-Farber, 2009).

의사소통을 위한 여러 가지 수단이 있음에도 음성언어를 가장 많아 사용하는 이유는 결국 음성언어가 메시지를 가장 분명하게, 가장 정교하게, 그리고 가장 풍부하게 전달할 수 있기 때문일 것이다. 일상생활에 있어서 의사소통의 중요성을 고려해보면, 만약 의사소통에 문제가 있을 경우 얼마나, 어떻게 불편할지 이해할 수 있을 것이다. 비록 모든 사람들은 때때로 의사소통에 있어서의 문제를 경험한다 하더라도, 모두가 의사소통장애는 아니다.

결국 의사소통장애는 정도와 빈도, 그리고 그러한 문제를 보이는 기간과 관련된 문제로 의사소통 목적이 달성되지 않아 당사자는 물론 주위 사람들(부모, 친구, 교사 등)의 기능을 손상시키는 상태인 것이다.

1 말과 언어

우리는 일상적으로 '말'이라는 단어와 '언어'라는 단어를 자주, 그리고 별다른 구분 없이 사용한다. 예를 들어, 한국인들의 모국어를 '한국말'이라고도 하고 '한국어'라고도 한다. 그리고 한국말이든 한국어든 의사소통을 하는 데에는 문제가 없다. 하지만 언어에 대해서, 의사소통에 대해서, 의사소통장애에 대해서 논할 때 '말'과 '언어'는 분리해서 생각해야 한다.

1) 말

사람들은 맥락, 상대방의 요구, 전달하는 메시지 등에 따라 메시지를 담을 양식을 선정한다. 말(speech)은 쓰기, 그리기 등과 함께 의사소통에 사용되는 하나의 양식으로, 정보를 전달하는 음성언어의 도구로서의 역할을 한다. 음성이나 언어 단위를 산출하기 위해서는 호흡, 발성, 조음 등과 관련된 기관들의 정밀한 협응이 요구된다(심현섭 등, 2005; Bernstein & Tigerman-Farber, 2009).

2) 언어

언어(language)는 "사고 및 의사소통을 위해 다양한 양식으로 사용되는 관습적 상징들의 복잡하고도 역동적인 체제이다. 인간의 언어에 대한 현대의 관점은 첫째, 언어는 특정 역사적, 사회적, 그리고 문화적 맥락 내에서 진화하고, 둘째, 규칙이 지배하는 행동으로서의 언어는 음운론, 형태론, 통사론, 의미론, 그리고 화용론 등 최소한 다섯 가지 매개변수들에 의해 설명되며, 셋째, 언어의 학습과 활용은 생물학적, 인지적, 심리사회학적, 환경적 요인들의 상호작용으로 결정되고, 넷째, 의사소통을 위한 언어의 효과적 활용은 비언어적 단서, 동기, 사회문화적 역할 등과 같은 관련된 요인들을 포함한 인간의 상호작용에 대한 폭넓은 이해를 요구한다"(ASHA, 1983).

또한 언어는 특수한 상징을 사용하여 개념을 표현하고, 이러한 상징들을 지배하는 규칙을 갖는 사회적으로 공유된 부호이자 관례적인 체계이다. 언어는 사용자들이 다른 사람들에게 어떤 생각이나 요구를 전달할 수 있게 해주는 공유된 부호라는 측면에서 사회적 도구이고, 상징들을 지배하는 규칙 또는 패턴이 있으며, 말하는 사람은 이 규칙들에 대한 지식을 바탕으로 의미 있는 발화를 생성해 낼 수 있다. 이는 획일적이지도, 불변의 것도 아니다(이은주, 2009; Bernstein & Tigerman-Farber, 2009; Ownes Jr, 2005).

즉, 벨기에나 중국과 같은 나라에서는 두 가지 언어가 혼용되고 있으며, 라틴어는 전승되고는 있으나 일상생활에서 더 이상 사용되지 않는다. 다시 말해, 언어란 공유된 부호로 이를 음성학적인 규칙에 맞는 여러 가지 어휘들에 담아 규칙에 맞게 배열하여 메시지를 주고받는 사회적 도구로 소멸과 생성이 가능한 체제이며 학습을 필요로 하는 것이다.

언어는 음운론(phonology), 형태론(morphology), 통사론 혹은 구문론(syntax), 의미론(semantics), 그리고 화용론(pragmatics) 등 모두 다섯 가지로 구성되어 있으며, 이 구성요소들은 다시 형식(음운론, 형태론, 통사론)과 내용(의미론), 그리고 사용(화용론)으로 범주화할 수 있다(김방한, 1992; Bernstein & Tigerman-

Farber, 2009; Ownes Jr, 2005, <표 10-1> 참조).

(1) 음운론

언어의 소리체계를 지배하는 언어학적 규칙을 연구하는 것으로, 말소리를 어떻게 나누는지, 그 계열은 어떠한지, 어떻게 조합되는지 알게 해 준다. 모든 언어에는 여러 종류의 음소(phoneme)가 있으며 음소는 소리의 가장 작은 단위이다. 즉, '학'이라는 음절은 각각 'ㅎ'과 'ㅏ', 그리고 'ㄱ' 등 세 개의 음소로 구성되어 있는 것이다.

(2) 형태론

형태론은 단어의 내적 구성에 관한 것으로, 의미의 기본 단위인 형태소(morpheme)가 단어 속에서 어떻게 조합되는지에 대한 규칙을 연구한다. 형태소는 의미를 가진 최소 단위로 의미를 지닌 그 이상의 작은 단위로 분해할 수 없다. 형태소는 크게 자립 형태소와 의존 형태소로 나눌 수 있는데, 자립 형태소는 독립적인 것으로 '학교', '소년' 등이 이에 해당되고, 의존 형태소는 독립적으로는 기능할 수 없는 접두사, 접미사, 시제 및 복수 표시 등(예, '사람들'의 '들')으로 의존 형태소 등에 부착되어 사용된다.

(3) 통사론(구문론)

문장의 구성을 지배하는 규칙으로 문장 속에서 단어의 배열과 문장의 구조가 어떻게 형성되는지에 대한 규칙을 다룬다. 통사론은 어떠한 단어 조합이 가능하고 문법적인지를 자세히 밝혀준다.

(4) 의미론

단어, 구, 문장 등의 의미를 연구하는 분야로 통사론(구문론)과 밀접하게 관련되어 있으며, 단어를 최소단위로 본다.

(5) 화용론

의사소통의 맥락 내에서 언어의 사용과 관련된 규칙을 다루는 영역이다. 즉, 언어의 구조보다는 언어가 소통에 사용되는 방식에 더 관심을 갖는다.

표 10-1 언어의 구성요소와 하위체계

구성요소	언어의 하위체계
형식	음운론: 음소와 음소들의 통합을 지배하는 규칙
	형태론: 단어의 구성을 지배하는 규칙
	통사론(구문론): 어순, 문장 구조, 다른 문형의 구성을 지배하는 규칙
내용	의미론: 단어 및 단어와 단어의 결합을 지배하는 규칙
사용	화용론: 사회적 상황에 있어 언어의 사용에 관한 규칙

출처: 권요한 외 공역(2011: 11). **의사소통장애아 교육**.

2 의사소통장애

의사소통은 의사소통에 참여하는 사람들이 정보와 생각, 요구 등을 교환하는 데 사용하는 과정으로, 송신자의 입장에서 의도하는 메시지의 부호화(encoding)와 전달하기, 그리고 수신자의 입장에서 부호화된 메시지 해독하기(decoding) 등을 포함하는 능동적인 과정이다(Ownes Jr, 2005, [그림 10-1] 참조). 의사소통이 반드시 말과 언어로 구성될 필요는 없다. 쓰기와 언어를 통한 의사소통 혹은 그리기를 통한 의사소통 또한 가능하다. 즉, 언어가 전달하고자 하는 내용이라면, 쓰기나 그리기, 혹은 말은 그 내용을 담는 도구인 것이다. 하지만 우리가 흔히 의사소통장애라고 할 때에는 말을 통한 언어의 구사에 문제가 있음을 의미하는 것이다.

의사소통을 시작하는 단계에는 송신자의 뇌와 호흡, 발성, 조음 등 말소리 산출과 관련된 여러 기관들이 관여하게 된다. 의사소통을 시작하려는 사람에게는 우선 의사소통을 하려는 의도와 내용이 필요하며, 이는 뇌 안에서 구상된다. 의

도와 내용이 결정되면, 뇌 안에 있는 언어 지식에 따라 내용에 맞는 단어와 문법적 요소가 첨가된다. 그러고 나서 이를 표현하는 말소리가 선택되고, 뇌가 정확한 프로그래밍에 따라 적절한 시간에 말소리 산출 기관에 명령을 내림으로써 말소리들이 산출되는 것이다.

즉, 의사소통을 위해 산출되는 음성언어는 크게 뇌 안에서 이루어지는 부분과 말소리 산출기관에서 이루어지는 부분으로 나누어 볼 수 있고, 이때 뇌가 관장하는 부분을 '언어', 말소리 산출기관들이 담당하는 부분을 '말'이라고 한다. 그러므로 뇌가 관장하는 부분에서 장애가 발생할 경우 이를 '언어장애'(Language Disorder)라고 하고, 혀, 치아, 성대, 턱 등 말소리 산출기관의 장애는 '말장애'(Speech Disorder)라고 한다는 것이다(심현섭 등, 2005).

결국 의사소통장애는 말장애와 언어장애로 구성되며, 어떤 사람의 경우에는 말장애로 인한 의사소통장애를, 어떤 사람은 언어장애로 인한 의사소통장애를, 또 어떤 사람은 말장애와 언어장애 모두로 인한 의사소통장애를 갖게 될 수 있다.

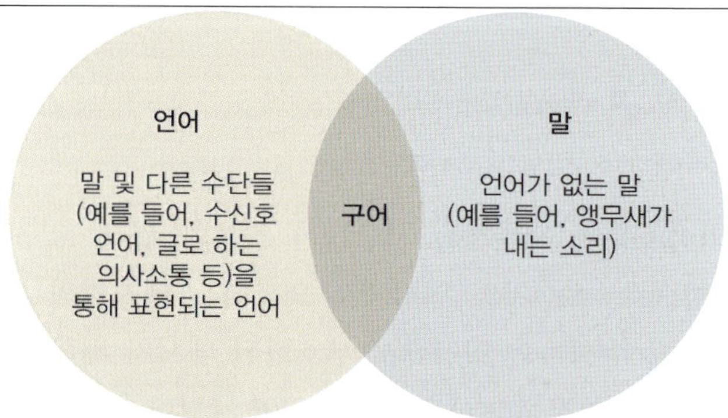

언어는 말없이 존재할 수 있고(왼쪽), 모든 말이 언어를 구성하는 것은 아니다(오른쪽). 하지만 구어(중앙)는 전형적인 인간발달의 한 가지 결과이다. 의사소통은 말과 언어를 포함하는 포괄적인 개념이다. 비록 의사소통이 이러한 요소들 없이 성취될 수 있으나, 이러한 요소들로 크게 향상된다.

출처: Hardman, M. L., Drew, C. J., & Egan, M. W.(2006: 305). *Human exceptionality: School, community, and family*(8th ed.)

그림 10-1 의사소통과 언어, 말의 개념 모형

1) 의사소통장애의 법적 정의

현재 우리나라에서는 2007년에 제정된 「장애인 등에 대한 특수교육법」을 통해 의사소통장애를 지닌 특수교육 대상자를 다음과 같이 지정하고 있다(법제처, 2015). 항목 중 '가'는 언어장애, 그리고 나머지는 말장애에 대한 기준이다.

> 의사소통장애를 지닌 특수교육대상자는 다음 각 목의 어느 하나에 해당하여 특별한 교육적 조치가 필요한 사람이다.
> 가. 언어의 수용 및 표현 능력이 인지능력에 비하여 현저하게 부족한 사람
> 나. 조음능력이 현저히 부족하여 의사소통이 어려운 사람
> 다. 말 유창성이 현저히 부족하여 의사소통이 어려운 사람
> 라. 기능적 음성장애가 있어 의사소통이 어려운 사람

또한 미국의 장애인교육법(Individuals with Disability Education Act)은 다음과 같이 정의하고 있다(Texas Education Agency, 1999).

> "말 또는 언어장애는 말더듬, 손상된 조음, 언어장애, 혹은 음성장애와 같은 의사소통장애를 의미하며 아동의 교육적 수행에 부정적인 영향을 미친다."(IDEA Regulations, 34 C.F.R. § 300. 7(11))

3 말장애

말장애는 주로 호흡기관, 발성기관, 조음기관(턱, 혀, 입술, 치아, 입천장 등) 등 말소리 산출에 관여하는 기관에 생리적인 문제가 생길 때 발생하지만, 뇌손상으로 인하여 말소리를 적절하게 만들지 못하는 경우에도 발생할 수 있다. 말소리를 산출 외에도 말의 흐름 유지 혹은 목소리 조절에 있어서의 어려움을 보이기도 한다. 조음음운장애, 유창성장애, 음성장애 등이 이에 속한다.

1) 조음음운장애

조음음운장애(articulation and/or phonological disorder)는 말소리 산출과 관련된 장애로 특정 음소를 제대로 발음하지 못하는 특성을 보인다. 예를 들어, 구개열(cleft palate), 구순열(cleft lip), 그리고(혹은) 부정교합 등으로 구강 안에서 말소리를 만드는 데 문제가 생겨 발음이 제대로 되지 않거나, 조음과 관련된 기관은 정상이지만 뇌손상 등으로 인해 말소리를 만들지 못해 말소리가 언어를 이해하는 데 방해가 되는 경우를 말한다.

보통 전자의 경우 실행단계에 있어서의 문제로 조음장애라고 하며, 후자의 경우 계획단계에서의 문제로 음운장애라 할 수 있다. 말소리 산출의 문제는 조음기관에서도, 뇌에서도 발생할 수 있기 때문에 조음음운장애라고 한다.

개별 음소의 조음에 있어 오류로는 음소의 생략, 첨가, 대치, 왜곡 등이 있다(심현섭 등, 2005).

① 생략(omission): 음소를 빠뜨리고 발음하지 않는 오류 형태이다(예, 연필/연피).

② 첨가(addition): 필요 없는 음소를 첨가하는 오류형태이다(예, 먹고/먹으고).

③ 대치(substitution): 다른 음소로 바꾸어 발음하는 오류형태이다(예, 풍선/풍턴).

④ 왜곡(distortion): 목표 음소에 소음을 첨가하거나 조음기관을 잘못 사용하는 등의 오류형태로, 바꾸어 발음하는 음소가 목표음소와 차이가 많이 날 때 '대치'로 봐야 할지 아니면 '왜곡'으로 봐야 할지 논란이 생길 수 있다.

조음에 있어서의 오류는 조음음운장애 아동들뿐 아니라, 언어에 대한 경험이 많지 않은 아동들에게서도 흔히 관찰되는 것이므로 연령 등 발달 수준과 언어 경험 등을 고려하여 신중하게 판단해야 한다.

2) 유창성 장애

유창성(fluency)은 대다수의 사람들이 말할 때 경험하게 되는 말의 유연한 흐름(Culatta, Tompkins, & Werts, 2003: 152)으로 적당한 속도로 그리고 정확하게 말하는 것을 의미한다. 따라서 유창성 장애(fluency disorder)는 부적절한 속도나 부적절한 리듬으로 말하는 것으로, 이러한 속도나 리듬이 정확성에 부정적인 영향을 미치게 되고 이것이 의사소통을 방해한다. 비유창성에는 정상적인 비유창성과 비정상적인 비유창성 등 여러 가지 형태가 포함되지만 유창성 장애는 크게 말빠름(cluttering)과 말더듬(stuttering)으로 구분할 수 있다.

(1) 말빠름

말빠름(cluttering)은 말을 빨리하지만 조음이 제대로 되지 않는 경우를 말한다. 말빠름 아동들은 매우 빠른 속도로 단어들을 말하고, 문장들은 완전히 끝맺지 못하며, 단어 전체와 문장의 일부를 빈번하게 반복하고 생략한다. 또한 강세나 높낮이가 없이 단조로운 어조로 말하는 등의 특성을 지니고 있다.

결과적으로 말은 불분명해지고, 두음전환(spoonerism: 어떤 의도 없이 소리를 뒤바꿈)과 같은 현상이 나타나 조음에 문제가 생긴다. 말빠름 아동들은 말과 관련된 자신의 문제를 인식하지 못해 말하는 데 두려움이 없고 말을 해야 하는 상황을 피하지도 않는다.

결과적으로 말과 관련된 문제를 교정하는 데 관심이 부족하고, 자신의 말 문제를 교정하려는 도움에 저항하기도 한다(심현섭 등, 2005; Culatta, Tompkins, & Werts, 2003; Heward, 2006).

(2) 말더듬

말더듬(stuttering)은 유창성 장애의 대표적인 경우로 아동기에 발생하고 시간이 지날수록 복잡한 형태를 띠게 된다. 말더듬은 말의 흐름이 반복이나 막힘, 또는 소리, 음절, 단어나 문장의 연장 등에 의해 비정상적으로 중단될 때 발생한다(이은주, 2009; Perino, Famularo, & Tarroni, 2000).

① 말더듬의 유형

- 반복: '사사사사사과'와 같이 말소리나 음절, 낱말 등을 되풀이하는 현상
- 연장: '사아아아과'와 같이 한 소리를 길게 끄는 현상

- 막힘: 말소리를 발음하려 하는데도 공기와 소리의 흐름이 끊겨 말을 하지 못하는 현상

말을 더듬는 사람들이 항상 말을 더듬는 것은 아니다. 즉, 말을 더듬는 대부분의 사람들도 95% 정도는 유창하게 말한다(Heward, 2006: 246). 또한 특정 단어에서 말더듬을 보이는 경우도 있지만 말더듬은 주로 다른 사람들 앞에서 얘기할 때, 부모나 교사처럼 아동에게 영향력을 지닌 사람 앞에서 얘기할 때처럼 특정 상황에서 발생하는 경우가 많다. 말빠름과는 달리 말을 더듬는 사람들은 자신이 말을 더듬는다는 것을 알고 있어 교정에 적극적으로 임할 수 있으나, 반대로 말을 하는 것에 공포를 느끼거나 말하는 상황 자체를 피해 말더듬을 더 악화시킬 수도 있다.

반복이나 막힘, 혹은 연장 등의 행동이 교정되지 않은 채 지속되면 심한 경우 2차(부수)행동(secondary[accessory] behavior)을 보이기도 한다. 2차(부수)행동은 탈출행동(escape behavior)과 회피행동(avoidance behavior)으로 대표된다. 탈출행동은 말을 더듬는 상황에서 그 상황을 벗어나려고 취하는 행동으로 발을 구른다든지, 갑자기 고개를 뒤로 젖힌다든지 등의 행동을 말한다. 회피행동은 말을 더듬을 것 같은 상황을 아예 피하는 행동을 말한다. 사람들과 마주치려 하지 않는다든가, 자주 더듬는 단어를 다른 단어나 표현으로 바꿔 말하는 것 등이 회피행동에 속한다(심현섭 등, 2005).

말더듬은 단 한 가지 원인으로 설명할 수는 없다. 가족 중 말을 더듬는 사람이 있는 경우가 그렇지 않은 경우보다 말더듬이 나타날 가능성이 높고, 쌍둥이에게 특히 이란성 쌍둥이보다는 일란성 쌍둥이에게서 말더듬이 더 일치되게 나타난다(심현섭 등; Heward, 2006)는 연구결과들은 말더듬의 원인이 유전적인 것이라고 생각하게 한다.

하지만 말더듬의 원인은 아직 알려져 있지 않다. 유전적인 것일 수도, 기질적인 것일 수도, 그리고 심리적, 환경적인 것일 수도 있을 수 있으며, 여러 가지 원인이 복합적으로 작용한 결과일 수도 있다. 말더듬은 결국 일종의 비유창성이고 다른 형태의 비유창성 중 말더듬과 유사한 특성도 볼 수 있다. 다른 유형의 비유창성과 말더듬의 차이는 다음과 같다(Culatta, Tompkins, & Werts, 2003).

① 말더듬 행동은 아동기에 시작되었다는 발달적 이력을 지니고 있어야 한다.

② 인식 가능한 병인적 요소나 이 행동을 유지하게 하는 요소들이 없다.
③ 반복 패턴이 정상적으로 말하는 사람들의 그것과는 다르다.
④ 말더듬의 특성은 여러 가지 방식들로 교정될 수 있다.
⑤ 말더듬의 특성은 유창하게 말하는 동안에는 나타나지 않는다.
⑥ 말을 더듬는 사람들은 일반적으로, 특히 특정한 상황에서 의사소통하는 것이 어렵다는 신념 체계를 내면화했다.

3) 음성장애

음성은 음의 고저, 강도, 음질 등이 의사소통에 적절한 경우 그리고 특정 사람에게 어울릴 경우 정상으로 간주된다(Heward, 2006). 결국 음성장애(voice disorders)는 이와 같은 소선을 충족시키지 못하여 말이 불분명해지고, 의사소통의 기능이 저하될 수 있는 상태로, 증상은 약한 쉰 소리에서부터 음성을 완전히 잃는 것에 이르기까지 다양하다.

그동안 음성장애는 첫째, 음성이 정상인지 결정하는 데에는 상당한 주관적 판단이 개입하고, 둘째, 정상이라는 것은 상황에 따라(예, 응원, 회의, 대화 등) 그리고 장소에 따라 매우 다양할 수 있으며, 셋째, 정상적인 음성의 수용 가능한 범위에 대한 이견이 있어 많은 주목을 끌지 못했다(Heward, 2006). 하지만 음성장애는 누구나 경험할 수 있는 가장 흔한 의사소통장애의 유형으로, 특히 교사나 가수 등 성대를 많이 사용하는 사람들은 누구나 음성장애에 노출되어 있다고 할 수 있다.

음성장애는 "성대, 호흡기관 및 성도(vocal track)의 구조적 또는 기능적 이상으로 인하여 음도, 강도, 음질의 변화를 초래하는 말장애의 한 유형(심현섭 외, 2012: 197 재인용)"으로 크게 기능적 음성장애(functional voice disorders)와 기질적 음성장애(organic voice disorders)로 나눌 수 있다.

첫째, 기능적 음성장애는 성대에는 특별한 병변이 없으나 성대의 오용 혹은 남용 등 음성 과기능으로 발생한 음성장애로, 기능적 실성증(functional dysphonia), 성대 비대증, 성대결절 등이 이에 속한다.

둘째, 기질적 음성장애는 발성기관의 구조적 손상이나 질병에서 기인한 음성장애로 기도협착과 같은 선천적 음성장애, 라인케부종, 후두염과 같은 조직변화로 인한 음성장애, 성대 마비, 후두암과 같은 신경학적 혹은 근육변화로 인한 음성장애 등이 이에 속한다(심현섭 등, 2005).

4 언어장애

Owens는 언어장애를 "주로 이해와(혹은) 산출을 목적으로 하는 구어와(구어나) 문어의 활용에 있어 결함 그리고(혹은) 미성숙으로 특징지어지는 발달적 그리고(혹은) 후천적 장애와(장애나) 지체의 이질적 집단"(1998: 486)으로 정의하고 있다.

언어장애는 수용언어(이해)와 표현언어(산출)의 습득이 체계적이지 않고(않거나) 순서에 따르지 않는 것, 즉 언어장애 아동들은 규칙이 지배하는 언어 행동들을 순차적인 진행에 따라 습득하지 못하는 것이다. 특히 앞서 밝혔듯 언어의 구성요소를 형식과 내용, 그리고 사용이라고 볼 때, 어떤 아동이 언어의 음운론적, 형태론적, 그리고 통사론적 측면들을 습득하는 데 어려움을 겪는다면 해당 아동은 언어의 형태에 결함이 있을 수 있다. 예를 들어, 형태론적 문제를 지닌 아동은 복수형이나 시제를 적절하게 구사하지 못하며, 복잡한 문장을 들을 때 혼란스러워한다.

언어의 내용은 의미론적 문제로 나타난다. 이러한 문제를 지닌 아동은 알고 있는 어휘 수가 또래들에 비해 적고, 단어의 의미를 배우는 것이 더디다. 또한 추상적인 단어들의 의미나 그 단어들이 나타내는 개념들을 이해하지 못할 수도 있다. 화용론적 문제를 지닌 아동들은 언어의 사용에서 어려움을 보여 대화를 어떻게 시작하고 유지해야 하는지 모를 수 있다. 또한 언어 사용과 관련된 관습(예, 번갈아 말하기, 듣는 사람이 대화 내용을 이해하는 데 필요한 정보 제공하기 등)에 서투를 수 있다(Bernstein & Tigerman-Farber, 2009; Culatta, Tompkins, & Werts, 2003; Hardman, Drew, & Egan, 2006).

언어는 또한 문해(literacy)를 포함하며, 문해는 학업성취와 밀접한 관련이 있다. 따라서 언어장애는 읽기 및 쓰기에 부정적인 영향을 줄 수 있고 이는 결국 학업성취에 있어서의 문제와 연결되는 것이다. 그 결과 의사소통장애 아동들 중 상당수가 읽기성취에서 전형적인 언어를 갖춘 또래들에 비해 저학년부터 뒤처지기 시작한다(Catts, 1993).

이에 대해 Marvin과 Wright(1997)는 의사소통장애 아동들이 다른 장애를 지니고 있는 아동들보다 음성언어로 읽어주는 혹은 녹음된 이야기를 잘 듣지 않는 것 같으며, 읽어준 책이나 이야기에 관해 성인들과 대화할 가능성도 낮고, 질문을 하거나 질문에 답하는 것 또한 잘하지 않는 것으로 보인다고 주장하였다. 하지만 언어장애를 정의하는 것은 간단한 일이 아니다. 이는 다른 많은 장애들이 언어장애의 특성을 지니고 있기 때문이다.

예를 들어, 언어는 종종 지적장애 아동들의 가장 손상된 영역 중 하나가 되고 지적장애인들의 단 한 가지 가장 중요한 특성이 될 수 있다(Owens, 1998). 게다가 언어장애의 정의는 변화되고 확장되어 왔다. 언어장애의 초기 정의는 주로 통사론과 의미론에서의 문제에 초점을 맞춰왔고 음운론과 화용론 등은 언어장애의 범위 내에 있는 것으로 간주되지 않았다(Kamhi, 1998).

Lahey(1990)는 언어장애 아동들의 판별은 언어 수행에 근거하는 것이 최선이며, 이 수행의 기반을 이루는 지식에 대한 추론에 기대서는 안 된다고 주장하였다. 더 정확한 판별을 위해서는 일상생활의 맥락에서 어떤 아동이 보이는 실제 수행을 사정하는 것이 수행에 기반을 둔 추론보다 훨씬 더 중요하며, 더 정확한 사정을 위해서는 분명한 준거가 필요하다. 그러나 준거의 문제는 정의보다 더 복잡하고 논란이 많다. 즉, 많은 연구들(Aram et al., 1993; Kamhi, 1998)은 임상가들 및 연구자들은 언어장애에 대한 서로 다른 판별 준거 및 절차를 갖고 있다고 지적하였으며, 따라서 검사자에 따라 동일한 사람이 언어장애로 진단될 수도 그렇지 않을 수도 있다는 것이다.

임상가와 연구자의 목표가 서로 다르기 때문에 이들 사이의 합의 부족은 어쩌면 자연스러운 일일 것이다. 하지만 이들의 의견이 일치하지 않는 것은 아동들과 부모들, 그리고 교사들을 혼란스럽게 할 수 있고, 언어관련 서비스가 필요한 아동들을 판별하는 데 있어 일관성을 잃을 수 있다. 그러므로 이러한 차이를 줄이기 위해서는 임상가들은 모호한 개념을 더 분명한 것으로 대체할 필요가 있고, 연구자들은 지나치게 엄격하고 융통성 없는 개념을 더 유연한 것으로 바꿀 필요가 있다.

1) 실어증

실어증(aphasia)은 신경언어장애의 대표적 형태로 언어와 관련된 뇌 영역의 손상으로 인해 언어를 형성하고, 의미를 이해하고 표현하는 과정에서 동시에 또는 부분적으로 장애를 나타내는 경우를 말한다. 즉, 실어증이란 명칭과는 달리 '말을 잃은' 것이 아니라 언어를 이해하거나 표현하는 데 혹은 두 가지 경우 모두에서 문제를 보이는 것이다. 따라서 실어증은 뇌졸중과 같은 심혈관계 질환 등 뇌 손상으로 발생하며 성인 언어장애 중 가장 출현율이 높다(Heward, 2006).

실어증은 언어의 네 가지 영역, 즉 말하기, 듣기, 읽기, 쓰기 모두에서 관찰된다. 보스턴 실어증학파 분류기준에 따르면 실어증은 발화의 유창성, 청각적 이해력, 따라 말하기 능력, 이름대기 능력 등의 과제 수행력에 따라 베르니케 실어증(Wernicke's aphasia), 초피질 감각 실어증(transcortical sensory aphasia), 전도 실어증(conduction aphasia), 이름 실어증(anomic aphasia), 브로카 실어증(Broca's aphasia), 초피질 실어증(transcortical motor aphasia), 혼합 초피질 실어증(mixed transcortical aphasia), 전반 실어증(global aphasia) 8가지 유형으로 나뉜다(심현섭 등, 2005, <표 10-2> 참조).

표 10-2 과제 수행력과 실어증의 유형

	베르니케 실어증	초피질 감각 실어증	전도 실어증	이름 실어증	브로카 실어증	초피질 실어증	혼합 초피질 실어증	전반 실어증
유창성	+	+	+	+	–	–	–	–
청각적 이해력	–	–	+	+	+	+	–	–
따라 말하기	–	+	–	+	–	+	+	–
이름대기	–	–	+	–	–	–	–	–

출처: 심현섭 등(2005: 151). **의사소통장애의 이해**.

(1) 베르니케 실어증

유창 실어증(fluent aphasia), 수용 실어증(receptive aphasia)에 속하며 상부 측

두엽의 후반 1/3을 차지하는 뇌 영역인 베르니케 영역 중심으로 한 손상이 있을 때 관찰된다. 청각적 이해력이 떨어지는 것이 대표적인 증상으로 문법적으로 복잡하거나 길이가 증가할수록 오류가 증가한다.

여러 가지 질문에 거의 비슷한 문구만을 되풀이하여 반응하기도 하고, 때에 따라 지나치게 많은 말을 늘어놓기도 한다. 정상적인 운율이나 발음은 유지하는 편이지만 목표단어와 그 의미나 발음이 전혀 유사하지 않고, 그 나라말의 어휘에조차 속하지 않는 신조어를 보이기도 한다. 읽기에 있어서는 전혀 읽지 못하거나, 읽어도 의미를 이해하지 못하고, 쓰기 수행력 또한 저하되어 있다.

(2) 초피질 감각 실어증

베르니케 실어증과 마찬가지로 청각적 이해력은 저하되어도 따라 말하기 능력이 유지된다. 발화의 특성은 베르니케 실어증과 유사하다.

(3) 전도 실어증

베르니케 영역에서 이해된 언어정보를 브로카 영역에서 표현할 수 있도록 전달하는 활모양섬유다발(arcuate fasciculus)의 손상으로 인해 발생하며, 따라 말하기에 문제가 생긴다. 청각적 이해력은 유지하고 발화는 유창한 편이지만 '어...', '음...' 등과 같은 삽입어가 많다. 소리 내어 읽기에서는 목표 음소를 다른 음소로 대치하여 반응하기도 하나, 묵독 후 읽기과제에 대한 이해능력 양호한 편이다.

쓰기에 있어 전체적인 문법구조나 내용의 완성도는 어느 정도 유지되지만, 읽기에서와 마찬가지로 목표 음소를 다른 음소로 대치하여 반응하기도 한다.

(4) 이름 실어증

청각적 이해력 좋은 편이나 이름대기 수행력이 상대적으로 유난히 떨어진다. 또한 발화 자체는 유창한 편이나 낱말 찾기에 어려움을 보이고, 목표 음소를 다른 음소로 대치하여 반응하는 경우도 자주 관찰되며 이러한 경우 계속해서 자가 수정을 한다.

(5) 브로카 실어증

비유창 실어증(non-fluent aphasia), 표현실어증(expressive aphasia)에 속하며, 하부전두엽 후반 1/3을 차지하는 영역, 즉 브로카 영역의 손상에서 기인한다. 표현능력과 유창성이 떨어지고, 말할 때 운율은 비정상적으로 단조롭고 속도도 느리다.

가장 주요한 특징은 조사 등의 기능어가 많이 생략되어 발화 길이가 짧은 전보문 형식을 보인다는 점이다. 청각적 이해력은 상당히 유지되는 편이지만 기능어가 많이 포함되거나 문법적으로 복잡한 문장에서는 이해력 떨어지고 쓰기능력 또한 저하된다. 읽기능력은 말하기나 쓰기에 비하여 좋은 편이다.

(6) 초피질 운동 실어증

발화 유창성이 떨어지기는 하지만, 따라 말하기 능력은 비교적 좋다. 언어 이해력도 좋은 편이다.

(7) 혼합 초피질 실어증

언어 이해력이나 표현력에 비하여 따라 말하기 능력이 상대적으로 잘 보존되어 있다. 질문에 적절한 답을 하기보다 그 질문 자체를 그대로 따라 하기도 하며, 그 전에 주어진 자극에 대한 언어적 반응을 후속자극에 대해서도 되풀이하기도 한다.

(8) 전반실어증

우성(優性) 뇌반구의 광범위한 손상으로 인하여 언어이해와 언어표현의 장애 정도가 가장 심한 실어증으로, 모든 과제 수행력이 상당히 떨어진다.

2) 단순언어장애

단순언어장애(Specific Language Impairment) 아동들은 인지적(비언어성 IQ 85 이상), 신체적 발달 및 정서적 측면에서의 이상 없이 언어 및 의사소통에서 문제를 보인다. 이들의 경우 언어발달이 정상적인 발달을 보이는 아동들에 비해 비교적 늦고, 조음발달의 어려움을 동반하는 경우가 많으며, 사용하는 낱말의 수가 적고, 문법적 능력에 제한이 있는 등 언어를 사용하는 능력이 떨어진다.

또한 학습능력에 있어 전반적으로 제한을 보이며(읽기장애를 동반하는 경우가 많다), 사회성 기술 또한 떨어진다. 현재 단순언어장애 진단을 위해 보편적으로 사용되는 방법은 배제준거와 차이준거를 함께 고려하는 것으로 배제준거란 해당 아동에게 청력손실, 신경학적 결함, 또는 정서적 문제가 없어야 함을 말하며, 차이준거란 생활연령, 학년수준, 정신연령, 또는 비언어적 지능에 비추어 아동에게 기대되는 언어수행과 실질적인 언어수행 간의 차이를 말한다(Dunn, Flax, Sliwinski, & Aram, 1996).

그 중에서 여러 가지 의학적인 검사들을 통해 비교적 쉽게 가려낼 수 있는 배제준거보다는 차이준거를 이용한 단순언어장애의 진단에 문제가 있는 것으로 나타나고 있다. 차이준거는 보통 심리측정적 언어검사도구를 사용하여 언어연령을 산출해 내고 이를 생활연령 또는 정신연령과 비교하여 그 차이를 계산하는 것을 말하며, 그 차이가 일정 수준 이상일 경우 앞서의 배제준거를 참고하여 단순언어장애를 진단하게 된다.

5 의사소통장애 진단

어떤 아동에게 장애가 있는지 사정하여 진단을 내리는 일은 해당 아동은 물론 그 아동의 부모를 비롯한 가족, 친구 등에게 많은 영향을 미치는 행위이다. 장애가 있다는 것은 그 장애가 어떤 것이든 이들의 미래에 부정적인 영향을 줄 수밖에 없다. 따라서 효과적인 사정을 통한 적절한 진단의 중요성은 다시 한 번 강조해도 지나침이 없다.

어떤 아동에게 의사소통장애가 있는지 있다면 어떤 유형인지를 결정하는 일 또한 마찬가지이다. 따라서 주로 언어치료사에 의해 내려지게 되는 진단은 그 과정이 체계적인 과정([그림 10-2] 참조)이어야 할 것이며, 매 절차가 정확하고 적절하게 실행되어야 하고, 되도록 많은 정보를 수집하여 이를 바탕으로 합리적인 결정을 내려야 할 것이다. 즉, 진단은 일회성 작업의 결과가 아니다.

진단이라는 결과를 얻기 위해서는 일련의 절차들이 일정 기간 동안 실행되며 이 과정에서 여러 평가도구들을 사용하여 정보를 수집하게 된다.

부모의 허락 → 사례 이력 수행(기록, 면담) → 의사소통 행동 관찰 → 평가(비형식적, 형식적 평가) → 진단 결과 → 예후 → 중재 추천

출처: Culatta, R. A., Tompkins, J. R., & Werts, M. G.(2003: 163). *Fundamentals of special education: What every teacher needs to know*(2nd ed.).

그림 10-2 ››› 진단 절차

평가는 되도록 여러 전문가들이 참여해야 하고, 다양한 평가도구들이 활용되어야 하며, 각 도구들은 기술적(즉, 신뢰도와 타당도)으로 적절해야 하며, 대상 아동의 특성 및 해당 아동 가족의 문화적 배경 등이 고려되어야 한다. 여기에서는 심현섭 등(2012)이 제안한 우리나라 현실에 적합한 의사소통장애 진단모형을 중심으로 진단 절차를 논할 것이다([그림 10-3] 참조).

이 진단모형은 기본적으로 면담, 선별검사, 말·언어진단, 보완진단검사 의뢰, 진단결과에 따른 해석 및 치료·교육적 배치 등의 단계로 진행된다.

1) 면담

언어치료사는 진단 대상자나 보호자와의 면담을 통해 배경정보를 얻게 되며, 놀이 또는 대화 상황에서 아동의 의사소통 능력 및 상호작용 등의 행동을 관찰함으로써 정보를 얻을 수 있다.

2) 선별검사

선별검사의 주목적은 진단 대상자가 보이는 주요 장애 영역을 결정하는 데 있다. 우선 구강 운동능력 검사와 청능 선별검사를 통해 말·언어 능력을 간단하게 검사한다. 만약 여기서 문제가 발견되면 의료적 진단을 의뢰하고, 발견되지 않으면 문제가 없음으로 간주하여 진단을 종료한다.

문제가 확인될 경우 주 장애영역이 무엇인지 결정하고(중복 진단도 가능), 주 장애영역이 결정된 후에는 추후 세부적 진단을 위한 계획을 수립한다.

3) 말·언어진단

말·언어진단 검사의 주목적은 말·언어장애 하위 유형별 결함을 분석하는 것이다. 이를 위해 각 하위 유형에 해당하는 공식 및 비공식 검사를 실시한다. 검사 결과를 기초로 언어치료사는 주 장애영역과 하위 유형, 그리고 주 장애 영역에 동반되는 장애를 체크한다. 만일 언어치료사가 최종 진단결정을 내리는 데 어려움이 있다면 관련 전문가에게 보완진단검사를 의뢰한다.

4) 보완진단검사 의뢰

이 단계는 항상 요구되는 것이 아니라 필요한 경우, 예를 들어 신경정신과, 신경과, 이비인후과, 재활의학과 등 관련 전문가의 추가적인 정보가 요구되는 경우에만 실시된다.

5) 진단결과에 따른 해석 및 치료·교육적 배치

이 단계에서는 우선 말·언어장애가 있는지 결정한다. 또한 위험군 여부 및 장애의 정도를 결정해야 한다. 그리고 만일 위험군에 속한다면 지속적인 관리 및 계획을 수립한다. 그러고 나서 진단 결과를 기초로 치료의 목적을 설정하고, 치료 빈도를 결정한다. 마지막으로 언어치료와 함께 특수교육 그리고(혹은) 의료 및 재활이 병행되어야 하는지 결정한다.

면담

- 진단 대상자 및 보호자 보고
- 의사소통 및 상호작용 관찰

← 관련 전문가 의뢰 (발달항목 참조)

↓

선별검사

1. 말·언어 기초능력 선별검사 → 불합격: 의료적 진단 의뢰
   (1) 구강운동능력 선별검사 (2) 청능 선별검사
2. 말·언어 선별검사 → 정상 판별
   → 의심 장애영역의 세부 진단계획
3. 말·언어 주 평가영역 결정

의심 장애영역

언어발달	조음음문	음성	유창성	말운동	신경언어

↓

말·언어진단검사

1. 공식검사 실시(각 장애검사 목록 참조)
2. 비공식검사 실시(각 장애검사 목록 참조)
3. 결과 분석:
   (1) 주 문제 분석
   (2) 말·언어장애의 하위유형 결정:

(※ 중복 체크 가능)

	이동언어장애	조음음운장애	음성장애	유창성장애	신경말장애	신경언어장애
주 문제						
하위유형	발화전기 / 발화기: 수용언어(동사, 의미, 화용), 표현언어(동사, 의미, 화용), 읽기, 쓰기	모음 / 자음: 생략, 대치, 왜곡, 동화	성대과다사용, 성대기능저하, 공명, 심인성	학령전기, 학령기, 청소년·성인, 비전형적	말운동장애: 마비말장애, 말실행증 / 기타	실어증: 유창성, 비유창성 / 인지의사소통장애 / 기타
동반장애	정신지체, PDD 자폐포함, 뇌성마비, 청각장애, ADHD, 이중언어, 기타	구개파열, 뇌성마비, 청각장애, 이중언어, 정신지체, 기타	후두암, 청각장애, 뇌병변장애, 구개파열, 기타	정신지체, 뇌병변, ADHD, 기타	뇌졸중, 파킨슨병, ALS, MS, 기타	뇌졸증, 치매, TBI, 뇌종양, 기타

↓↑

보완진단검사 의뢰

아동·성인 인지검사	신경학적 검사 및 뇌기능/뇌영상 검사	연인두기능검사
아동·성인 정서검사	청각기능검사	근간장성 및 자세 검사
아동발달검사	후두기능검사	

↓

진단 결과에 따른 해석 및 치료·교육적 배치
1. 말·언어장애의 여부 및 정도 결정 2. 말·언어장애 위험군의 지속적인 관리 및 계획 수립 3. 말·언어치료의 목표 및 치료 횟수 계획 수립 4. 교육, 의료 또는 재활훈련 의뢰

(※ 중복 체크 가능)

출처: 심현섭 외(2012: 17-18). **의사소통장애의 진단과 평가.**

그림 10-3 ›› **의사소통장애 진단 모형**

6 의사소통장애와 보완대체 의사소통

보완대체 의사소통(Augmentative and Alternative Communication)은 신경근의 질병이나 손상으로 인해 말하기 혹은 글 쓰기에 어려움을 겪는 사람들이 직면한 문제들을 개선하기 위해 설계된 체제이다(Cook & Hussey, 2002).

즉, 보완대체 의사소통의 궁극적인 목적은 기능적이고 효과적인 의사소통 체제를 확립하는 데 있으며, 흔히 그림이나 글 중심의 플래시 카드, 혹은 음성녹음 등과 같은 서비스 및 장비를 사용하여 개개인의 의사소통을 증진시킨다(Heflin & Alaimo, 2007). 따라서 말과 언어 등에서의 문제로 의사소통에 어려움을 보이는 아동들에게 있어 보완대체 의사소통은 의사소통, 결국 상호작용을 향상시켜주는 도구로 활용될 수 있다. 하지만 보완대체 의사소통이 의사소통장애 아동들에게만 필요한 것도 아니며(<표 10-3> 참조), 이를 사용한다고 해서 해당 아동이 말을 발달시키지 못하거나 보완대체 의사소통이 해당 아동의 유일한 의사소통 수단이 되는 것은 아니다(Bryant & Bryant, 2003).

보완대체 의사소통은 보완(augmentative) 의사소통과 대체(alternative) 의사소통의 합성어이다. '보완'이라는 단어의 의미는 이 체제가 기존의 능력에 추가됨을 의미하는 것이다. 많은 경우에 있어 음성언어는 의사소통의 주요 수단이며, 보완 의사소통은 의사소통의 상대가 말을 이해하지 못할 때 말하는 사람의 음성화를 보충해주게 된다. 그리고 '대체' 의사소통은 그 자체로 제1의 의사소통 수단이 되는 것을 말한다.

보완대체 의사소통 체제는 크게 보조(aided) 보완대체 의사소통과 비보조(unaided) 보완대체 의사소통으로 구분할 수 있다. 먼저 비보조 보완대체 의사소통은 외부 장비나 장치 등을 사용하지 않는 의사소통으로 몸짓, 수신호, 수화 등이 이에 속한다. 이에 비해 보조 보완대체 의사소통은 의사소통을 위한 장비 그리고(혹은) 장치를 활용한다. 음성 산출이 가능한 의사소통판이 보완대체 의사소통(비전자, 전자장비)의 대표적인 예라 할 수 있다(Bernstein & Tigerman-Farber, 2009: 327; Bryant & Bryant, 2003).

표 10-3 보완대체 의사소통

보완대체 의사소통이 필요한 아동	보완대체 의사소통의 형태
• 말을 못하는 아동 • 언어모방 기술 부족한 아동 • 언어적 촉구에 의존하는 아동 • 자발적 의사소통 시도에 어려움이 있는 아동	• 그림교환 의사소통 체제(PECS) • 수화(수신호) • 상호작용적 의사소통 판 • 의사소통 단서 카드 • 의사소통 책 • 음성 출력 의사소통 기구

Musselwhite와 Louis(1988)는 보완대체 의사소통의 기능을 다음과 같이 설명하였다.

- **음성이라는 방법을 어느 정도 대체해 주는 대안적인 의사소통 체제**: 이러한 기능은 음성 의사소통을 배우고 있는 사람을 위해 잠정적으로 활용될 수 있다. 비음성언어 수단으로 정보를 전달하는 것이 목적이다.
- **음성 의사소통 보완**: 이 기능은 활용 가능한 말소리를 얼마간 지니고 있으나 말소리를 구성하거나 알아들을 수 있게 말을 하는데 어려운 사람들을 위한 것이다.
- **의사소통 촉진**: 이 기능은 알아들을 수 있는 말소리, 언어의 산출 및 조직, 그리고(혹은) 일반적인 의사소통 기술 등을 강조한다.

수학의 연산에서 '계산기'가 그리고 쓰기에서 '워드 프로세서'가 그랬듯, 보완대체 의사소통 또한 이를 활용하는 것이 해당 아동의 말과 언어의 발달을 방해할 것이라는 우려가 있었다. 하지만 보완대체 의사소통의 활용은 비효율적인 의사소통 및 사회적 상호작용에 수반되는 부담 및 좌절을 완화시켜줌으로 인해 의사소통을 통한 상호작용에 적극적으로 참여할 수 있게 해줌으로써 말과 언어발달을 향상시킬 수 있다.

구체적으로 보완대체 의사소통은 상징학습을 촉진하고, 훈련받은 상징의 언어화를 증가시키며, 주의와 의도적 의사소통, 그리고 사회 적응성을 증가시키고 즉각적인 구두 의사소통을 촉진하고, 소통 시작의 횟수를 늘리며, 의미 범위와 소통 대상자의 수를 확장시킨다. 그러므로 가능한 한 일찍 보완대체 의사소통을 활용하는 것이 필요하다(Bernstein & Tigerman-Farber, 2009: 327; Bryant & Bryant, 2003). 하지만 보완대체 의사소통의 이러한 장점들은 어떠한 경우에도 나타나는 것은 아니다.

보완대체 의사소통의 선택과 실행 등은 여러 분야의 전문가들, 사용자, 그리고 사용자와 주로 상호작용하는 사람들로 구성된 팀에 의해 이루어져야 하고, 사용자 자신 및 주요 의사소통 상대는 평가 및 실행 팀의 구성원으로 참여해야 하며, 사용자 자신 및 주요 의사소통 상대는 보완대체 의사소통 체제를 사용하는 데 훈련을 받아야 한다. 특히 어떠한 결정도 사용자 자신의 의견 없이 내려져서는 안 된다. 또한 훈련은 언어 사용자들의 중요한 화용 기술들을 반영할 수 있도록 의미 있는 대화가 이루어지는 자연스러운 환경에서 실시되어야 한다(Bryant & Bryant, 2003).

유아특수교육 11 Chapter

1 유아특수교육의 개념

교육현장에서 교육자들이 사용하는 '특수'라는 의미 속에는 어떤 면에서는 보편적인 기준에서 벗어나는 기준이 포함되어 있다. 특수교육(special education)은 개별적인 교육적 요구를 지닌 특수교육대상자에게 그 특성에 맞는 교육을 제공함을 의미하며, 특수교육대상자의 잠재 능력을 최대한 계발시키기 위한 특별한 교육서비스(Kirk & Gallagher, 1979)라고도 말할 수 있다. 우리나라의 「장애인 등에 대한 특수교육법」(2008)에서는 '특수교육'이라는 용어정의를 다음과 같이 제시하고 있다.

> "특수교육이란 특수교육대상자의 교육적 요구를 충족시키기 위하여 특성에 적합한 교육과정 및 특수교육 관련서비스 제공을 통하여 이루어지는 교육을 말한다(제2조 1항)."

위에서 설명한 특수교육의 의미에 비추어, 유아특수교육(early childhood special education)은 특수교육요구대상유아의 교육적 요구를 충족시키기 위하여 개별적인 특성에 적합한 교육 및 특수교육 관련서비스를 제공하는 것을 의미한다. 다시 말해, 취학 전 특수유아를 대상으로 하는 특수교육으로, 초기 신생아, 걸음마기, 학령전기 특수교육요구 영·유아를 모두 포함한다. 대상 연령이 유아에게만 국한되는 것이 아닌, 장애신생아 및 영아들이 포함됨에 따라 조기중재(조기개입), 조기특수교육 등 다양한 용어가 사용되고 있다. 유아특수교육과 관련된 대상 연령별 용어를 정리하면 <표 11-1>과 같다.

표 11-1 특수교육요구대상유아의 대상연령에 따른 용어

용어	대상연령	내용
조기중재/조기개입 (early intervention)	0~2세	장애 신생아 및 영아들과 그 가족들을 위해서 제공되는 협력적이고도 종합적인 특수교육서비스
유아특수교육 (early childhood special education)	3~5세	장애유아들의 독특한 욕구를 충족시키기 위해서 제공되는 특수교육서비스
조기특수교육 (early intervention / early childhood special education)	0~5세	조기중재와 유아특수교육을 모두 포함하는 취학 전 특수교육

출처: 이소현(2010). **유아특수교육**.

2 유아특수교육의 필요성

특수아 중에서도 특수아 조기교육은 더욱 중요하다. 특수아 조기교육은 0~5세 조기개입과 유아특수교육을 모두 포함하는 취학 전 특수교육임을 감안할 때, 이 시기 동안 적절한 조기선별과 조기진단, 조기중재가 잘 이루어지면 장애의 감소 및 2차적 예방을 가져올 수 있다. 그렇기 때문에 유아특수교육이 제대로 이루어지기 위해서는 장애를 조기에 발견하고 판별하여, 장애유아가 제대로 된 특수교육서비스를 제공받을 수 있게 해야 한다.

이러한 조기중재서비스와 함께 특수교육전문가들의 처치와 조력이 조화롭게 이루어지면, 특수교육요구대상유아의 장애 발생을 줄일 수 있고, 이들의 발달과 교육에 긍정적인 영향을 미칠 것이다. 더불어 장애 영·유아와 그 가족들이 장애아를 양육하고 지원하는 데 조기중재는 효과적이고 중요한 서비스이다(Bruder & Brand, 1995; Fewell, 1993). 유아기 조기학습과 조기경험의 중요성과 장애 발생의 예방, 장애자녀를 둔 가족참여와 지원에서 유아특수교육의 필요성을 설명하면 다음 <표 11-2>와 같다(이소현, 2010; 조윤경, 김수진, 2009).

표 11-2 ▸▸▸ 유아특수교육의 필요성

필요성	내용
조기학습의 중요성	초기 학습 환경과 경험이 인간발달에 영향을 미치므로, 생애의 결정적인 시기인 유아기에 적절한 기술을 학습시키는 것은 중요하며, 환경적인 자극이나 경험도 풍부하게 제공하여 성장기 발달에 부정적인 영향을 최소화하여야 한다.
장애 예방 및 최소화	장애나 장애위험을 지닌 영·유아들을 조기에 선별하고 진단하여 장애발생을 예방하고, 장애로 인한 부정적인 영향을 최소화할 수 있다.
가족의 필요 지원	장애 영·유아의 중재서비스에 부모의 참여와 지원은 유아의 교육적 성취에 중요한 부분이며, 장애자녀로 인해 가족이 가지는 필요와 요구에 초점을 맞추어 가족구성원에게 양육방법과 중재서비스 지원 및 상담을 제공함으로써 가족역량을 강화시켜야 한다.

3 유아특수교육 대상유아

1) 장애유아

교육을 목적으로 사용되는 특수아란 자신의 잠재력을 계발하기 위해서 특수 교육 및 그와 관련된 서비스를 필요로 하는 아동을 의미한다(Hallahan & Kauffman, 2003). Kirk와 Gallagher(1979)에 의하면, "특수아동이란 지적, 신체적 특성, 사회 혹은 정서적 행동, 감각, 의사소통 능력 등 복합 장애 영역에 있어서 정상 아동으로부터 벗어난 정도가 심하기 때문에 잠재 능력을 최대한 계발시키기 위해서 특별한 교육 서비스가 요구되는 아동이다"라고 정의하고 있다. 이와 같이, 특수아동은 특정 영역에서 다른 아동과 차이가 나는 아동으로 장애아뿐만 아니라, 특수교육을 필요로 하는 모든 아동을 포함하는 개념으로 볼 수 있다.

장애유아(preschoolers with disabilities)는 위에서 설명한 특수아동의 개념에 비추어볼 때, 특수교육관련 법에 준하여 이미 장애를 지니고 있는 것으로 적격성 판정을 받은 특수교육대상유아를 말한다. 우리나라의 「장애인 등에 대한 특수교육법」(2008)에서는 '특수교육대상자'를 다음과 같이 분류하고 있다.

"특수교육대상자란 특수교육을 필요로 하는 사람으로 선정된 사람을 말하며(제2조 3항), 시각장애, 청각장애, 정신지체, 지체장애, 정서·행동장애, 자폐성장애, 의사소통장애, 학습장애, 건강장애, 발달지체를 말한다(시행령 제10조)."

2) 발달지체유아

발달지체(Developmental Delay)유아는 자신의 나이보다 훨씬 더 어린 전형적인 발달을 보이는 아동과 동일한 수행을 보이는 것으로(Allen & Schwartz, 2003), 또래 연령의 아동보다 발달이 지연되거나 느린 경우를 말한다.

유아특수교육 분야에서는 유아기 장애표찰의 부정적인 영향으로 인한 편견이나 불이익을 줄이고, 발달영역, 즉 인지, 언어, 사회성, 운동성, 자조기술발달에 있어 유아기는 발달의 가능성이 있는 시기이므로, 장애의 판정이나 장애명 표찰을 사용하기보다는 발달과정에서 유아가 보일 수 있는 강점과 성장가능성에서 긍정적인 면을 강조하는 발달지체의 용어를 선호한다. DEC(1996)에서는 유아특수교육 현장에서 발달지체라는 용어를 사용할 때 얻을 수 있는 이점을 다음과 같이 밝히고 있다.

① 장애범주에 따른 장애명칭 부여가 아닌 발달영역의 상태를 제시함으로써 발달에 적합한 환경 배치가 가능하도록 해 준다.

② 장애범주에 따른 중재서비스를 받기보다 개별 특수교육요구대상유아의 요구와 발달특성에 맞는 서비스를 제공받도록 해 준다.

③ 전문가들은 장애명칭을 부여하여 장애표찰에 따른 서비스를 제공하는 것이 아닌 발달지체 용어사용으로 특수교육요구대상유아가 학급의 사회적 구성원으로서 통합교육을 지향하도록 해 준다.

우리나라의 「장애인 등에 대한 특수교육법」(2008)에서는 기존 「특수교육진흥법」에서 분류한 장애범주에 '발달지체' 대상자를 포함시켜 영아 및 만 9세 미만의 유아들의 특수교육 및 특수교육 관련서비스를 제공받을 수 있는 법적인 근거를 마련해주고 있다. 「장애인 등에 대한 특수교육법」에 명시된 '발달지체를 보이는 특수교육대상자'의 정의는 다음과 같다.

"발달지체를 보이는 특수교육대상자란 신체, 인지, 의사소통, 사회·정서, 적응행동 중 하나 이상의 발달이 또래에 비하여 현저하게 지체되어 특별한 교육적 조치가 필요한 영아 및 9세 미만의 유아를 말한다(시행령, 제10조)."

3) 장애위험유아

장애위험(children at risk)유아는 생물학적으로나 환경적인 위험요소에 노출되어 장애로 진단받지는 않았지만 장애가 될 가능성이 높은 유아를 말한다. Spodek & Saracho(1994)에 따르면, 장애위험유아를 현재 형성된 장애를 지니고 있지는 않지만 아무런 교육적 서비스를 제공하지 않고 방치할 경우 학교생활의 실패를 초래하거나 장애를 일으킬 상황에 처한 아동임을 밝히고 있다. 조기학습의 중요한 시기인 유아기에 지적자극과 의료적 처치의 부족, 정서적 결핍으로 인해 장애나 장애위험유아의 가능성이 높아질 수 있으므로 장애 예방적인 차원의 접근이 필요할 것이다.

장애위험유아는 크게 환경적 위험유아, 생물학적 위험유아, 형성된 위험유아로 분류된다(Zervigon-Hakes, 1995). 환경적 위험(environmental risk)은 열악한 사회·경제적인 환경요인으로, 여기에 포함되는 유아들은 사회·경제적 빈곤, 부모의 아동학대 및 약물남용, 부적절한 양육 상태 등으로 정상적인 발달에 어려움을 보이게 된다. 생물학적 위험(biological risk)은 산모의 출산 전·중·후에 발생할 수 있는 생물학적 위험요인으로, 여기에 포함되는 유아들은 출산 전 임산모의 풍진, 성병 등의 질병이나 병원균 감염, 약물노출 그리고 저체중(1,000~2,500g)이나 조산아 출산 등으로 장애의 가능성이 높다.

형성된 위험(estabilished risk)은 유전적·의학적으로 이미 장애의 위험요인을 가진 경우로, 여기에 포함되는 유아들은 출생 시 염색체 이상으로 인한 다운증후군이나 선천적 대사장애, 선천적 기형 등 이미 형성된 장애조건을 가지게 된다. 세 가지 유형의 개념과 위험요소의 구체적인 예시는 <표 11-3>과 같다.

표 11-3 장애위험 유아

유형	개념	위험요소 예
환경적 위험유아 (environmental risk)	열악한 사회경제적 위험요인으로 인해 정상적인 발달이 어려운 유아	• 고등학교를 졸업하지 못한 10대 출산 • 자녀학대 및 방임(본인이나 형제) • 법적 보호자의 부재 • 대리 또는 보호양육 환경 • 부모로서 양육기능의 지속적인 미수행 • 가정 내에서 자녀학대 및 폭력 • 주거지 없이 노숙생활 • 가족구성원들이 독극물 등에 노출
생물학적 위험유아 (biological risk)	출산 전, 출산 중, 출산 후에 발생할 수 있는 위험요인으로 인해 정상적인 발달이 어려운 유아	• 산모의 난산이나 기계에 의한 출산 • 발달지체와 관련된 질병 및 외상 • 약물 노출 • 임산모의 만성적 질병 • 과거 또는 현재 신생아중환자실에 입원 • 출생 시 저체중(1,000~2,500) • 발달을 저해하는 요소
형성된 위험유아 (estabilished risk)	선천적으로나 유전학적으로 이미 장애의 위험요인을 가진 유아	• 선천적/유전학적 장애 • 신경학적 비정상 • 비정상적인 발달장애 • 출생 시 극도의 저체중(1,000g 이하) • 인지, 의사소통, 신체/운동기능, 사회성, 기본생활습관 영역의 발달지체

4 장애유아의 발달영역별 지도방법

앞서 「장애인 등에 대한 특수교육법」(2008)에서도 밝히고 있듯이, 발달지체는 신체/운동, 인지, 의사소통, 사회·정서, 적응행동 발달영역 중 하나 이상에서 지체된 발달을 보이는 영·유아이다. 장애유아, 발달지체유아, 장애위험유아를 포함하는 특수교육요구대상유아들은 동일한 연령의 영·유아가 보이는 전형적인 발달에 미치지 못하거나 심각한 지체를 보이기도 한다. 따라서 유아특수교사는 특수교육요구대상유아가 발달적인 특성에 따라 성장하고 있는지, 현재 연령에 비추어

발달단계 중 어떠한 영역에서 이상증후를 보이는지 민감하게 관찰하고, 이에 따른 중재를 계획하기 위해서 영·유아기 발달특성과 지도방법에 대한 이해가 필요하다. 여기에서는 법에서 명시하고 있는 다섯 가지 발달영역(운동, 인지, 의사소통, 사회정서, 적응행동)으로 나누어 연령별 발달특성과 지도방법을 살펴보고자 한다(노진아, 김연하, 김정민, 2011; 이소현, 2010; 유수옥, 2005; 최민숙 외, 2004).

1) 적응행동발달과 지도방법

적응행동(adaptive behavior)은 독립적인 생활을 하는 데 필요한 가장 기초적이고 기본적인 기술로서, 화장실가기, 음식 먹기, 옷 입고 벗기, 손 씻기, 양치하기, 신발 신고 벗기 등의 자조기술(self-help skill)을 포함한다. DEC(1993)에서는 적응행동기술은 성숙과 학습의 영향으로 나타나는 유아의 행동변화로, 다양한 환경에서 독립적으로 기능하는 것을 목표한다고 정의하고 있다.

그러나 발달과정에서 여러 가지 요인들이 장애유아의 독립적인 자조기술을 습득하는 데 영향을 준다. 대부분의 영·유아들은 스스로 먹기, 옷 입기, 대소변가리기, 몸단장하기 등의 자조기술을 일상생활에서 자연스럽게 반복 연습하면서 점진적으로 습득되며, 초등학교 입학 전후에는 독립적인 수행을 할 수도 있다.

유아특수교사는 영·유아들의 자조기술을 포함한 적응행동발달 단계를 알고 장애유아의 자조기술의 특성을 이해해야 한다. 영·유아기 적응행동 발달순서와 자조기술 발달과정에서의 보이는 이상증상은 <표 11-4>와 같다.

표 11-4 영·유아기 적응행동 발달순서와 이상증후

자조기술	연령(개월)	발달특성	이상증후
먹기	0~12	• 음식물로 자극하면 입을 벌린다. • 빨기, 삼키기, 숨쉬기를 협응할 수 있다. • 거르거나 으깬 음식을 삼킨다. • 혀를 움직여 입 안의 음식물을 움직인다. • 우유병을 잡고 먹는다.	• 자세를 통제하기 어려워서 혼자 먹기가 어렵다. • 12개월이 지나도 손가락으로 먹지 못한다. • 식사도구를 잘 사용하지 못한다. • 적절한 연령임에도 식사도구 사용을 싫어한다.

자조 기술	연령 (개월)	발달특성	이상증후
먹기	0~12	• 고체음식을 입과 잇몸으로 씹는다. • 과자를 혼자 먹는다. • 다양한 음식을 손으로 먹는다. • 숟가락을 쥔다. • 우적우적 깨물어 씹는다.	• 식사시간에 조용하게 앉아 있기 어렵다. • 특정 질감의 음식을 손가락으로 먹는 것을 극도로 싫어한다.
	12~36	• 음식물을 거부하는 반응을 보인다. • 숟가락을 입으로 가져간다. • 컵으로 약간 흘리면서 마신다. • 숟가락으로 음식을 떠서 먹는다. • 턱을 돌려서 씹는다. • 음식물 선호도가 뚜렷해진다.	
	36~48	• 숟가락과 포크를 잘 사용한다.	
	48~60	• 식사 칼로 작은 음식물을 쉽게 자른다.	
옷입고 벗기	0~12	• 팔이나 다리를 뻗쳐서 옷을 입을 수 있도록 돕는다.	• 자세를 통제하기 어려워서 옷을 입고 벗을 때 어려움이 많다. • 적절한 연령임에도 옷을 입고 벗는 기술이 너무 부족하다. • 소근육 운동 능력이 부족하여 단추, 지퍼, 똑딱단추 등을 적절한 연령이 지나도 제대로 다루지 못한다. • 특정한 촉감의 옷을 참지 못한다. • 부모는 옷입기 기술을 가르치는 것이 너무 오래 걸린다고 호소한다.
	12~24	• 양말을 벗는다. • 리본과 똑딱단추를 푼다. • 옷 입기에 협조한다.	
	24~36	• 코트를 벗는다. • 도와주면 코트를 입는다. • 도와주면 옷을 벗는다.	
	36~48	• 큰 단추를 잠그고 푼다. • 지시에 따라 옷을 입는다. • 앞뒤를 구분한다.	
	48~60	• 앞이 열린 옷의 지퍼를 올린다. • 말하지 않아도 기능적으로 옷을 입고 벗는다.	
	60~72	• 혼자 옷을 잘 입는다. • 뒤집어진 옷을 바로 한다.	
대소변 가리기	12~24	• 기저귀가 젖으면 불편함을 표현한다. • 배뇨/배변의 필요를 인지하고 표현한다. • 아기변기에 앉는다.	• 기저귀를 갈 때 다리를 벌리기 어렵다. • 적절한 연령임에도 변기에 혼자 앉지 못한다.

자조 기술	연령 (개월)	발달특성	이상증후
대소변 가리기	24~36	• 낮 시간에 도움을 받아 화장실을 이용한다.	• 적절한 연령임에도 혼자서 옷을 추스르지 못한다. • 배변/배뇨 통제가 매우 느리게 발달한다.
	36~48	• 독립적으로 화장실을 사용한다. • 묻지 않고 규칙적으로 화장실을 사용한다.	
	48~60	• 용변 후에 혼자 닦는다.	
몸단장 하기	12~24	• 씻고 닦기에 협조한다. • 끈이 풀어져 있는 신발을 벗는다. • 큰 지퍼를 올리고 내린다.	• 8개월이 지나도 목욕할 때 혼자 앉지 못한다. • 욕조에 아동을 들어가게 하거나 나오게 할 때 부모가 어려움을 호소한다. • 머리 감는 것을 극도로 싫어한다. • 적절한 연령임에도 욕조에 혼자 들어가고 나오기가 어렵다. • 칫솔, 수건, 빗 등을 다루는 소근육 능력이 매우 떨어진다. • 머리 깎는 것을 매우 싫어한다.
	24~36	• 도와주면 손을 씻고 수건에 닦는다.	
	36~48	• 도움 없이 손을 씻는다. • 양발에 맞는 신발을 신는다.	
	48~60	• 운동화 끈을 맨다. • 머리를 빗는다.	
	60~72	• 리본을 맨다. • 도움 없이 이를 닦는다 • 혼자 목욕이나 샤워를 한다. • 머리를 감는다. • 화장실 사용 후 혼자 손을 씻고 닦는다.	

영·유아기에 자조기술을 독립적으로 수행할 경우 유아들은 성취감, 자존감, 자기효능감을 향상시키며, 통합교육환경에 장애유아가 학급 구성원으로서 수용되기 위해서 가장 먼저 수행되어야 할 기술이 적응행동이다.

유아특수교육 현장에서 교사들은 장애유아가 혼자 먹기, 착탈의하기, 몸단장하기, 대소변가리기 등의 적응행동을 인위적인 환경에서의 연습시키는 것이 아니라 자연적인 상황에서 일과 내 훈련해야 한다.

이는 적응행동 기술들이 가정이나 학교, 지역사회 등 여러 환경에서 필요한 기술이기에 다양한 환경에서 자조기술을 연습시키는 것이 중요하다. 무엇보다 적응행동 중재의 핵심은 스스로 할 수 있는 것을 최대한으로 할 수 있도록 기회를 제공해주는 것이다. 유아특수교육현장에서 적응행동 교수계획을 수립할 때는 다음과 같은 원리를 고려하여 중재를 적용해야 한다.

① 적응행동기술은 영·유아기에 점진적으로 습득되기 때문에 교사는 장애유아의 자조기술 교수를 위해 전형적인 발달단계와 선수기술에 대한 이해가 요구된다.

② 적응행동기술은 단일 행동이 연계되어 나타나는 복합기술이기 때문에 교사는 자조기술 즉, 옷 입고 벗기, 신발신고 벗기, 손 씻기, 이 닦기, 용변보기, 음식물 섭취하기 등의 기술들을 작은 단계로 나누는 과제분석을 통해 단계별로 반복 훈련할 필요가 있다.

③ 적응행동기술은 인위적인 환경이 아닌 자연적인 상황에서 자조기술이 필요한 상황일 때 교수하는 것이 효과적이다. 예를 들면, 손 씻기 기술을 지도할 때, 간식 또는 식사 전, 바깥놀이 후, 화장실 용변 후 등의 일과 내에서 교수할 필요가 있으며, 손 씻기 기술의 교수기회를 더 제공하기 위해서는 활동을 조정하여 교육과정 내 요리활동을 배치하여 요리활동 전·후에도 손을 씻도록 한다.

④ 적응행동기술은 단일 환경이나 상황에서 사용되는 기술이 아니기 때문에 다양한 환경(가정, 학교, 지역사회 등)과 맥락에서 기술을 연습하여 일반화를 하는 데 도움을 주어야 한다. 특히 자조기술을 지도할 때에는 기관에서뿐만 아니라, 가정과 연계하여 교사와 부모가 일관성 있게 지도해야 한다.

2) 운동발달과 지도방법

영·유아기 운동기능발달의 시작은 움직임이 시작되면서 주위환경을 탐색하고, 지식을 구성하며, 타인과의 관계도 형성하게 된다. 이처럼 유아의 움직임은 신체발육이나 성장, 운동성 기능과 더불어 인지, 의사소통, 적응행동기술, 사회·정서발달 영역과도 밀접한 관련이 있는 것이다. 일반적으로 영·유아들은 성장하면서 운동기술을 습득하고 다음과 같은 전형적인 발달순서를 따라가게 된다.

① 운동성은 머리에서 발로 발달한다.

② 운동성은 몸의 중심에서 몸의 말초인 사지로 발달한다.

③ 운동성은 대근육에서 소근육으로 발달한다.

④ 운동성은 개개인마다 속도는 다르지만 순서는 일정하게 발달한다.

운동발달은 크게 대근육 운동(gross motor)과 소근육 운동(fine motor)으로 나눌 수 있다. 대근육 운동기술은 팔, 다리, 몸통 등과 같은 몸의 큰 근육을 움직여서 이동하는 기술로서, 기기, 앉기, 걷기, 던지기, 뛰기, 구르기 등을 포함한다. 소근육 운동기술은 손, 손가락, 발, 발가락 등과 같은 몸의 작은 근육을 움직이는 기술로서, 물건을 잡거나 쥐기, 쓰기, 구슬 끼우기, 가위질하기 등을 포함한다.

대부분의 영·유아들은 운동발달 순서에 따라 대근육과 소근육을 사용한 활동을 하지만, 장애유아들은 운동발달에 지체가 있거나 신체적 기능 이상을 보인다. 교사는 아동의 운동기능을 향상시키기 위해 다양한 참여기회와 수정방법을 사용해야 한다. 또한 교육적인 접근 외에도 물리치료와 작업치료를 포함한 치료적인 서비스가 필요하다. 특히 대근육 운동기술 중재에는 물리치료사(physical therapy)와 소근육 운동기술 중재를 위해서는 작업치료사(occupational therapy), 보조공학 도구 지원을 위한 재활공학 전문가 등 다양한 영역의 전문가 및 가족과 협력하여 진단평가 단계에서부터 교수계획을 수립하여 실행하는 것이 중요하다.

또한 교사는 운동기능에 어려움이 있는 유아에게 운동기술 중재 시 다음과 같은 점을 고려하여 지도할 필요가 있다.

① 교실 내 움직임 활동에 유아를 참여시키기 위해 음악을 활용할 수 있다. 하나의 활동에서 다음 활동으로 이동하는 전이시간에 노래를 부르거나 음악을 들려주면서 활동 간 이동을 재미있게 할 수 있도록 촉진한다.

② 교실에서의 활동 중에 유아의 움직임을 위해 많은 기회를 제공해야 한다. 움직임을 촉진시키기 위해서 일과 내의 이동을 위한 활동뿐만 아니라, 바닥에서 할 수 있는 활동 내에서 유아의 움직임이 일어날 수 있도록 활동을 구조화해야 한다. 예를 들어, 소근육 활동으로 퍼즐 맞추기, 블록 올리기, 점토로 꾸미기, 그림 그리기, 바느질하기 등이 있으며, 대근육 활동으로는 풍선놀이, 공굴리기, 공차기 등의 놀이로 움직임을 위한 기회를 제공할 수 있다.

③ 습득한 운동성 기술은 일과 내에서 반복 연습하여 일반화해야 한다. 일반화는 다양한 장소, 다양한 대상, 다양한 상황에서도 기능적으로 수행되어야 하므로 부모, 치료사, 교사가 협력하여 다양한 환경에서 습득한 기술을 반복 훈련시키는 것이 중요하다.

④ 운동성 발달에 어려움이 있는 유아를 지도할 때는 환경적인 측면을 우선적

으로 고려해야 한다. 운동발달지체유아가 독립적으로 이동하기에 안전하고 접근가능한 환경인지, 휠체어나 보조도구가 사용할만한 공간 확보가 되어 있는지 확인해야 한다. 또한 운동발달지체유아가 활동에 참여할 수 있도록 활동에 사용되는 교재교구는 수정하거나 활동에 도움이 되는 보조공학도구를 준비해야 한다. 예를 들어, 유아의 자세를 유지해주기 위해 팔과 발 받침대가 있는 의자, 의자벨트, 등을 받쳐주는 쿠션의자나 등 받침대를 사용하기도 하고, 신체장애가 심해서 독립적으로 설 수 없는 유아에게 스탠더를 제공할 수도 있다. 또한 유아가 연필이나 크레파스를 안정적으로 잡을 수 있도록 둥근 고무나 부드러운 스폰지를 댄 연필잡이, 핸디라이터를 사용하거나 활동교재를 테이프나 벨크로 등을 사용하여 고정해 줄 수도 있다.

보조도구의 종류

• 자세잡기 보조도구

적절한 앉기와 자세잡기는 운동장애유아의 혈액순환, 근육경직, 저림현상을 방지할 수 있으며, 신체적 안정감을 높이기 위해 활동에 참여하게 함으로서 신체적 발달 및 기형발달 예방에 도움이 된다.

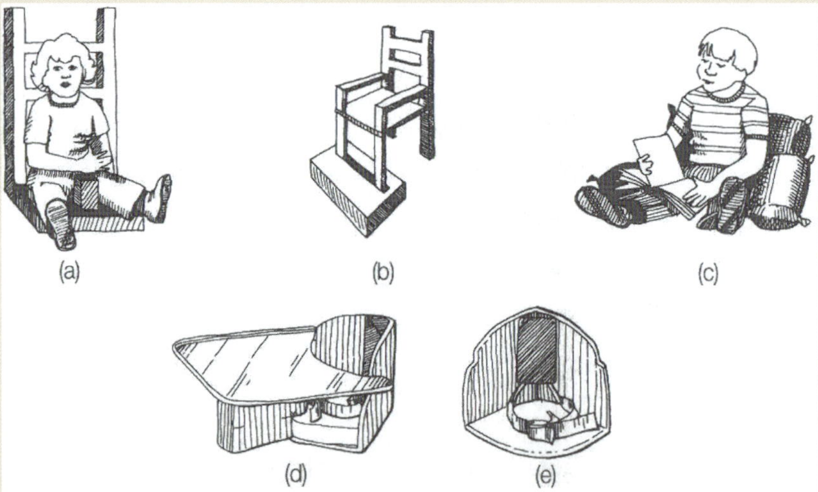

(a) 엉덩이가 옆으로 밀리는 것을 방지하는 가름대가 있는 다리 없는 의자, (b) 팔과 발 받침대가 있는 의자, (c) 등을 받쳐주는 쿠션 의자, (d) (e) 다리 가름대와 벨트가 있는 코너 의자

출처: 이소현(2010: 443), 유아특수교육.

그림 11-1 앉기 및 자세잡기를 보조하기 위한 다양한 도구의 예

• 잡기 보조도구

핸디라이터는 연필이 적당한 각도를 유지하도록 도와준다. 아동은 플라스틱 방울을 넷째와 다섯째 손가락 사이에 끼어서 손을 안정적으로 잡아 준다. 연필잡이의 아랫부분이 오목하여 잡기 좋고, 연필잡이 위의 R과 L 등의 글자표시는 아동이 엄지손가락을 제대로 위치하는 데 도움을 준다.

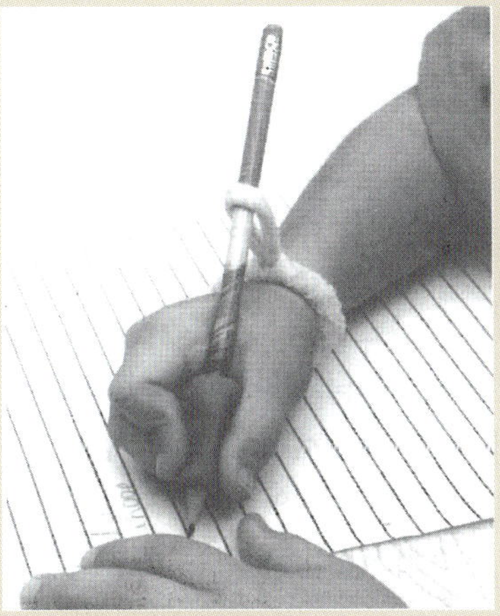

아동이 큰 전구 모양의 연필잡이를 사용하고 있다. 손목의 핸디라이터(Handi-Writer™)는 연필이 적당한 각도를 유지하도록 도와준다. 아동은 선이 도드라진 종이를 사용하고 있다. 연필잡이의 아랫부분이 오목하여 잡기 좋고, 연필잡이 위의 R과 L 등의 글자 표시는 아동이 엄지손가락을 제대로 위치하는 데 도움을 준다.

출처: 노진아, 김연하, 김정민 역(2011: 267), **영유아 특수교육**.

그림 11-2 ▸▸▸ 핸디라이터

• 섭식 보조도구

한쪽이 낮게 잘린 컵(cut-out cup)은 컵의 가장자리 일부분을 잘라내어 마실 때 코를 위한 공간을 확보하여 마시는 동안 머리가 과신전되는 것을 방지한다. 이 도구는 정상적인 머리 자세를 유지하는데 도움을 주며 머리를 과도하게 젖혀서 기도로 액체가 들어가는 것을 막아준다. 가장자리를 잘라낸 컵을 사용하면 컵이 아동의 코에 닿거나 머리를 뒤로 젖히지 않고도 컵을 기울여 마실 수 있다. 컵이 잘린 부분은 컵이 기울여졌을 때 아동의 코를 위한 공간을 만들어 주어 머리가 신전되는 것을 방지한다.

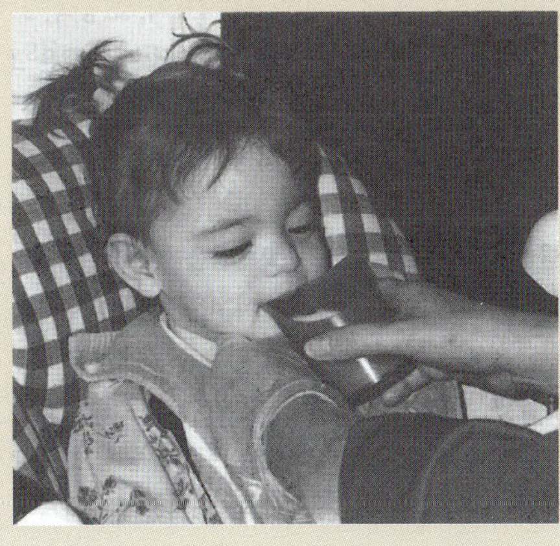

한쪽이 낮게 잘린 컵이 유아의 아래 입술에 위치해 있고, 성인이 빰을 잡아 주고 있다. 컵의 낮은 쪽이 코의 반대쪽을 향하고 있다.

출처: 노진아, 김연하, 김정민 역(2011: 275). **영유아 특수교육**.

그림 11-3 ▸▸▸ 한쪽이 낮게 잘린 컵

3) 인지발달과 지도방법

인지기술은 사고와 학습에 관련된 정신적인 지적 활동으로서, 기억하기, 문제해결하기, 추론하기, 평가하기 등과 같은 정신적 기술이 포함된다. Hallanhan과 Kauffman(2003)은 인지발달지체 유아가 낮은 기억력과 행동조절의 어려움, 느린 학습속도, 일반화 문제 등 학업성취상의 문제를 보인다고 밝혔다.

어떤 유아들은 자신이 경험한 사건을 회상하거나 사물을 인식하고 분류하고 비교하는 개념습득면에서도 어려움을 보인다. 현장에서 교사들은 개별아동의 인지적 특성을 고려하여 유아의 흥미에 초점을 둔 학습기회를 제공하고, 자연적인 환경에서 실제적이고 구체적인 경험을 마련해주어야 한다. 장애유아의 인지발달을 촉진할 수 있는 지도방법은 다음과 같다.

① 인지기술을 촉진시키기 위해서 가정이나 지역사회 등 일상적인 환경에서 다양한 자료와의 상호작용 기회를 많이 가질 수 있도록 상황을 구조화해 주며, 이 때 유아의 모든 감각을 활용하여 환경을 탐색하게 함으로써 사물과 사람, 사건과 사건 간 관계를 인식하고 여러 가지 재료나 도구의 사용방법을 습득하도록 한다.

② 인지발달지체 유아에게 공간관계나 시간 개념 등의 추상적인 개념을 가르치거나 수나 양, 순서, 차례, 글자 등의 전학문적 기술을 가르칠 때는 낱말카드나 모형물보다 직접 조작 가능한 실물이나 구체적인 교재교구를 활용하여 지도하는 것이 좋다. 예를 들어, 수세기를 지도할 때 유아가 선호하는 음식물을 사용하거나 시계를 활용하여 숫자와 시간의 개념을 알려주어도 된다. 장애유아는 구체적이고 실제적인 사물을 통해 학습함으로써 학습이나 기술 일반화를 촉진하는 데 도움을 준다.

③ 인지능력에 어려움이 있는 유아들은 신체의 감각기관을 통해 전달되는 정보를 기억하고 조직화하는 데 문제가 있으므로, 과제를 시각적으로 구조화시켜 과제를 쉽게 수행하도록 해야 한다.

④ 교사가 과제지시를 할 경우, 아동의 인지수준을 고려하여 복문의 형태가 아닌 단문의 형태로 간단명료하게 언어적 지시를 해야 하며, 언어적 지시와 함께 사진이나 그림 등의 시각적 단서를 함께 제공해도 좋다.

⑤ 인지기능에 어려움이 있는 유아들의 경우, 기억력 결함으로 반복연습이 필

요하며, 과제를 성공적으로 수행하도록 촉진전략을 사용해야 한다. 이때 유아의 현재수준을 제대로 파악하여 적절한 도움의 양을 결정해야 한다.
학습과제에서 독립적으로 수행할 수 있는 영역과 독립적으로 수행할 수 없는 영역을 알고, 도움을 적절하게 주면서 수행할 수 있도록 촉진을 제공하는 것이 중요하다. 이에 대한 구체적인 촉진의 종류와 내용은 <표 11-5>와 같다.

표 11-5 촉진의 종류

종류	방법	예
언어적 촉진	아동이 현재 주어진 과제를 수행하도록 단순하게 설명하는 것이다.	화장실에서 소변을 보고 물을 안 내리고 나오려고 할 때 "물 내려요!" 하고 아동에게 말해준다.
시범 보이기	목표 행동을 교사가 직접 해 보아서 아동이 보고 모방해서 하도록 하는 것이다.	아동에게 치약 짜는 모습을 보여 주고 난 다음에 아동에게 짜게 한다.
신체적 촉진	과제를 수행하도록 신체적으로 보조를 해주는 방법으로 부분적 촉진이나 완전한 촉진이 있다. 새로운 과제를 수행할 때는 완전한 촉진을 하다가 익숙해지면 부분적인 촉진을 해 준다.	• 완전한 촉진: 점퍼의 지퍼를 끼울 때 아동의 손을 완전히 함께 잡고 지퍼를 끼운다. • 부분적 촉진: 아동의 손끝만을 살짝 잡아서 아동이 점퍼의 지퍼를 잘 끼울 수 있게 도와준다.
공간적 촉진	아동의 행동 발생 가능성을 높이기 위해서 사물의 이치를 변경한다.	• 아동이 포크를 잘 사용할 수 있게 아동의 오른손 쪽으로 놓는다. • 칫솔질을 잘 수행하게 하기 위해서 치약, 칫솔을 아동의 손이 쉽게 닿는 곳에 놓는다.
시각적 촉진	그림, 사진 등을 단서로 사용한다.	아동의 사물함, 신발장에 아동의 사진을 붙여서 자신의 자리를 쉽게 인지할 수 있게 한다.

출처: 조윤경, 김수진(2009: 236). **유아교사를 위한 특수아동지도.**

4) 의사소통발달과 지도방법

의사소통기술(communication skill)에는 말(speech), 언어(language), 의사소통(communication) 용어가 혼용되어 사용되는데, 이 세 가지 용어의 의미는 약간의 차이가 있으며 각 용어의 개념은 다음과 같다.

(1) 말(speech)

말(speech)이란 구두표현을 위해 가장 기본적으로 사용하는 수단으로, 구강기관(입술, 치아, 혀, 입천장 등)이나 호흡을 사용하여 발화를 산출하는 것이다.

(2) 언어(language)

언어(language)란 의사소통을 원활히 하기 위해 체계적이고 추상적인 상징체계를 사용하는 것으로, 이러한 상징체계를 통한 표현방식에는 말, 글, 수화, 점자 등이 있다. 이 중 구어에는 수용언어와 표현언어로 구분되는데, 수용언어(receptive oral language)는 타인의 언어정보를 이해하는 능력이며, 표현언어(expressive oral language)는 타인에게 자신의 사고나 감정을 표현하는 능력이다.

(3) 의사소통(communication)

의사소통이란 말을 전달하는 사람과 전달받는 사람 사이의 의견, 감정, 생각 등의 정보를 주고받는 과정이다. 여기에는 음성(말)과 비음성적(문자, 수화, 몸짓, 제스처 등) 표현양식을 모두 포함한다.

따라서 말, 언어, 의사소통 능력은 언어를 이해하고 표현하는 기능과 메시지를 전달하는 사람과 전달받는 사람의 입장을 적절히 교류하게 해 준다. 그러나 언어습득에서 어려운 특수교육요구대상유아들은 다른 사람과 의사소통을 하거나 또래에 비해 언어발달이 지연되는 경우가 많다.

교사들은 수용언어와 표현언어가 어려운 유아의 의사소통 의도를 민감하게 파악하여, 유아의 관심에 따라 유아의 반응에 대한 촉진과 강화를 제공해주어야 한다. 또한 개별유아의 언어적 수준을 고려하여 발달에 적합한 언어모델을 보여주고, 단어를 확장해주거나 정보를 추가하여 제공할 수도 있다. 장애유아의 언어발달을 촉진할 수 있는 지도방법은 다음과 같다.

① 개별유아의 언어목표를 일과 내 활동에 삽입하여 지도한다. 이 방법은 활동중심중재(activity-based intervention: ABI)로서 유아의 개별화교육계획 내의 단기목표를 일과활동 중에 삽입하여 교수하는 것이다. 예를 들어, 언어

영역의 목표가 '주세요.' 라는 요구하기일 때 간식시간, 미술활동, 자유선택 활동 등 자연적 일과시간에 '주세요.'를 표현할 수 있도록 언어적 기회를 제공한다.

② 장애유아가 구어적인 표현을 하도록 환경을 구조화하여 지도한다. 이 방법은 의사소통 유혹(communicative temptation)이라고 하며, 유아가 언어표현을 하도록 의도적으로 환경을 만드는 것이다. 예를 들면, 간식시간에 간식의 양을 적게 제공하거나 손이 닿지 않는 곳에 장난감을 놓아두고 기다리기, 재미있는 활동을 하다가 중지하여 활동을 요구할 때까지 기다리는 것이다.

③ 장애유아가 완전한 문장으로 이야기하는 것이 어려울 경우, 문법적인 요소를 수정하여 완전한 문장으로 이야기해 주는 확장하기(expansion) 방법을 사용할 수 있다. 예를 들면, "누나 없어."라고 표현할 때 "누나가 없어."라고 완전한 문장으로 말을 반복해 준다. 또한 유아가 말하는 단어의 정보를 추가해서 문장을 말해주는 확대하기(extension) 방법도 있다. 예를 들면, "나비 창문"이라고 표현할 때, "노란 나비가 창문에 앉았구나."라고 나비라는 단어에 정보를 첨가하여 문장으로 반복해 준다.

④ 유아가 하는 행동을 말로 설명해 준다. 예를 들면, 자유선택활동 시간에 블록쌓기 놀이를 하고 있을 때, "○○이가 블록을 올리고 있구나."라고 말해 줄 수 있다.

5) 사회 · 정서발달과 지도방법

영 · 유아기 사회 · 정서발달은 추후 학교생활과 사회적 적응에 중요한 요소이며, 사회 · 정서행동은 부모, 교사, 또래와 같은 인적환경과 가정, 학교, 놀이터 등의 물리적 환경과 밀접한 관계를 맺으면서 발달한다. 대부분의 특수교육요구대상유아들은 또래와의 상호작용에 어려움을 보이며, 다양한 환경에서의 사회적 경험부족으로 고립증상을 보이기도 한다.

학교현장에서 장애유아의 또래 상호작용을 촉진시키기 위해서는 유아의 사회성 발달정도를 알고, 사회성 기술 중 어떠한 부분에 행동문제가 있는지 그 원인을 분석하여 중재방법을 선택할 필요가 있다.

또한 통합 환경의 경우, 장애유아와 또래와의 사회적 관계와 우정을 형성하기 위해 신체적 접촉을 유발할 수 있는 노래, 게임 등의 활동을 계획할 수도 있다. 장애유아에게 사회적 기술교수는 다른 사람의 관점을 이해하기, 협상하기, 차례 바꾸기, 다른 사람과 공유하도록 사회적 상황을 역할놀이 형태로 적용함으로써 향상시킬 수 있다(Warner & Lynch, 2004). 장애유아의 사회·정서발달을 촉진할 수 있는 지도방법은 다음과 같다.

① 일반유아와 장애유아의 사회적 관계형성을 위하여 일과 내 활동에 친사회적 행동을 포함시켜 지도한다. 이 방법은 우정활동(friendship activities)이라고 하며, 교사는 유아들이 좋아하는 노래나 게임 활동을 할 때, 안아주기, 손잡기, 마주보기, 미소짓기 등의 신체적 접촉을 하게끔 유도할 수 있다.

② 장애유아가 사회놀이에 참여하거나 다른 유아들과의 사회적 상호작용할 때 강화를 해 준다. 예를 들어, 또래와 함께 장난감 정리를 같이 하고 있을 때 칭찬을 할 수 있다.

③ 장애유아가 사회적 활동에 참여를 하지 않거나 또래 근처에서 혼자놀이를 할 경우 교사는 또래의 사회적 행동을 관찰하여 모방하게 하고, 또래와 사회적 활동을 하도록 촉진한다. 예를 들면, 자유선택활동 시간에 또래가 역할놀이에서 음식을 만들어 나누어주고 있을 때, 장애유아에게 음식을 주고 또래에게 나누어 주도록 한다.

발달지체유아의 교실중재

• 구체적인 시범 제공하기

발달지체유아에게 새로운 개념을 습득시키기 위해서 구체적인 시범을 제공할 수 있다. 예를 들어, 유아에게 색깔 패턴을 교수할 때, 먼저 교사가 패턴 만드는 방법을 보여준다. 이때 한 번만 보여주는 것이 아니라, 여러 번 반복 수행하여 보여주고 점진적으로 과제를 수행하도록 한다.

• 과제를 촉진하기 위한 단서 사용하기

발달지체유아가 과제수행에 어려움이 있을 경우 손짓이나 그림을 통한 단서를 사용하는 것은 사회적 참여를 촉진시킨다. 예를 들어, 유아에게 순서 지키기를 교수할 때 자신의 순서가 다가오면 미리 손짓을 사용하여 차례를 가르쳐 줄 수 있다.

• 과제분석 사용하기

발달지체유아에게 특정기술은 복잡할 수 있다. 과제분석(task analysis)은 기술이나 과제를 가능한 작은 단계로 나누어 한 단계씩 교수하는 것이다. 과제분석을 교수할 때는 첫 단계부터 가르치는 순행 과제분석이나 마지막 단계부터 가르치는 역행 과제분석으로 적용할 수 있다. 예를 들어, 바지입기 기술을 과제분석(1단계: 앞뒤를 구분한다. 2단계: 오른쪽 발을 넣는다. 3단계: 왼쪽 발을 넣는다. 4단계: 무릎까지 올린다. 5단계: 엉덩이까지 올린다. 6단계: 허리까지 올린다.)하여 1단계나 6단계부터 교수할 수 있다.

• 과제 반복하기

반복훈련은 대부분의 장애유아에게 도움이 되는 직접교수 형태 중 하나이다. 발달지체유아는 새로운 기술을 습득하거나 개념을 형성해야 할 때 여러 번 반복하고, 그것을 이해하였는지 확인해야 한다. 한 가지 과제나 기술을 반복할 때 유아들이 지루해하지 않도록 다양한 방법이나 재료를 이용하여 과제를 반복시켜야 하며, 다양한 환경에서 기술을 연습할 수 있도록 기회를 제공해야 한다.

통합교육 12 Chapter

"... 지난 20년 이전에 시설들에 수용되어 자란 수천 명의 아이들을 생각하면 진저리를 치게 된다. 고립된 채 권태와 외로움으로 고통을 겪으면서 많은 아이들이 문자 그대로 벽으로 얼굴을 돌리고는 10대에 아니면 20대 초반에 죽어버렸다. 겨자 빛 책은 그것이 '몽골로이드 백치들'의 정상적인 삶의 과정이라고 묘사하고 있었다.…"

-마사 베크,『아담을 기다리며』중에서

지난 세기 후반까지도 장애인들은 분리된 환경에서 그들끼리의 공동체를 구성하고 생활하는 것이 일반적인 현실이었다. 비록 아직도 많은 장애인들이 시설이라는 분리된 환경에서 생활하고 있기는 하지만, 1960년대 후반부터 확산되기 시작한 장애인들에 대한 이해와 장애인들의 인권에 대한 인식, 그리고 여러 선언적·법률적 결과물들은 장애는 곧 분리라는 등식을 더 이상 허용하지 않게 되었다. 이에 따라 현재 예전보다는 많은 장애인들이 지역사회에서 비장애인들과 함께 생활하고 있다.

지역사회에서 함께 '생활한다'는 것은 단순히 지역사회에 '사는' 것을 의미하는 것이 아니다. 지역사회(community)는 지리적, 행정적 의미를 가지고 있을 뿐 아니라 그 안에 속해 있는 다양한 문화들 및 다양한 사람들이 서로 관계를 형성하고, 협동하는 추상적인 집단으로서의 의미도 지니고 있다(신현기, 2004b). 따라서 사람들은 지역사회라는 물리적 맥락에 구성원으로 소속되고, 구성원들 개개인은 의미 있는 상호작용을 통해 지역사회의 유지 및 발전을 위해 모종의 역할을 수행해야하는 책임을 지니게 된다.

이러한 시대적인 흐름은 교육에도 영향을 미쳐 1970년대 초반부터 다양한 장애를 지닌 아동들이 그들의 거주지에 있는 일반학교에서 교육을 받게 되었다. 통합교육은 그렇게 시작된 것이다.

현대 특수교육에서 통합교육은 하나의 대표적인 실제이다. 통합교육은 장애 아동들을 포함하여 모든 아동들이 자신이 지닌 잠재력을 펼칠 수 있도록 각자 자신의 능력에 맞는 교육을 받아야 하며, 그 누구도 배제되지 않은 채 지역사회에서 함께 일상생활을 영위해야 한다는 철학을 그 토대로 하고 있다.

1 통합교육의 배경

통합교육이 1970년대 초반부터 실시되었다고는 하나, 장애인들의 통합에 대한 논의는 이미 오래전에 시작되었다. 1950년대 이미 미국에서 소수집단에 기회의 균등을 보장하라는 요구가 있었고, 이러한 요구는 여러 소송과 법률의 변화로 이어졌다. 특히 1954년 미국 캔자스(Kansas) 주 토피카(Topeka) 시 교육당국을 상대로 제기되었던 소송의 결과는 소수집단을 위한 시민권 운동에 있어 획기적인 사건이 되었다(Yell, 1998). 특히 이 소송이 애초에 소수집단 출신 아동들의 교육을 위해 제기된 만큼 이 소송의 결과는 교육법 및 교육 절차에도 상당한 영향을 미쳤다.

비록 이 소송의 결과가 장애인이나 특수교육을 직접적으로 언급하고 있지는 않다 하더라도, 공립학교들이 아동들에게 교육을 받을 기회를 균등하게 제공해야 한다는 측면에서 역시 소수집단인 장애 아동들을 위한 공교육이라는 함의를 지니고 있는 것이라 할 수 있다. 이와 같은 사건들은 비록 특수교육을 직접적으로 언급하지는 않는다 하더라도, 장애인의 인권 및 복지에 대한 인식이라는 맥락을 제공하게 되었고 이를 기반으로 다양한 사회적 현상들 및 시대 상황이 전개되는 과정에서 이 맥락을 확장시킴으로써 현재 실행되고 있는 통합교육의 기반을 제공하게 되었다.

1) 정상화 원리

정상화(Normalization) 원리는 분리된 환경에서 생활하는 장애인들을 지역사회로 통합하고자 하는 움직임으로 1960년대 후반 북유럽에서 시작된 것으로 알려져 있다.

> "정상화 원리는 주류사회의 규준 및 형태에 가능한 한 가까운 일상생활의 형태와 조건을 정신지체인들도 누릴 수 있게 해주는 것이다"(Nirje, 1969: 181).

정상화 원리는 장애인들 또한 비장애인들과 가능한 한 같은 수준의 일상생활을 영위하게 하자는 것으로, 이를 위해서는 일차적으로 이들이 시설 등 분리된 환경이 아닌 비장애인들이 거주하는 지역사회로의 물리적 통합이 필요하다. 하지만 정상화 원리가 단순히 물리적 통합만을 의미하는 것은 아니다. 이는 정상화 원리가 장애인들이 지역사회에서 단지 '거주'하는 것이 아닌 '생활'하는 것을 추구하고 있기 때문으로, 이를 위해서는 이들에게 각종 교육 및 훈련 등이 필요하나. 정상화 원리는 다음과 같다(Flynn & Nitsch, 1980 재인용).

첫째, 정상화는 하루, 일주일 그리고 일 년을 사는 데 있어 생활의 정상적인 리듬을 갖고 활동하며 상호책임을 나누는 것을 의미한다. 장애인들도 다른 사람과 마찬가지로 정상적인 리듬에 따라 살 수 있는 집과 활동할 수 있는 일터가 필요하며, 배움의 기회가 제공될 수 있는 학교와 사회적 교류가 일어나는 장이 필요하다는 것이다.

둘째, 정상화는 인생주기(life cycle)의 정상적인 성장을 경험할 수 있는 기회를 의미한다. 장애를 가진 사람도 하나의 인간으로서 일반인이 경험하는 성장발달 과정을 통한 인생주기에 맞추어 경험하고 있음이 인식되어야 하며, 전문가들은 이들이 각 과정에 따라 보통사람들처럼 다양한 경험을 할 수 있도록 도와주어야 한다.

셋째, 정상화는 장애인이 갖는 표현되지 않은 바람이나 표현된 자기의사에 대한 정상적인 이해와 존중을 의미한다.

넷째, 정상화는 만약 장애인이 더 이상 자신의 집에서 가족과 살 수 없을 때 사회에서 제공되는 주거 역시 정상적인 가정의 크기여야 하며, 정상적인 주거지역에 위치해야한다. 사회교류와 사회통합을 하는 데 방해가 되지 않도록 너무 큰 시설이어서도 안 되며, 일반 주거지역과 멀리 떨어져 격리되어서도 안 된다.

2) 탈시설화

미국은 1960년대 나중에 통합교육으로 귀결되는 여러 움직임들을 경험하게 된다. 우선 1950년대부터 장애 아동 교육을 위한 여러 옹호집단들은 J. F. Kennedy 대통령과 같은 유명인사의 지원을 통해 장애 아동들에게 동등한 교육기회를 제공하기 위한 노력을 기울였고, 그 결과 이에 관한 법률들(연방 및 주)이 제정되었다(Yell, 1998).

그리고 1960년대 중반에 참전하게 된 베트남 전쟁은 지역사회가 전쟁에서 부상을 입고 장애인이 되어 돌아온 사람들에 대한 교육 및 훈련의 필요성을 고민하게 하였다. 여기에다가 1960년대 후반 북유럽에서 제안된 정상화 원리가 미국으로 수입되었으며, 이와 함께 1968년 Burton Blatt과 Fred Kaplan이 펴낸 사진 에세이집 『Christmas in Purgatory』는 장애인 수용시설에서의 비인간적인 대우와 비전문적인 보살핌 등을 고발하였다.

이러한 여러 사건들은 결국 정신건강과 관련된 서비스의 초점을 시설에서 지역사회로 옮아가게 하여 '탈시설화(Deinstituitionalization)' 움직임을 이끌어내게 하였다. 탈시설화는 대규모의 집단시설에 수용된 장애인들을 그들이 태어나고 그들의 가족이 살고 있는 지역사회로 돌려보내 다양한 지역사회 기반 생활 및 보호고용의 기회를 제공하는 것을 목적으로 하고 있다(Paul & Morse, 1997).

3) 주류화

1970년대 초 미국에서는 통합교육에 있어 의미 있는 두 건의 판례가 제시되었다. 첫 번째 판례는 Pennsylvania 정신지체인 협회가 주정부를 상대로 제기한 소송(*Pennsylvania Association for Retarded Citizens v. Commonwealth of Pennsylvania*, 1972)의 결과였고, 두 번째 판례는 워싱턴 주 공립학교로부터 입학을 거부당했거나, 퇴학당한 모든 장애 아동들을 위해 워싱턴 주 교육국을 상대로 제기된 소송(*Mills v. Board of Education*, 1972)의 결과였다.

펜실베이니아(Pennsylvania) 주 소송의 경우, 원고측은 장애 아동들이 공적으로 지원되는 교육에서 부당하게 배제되고 있다고 주장하였고, 장애 아동들에게도 적절한 공교육을 제공해 줄 것을 요청하였다. 이에 비해 워싱턴 주 소송은 장애 아동들이 법적으로 적절한 절차를 거치지 않은 채 공립학교에서 배제되었다고 주장하였다. 두 소송은 참여한 아동의 장애 종류에 있어서 그리고 소송 제기 이유에 있어 다소간 차이가 있었으나, 판결 면에서는 유사하였다. 즉, 법원은 장애 아동에게 '무상의 적절한 공교육'을 제공할 것을 명령하였고, 워싱턴 주 소송의 경우 추가적으로 장애 아동들을 위한 절차적 안전장치를 마련하도록 판결하였다(Yell, 1998). 이러한 소송들의 결과는 결국 장애 아동들이 공립학교에서 교육을 받을 수 있는 길을 열어 주었고, 장애 아동 교육을 위한 법률의 제정으로 이어졌다.

이러한 상황에서 나타난 통합교육의 초기 형태가 '주류화'(Mainstreaming)이다. 일반교육을 큰 물줄기로, 특수교육의 작은 물줄기로 설정하고 큰 물줄기인 일반교육에 작은 물줄기인 특수교육을 합류시키는 형태(신현기 등, 2005)인 주류화는 정상화 원리가 교육에 적용된 형태로 볼 수 있으며, 여러 소송 및 법률제정의 결과 더 이상 장애 아동들을 거부할 명분이 사라진 공교육에서 장애 아동들을 받아들이게 된 결과이다.

또한 주류화는 장애의 유형과 정도에 관계없이 모든 장애학생들에게 가능한 한 그들의 또래와 함께 적절한 교육을 제공하는 것을 말하며, 통합교육과는 달리 보통 몇몇 아동들에게만, 특히 경도장애 아동들에게 적용된다(Winzer, 2000). 이는 주류화가 일반교육에 특수교육을 통합시키는 형태로 장애 아동들이 '주류화되기' 위해서는 일반 교육과정을 적용받을 수 있는 능력을 아동이 입증해야 하기 때문이다.

아울러 공립학교 내에 설치된 특수학급은 전일제의 형태로 장애 아동들은 이곳으로 등교하고, 이곳에서 하교하며, 이들에 대한 1차적인 책임은 특수교사가 지게 된다. 즉, 특수학급 자체가 일반 공립학교 내에 있기는 하지만, 결국 분리를 전제로 하여 장애학생을 해당 학생의 요구에 따라 하루의 일부나 극히 일부의 시간동안 지원을 제공하기도 하고, 제공하지 않기도 하는 상황에서 일반학급에 배치하는 것이 바로 주류화인 것이다.

4) 최소제한환경

1975년 미국 의회는 장애 아동들의 교육적 요구를 충족시키기 위해 '전장애아동교육법'(Education for All Handicapped Children Act, PL 94-142)을 제정하였다. 전장애아동교육법은 모든 장애 아동들이 공교육을 받을 권리를 보장하였다는 데 그 의미가 있으며, 그동안 지속되어 온 소송 및 법률제정의 결과물이라 할 수 있다.

전장애아동교육법은 1990년 장애에 대한 새로운 관점 및 사람을 우선으로 하는 철학을 바탕으로 법률의 이름을 장애인교육법(Individuals with Disabilities Education Act, 이하 IDEA)으로 바꾸어 현재에 이르고 있다. 장애인교육법의 목적은 첫째, 장애 아동들의 독특한 요구를 충족시키고, 둘째, 장애 아동들과 그들의 부모들 혹은 보호자들의 권리가 보호됨을 보장하며, 셋째, 주 및 지역을 도와 모든 장애 아동들에게 교육을 제공하고, 넷째, 장애 아동들을 교육하려는 노력의 효과를 사정하고 보장하도록 설계된 특수교육 및 관련 서비스를 강조하는 무상의 적절한 공교육을 모든 장애 아동들이 이용할 수 있게 하는 것이다. 이러한 목적을 달성하기 위해 미국 장애인교육법은 다음과 같은 주요 조항들로 구성되어 있다(Hardman, Drew, & Egan, 2006; Yell, 1998).

① **무상의 적절한 공교육**(Free Appropriate Public Education): 모든 장애 아동들은 그들의 독특한 요구를 충족하고 그들에게 고용 및 독립적 생활을 준비시키도록 설계된 무상의 적절한 공교육을 받을 권리를 갖는다.

② **비차별적 그리고 다학문적 사정**(Non-discriminatory and multidisciplinary assessment): 학교는 학생의 교육적 요구를 결정하기 위해 반드시 비차별적, 그리고 다학문적 사정을 활용해야 한다.

③ **부모를 위한 안전장치 및 부모의 참여**(Parental safeguards and involvement): 부모들은 그들 자녀들의 특수교육 프로그램에 관한 결정을 내리는 데 참여할 권리를 갖는다.

④ **개별화교육계획**(Individualized Education Program): 모든 학생들은 반드시 개별화교육계획을 갖는다.

⑤ **최소제한환경**(Least Restrictive Environment): 모든 학생들은 적절한 경우 최대한 그들의 비장애 또래들과 함께 교육받을 권리를 갖는다.

IDEA를 구성하는 여러 조항들 중 통합교육의 법적 근거는 바로 최소제한환경과 관련된 조항들이다. IDEA는 최소제한환경을 다음과 같이 정의하고 있다.

> "공립 혹은 사립시설이나 다른 보호시설에 있는 아동들을 포함하여 장애 아동들은 적절하다면 최대한 장애를 갖고 있지 않은 아동들과 함께 교육을 받아야 하며, 그 아동이 갖고 있는 장애의 속성이나 정도가 일반학급에서의 교육이 보충적인 도움이나 서비스를 제공받아도 만족스럽게 성취될 수 없는 경우에만 특수학급이나, 특수학교로 배치하거나, 기타 장애 아동들을 일반교육환경에서 배제할 수 있다"(IDEA, 20 U.S.C. § 1412).

최소제한환경은 가능한 한 장애 아동들이 비장애 아동들과 함께 생활하여야 함을 의미하는 것으로 장애 아동들이 비장애 아동들과 접촉할 기회가 최소로 제한된 환경을 말한다. 일반적으로 일반학급이 바로 최소제한환경이라고 생각한다. 하지만 IDEA의 기본적인 목적은 장애 아동들에게 적절한 교육을 공적으로 제공하는 데 있으며, 최소제한환경 또한 장애 아동들이 배치된 환경이 이들에게 적절한 교육을 제공할 수 있는 곳이어야 한다. 다시 말해서, 비록 일반학급이라 하더라도 해당 장애 아동에게 적절한 교육을 제공할 수 없다면 그곳은 해당 장애 아동에게 최소제한환경일 수 없다는 것이다.

학교를 비롯한 교육당국은 장애 아동을 최소제한환경에 배치하기 전에 우선 해당 아동이 지닌 장애의 종류 및 정도를 고려하여 해당 아동에게 교육적으로 가장 이득이 되는 환경이 어느 곳인지를 결정해야 한다. 아울러 학교를 비롯한 교육당국은 장애 아동들이 그들의 요구에 적절한 최소제한환경에서 교육받을 수 있도록 대안적 배치의 완전한 연속체([그림 12-1] 참조)를 반드시 확보해야 한다. 최소제한환경 결정에 도움이 되는 지침은 다음과 같다(Yell, 1998).

첫째, 최소제한환경은 모든 아동들에게 동일한 기준을 적용하는 것이 아니라 장애 아동의 개별적인 요구와 상황에 따라서 결정되어야 한다.

둘째, 장애 아동의 분리교육은 통합교육의 모든 노력이 기울여진 다음에 이루어져야 한다.

셋째, 통합교육이 유일한 선택이 되어서는 안 되며, 장애 아동의 요구에 따라서 특수학급, 특수학교 등도 적절하게 제공되어야 한다.

넷째, 통합되어야 할 또래아동의 요구도 함께 고려되어야 한다.

다섯째, 장애 아동이 제한된 환경에 배치되더라도 적절한 시간(점심시간, 쉬는 시간, 예체능 수업시간 등)들을 활용하여 최대한 통합경험을 제공해야 한다.

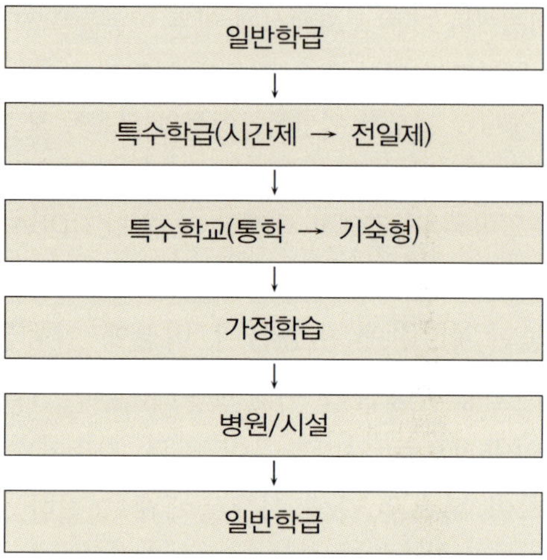

출처: Yell, M. L.(1998: 248). **The law and special education.**

그림 12-1 ▸▸▸ 대안적 배치의 연속체

5) 일반교육주도

주류화의 시행으로 인해 장애 아동이 일반 공립학교에서 교육을 받는 일이 가능해졌으나 주류화의 대상은 극소수로 대다수의 장애 아동들은 일반학교 내에서 다시 분리교육을 받고 있었다. 이에 1980년대 중반 Madeline Will을 중심으로 주류화로 인한 공교육의 비효율성을 제거하고, 장애 아동들이 일반학급에서 서비스를 받고 일반교사와 특수교사의 협력을 통해 교육받을 수 있는, 즉 일반교육과 특수교육의 파트너십을 강조한 정책이 제안되었다. 이 정책은 '일반교육주도'(Regular Education Initiatives, 이하 REI)라는 용어로 불리게 되었으며, 전문가들 사이에 많은 논란을 불러 일으켰다.

REI를 옹호하는 사람들은 모든 아동들은 또래들과 함께 교육받을 그리고 장애라는 꼬리표와 분리 프로그램의 오명을 피할 권리가 있음을 강조하였다.

반면 REI를 반대하는 사람들은 모든 아동들이 그들을 가르치도록 훈련되고 자격을 갖춘 교사에 의해 적절한 교육을 받을 권리가 있다고 주장하였다. REI는 장애 아동들의 학업성취와 분리교육의 최소화에 초점을 맞춘 정책으로 공교육 체제 내에서 일반교육과 특수교육의 분리를 없애 전일제 특수학급에서 생활하는 장애 아동들을 일반학급에 배치하고, 이들에 대한 책임을 일반교사에게 지도록 하는 것이다. REI는 단순히 장애 아동들을 일반학급에 배치하는 것이 아니라, 이들을 위한 교육 및 각종 서비스가 일반학급에서 제공되며, 일반교사와 특수교사 사이에 협력을 통한 파트너십이 구축되어야 하는 등 기존 공교육의 체제를 재구조화해야 하는 것이다(신현기 등, 2005; Kauffman & Hallahan, 2005; Paul & Morse, 1997; Winzer, 2000; Ysseldyke, Algozzine, & Thurlow, 2000). 이러한 재구조화에는 다음과 같은 REI를 위한 공교육 체제의 근본적 변화가 포함된다(Ysseldyke, Algozzine, & Thurlow, 2000: 127 재인용).

① 학습에 문제를 지닌 학생들은 특수교육이 아니라 일반교육 환경에서 더 많은 교수를 받는다.
② 일반교사, 보충교육 교사, 그리고 특수교사는 통합된 환경에서 '특별한' 교육을 제공하기 위해 협력적으로 일한다.
③ 모든 교수 자원들(즉, 재정, 교육, 인력)은 단일한 행정가에게 속한다.
④ 행정 정책들과 절차들은 특별한 학습요구를 지닌 학생들의 일반학급 배치를 권장하는 방향으로 만들어진다.

이처럼 많은 논란을 불러왔던 REI는 결국 성공하지 못했다고 할 수 있다. 예를 들어, REI는 일반학급 수업을 따라가지 못하는 장애 아동들, 준비되지 않은 교사들 등 실제로 이 정책의 대상이 되는 교사들 및 학생들을 적절하게 고려하지 못했다는 비판을 받았다. 하지만 REI는 장애 아동들이 어디에서 교육을 받아야 하는지에 대해, 일반교육과 특수교육의 관계에 대해, 그리고 통합 및 통합교육에 대해 다시 생각해볼 기회를 제공했다는 데 그 의의를 찾아볼 수 있다. 결과적으로 REI가 장애 아동들을 위한 교육으로 구상했던 것들은 현재 우리가 통합교육으로 알고 있는 것과 유사한 형태를 지니고 있는 것이다.

2 통합교육

이렇듯 통합교육은 단기간에 몇몇 학자들에 의해 규정된 개념이 아니다. 통합교육은 많은 사람들이 소수집단의 인권을 개선하고자 수십 년에 걸쳐 노력한 결과물들이 일상생활의 주요 측면 중 하나인 교육에 반영되어 나타난 것이라 할 수 있다. 물론 이러한 노력들은 지금도 계속되고 있으며, 이에 따라 통합교육 또한 앞으로 어떠한 모습으로 바뀔지 알 수 없는 일이다. 하지만 통합교육은 기본적으로 모든 아동들은 자신의 능력에 맞는 교육을 받을 권리를 지니며, 특히 장애 아동들이 받게 되는 교육은 그들이 지닌 장애가 아니라 능력에 기초해야 한다는 믿음을 대표하는 것이라 할 수 있다. 즉 장애보다는 사람이 우선되어야 하고 따라서 사람으로서 당연히 누려야 하는 것들이 개인이 지닌 어떤 조건으로 인해 박탈되어서는 안 된다는 것이다.

미국의 경우, 통합교육은 IDEA의 '최소제한환경'으로 정리가 되며, 우리나라의 경우 「장애인 등에 대한 특수교육법」은 "특수교육대상자가 일반학교에서 장애유형·장애정도에 따라 차별을 받지 아니하고 또래와 함께 개개인의 교육적 요구에 적합한 교육을 받는 것"(법제처, 2015)으로 정의된다.

통합교육이란 다양한 교육적 요구와 능력을 지닌 학생들이 수업시간의 일부나 전부를 함께 교육받는 프로그램으로 장애 아동과 비장애 아동이 사회적 활동이나 교수활동에서 의미 있는 상호작용을 하는 것을 의미한다(이소현, 박은혜, 2006). 다시 말해서, 장애 아동들을 만약 그들이 장애가 없었다면 다니게 될 집 근처의 학교 일반학급에서 또래의 비장애 아동들과 함께 교육하는 실제인 것이다. 하지만 장애 아동들 비장애 아동과 함께 일반학급에 배치하는 것만으로 통합교육이라고 할 수는 없다. 이는 학교 그리고 학급은 교육의 장소이자 생활의 장소이기 때문이다.

통합교육이 진정한 의미를 달성하기 위해 Kauffman 등(1975)은 신체적 혹은 시간적 통합(physical/temporal integration)과 교수적 통합(instructional integration), 그리고 사회적 통합(social integration) 등 세 가지 조건이 충족되어야 한다고 주장하였다.

① **신체적(시간적) 통합**: 장애학생들이 비장애학생들과 함께 같은 교실에 배치되어야 함을 의미하고, 여기서 같은 교실이란 일반학급을 말한다.
② **교수적 통합**: 장애 아동들이 일반학급의 교육과정 및 교육활동에 참여해야 함을 의미하며, 이를 위해서는 교수가 아동들의 요구를 반영해야 한다. 특히 그 특성에 있어 비장애 아동들과 확연한 차이를 보이는 장애 아동들이 일반학급의 교육과정 및 교육활동에 참여하기 위해서는 교수적 수정 등이 필요할 수밖에 없다.
③ **사회적 통합**: 장애 아동들이 학교 및 학급의 구성원들(또래들 및 성인들)과 의미 있는 상호작용을 할 수 있도록 관계가 육성되어야 한다.

또한 Fitzgerald 등은 통합교육의 수준을 다음과 같이 제시하고 있다(정대영, 2009: 32 재인용).
① **물리적 통합**: 건축의 구조를 정비하여 장애학생과 비장애학생의 접촉을 촉진시키고 권장한다.
② **용어적 통합**: 장애를 의미하는 명칭과 차별적 표현을 사용하지 않는다.
③ **행정적 통합**: 장애학생과 비장애학생을 법적으로 구분하지 않는다.
④ **사회적 통합**: 장애학생과 비장애학생 사이의 사회적 접촉의 빈도와 강도를 높인다.
⑤ **교육과정 통합**: 장애학생과 비장애학생에게 동일한 교육과정 구조와 장기 목표를 적용한다.
⑥ **심리적 통합**: 모든 학생들이 같은 교실에서 동시에 같은 프로그램으로 함께 수업을 받는다.

이러한 조건들이 확립되고 유기적인 관계 하에 상호작용을 할 때, 비로소 진정한 의미의 통합교육이 달성되는 것이라 할 수 있다. 결국 통합이란 장애 아동들이 그들의 이웃이나 형제자매가 다니는 학교의 생활연령에 적절한 학년과 학급에 배치되고, 적절한 교수적 수정 및 지원 서비스들이 제공되는 상태에서 교육을 받으며, 그 모든 서비스들이 지역사회를 기반으로 제공되어야 함을 의미한다.

한 가지 더 염두에 두어야 할 것은 통합교육이란 기본적으로 장애 아동과 비장애 아동이 함께 동등하게 교육 받는 것을 의미하므로, 통합교육의 효과가 어느 한 쪽에서만 나타나서는 안 된다는 것이다. 즉, 통합교육은 장애 아동과 비장애 아동 모두에게 이익이 되어야 한다.

3 통합교육과 협력

장애 아동들을 일반교육 환경에 통합시키는 것은 일반적인 추세가 되고 있다. 이는 더 많은 장애 아동들이 자신과 비슷한 장애 아동들과 분리된 환경에서 교육을 받기보다는 일반학급에서 비장애 또래들과 함께 교육을 받게 되었음을 의미한다. Hobbs와 Westling(1998)에 따르면, 더 가벼운 형태의 장애를 지닌 아동들이 일반학급에 배치될 가능성이 더 높으며, 반면 더 심한 장애를 지닌 아동들은 분리된 학급, 학교, 혹은 시설에 배치될 가능성이 더 높다고 한다. 하지만 이러한 특성과는 관계없이 통합교육은 점점 더 확대되고 있다.

장애 아동들을 통합하는 것은 우리들에게 해야 할 많은 일들을 남겨주고 있다. 이는 통합교육이 장애 아동을 단지 일반학급에 배치하는 것으로 끝나지 않기 때문이다. 일반교사와 특수교사의 역할이 변화되어야 할 것이고, 교육과정 또한 바뀌어야 하며, 무엇보다도 장애 아동과 비장애 아동을 포함한 학교 구성원들의 인식에 변화가 있어야 할 것이다. 이러한 문제들에 대한 해결책을 마련해 놓지 않고 통합교육을 도입할 경우 돌이킬 수 없는 결과가 나타날 것임은 자명한 일이다.

이러한 상황에서 협력, 특히 일반교사와 특수교사 사이의 협력은 가장 현실적인 대안이라 할 수 있다. Scruggs와 Mastropieri(1996)는 통합교육과 관련된 연구들을 종합하였고, 일관된 결론들을 발견하였다. 이들은 조사 대상 교사들의 2/3 가량이 통합의 개념을 지지하고 있었으며, 일반교사들의 약 절반 그리고 특수교사들의 약 2/3가 통합교육으로 아동들이 어느 정도의 이익을 보게 될 것이라고 생각하고 있음을 알게 되었다. 그러나 일반교사들의 약 2/3 이상은 통합교육을 실행하는 데 있어 시간이 부족하다고 생각하고 있었으며, 통합교육에 대한 전문지식이나 훈련 또한 충분치 않다고 하였다. 이러한 결과는 결국 많은 교사들이 통합(교육)을 지지하고는 있지만 통합교육을 성공적으로 실행하기 위해서는 교사들 측면에서 준비가 부족함을 의미한다.

교사들은 일반학급에 통합된 장애 아동들이 실패를 경험하지 않도록 효과적인 교수를 제공해야 한다. 하지만 불행하게도 앞서 밝힌 것처럼 통합교육을 위한 시간과 전문지식, 그리고 훈련 등이 부족한 상태이다. 이러한 문제에 대해 Gable 등(1993)은 효과적인 프로그램은 일반교사와 특수교사 간의 밀접한 관계를 전제로 하며, 교사들 간의 협력은 의사소통과 촉진, 그리고 문제해결 및 팀 개발 등에 있어 특정 기술들을 요구한다고 주장하였다. 즉, 일반학급에 배치된 장애 아동들을 뒷받침하기 위해 일반교사와 특수교사, 그리고 관련 서비스 제공자들은 새로운 방식의 협력을 찾아내야 한다는 것이다.

협력은 많은 교육의 과정들이 학교 구성원들이 보통 익숙해져 있는, 편한 혹은 훈련되어 온 것보다 더 공적인 장에서 발생한다는 것을 의미한다(Rainforth & England, 1997). 협력에서 일반교사들은 특수교사들이나 다른 관련 서비스 제공자들과 함께 한다. 이들은 일종의 팀을 구성하게 되고 이들 각자는 그 팀에서 역할이 있으며, 이들은 계획하고 실행하며, 이질적인 아동 집단을 사정하는 데 있어 협력하게 된다. Gable 등(1993)은 서비스 전달에 있어 협력적 접근방식에 점점 더 의존하고 있으므로 실행가들은 새로운 역할 및 책임을 만들어내는 중요한 변화에 적응해야 한다고 주장하였다.

협력에서는 최소한 두 사람이 함께 일한다. 이러한 이유로 성공적인 협력을 위해서는 참여자들 사이에 파트너십이 요구된다. 협력에 참여하는 사람들은 공개적으로 의사소통하고 상호작용해야 하며 동등하게 참여해야 하는 것이다. 협력의 주요 요소들은 다음과 같다(Hobbs & Westling, 1998).

① 협력은 자발적인 과정이어야 한다.
② 협력은 참여자 간의 동등함을 요구한다.
③ 협력은 상호 합의된 목표를 전제로 한다.
④ 협력은 공유된 책임과 공유된 자원을 필요로 한다.
⑤ 팀 구성원들은 그들의 결정이 낳은 결과에 연대 책임을 져야 한다.

이러한 특성을 지닌 협력이 성공적으로 정착될 때 다음과 같은 이익이 창출된다(Rainforth & England, 1997).

① 학생에 대한 책임 공유

② 과제 교수
③ 더 창의적인 수업 및 해결책의 설계
④ 학생들의 요구에 대한 더 나은 이해의 계발
⑤ 더 높은 수준의 개별화 제공
⑥ 성공적인 학생 참여를 위한 기회의 제공
⑦ 학생들과 교사들 모두를 위한 더 큰 소속감 창출

협력을 위한 인기 있는 전략들 중 하나로 협력수업(co-teaching)을 들 수 있다. 협력수업에는 보통 교수를 조정하고 전달하는 한 명의 일반교사와 한 명의 특수교사가 참여하고, 이들은 단 한 명의 교사로는 불가능한 방식으로 모든 학생들을 참여할 수 있게 해주는 교수 전략들을 활용하여 함께 교육내용을 계획하고 전달한다(Cross & Walker-Knight, 1997).

협력수업에서 일반교사와 특수교사는 동일한 공간을 공유하며, 가끔씩만 분리된 장소에서 일한다. 따라서 의사소통은 첫 번째 단계이자 가장 중요한 요소가 된다. 그러나 문제는 의사소통을 위한 공통의 시간을 찾기가 쉽지 않다는 점이다. 수업 계획 및 회의를 위한 공통의 시간, 그리고 협력수업 과정에 동등하게 참여하기 위한 시간을 찾는 데 있어서의 어려움은 통합교육을 향하여 성공적으로 전진하는 것을 계속해서 가장 끈질기게 방해하고 있다(Everington, Hamil, & Lubig, 1996).

하지만 협력수업을 포함한 협력교수를 계획하는 데 있어 정기적인 팀 회의는 특히 중요하고 이러한 정기적 팀 회의 없이는 협력교수는 매우 불만스러운 과정이 될 것이며 실패할 수도 있다(Rainforth & England, 1997). 협력수업의 성공을 위한 몇 가지 선결조건들은 다음과 같다(Cross & Walker-Knight, 1997):

① 협력수업을 시작하기 전 교사들은 그들이 성취하고자 하는 것을 분명하게 하려는 노력을 기울여야 한다.
② 특수교사들은 반드시 일반교육 프로그램의 교육과정에 능숙해져야 하고 자신감을 가져야 한다.
③ 협력수업의 핵심적인 부분은 의사소통이다.
④ 동등함에 대한 신호에는 학생들 및 학부모들에게 일반교사 및 특수교사가 동등하다는 표시가 포함된다. 예를 들어, 방문에는 일반교사 및 특수교사

모두의 이름이 적혀있어야 하고, 방 안에 책상이 두 개 있어야 하며, 노트와 보고서에는 양 교사 모두 서명해야 한다.

⑤ 교사 개개인은 학급의 맥락과 학생들, 그리고 교수 파트너와 협력적으로 그리고 협동적으로 일할 수 있는 능력과 관련된 필요한 지식 및 기술들을 지니고 있어야 한다.

4 통합교육과 교수 적합화

통합교육의 확대와 더불어 많은 장애 아동들이 일반학교에 진학하게 되었지만 통합교육은 장애 아동을 일반학급에 배치하는 것 이상의 의미를 갖는다. 따라서 학교는 이들에게도 적절한 교육을 제공하기 위해 노력해야 한다. 하지만 장애를 지닌 아동들이 아무런 지원 및 서비스 없이 일반학급에 적용되는 교육과정에 접근하고 일반학급에서 이루어지는 교육활동에 참여하는 것은 현실적으로 매우 어려운 일이다. 이에 따라 교수 적합화(adaptation)라는 개념이 새롭게 주목을 받게 되었다.

사실 교수 적합화는 비록 그 개념이 의미하는 것이 우리 교육 실제에 전적으로는 아니라 하더라도, 부분적으로나마 이미 적용되어오고 있었다. 예를 들어, 해마다 치러지는 대학 수학능력 시험에서는 장애가 학생 자신이 지닌 능력을 방해하지 않도록 응시한 장애학생들에게 시험 시간을 연장해주고(주거나) 점자 시험지를 제공하는 등의 노력을 제도화하고 있다.

교수 적합화는 개인 수행의 향상이나 참여를 촉진시키고, 교수 환경, 교수집단, 교수 내용 및 자료, 교수방법, 혹은 평가방법 등을 조정, 수정, 보완하는 과정 혹은 행위로 다양한 교육적 요구를 지닌 학생들의 수행의 향상과 수업 참여의 범위와 양을 확장시키기 위하여 교수환경, 교수집단, 교수내용, 교수방법, 평가방법을 포함하는 교육의 전반적인 환경을 조절하고 수정하는 과정이다(신현기, 2004a). 즉 교육 현장에서 장애로 인해 발생하는 불이익을 상쇄시켜주어 많은 장애학생들이 비장애학생들과 가능한 한 동등하게 수업에 참여할 수 있게 하고 자신의 능력에 따른 교육을 받을 수 있게 하는 장치인 것이다.

이러한 교수 적합화는 크게 조절(accommodation)과 수정(modification)으로 나뉜다.

조절은 교수와 평가에 있어 투입 및 산출과정에 변화를 가하는 것을 일컫는다. 예를 들어 평가에 있어서의 조절은 장애 아동들이 평가에 참여할 수 있도록 평가도구를 개조하거나 평가일정 및 시기 등을 조정하는 것을 말한다(Polloway, Epstein, & Bursuck, 2003; Salvia & Ysseldyke, 1998; <표 12-1> 참조). 그리고 수정이란 한 학생이 교실 내의 다른 학생들과 동일한 교과 영역을 학습하고 수행하면서 보여주는 기대 수준을 변화시키는 것을 의미한다. 이러한 수정은 학생이 표준적인 학년 목표에 도달할 수 없을 것이라는 믿음에 근거한다(신현기, 2004a).

표 12-1 평가에 있어 활용할 수 있는 조절

구분	내용
제시	읽어주기, 지시문 명확하게 제시하기 등
반응	의사소통장비 사용, 계산기 사용, 문제지에 답 적기 등
환경	개별, 소집단, 다른 장소, 좌석위치 조정 등
일정	시간 연장, 휴식시간 허용, 아동에게 유리한 시간에 시험보기 등

특수교육의 대상이 되는 장애학생들 중 상당수는 일반학급에 적용되는 교육과정을 따라갈 수 없다. 따라서 교사는 장애학생들이 다뤄야 할 과제의 난이도나 양, 성취 목표 등에 변화를 주어 해당 장애학생이 일반학급에서 이루어지는 교육의 과정에 참여할 수 있게 도울 수 있다. 또한 장애의 정도가 더 심한 학생들에게는 다른 학생들과 다른 유형의 교육과정을 제공하거나 평가방식을 적용할 수도 있다.

교수 적합화는 형평성(fairness)이라는 측면에서, 이를 장애 아동들에게 제공하는 데 많은 논란을 낳고 있다. Jayanthi 등(1996)의 연구에 따르면, 조사대상 일반학급 교사의 약 2/3가 적합화가 장애 아동들에게만 제공되는 것은 공평하지 못하기 때문에 필요한 누구에게나 제공이 되어야 한다고 생각하고 있고, 이와 더불어 사용되는 평가 적합화 방안에 따라서도 공평함에 대한 교사들의 지각이 다른 것으로 나타났다(정주영, 신현기, 2002).

그러나 형평성이란 "똑같은 것을 제공하는 것이 아니라, 아동들 개개인의 요구에 맞는 것을 제공하는 것"(Peterson & Hittie, 2003: 169)으로, 해당 아동의 수행정도에 대한 정확한 판단, 평가와 교수의 연계 등 평가의 원래 취지를 충족시키기 위해서는 아동들 개개인의 요구에 맞는 방법을 제시하는 것이 타당하다.

5 효과적인 통합교육을 위한 제언

> "통합이 특수교육 내에서 완전히 받아들여진 운동이라는 일반적인 인식은 문헌에 의해서 그리고 아마도, 대중매체에 의해서 만들어져 왔다. 이것은 사실이 아니며, 여전히 논쟁의 소지가 많이 있다"(Winzer, 2000: 7).

그동안 장애 아동들을 포함한 소수집단의 인권을 개선하고자 여러 노력들이 있었고 통합 및 통합교육은 그 결실 중 하나이다. 이제 장애 아동들과 그 부모들은 그들이 기본적으로 누릴 수 있는 것으로 통합교육을 인식하게 되었으며, 이에 따라 일반학교에서 실행되고 있다. 하지만 이러한 사실이 곧 통합교육이 모든 장애 아동들에게 적절한 것이며, 모든 장애 아동들이 반드시 통합교육을 받아야 함을 의미하는 것으로 보기는 어렵다.

모든 아동들이 그들에게 적절한 교육을 받고 이를 바탕으로 자신이 지닌 잠재력을 계발하여 더 나은 삶을 영위할 수 있어야 함은 이론의 여지가 없는 것이다. 다만 모든 장애 아동들이 자신에게 적절한 교육을 받을 수 있는 곳이 통합 환경인가에는 의문의 여지가 있을 수 있고 이에 대한 논쟁은 지금도 계속되고 있는 것이다. McGregor와 Vogelsberg(1998)는 그동안 실행되어 온 통합교육의 성과에 대해 연구하였고 그 결과를 발표하였다(<표 12-2> 참조).

표 12-2 통합교육의 성과

장애학생들의 기술 습득
• 장애학생들은 또래와 함께 있는 환경에서 높은 수준의 사회적 상호작용을 보이고 있으나 배치만으로는 긍정적인 사회적 성과를 보장할 수 없다. • 장애학생들이 통합 환경에서 교육을 받을 때 이들의 사회적 역량 및 의사소통 기술은 향상된다. • 장애학생들은 통합 환경에서 교육을 받을 때 발달의 다른 영역들에서도 향상을 보였다. • 상호작용적, 소집단 환경은 일반학급에 있는 장애학생들의 기술 습득 및 사회적 수용을 촉진한다.
장애학생들의 사회적 성과
• 통합 환경에서 장애학생들과 비장애 또래들 사이에 우정이 만들어진다. • 교사들은 장애학생들과 비장애 또래들 사이의 우정 형성에 중요한 역할을 한다. • 우정과 구성원으로서의 자격은 학급에 그리고 학교의 일과적 활동들에 장기간에 걸쳐 참여할 때 촉진된다.
비장애학생들에 대한 영향
• 전형적인 발달을 보이는 학생들의 수행은 장애학생들이 그들과 같은 교실에 있음으로 인해 손상되지 않는다. • 전형적인 발달을 보이는 학생들은 장애학생들과의 참여 및 관계로부터 이익을 얻는다. • 일반학급에 장애학생들이 있는 것은 그렇지 않은 상황에서는 교육과정의 일부가 될 수 없는 학습 기회 및 경험의 촉매제 역할을 한다.
교사들에 대한 영향
• 비록 많은 교사들이 처음에는 통합을 꺼려한다 하더라도 이들은 지원과 경험을 바탕으로 자신의 능력에 대한 자신감을 갖게 된다. • 다른 교사들의 지원은 교사들이 새로운 교수적 도전이라는 문제를 해결할 능력을 갖는데 있어 강력한 자원이 된다. • 장애학생들의 통합을 촉진하는 것은 학생들의 상호작용을 저해하지 않으면서 참여를 권장하기 위한 지원의 유형과 양에 대해 즉각적인 판단을 내릴 수 있게 하는 민감성을 요구한다.
학부모들에 대한 영향
• 통합에 대한 부모의 지원은 비록 경험만으로는 이러한 태도가 형성되지 않는다 하더라도 이러한 접근방식의 교육을 실제로 경험함으로써 긍정적인 영향을 받는다. • 장애학생들의 부모는 긍정적 태도와 우수한 교육 기회, 그리고 그들의 자녀가 교사들에게 수용되는 것 등을 찾는다.
프로그램 관련 성과
• 몇몇 증거들은 시작 비용이 처음에는 통합 서비스 비용을 증가시킬 수 있으나 이 비용은 점차 줄어들며 분리된 형태의 서비스 전달보다 덜 들 가능성이 높음을 보여주고 있다.

출처: McGregor, G., & Vogelsberg, R. T.(1998: 57-69). *Inclusive schooling practice: Pedagogical and research foundations.*

하지만 통합교육이 성과만 있는 것은 아니다. 통합교육을 지지하는 사람들과 지지하는 이유가 있는 만큼 통합교육을 반대하는 사람들과 반대하는 이유 또한 존재하며, 일반학급에 배치는 되고 있으나 실질적인 교육은 이루어지지 않는 등 부정적인 결과들은 통합교육을 반대하는 목소리에 힘을 실어주고 있다. 통합교육을 반대하는 이유는 다음과 같다(Smith et al., 2004: 25).

첫째, 일반교사들이 충분히 참여하지 않았으며 따라서 통합을 지지하지 않는 것 같다.

둘째, 특수교사는 물론 일반교사 또한 통합을 성공적으로 이끄는데 필요한 협력기술들을 지니고 있지 않다.

셋째, 통합을 지지할만한 경험적인 자료가 부족하다. 그러므로 충분한 연구가 통합을 뒷받침할 때까지 전반적인 실행은 미뤄져야 한다.

넷째, 장애학생들을 일반학급에 완전히 통합하는 것은 비장애학생들로부터 교육의 질을 빼앗고 감퇴시키는 것이다.

다섯째, 현재의 재정, 교사 훈련, 그리고 교사 자격은 분리된 교육체제를 기반으로 하는 것이다.

마지막으로, 일부 장애학생들은 특수학급에서 특수교사로부터 교육을 받을 때 더 나은 수행을 보인다.

모든 교육적 실제가 그렇듯 통합교육 또한 장점과 단점이 공존하는 실제이다. 따라서 통합교육의 장점만을 보고 맹목적으로 추구해야 한다는 주장도 반대로 단점만을 보고 폐기해야 한다는 주장도 유효하지 않다. 중요한 것은 장점과 단점이 공존하는 실제를 효과적으로, 즉 장점은 살리면서 단점을 줄이는 방향으로 장애 아동들의 독특한 특성과 비장애 아동들의 수업권을 동시에 충족시켜 모두가 이득을 볼 수 있는 실제에 대한 고민과 실행이 필요하다.

성공적인 통합교육은 교사들만의 노력으로 이루어지는 것이 아니다. 통합교육은 학교 차원의, 더 나아가 제도적 차원의 체계적 준비와 지원이 필요한 것이다. 성공적인 통합교육의 실시를 위한 요인들(National Center on Educational Restructuring and Inclusion, 1995)은 다음과 같다.

1) 비전을 갖춘 리더십

리더십은 공식적인 '리더'들의 리더십만을 의미하는 것은 아니다. 통합교육의 시작은 학교 행정가, 교사, 부모 등을 포함한 많은 원천들로부터 도출되었다. 하지만 통합교육은 이해 당사자들이 함께 할 때에만 성공한다. 성공적인 통합교육을 위한 리더십에는 첫째, 장애 아동 교육의 가치에 대한 긍정적인 견해, 둘째, 교사들 및 학교들이 모든 학생들의 요구를 변화시키고 조정하는 역량에 대한 낙관적 견해, 그리고 셋째, 새로운 교육의 과정이 시간이 가면서 진화할 것이고 모든 학생들이 통합으로부터 이익을 볼 수 있을 것이라는 자신감 등의 요인들이 포함된다.

2) 협력

협력은 통합교육 프로그램들이 성공하기 위해 필요하다. 통합교육의 성취는 어떠한 교사도 학급에 있는 모든 학생들이 필요로 하는 전문지식을 갖고 있을 것으로 기대 할 수도 없고, 기대해서도 안 된다는 점을 전제로 하고 있다. 오히려 통합학급에서 협력적으로 일하는 교사들은 협력적 문제해결의 이점을 보고하고 있다. 성공적인 것으로 언급된 도구들에는 계획 팀의 구성하기, 교사들이 함께 할 시간 정하기, 교사들을 문제해결자로 인식하기, 그리고 교사들을 최전방에 있는 연구자들로 개념화하기 등이 포함된다.

3) 방향을 바꾼 사정의 활용

사정은 비교를 위한 척도로서가 아니라 학생과 학생의 요구에 대한 더 큰 이해를 확립하기 위한 것으로 활용되어야 한다.

4) 교직원들과 학생들에 대한 지원

통합교육의 성공에 핵심적인 요인 두 가지는 첫째, 체계적인 교직원들의 능력

계발과, 둘째, 다양한 유형의 교직원들이 만나서 함께 일할 수 있게 하는 유연한 계획 시간이다.

5) 적절하고 목표에 맞는 재정

주정부가 활용하는 특정한 방식의 재정 공식이 학생의 배치와 통합에 직접적인 영향을 미친다. 따라서 이 공식에 있어서의 변화는 모든 학생들을 위한 통합교육의 증진에 중요한 변화를 가져올 것이다.

6) 효과적인 부모 및 가족의 참여

효과적인 가족의 참여는 교육 프로그램의 성공에 있어 매우 중요한 요소이다. 이들의 참여는 절차의 문제를 훨씬 뛰어 넘는다. 어떤 학교들은 가족들을 그들의 자녀들과 함께 학습하는 사람들로 참여시키는 프로그램뿐 아니라, 매우 다양한 지원 서비스들을 갖춘 학교 환경을 제공함으로써 가족 참여를 권장하고 있다.

학교를 통해 아동들에게 매우 다양한 형태의 서비스를 가져다주는 프로그램들은 아동들에 대한 직접적인 이익 및 학교 기반 활동들에 부모 및 다른 가족 구성원들이 참여할 수 있는 기회 등 두 가지 이점을 제공한다.

개별화교육과 가족지원 13 Chapter

1 개별화교육계획의 개념

개별화교육계획(Individualized Educational Plan: IEP)은 3세 이상 특수교육대상자를 위해 작성해야 하는 법적 문서이며, 미국에서는 개별화교육프로그램(individualized education program) 또는 영국에서는 개별화교육계획(individual education plan) 등 다양한 용어로 사용되고 있다. 「장애인 등에 대한 특수교육법」(2008)에서는 개별화교육을 다음과 같이 정의하고 있다.

> "개별화교육이란 각급학교의 장이 특수교육대상자 개인의 능력을 계발하기 위하여 장애유형 및 장애특성에 적합한 교육목표·교육방법·교육내용·특수교육 관련서비스 등이 포함된 계획을 수립하여 실시하는 교육을 말한다(제2조 7항)."

개별화교육계획이라는 용어에서 볼 때 핵심적인 개념은 '개별화', '교육', '계획 또는 프로그램'일 것이다. 여기서 '개별화(individualized)'는 특수교육대상자의 개별성으로, 개개인의 독특한 요구와 특성을 반영해야 함을 의미하며, '교육(education)'은 교육목표, 교육내용, 교육방법, 그리고 평가계획 등을 포함한 교육과정 및 관련서비스를 제공해야 함을 의미하며, '계획(plan or program)'은 특수교육대상자에게 맞는 교육과정 및 관련서비스를 계획하여 작성하는 것을 의미한다. 이에 따른 개별화교육계획이 내포된 구체적인 의미는 <표 13-1>과 같다.

표 13-1 개별화교육계획의 핵심적 용어 개념

개별화교육계획(Individualized Educational Plan: IEP)		
개별화(individualized)	교육(education)	계획(plan or program)
• 특수교육대상자의 개별적인 요구와 특성을 반영	• 특수교육 - 특수교육대상자의 교육적 요구에 적합한 교육과정으로 교육목표, 교육내용, 교육방법, 그리고 평가계획 등을 포함 • 특수교육 관련서비스 - 특수교육 관련서비스는 교육대상자의 교육을 효율적으로 실시하기 위하여 필요한 다양한 인적·물적 지원으로, 상담지원, 가족지원, 치료지원, 보조인력지원, 보조공학기기지원, 학습보조기기지원, 통학지원, 정보접근지원 등을 포함	• 특수교육대상자의 교육적 요구에 적합한 교육과정 및 특수교육 관련서비스에 대해 진술한 문서

2 개별화교육계획의 법적 근거

개별화교육의 법적 배경이 되는 「장애인 등에 대한 특수교육법」에는 개별화교육계획과 관련된 구체적인 사항들이 규정되어 있다. 「장애인 등에 대한 특수교육법」 총칙에서는 제2조(정의), 제22조(개별화교육), 동법 시행규칙의 제4조(개별화교육지원팀의 구성 등)에는 개별화교육의 운영과정에 대한 내용을 제시하고 있다. 여기서 개별화교육이란 "각급학교의 장이 특수교육대상자 개인의 능력을 계발하기 위하여 장애유형 및 장애특성에 적합한 교육목표·교육방법·교육내용·특수교육 관련서비스 등이 포함된 계획을 수립하여 실시하는 교육"을 말한다(제2조 7항). 이 법에서 명시하고 있는 개별화교육계획과 관련된 규정을 살펴보면 다음과 같다.

총칙 제22조(개별화교육)

① 각급학교의 장은 특수교육대상자의 교육적 요구에 적합한 교육을 제공하기 위하여 보호자, 특수교육교원, 일반교육교원, 진로 및 직업교육 담당 교원, 특수교육 관련서비스 담당 인력 등으로 개별화교육지원팀을 구성한다.

② 개별화교육지원팀은 매 학기마다 특수교육대상자에 대한 개별화교육계획을 작성하여야 한다.
③ 특수교육대상자가 다른 학교로 전학할 경우 또는 상급학교로 진학할 경우에는 전출학교는 전입학교에 개별화교육계획을 14일 이내에 송부하여야 한다.
④ 특수교육교원은 제1항부터 제3항까지 규정에 따른 업무를 수행하기 위하여 각 업무를 지원하고 조정한다.

시행규칙 제4조(개별화교육팀의 구성 등)

① 각급학교의 장은 법 제22조 제1항에 따라 매 학년의 시작일부터 2주 이내에 각각의 특수교육대상자에 대한 개별화교육지원팀을 구성하여야 한다.
② 개별화교육지원팀은 매 학기의 시작일부터 30일 이내에 개별화교육계획을 작성하여야 한다.
③ 개별화교육계획에는 특수교육대상자의 인적사항과 특별한 교육지원이 필요한 영역의 현재 학습수행수준, 교육목표, 교육내용, 교육방법, 평가계획 및 제공할 특수교육 관련서비스의 내용과 방법 등이 포함되어야 한다.
④ 각급학교의 장은 매 학기마다 개별화교육계획에 따른 각각의 특수교육대상자의 학업성취도 평가를 실시하고, 그 결과를 특수교육대상자 또는 그 보호자에게 통보하여야 한다.

3 개별화교육계획의 기능

개별화교육계획은 장애를 지닌 개별 아동들이 필요로 하는 적절한 교육과 관련서비스를 받을 수 있도록 관리도구로서의 역할, 평가도구로서의 역할, 의사소통 도구로서의 역할을 한다(이소현, 2010). 관리도구로서는 개별아동에게 필요한 특수교육 및 관련서비스의 종류와 내용이 제공되고 있는지 파악하는 역할을 하고, 평가도구로서는 개별아동에게 필요한 목표가 적절한 수준인지, 제대로 실행되고 있는지, 계획된 목표가 달성되었는지 평가하는 역할을 하며, 의사소통 도구로서는 개별아동의 성취결과에 대해 교사, 부모, 관련서비스 전문가 간 의사소통할 수 있는 근거자료로서의 역할을 한다. 특히 개별화교육계획은 교육현장에서 특수교육대상자의 개개인의 요구에 맞는 교육 및 관련서비스를 보장하기 위한 체계적 관리와 교수수행을 위해 필요하다. 개별화교육계획의 기능은 다음과 같다(교육과학기술부, 2009).

① 특수교육대상자를 위하여 특별히 고안된 교육(교육과정 및 특수교육 관련 서비스)을 보장하기 위한 계획서이다.
② 특수교육대상자의 교육방향(목표, 내용, 방법)을 제시하는 계획서이다.
③ 특수교육대상자 및 보호자의 권리를 옹호하는 주요 문서이다.
④ 개별화교육지원팀의 개별화교육계획의 실행에 대한 책무성을 강화하는 실질적 문서이다.
⑤ 개별화교육지원팀의 협력적 체제 구축 및 의사소통을 돕는 문서이다.

4 개별화교육계획의 수립 및 운영절차

개별화교육계획을 수립하고 운영하는 절차는 먼저 특수교육대상자를 발견하고 의뢰 전 서비스를 실행하는 단계에서부터 시작한다. 다음으로는 특수교육대상자 여부를 판정하기 위해 의뢰하고 의뢰된 아동을 대상으로 진단평가를 실시하여 특수교육대상자로 판정된 경우 적절한 서비스에 배치한다. 우리나라의 경우 적절한 서비스에 배치된 아동을 위해 개별화교육팀을 구성하고 구성된 개별화교육팀은 특수교육대상 아동을 위한 개별화교육계획을 계획하고 실행하며 실행결과를 평가하고 검토한다.

「장애인 등에 대한 특수교육법」 제3장(특수교육대상자의 선정 및 학교배치 등) 제14조(장애의 조기발견 등), 제16조(특수교육대상자의 선정절차 및 교육지원 내용의 결정), 제17조(특수교육대상자의 배치 및 교육), 제22조(개별화교육)와 동법 시행령 및 시행규칙에 개별화교육계획의 수립·운영에 대한 전반적인 절차와 관련된 사항이 명시되어 있다. 개별화계획의 수립과 운영에 관련한 절차와 각 절차별 「장애인 등에 대한 특수교육법」의 관련 내용은 다음과 같다.

1) 의뢰

개별화교육계획 실행의 첫 번째 단계는 특수교육대상자를 찾는 의뢰단계이다. 주로 교육현장의 일반교사가 특수교육이 필요한지 아닌지 판별 여부를 확인하기 위해 의뢰하는 절차이다. 이때 부모의 동의가 필요하며, 부모가 자녀의 특수교육 여부를 의뢰하기도 한다.

총칙 제14조(장애의 조기발견 등)

① 교육장 또는 교육감은 영유아의 장애 및 장애 가능성을 조기에 발견하기 위하여 지역주민과 관련 기관을 대상으로 홍보를 실시하고, 해당 지역 내 보건소와 병원 또는 의원에서 선별검사를 무상으로 실시하여야 한다.
③ 보호자 또는 각급학교의 장은 장애를 가지고 있거나 장애를 가지고 있다고 의심되는 영유아 및 학생을 발견할 때에는 교육장 또는 교육감에게 진단·평가를 의뢰하여야 한다. 다만, 각급학교의 장이 진단·평가를 의뢰하는 경우에는 보호자의 사전 동의를 받아야 한다.

시행령 제9조(장애의 조기발견 등)

① 교육장 또는 교육감은 매년 1회 이상 영유아의 장애 및 장애가능성을 조기에 발견하기 위하여 홍보를 하여야 한다.
② 교육장 또는 교육감은 장애의 조기발견을 위하여 관할 구역의 어린이집·유치원 및 학교의 영유아 또는 학생을 대상으로 수시로 선별검사를 하여야 한다.

2) 진단 및 평가

개별화교육계획 실행의 두 번째 단계는 의뢰된 아동이 특수교육 대상자인지 진단·평가하는 단계이다. 이 단계에서는 아동이 장애를 가졌는지, 특수교육대상자에 해당하는지 적격성 여부를 판단하는 진단 및 평가를 하게 된다.

그 결과 특수교육대상자로서 특수교육이 필요하다고 판단되면 보호자에게 그 내용과 특수교육대상자 선정에 필요한 절차를 문서로 알려야 하며, 특수교육대상자로 선정된 자는 일반학교의 일반학급, 일반학교의 특수학급, 특수학교 중 하나에 배치하여 교육받게 된다. 이 때 특수교육대상자의 장애정도, 능력, 보호자의 의견 등을 종합적으로 판단하여 거주지에서 가장 가까운 곳에 배치하여야 한다.

총칙 제16조(특수교육대상자의 선정절차 및 교육지원 내용의 결정)

① 특수교육지원센터는 진단·평가가 회부된 후 30일 이내에 진단·평가를 시행하여야 한다.
② 특수교육지원센터는 진단·평가를 통하여 특수교육대상자로의 선정 여부 및 필요한 교육지원 내용에 대한 최종 의견을 작성하여 교육장 또는 교육감에게 보고하여야 한다.

③ 교육장 또는 교육감은 특수교육지원센터로부터 최종 의견을 통지받은 때부터 2주일 이내에 특수교육대상자로의 선정여부 및 제공할 교육지원 내용을 결정하여 부모 등 보호자에게 서면으로 통지하여야 한다. 교육지원 내용에는 특수교육, 진로 및 직업교육, 특수교육 관련서비스 등 구체적인 내용이 포함되어야 한다.

총칙 제15조(특수교육대상자의 선정)

① 교육장 또는 교육감은 시각장애, 청각장애, 정신지체, 지체장애, 정서·행동장애, 자폐성 장애, 의사소통장애, 학습장애, 건강장애, 발달지체 중 특수교육을 필요로 하는 사람으로 진단·평가된 사람을 특수교육대상자로 선정한다.

시행령 제9조(장애의 조기발견 등)

④ 교육장 또는 교육감은 선별검사를 받은 영유아 등의 보호자가 특수교육대상자로 선정받기를 요청할 경우 영유아 등의 보호자에게 영유아 등의 건강검진 결과통보서 또는 진단서를 제출하도록 하여 영유아 등이 특수교육대상자에 해당하는지 여부를 판단하기 위한 진단·평가를 하여야 한다.
⑤ 교육장 또는 교육감은 진단·평가한 결과 영유아 등에게 특수교육이 필요하다고 판단되면 보호자에게 그 내용과 특수교육대상자 선정에 필요한 절차를 문서로 알려야 한다.

총칙 제17조(특수교육대상자의 배치 및 교육)

① 교육장 또는 교육감은 특수교육대상자로 선정된 자를 해당 특수교육운영위원회의 심사를 거쳐 일반학교의 일반학급, 일반학교의 특수학급, 특수학교 중 하나에 배치하여 교육하여야 한다.
② 교육장 또는 교육감은 특수교육대상자를 배치할 때에는 특수교육대상자의 장애정도, 능력, 보호자의 의견 등을 종합적으로 판단하여 거주지에서 가장 가까운 곳에 배치하여야 한다.

시행규칙 제2조(장애의 조기발견 등)

① 교육장 또는 교육감은 선별검사나 진단·평가를 실시하는 경우에는 별표에 따른 검사를 각각 실시하여야 한다.

표 13-2 특수교육대상자 선별검사 및 진단·평가 영역(시행규칙 제2조 1항 관련)

<table>
<tr><th colspan="2">구분</th><th>영역</th></tr>
<tr><td colspan="2">장애 조기발견을 위한 선별검사</td><td>1. 사회성숙도검사
2. 적응행동검사
3. 영유아발달검사</td></tr>
<tr><td rowspan="5">진단 및 평가 영역</td><td>시각장애·
청각장애 및
지체장애</td><td>1. 기초학습기능검사
2. 시력검사
3. 시기능검사 및 촉기능검사(시각장애의 경우에 한함)
4. 청력검사(청각장애의 경우에 한함)</td></tr>
<tr><td>정신지체</td><td>1. 지능검사
2. 사회성숙도검사
3. 적응행동검사
4. 기초학습검사
5. 운동능력검사</td></tr>
<tr><td>정서·행동장애,
자폐성장애</td><td>1. 적응행동검사
2. 성격진단검사
3. 행동발달평가
4. 학습준비도검사</td></tr>
<tr><td>의사소통장애</td><td>1. 구문검사
2. 음운검사
3. 언어발달검사</td></tr>
<tr><td>학습장애</td><td>1. 지능검사
2. 기초학습기능검사
3. 학습준비도검사
4. 시지각발달검사
5. 지각운동발달검사
6. 시지각운동통합발달검사</td></tr>
</table>

특수교육대상자로 적격성 인정을 받은 아동이 장애정도, 능력, 보호자의 의견 등에 따라 교육기관에 배치가 되면 교육기관에서는 특수교육대상자의 교육계획을 수립하기 위한 진단·평가를 실시해야 한다.

특수교육대상자의 요구와 특성을 파악하기 위해 다양한 평가도구와 방법을 사용하여 정보를 수집하여야 한다. 교사는 장애 아동의 현재능력에 대한 정확한 정보를 얻기 위해서 표준화된 검사도구 이외의 다양한 환경에서의 관찰자료, 부모와의 면담자료, 수업시간에 수행한 작업 샘플 등의 수행평가를 할 수도 있다. 장애 아동에게 활용할 수 있는 표준화된 진단 및 평가도구는 <표 13-3>과 같다.

표 13-3 표준화된 진단 및 평가 도구

영역	검사명	대상연령
지능	유아용 웩슬러 지능검사(K-WPPSI)	3~7세 3개월
	한국 웩슬러 아동지능검사(K-WISC-III)	6~16세
	그림지능검사(P.T.I)	4~7세
	종합인지기능진단검사(CAS)	5~12세
	커프만 아동용 개별지능검사(K-ABC)	2세 6개월~12세 5개월
발달	포테이지 발달검사	0~6세
	장애유아를 위한 캐롤라이나 교육과정	2~5세
	한국판 시지각 발달검사(K-DTVT-2)	4~8세
언어	취학전 언어검사(PLS)	0~6세 11개월
	그림어휘력검사	2~8세 11개월
	언어문제해결력검사	5~12세
학습	기초학습기능검사	유치원~초등학교 6학년
	한국판 학습장애평가척도(K-LDES)	6~12세
	기초학력검사(KISE-BAAT)	5~14세
기타	사회성숙도검사	0~30세
	한국판 적응행동검사(K-SIB-R)	11개월~17세
	적응행동검사(KISE-SAB)	5~14세
	아동-청소년 행동평가척도(K-CBCL)	4~17세
	아동기 자폐증 평정척도(CARS)	모든 연령

출처: 박승희, 장혜성, 나수현, 신소니아(2007: 154). **장애관련종사자의 특수교육 입문.**

3) 개별화교육계획 작성

개별화교육계획 실행의 세 번째 단계는 특수교육대상자의 진단·평가를 근거로 개별화교육계획을 작성하는 단계이다. 개별화교육계획을 작성하기 위해서는 우선 매 학년 시작일부터 2주 이내에 개별화교육지원팀을 구성하여, 매 학기 시작일부터 30일 이내에 개별화교육계획을 작성해야 한다. IEP에는 특수교육대상자의 인적사항과 특별한 교육지원이 필요한 영역의 현재학습수행수준, 교육목표, 교육내용, 교육방법, 평가계획 및 제공할 특수교육 관련서비스의 내용과 방법 등이 포함되어야 한다.

총칙 제22조(개별화교육)

① 각급학교의 장은 특수교육대상자의 교육적 요구에 적합한 교육을 제공하기 위하여 보호자, 특수교육교원, 일반교육교원, 진로 및 직업교육 담당 교원, 특수교육 관련서비스 담당 인력 등으로 개별화교육지원팀을 구성한다.
② 개별화교육지원팀은 매 학기마다 특수교육대상자에 대한 개별화교육계획을 작성하여야 한다.
③ 특수교육대상자가 다른 학교로 전학할 경우 또는 상급학교로 진학할 경우에는 전출학교는 전입학교에 개별화교육계획을 14일 이내에 송부하여야 한다.

시행규칙 제4조(개별화교육지원팀의 구성 등)

① 각급학교의 장은 매 학년의 시작일부터 2주 이내에 각각의 특수교육대상자에 대한 개별화교육지원팀을 구성하여야 한다.
② 개별화교육지원팀은 매 학기의 시작일부터 30일 이내에 개별화교육계획을 작성하여야 한다.
③ 개별화교육계획에는 특수교육대상자의 인적사항과 특별한 교육지원이 필요한 영역의 현재학습수행수준, 교육목표, 교육내용, 교육방법, 평가계획 및 제공할 특수교육 관련서비스의 내용과 방법 등이 포함되어야 한다.
④ 각급학교의 장은 매 학기마다 개별화교육계획에 따른 각각의 특수교육대상자의 학업성취도 평가를 실시하고 그 결과를 특수교육대상자 또는 그 보호자에게 통보하여야 한다.

4) 개별화교육계획 실행 및 평가

개별화교육계획 실행의 네 번째 단계는 작성한 개별화교육계획을 실행하고 평가하는 단계이다. 개별화교육지원팀이 작성한 개별화교육계획은 학교장의 결재를 득한 후, 개별화교육계획에 기록된 교육목표, 교육내용, 교육방법, 평가계획 등의 교육 지원내용을 시작일로부터 종료일까지 대상아동에게 실행한다.

이때 장애 아동의 IEP 수립 시 계획한 교육목표를 성취하기 위해 다양한 교육방법이나 중재전략을 사용하여 교수해야 한다. 교사는 IEP를 실행하면서 교육목표의 적절성, 중재프로그램의 효과성 등을 체계적이고 지속적으로 진보점검해야 하며, 매 학기말 개별화교육계획에 따른 특수교육대상자의 성취도 평가와 프로그램 평가를 실시한 후 보호자에게 그 결과를 통보해야 한다.

시행규칙 제4조(개별화교육지원팀의 구성 등)

④ 각급학교의 장은 매 학기마다 개별화교육계획에 따른 각각의 특수교육대상자의 학업성취도 평가를 실시하고 그 결과를 특수교육대상자 또는 그 보호자에게 통보하여야 한다.

5 개별화교육계획의 작성 실제

개별화교육계획은 「장애인 등에 대한 특수교육법 시행규칙」 제4조(개별화교육팀의 구성 등)에서 명시한 바와 같이, 다음과 같은 구성요소를 포함하여 매 학기의 시작일부터 30일 이내에 개별화교육계획을 작성하여야 한다. 여기에서는 법에서 규정한 주요 구성요소를 중심으로 어떻게 작성해야 하는지 설명하도록 한다.

① 특수교육대상자의 인적사항

② 현재 학습수행수준

③ 교육목표

④ 교육내용

⑤ 교육방법

⑥ 평가계획

⑦ 특수교육 관련서비스의 내용과 방법

먼저 개별화교육계획을 문서로 작성하기 위해서는 보호자, 특수교육교원, 일반교육교원, 진로 및 직업교육 담당 교원, 특수교육 관련서비스 담당 인력 등으로 개별화교육지원팀을 구성하여 매 학기마다 특수교육대상자에 대한 개별화교육계획을 다음과 같은 절차에 따라 진행될 수 있다(교육과학기술부, 2009; 이소현, 2010).

① 1단계: 개별화교육지원팀의 구성원은 회의 전에 각자 해당 영역에 대한 개별화교육계획의 초안을 작성하여 회의에 참석한다.
- 아동의 배경정보를 기록한다.
- 아동의 현행수준을 기록한다.
- 연간 교수목표와 그에 따른 단기교수목표들을 기록한다.
- 교수목표 성취를 위해서 필요한 특수교육 및 관련 서비스를 기록한다.

② 2단계: 개별화교육지원팀은 회의를 통해 교육목표, 교육내용, 교육방법, 평가계획 및 특수교육 관련서비스 내용 및 방법을 협의하여 결정한다.

③ 3단계: 기록자는 결정된 사항을 종합하여 개별화교육계획서를 작성한다. 개별화교육지원팀 구성원은 작성된 개별화교육계획서에 서명하고 날짜를 기입한다.

1) 특수교육대상자의 인적사항

인적사항은 특수교육대상자에 관한 일반적인 배경정보를 말하며, 여기에는 아동에 대한 개인정보뿐만 아니라 장애나 발달과 관련된 정보, 장애진단 및 평가결과에 대한 정보, IEP 시작일과 종료일 등을 포함해야 한다. 이는 다음과 같다.

① 이름, 성별, 생년월일, 보호자명, 주소, 연락처, 학교, 학년, 배치학급
② IEP 작성일, 시작일, 종료일, IEP 점검일, IEP 회의날짜
③ 진단명(장애명), 특수교육대상자 판정일
④ 진단 및 평가내용(검사영역, 검사도구, 검사일, 검사결과, 평가자)
⑤ 가족력 및 발달력
⑥ 보호자의 요구사항

또한 구체적인 인적사항의 내용과 예시는 <표 13-4>와 같다.

표 13-4 특수교육대상자의 인적사항

학생 인적사항		개별화지원팀		
		성명	직책	서명
이 름	이○○	손○○	보호자	
학년 / 반	3학년 1반	조○○	특수교사	
주 소	경기도 ○○시 ○○구 ○○동	강○○	일반교사	
전화번호	○○○-○○○-○○○○	작성일	2018. 2. ○○.	
시작일	2018. 3. ○.	종료일	2019. 2. ○○.	
장애진단명	정신지체 2급	판정일	2005. 4. ○○.	

진단 및 평가				
영역	검사도구	검사일	검사결과	평가자
지능	K-WISC-Ⅲ	2017. 3.○○.	지능지수: 57, 언어성: 67 동작성: 55	김○○
사회성	사회성숙도 검사	2017. 3.○○.	SA: 5, SQ: 63	김○○
학습	기초학습기능검사	2017. 3.○○.	학년규준: 1.3학년	김○○
적응행동	KISE-SAB	2017. 3.○○.	적응행동지수: 48	김○○
가족력 및 발달력				
가족 요구사항				

2) 현재 학습 수행 수준

현재 학습 수행 수준(present level of performance)은 특수교육대상자의 발달 영역이나 교과영역에 대한 현재수준을 기록하는 것이다. 학령전기 유아의 경우, 5개 발달영역(운동성, 인지, 언어, 사회성, 자조기술)에 대한 약점이나 강점을 기술하며, 학령기 아동의 경우, 교과영역(국어, 사회, 수학 등)에 대한 학문적 또는 비학문적 기능을 기술하게 된다.

특수교육대상자의 현재 학습 수행 수준 파악은 개별화교육계획의 장·단기 목표를 기술하거나 아동의 성취수준에 대한 진보정도를 비교할 수 있는 근거자료가 되기 때문에 현행수준 작성을 할 때 다음과 같은 기준을 고려하여야 한다(이소현, 2010; Strickland & Turnbull, 1993).

① 개별화교육계획을 작성하는 현재 시점에서의 수행수준을 기술한다.
② 아동의 약점뿐만 아니라 강점에 대한 진술을 포함해야 한다.
③ 현행수준을 묘사할 때 정확하고 분명하며 간결하게 진술한다.
④ 다양한 평가결과(형식적 평가와 비형식적 관찰, 일화기록, 면담 등)에 근거하여 진술한다.

3) 교육목표

교육목표는 장기목표와 단기목표로 나누어서 서술할 수 있다. 장기목표는 현재 학습 수행 수준에 기초하여 아동이 1년 동안 성취해야 할 목표이며, 연간목표라고도 한다. 단기목표는 장기목표와 연계한 하위목표로서 장기목표를 성취하기 위한 세부목표이며, 학기별 목표라고도 한다.

장·단기목표를 작성할 때에는 장기목표의 경우 단기목표에 비해 발달영역이나 각 교과영역의 내용을 포괄적인 문장으로 진술하지만, 단기목표는 아동의 진보를 알아보는 평가기준이 되기 때문에 관찰가능하고 측정 가능한 목표 진술이 되어야 한다.

이를 위해서 단기목표를 작성할 때 아동이 성취해야 할 행동, 행동이 발생될 조건, 행동의 성취여부를 결정할 기준이 포함되어야 하며, 구체적인 내용은 <표 13-5>와 같다(이소현, 2010).

표 13-5 단기목표 작성 시 포함 요소

요소	내용	예시
행동 (behavior)	관찰가능하고 측정가능하게 기술하기 위해서 행동용어를 사용한다.	• 친구에게 장난감을 준다.
조건 (condition)	특정행동이 발생하도록 기대되는 상황으로 학습상황, 교재, 행동발생 장소, 행동 대상자 등을 포함한다.	• 현수는 컴퓨터 화면에 나타나는 세 개의 블록을 보고 3까지 셀 수 있다.
기준 (criteria)	특정행동이 성취되어야 할 기준이나 수준을 행동 특성에 따라 비율, 빈도, 지속시간, 강도, 백분율 등으로 사용한다.	• 진희는 코트의 단추를 풀어주면 3분 이내에 사물함에 걸 수 있다. • 철수는 주어진 교재를 1분 안에 90%의 정확도로 소리 내어 읽을 수 있다.

4) 교육내용 및 방법

특수교육대상자의 장·단기목표를 성취하도록 교육내용과 교육방법을 구체적으로 기술해야 한다. 학령전기 유아의 경우, 5개 발달영역(운동성, 인지, 언어, 사회성, 자조기술)에 따라 교육과정 수정과 일과 내 아동의 목표를 적용할 수 있는 삽입교수방법을 적용한다. 또한 학령기 아동의 경우, 교과영역(국어, 사회, 수학 등)에 아동의 목표와 연계하여 실제 교실상황에서 가르칠 수 있는 교육내용과 직접교수, 또래교수, 협력교수, 자기관리전략, 행동수정 등 다양한 교수·학습방법 및 교수자료를 활용하기도 한다.

5) 평가계획

개별화교육계획은 장·단기목표를 달성하였는지에 대한 평가계획이 포함되어야 하며, 평가에 대한 결과는 부모들에게 정기적으로 알려주어야 한다. 평가계획에는 평가담당자, 평가시기, 평가방법, 평가기준, 평가결과 등에 대한 정보가 제시되어야 하며, 「장애인 등에 대한 특수교육법 시행규칙」 제4조(개별화교육팀의 구성 등)에서도 매학기 마다 개별화교육계획에 따른 개별 특수교육대상자의 학업성취도 평가를 실시하고 그 결과를 특수교육대상자 또는 그 보호자에게 통보하도록 명시하고 있다.

평가계획에 포함되는 요소 중 평가방법은 표준화된 검사, 관찰, 수행평가 등 대상아동의 성취수준을 점검하기 위한 다양한 측정도구와 방법을 사용할 수 있다. 평가기준은 장·단기목표가 수행성취해야 하는 준거이며, 평가일정 및 시기는 장·단기목표 성취수준을 얼마나 자주 평가할지 정하는 것이다.

6) 제공할 특수교육 및 서비스의 내용과 방법

특수교육 관련서비스는 「장애인 등에 대한 특수교육법」 제2조(정의)에서 명시한 바와 같이 특수교육대상자의 교육을 효율적으로 실시하기 위하여 필요한 인적·물적자원을 제공하는 서비스로서 상담지원, 가족지원, 치료지원, 보조인력지원, 보조공학기기지원, 학습보조기기지원, 통학지원 및 정보접근지원 등을 말한다.

개별화교육계획을 작성할 때는 특수교육대상자의 특성에 따라 요구되는 특수교육관련 관련서비스 내용과 방법이 포함되어야 한다. 만약 특수교육대상자가 필요로 하는 경우에는 물리치료, 작업치료 등의 치료지원이나 특수교육대상자의 교육을 위하여 필요한 장애인용 각종 교구, 각종 학습보조기, 보조공학기기 등의 설비에 대한 내용, 취학편의를 위하여 통합보조인력 지원 등의 내용이나 서비스 횟수, 서비스 받는 시간도 포함할 수 있다.

6 개별화교육과 가족지원

1) 가족지원의 개념 및 필요성

장애영유아를 대상으로 하는 유아특수교육에서는 학령기 아동에 비해 가족참여와 협력이 중요하다. 이는 부모가 장애영유아와 많은 시간을 함께 보냄으로써 자녀의 일상적인 발달 진보를 구체적으로 제공해주기 때문에 IEP개발 및 적용과정에서 교사와 부모 간의 협력은 필수적이다.

특히 장애영유아의 발달진보를 위한 주 정보원으로서 개별화교육계획이나 개별화가족서비스계획을 작성할 때 부모의 영향력은 크다. 미국의 특수교육협회(CEC)의 조기교육 분과(DEC)에서도 개별화교육계획을 개발하고 운영할 때 가족중심접근을 강조하고 있다(DEC, 1993).

개별화교육계획(individualized educational plan: IEP)은 미국 장애인교육법(IDEA)의 Part B에 근거하여 3~5세 특수교육대상유아의 적절한 교육을 제공하기 위한 법적 문서임에 비해 개별화가족서비스계획(individualized family service plan: IFSP)은 Part C에 따라 출생에서 2세까지의 영아와 그 가족을 위한 법적 문서로 IEP와 달리 가족에 대한 정보(가족의 자원, 우선순위, 관심) 수집과 영아의 개별적인 욕구를 충족시키기 위한 가족역량을 강화시켜야 한다.

따라서 장애영유아 개별화교육에서 가족참여의 중요성을 고려할 때, 가족지원(family support)은 단순히 가족이 필요로 하는 욕구나 서비스를 제공해 주는 것이 아니라 가족들 스스로가 자신의 필요 및 욕구를 충족시키기 위해서 환경을 구성하고 독립적으로 문제를 해결하는 능력과 힘을 갖도록 지원하는 개념이다(노진아 외, 2011; Zigler & Berman, 1983). 장애아 가족지원의 구체적인 필요성은 다음과 같다(이소현, 2010; 조윤경 외 2013).

- 영유아기 자녀를 둔 부모는 그들에게 가장 큰 영향력을 지닌 존재이다. 특히 가족들은 장애유아의 출생으로부터 시작해서 현재에 이르는 모든 생육사의 발달 및 학습의 양상 등을 가장 잘 아는 전문가로서 장애유아 교육에 결정적인 영향력을 미치기 때문에 교육과 양육의 효율성을 위한 부모교육과 지원이 필요하다.
- 장애자녀 양육에 대한 스트레스와 자원의 부족 등은 부모로서의 역할을 제대로 할 능력을 저하시키기 때문에 이에 대한 적절한 지원을 필요로 한다.
- 위기에 처한 가정의 부모뿐만 아니라 모든 가정의 부모는 자녀양육과 관련된 교육과 지원을 받을 필요가 있다.
- 부모의 역할은 인간으로서 사회에서 맡는 역할 중의 하나이다.
- 바람직한 부모역할에 대한 바른 정보와 적절한 모델이 필요하다.
- 미래사회에 적응할 수 있는 사람으로 자녀를 키우기 위한 지원이 필요하다.
- 기관과 가정과의 연계성 확립을 위한 지원이 필요하다.

2) 가족지원의 법적 근거

「장애인 등에 대한 특수교육법」에는 가족지원과 관련된 사항들이 규정되어 있다. 「장애인 등에 대한 특수교육법」 총칙에서는 제28조(특수교육 관련서비스), 동법 시행령 제23조(가족지원)에는 가족지원에 대한 내용과 방법을 제시하고 있다. 이 법에서 명시하고 있는 가족지원 관련 규정을 살펴보면 다음과 같다.

총칙 제28조 1항(특수교육 관련서비스)

① 교육감은 특수교육대상자와 그 가족에 대하여 가족상담 등 가족지원을 제공하여야 한다.

시행령 제23조(가족지원)

① 가족지원은 가족상담, 양육상담, 보호자 교육, 가족지원프로그램 운영 등의 방법으로 한다.
② 제 1항에 따른 가족지원은 「건강가정기본법」 제35조에 따른 건강가정지원센터, 「장애인복지법」 제58조에 따른 장애인복지시설 등과 연계하여 할 수 있다.

3) 가족지원을 위한 방법

가족은 아동의 지원자로서 교육계획에 직접 참여하고, 아동의 행동을 관찰하여 실제 목표에 도달하도록 돕고, 교사와 교실에서 함께 일하며, 아동이 성장하고 발달하도록 가정에서 아동을 가르치는 역할을 한다(이병인, 2004). 그러나 장애자녀 출산과 더불어 가족들이 받아들이는 정서적 반응은 충격, 분노, 타협, 좌절, 수용단계과정을 거치면서 적응하는데 많은 시간이 걸리며, 장애자녀를 양육함에 있어 스트레스를 경험하기도 한다.

따라서 장애자녀를 둔 가족의 심리적 갈등을 최소화하고 극복할 수 있도록 가족이 가진 강점을 기반으로 가족기능과 역량을 촉진하고 지원해야 할 필요가 있다. 여기에서는 장애 아동의 개별화교육계획을 작성하고 실행하는 과정에서 부모 및 가족들과 협력할 때 필요한 가족지원 방법을 제시하고자 한다(노진아 외, 2011; 박지연 외, 2006; 박지연 외, 2011; 이소현, 2010; 조윤경 외, 2013).

(1) 부모참여

우리나라 장애인 등에 대한 특수교육법에서도 밝히고 있듯이 장애 아동의 교육적 요구에 적합한 교육을 제공하기 위해서 개별화교육계획을 작성할 때 보호자를 포함시키도록 하고 있다. 이는 부모의 참여가 IEP 작성 시 진단, 목표설정, 프로그램 실행과정에서 부모가 포함되어야 한다는 의미로 볼 수 있다.

우선 장애 아동의 IEP 목표설정을 하기 전 교육진단에서 부모참여가 이루어져야 한다. 장애 아동의 목표설정을 하기 전 아동의 발달수준이나 현재수행정도를 파악하기 위해 교사는 교육기관뿐만 아니라 지역사회, 가정 등 다양한 환경에서 아동의 발달특성을 정확하게 진단해야 한다. 이때 부모를 진단과정에 포함시켜 가족의 강점과 우선순위, 가족의 욕구, 양육방법, 가족자원 등과 같은 가족정보를 전문가와 공유함으로써 전문가들이 의미 있는 진단결과를 도출하도록 도울 수 있다.

둘째, 장애 아동의 장·단기교육목표를 설정하기 위해 부모의 참여가 이루어져야 한다. 장애자녀를 둔 부모들은 아동에게 기대하는 교육적 우선순위나 가족들이 원하는 지원과 서비스의 종류에 대한 정보를 교사와 공유하여 적절한 목표설정을 계획하도록 도울 수 있다.

셋째, 장애 아동의 장·단기교육목표에 적합한 교육내용과 교육방법이 교육기관뿐만 아니라 가정에서도 연계되어 실행할 수 있도록 부모참여가 이루어져야 한다. 이때 교사는 장애 아동의 개별화교육목표가 일과 내에 어떻게 삽입하여 실행할 수 있는지 부모에게 구체적인 활동예시와 함께 가정연계활동안을 가정으로 배포하거나 부모교육을 통해 가르칠 필요가 있다.

(2) 정보적 제공과 협력

가족은 또래의 다른 아동이 무엇을 할 수 있는지 혹은 발달적으로 그 다음 단계는 무엇인지 알기 원하며, 아동의 장애나 상태에 대해 알기를 원한다. 또한 가족이 어디에서 도움을 얻을 수 있는지와 어디에 학습기회가 있는지 자녀가 받아야 하는 서비스 종류와 자원에 대한 정보를 궁금해 하기도 한다.

교사는 부모들에게 정서적 지지와 정보적 지원을 하기 위해 알림장, 전화연락, 안내서 및 소식지 등 다양한 의사소통 방법을 통해 부모에게 교실에서 일어난 일을 알려주고 부모는 자녀가 교실의 어떠한 활동에 참여하고 학급의 일과는 어떤지 확인할 수 있다. 교사는 장애 아동에게 지원되는 서비스와 프로그램에 대한 정보를 부모에게 정확하게 제공해야만 하고, 부모는 자녀에 대한 발달적 정보를 제공하고 가족의 교육적인 요구와 아동의 개별화교육 목표에 따라 어떠한 프로그램이 실행되고 있는지 알아야 한다.

따라서 교사는 개별화교육계획을 작성하기 전, 실행 중, 개별화교육계획을 종료한 후 개별아동에 대한 발달평가 및 발달진보에 대한 주기적인 정보를 제공해 주어야 한다. 특히, 전화연락을 통해 부모와 정기적인 의사소통을 할 때에는 자녀의 어려운 점이나 문제점을 공감해 주면서 부모가 필요로 하는 의도를 정확하게 파악하여 질문이나 답변을 해주는 것이 좋다. 가족과의 협력적인 정보교환을 위한 구체적인 의사소통방법은 다음과 같다.

- 아동과 가족들에 대한 태도를 점검한다. 모든 아동과 그 가족들은 그들의 욕구, 생활방식, 성장속도, 발달과 학습에 있어서 다르다는 사실을 알아야 한다.
- 대상 아동을 다른 아동들과 비교하지 않는다. 아동의 진도는 대상 아동의 이전 성장 및 발달 수준과 비교되어야 한다.

- 아동의 약점보다는 강점과 능력에 초점을 맞춘다.
- 부모를 비판하지 않는다. 장애 아동 부모들이 직면하는 독특한 요구에 민감하게 반응한다.
- 부모의 감정과 행동에 대해서 마음을 열고 수용한다.
- 가족의 상황이나 부모가 자녀를 다루는 방법에 대해서 비판하지 않는다.
- 부모의 참여 정도를 결정할 수 있는 권리를 존중한다.
- 부모와 협력적으로 일하는 것에 대한 감사와 관심을 보인다.
- 부모가 불편하게 생각하는 행동을 하도록 위협하거나 조정하지 않는다.
- 병에 걸리거나 동생이 태어나는 등 아동에게 영향을 미칠 수 있는 사건이나 일과 및 상황 변화를 알려주도록 부모를 격려한다.
- 부모와 정보를 공유한다. 아동의 진도, 활동, 특별한 사건들에 대해서 전화나 연락장, 게시판, 학급 신문 등의 다양한 방법을 통해서 알린다.
- 부모에게 어떤 책임을 부여하거나 정보를 수집하려고 한다면 그 과정에 대해서 정확하고 분명하게 설명할 수 있어야 한다.
- 부모들이 자신의 관심을 나눌 수 있도록 시간을 내어주고 격려한다.
- 부모가 자녀와의 관계에서 사용하고 있는 성공적인 전략들을 말하도록 요청한다.
- 아동에 대해서 가지고 있는 관심을 위협적이지 않은 방법으로 표현한다. 아동에게 초점을 맞추지 않고 아동의 행동에 초점을 맞춘다.
- 학부모에게 선호하는 의사소통 방식이 있는지 물어본다.
- 학부모와 주고받는 모든 메시지를 중요하게 생각한다.
- 부모의 이름을 언급함으로써 대화를 보다 친숙하고 개인적으로 만든다.
- 전화나 문제 메시지를 사용할 경우, 가족과 연락하기 편안한 시간을 묻는다.
- 아동과 가족에 대하여 무엇인가 긍정적인 이야기를 하면서 대화를 시작한다.
- 부모에게 질문할 기회를 준다.
- 부모의 걱정이나 질문에 즉시 대답할 수 없을 경우, 부모에게 양해를 구하고 곧 다시 연락한다.
- 부모에게 시간을 내주어서 감사하다고 알린다.

가족과의 대화 체크리스트

중재자: 날짜: 관찰자:

(√=만족스럽게 수행, X=실시 안 함, ?=실시하지 않았거나 불만족스럽게 실시, NA=해당 없음)

중재자는 다음의 항목을 수행하였는가?	체크
• 비공식적 대화의 기회를 제공하였는가?	
1. 가정방문, 교실에서 만남, 치료실 약속 등에서 비공식적 대화를 위한 시간을 마련하였는가?	
2. 가족의 스케줄을 고려하여 비공식적 대화 약속을 하였는가? (예: 비공식적 대화 시간이 가족들에게 편리하였는가?	
3. 부모와의 대화를 먼저 시작하였는가?	
4. 다양한 의사소통 방법을 사용하였는가? (예: 이메일, 쪽지, 전화통화)	
5. 가족과 자주 의사소통하는가? (예: 주 1회 이상)	
6. 친근하고, 밝게, 긍정적인 면을 강조하여 의사소통하는가?	
• 아동과 가족의 강점을 인식하는가?	
7. 아동을 칭찬하는가?(아동의 긍정적인 자질과 성취에 대해 인정하는가?)	
8. 아동의 성취에 기여하는 가족의 공헌을 인정하고 칭찬하는가? (예: 자원, 기술, 지식)	
9. 가족 기능 전반에 대한 부모의 기여를 인식하고 있는가?	
• 부모의 의견과 생각을 구하였는가?	
10. 전문가에게 의견을 묻기 전에 부모에게 먼저 자녀와 관련한 문제에 대한 의견이나 해결책에 대해 물어보는가?	
11. 가족이 제안한 해결책에 대해 충분히 논의하고, 그 실천 가능성에 대해 긍정적인 태도를 보였는가?	
12. 전문가가 제시한 해결책을 가족이 채택하였을 때 기존의 가족활동 스케줄과 우선순위 내에서 실현 가능한 활동인지 확인하였는가?	
13. 전문가가 제시한 해결책을 강요하지 않고 가족과 충분히 토의하여 가족이 수용할 때까지 기다렸는가?	
• 이해하려고 노력하였는가?	
14. 부모가 목표, 활동 등을 선택하는 주요 동기를 알기 위해 개방형 질문을 하였는가?	
15. 경청하기와 적절한 몸짓을 사용함으로써 부모의 관점에 관심이 있고 또 그것을 받아들인다는 것을 표현하였는가?	

16. 판단하지 않는 자세를 유지하였는가?	
• 가족 전체에 대한 관심을 표현하였는가?	
17. 가족 구성원 모두의 활동에 대해 언급하거나 가벼운 대화를 통해 관심을 표하였는가? (예: 직업, 취미, 특별한 관심이나 활동)	
18. 가족의 생활이 바뀜으로써 받는 영향에 대해 물어보았는가? (예: 직장 변동, 자녀 출산, 이사)	
19. 아동의 행동, 건강상 요구, 치료 등이 다른 가족 성원(부모, 형제자매, 친척)에게 미치는 영향에 대해 물어보았는가?	
20. 부모나 형제자매가 겪는 어려움에 대해 공감하,며 가족에게 도움이 될만한 자원에 대한 정보를 제공하였는가?	
• 감정에 대해 인식하고 반응하였는가?	
21. 부모의 감정에 대해 경청하고, 공감하며, 추가적인 질문을 하였는가? 적극적 경청 기술을 사용하였는가?	
22. 밝은 면만 부각시키려 하거나, 강한 감정을 경시하거나 고치려 하지 않고 존중하였는가?	

출처: 박지연, 전혜인, 강혜원(2011: 210-211). **장애영유아 가족지원**. 학지사.

(3) 부모교육

장애자녀를 둔 가족에게 부모교육은 부모역할에 대한 정보와 자녀를 바람직한 방법으로 양육하기 위한 도움을 준다. 장애아를 가족 구성원으로 둔 대부분의 가족들은 이들을 위한 교육 및 훈련 프로그램을 통해서 유아의 발달과 학습을 촉진하고 행동을 조절할 수 있게 되며 적극적인 옹호자의 역할을 하게 되는 등의 혜택을 얻기도 한다. 부모교육은 장애자녀를 둔 가족에게 다음과 같은 목적으로 이루어지고 있다.

- 장애와 발달적 특성에 대한 이해와 수용을 돕기 위함이다.
- 양육과 교육방법에 대해 구체적으로 배우고 활동할 수 있도록 하기 위함이다.
- 장애를 가진 자녀를 둔 부모들이 함께 모여 공동관심과 문제에 대한 정보교류와 심리적·정서적 지지 및 관계형성을 돕기 위함이다.
- 부모 개인의 자아존중감과 자신감 회복을 통한 가족역량 강화를 돕기 위함이다.

부모교육의 목적에서도 제시한 바와 같이 부모교육의 내용은 부모교육을 하고자 하는 목표에 따라 다양하게 구성된다. 교육기관에 처음 입학하는 장애유아 부모의 경우, 장애를 온전히 수용하지 못하는 부분이 있으므로 장애와 발달적 특성에 대한 이해와 수용을 하도록 돕고, 자녀의 양육기술을 배움으로써 자녀와의 갈등요소를 최소화시킬 수 있다.

또한 장애자녀의 출산으로 겪게 된 불안과 우울, 좌절감에서 벗어나 자신감과 자아존중감을 향상시키기 위한 지역사회 내 전문 부모훈련프로그램에 참여할 수도 있다. 다양한 부모교육프로그램을 계획하고 운영할 때, 고려해야 할 내용은 다음과 같다(서울장애인복지관, 2006).

- 부모계획 수립 시 부모들의 의견을 최대한 반영하고 가능한 부모들이 자발적이고 적극적으로 참여할 수 있는 방향으로 계획을 세운다.
- 부모들과 교육기관 모두의 사정에 맞추어 실천 가능한 것에서부터 시작하여 점차 그 내용과 활동을 확장시켜 나간다.
- 부모들에게 경제적인 부담을 주지 않도록 해야 한다.
- 부모교육의 내용은 아동발달이나 자녀교육에 관한 것뿐만 아니라 부모들 자신의 흥미를 반영하고 자기계발에 도움이 되는 내용도 포함한다.
- 계획 및 운영과정에서 가능하면 전문가나 지역사회 인사의 협조와 자문을 받는 것이 좋다.

부 록

장애인 등에 대한 특수교육법

(약칭: 특수교육법)

[시행 2018. 5. 22.] [법률 제15367호, 2018. 2. 21., 일부개정]

제1장 총칙

제1조(목적) 이 법은 「교육기본법」 제18조에 따라 국가 및 지방자치단체가 장애인 및 특별한 교육적 요구가 있는 사람에게 통합된 교육환경을 제공하고 생애주기에 따라 장애유형·장애정도의 특성을 고려한 교육을 실시하여 이들이 자아실현과 사회통합을 하는데 기여함을 목적으로 한다.

제2조(정의) 이 법에서 사용하는 용어의 정의는 다음과 같다. <개정 2012. 3. 21.>

1. "특수교육"이란 특수교육대상자의 교육적 요구를 충족시키기 위하여 특성에 적합한 교육과정 및 제2호에 따른 특수교육 관련서비스 제공을 통하여 이루어지는 교육을 말한다.
2. "특수교육 관련서비스"란 특수교육대상자의 교육을 효율적으로 실시하기 위하여 필요한 인적·물적 자원을 제공하는 서비스로서 상담지원·가족지원·치료지원·보조인력지원·보조공학기기지원·학습보조기기지원·통학지원 및 정보접근지원 등을 말한다.
3. "특수교육대상자"란 제15조에 따라 특수교육을 필요로 하는 사람으로 선정된 사람을 말한다.
4. "특수교육교원"이란 「초·중등교육법」 제2조제4호에 따른 특수학교 교원자격

증을 가진 자로서 특수교육대상자의 교육을 담당하는 교원을 말한다.

5. "보호자"란 친권자·후견인, 그 밖의 사람으로서 특수교육대상자를 사실상 보호하는 사람을 말한다.

6. "통합교육"이란 특수교육대상자가 일반학교에서 장애유형·장애정도에 따라 차별을 받지 아니하고 또래와 함께 개개인의 교육적 요구에 적합한 교육을 받는 것을 말한다.

7. "개별화교육"이란 각급학교의 장이 특수교육대상자 개인의 능력을 계발하기 위하여 장애유형 및 장애특성에 적합한 교육목표·교육방법·교육내용·특수교육 관련서비스 등이 포함된 계획을 수립하여 실시하는 교육을 말한다.

8. "순회교육"이란 특수교육교원 및 특수교육 관련서비스 담당 인력이 각급학교나 의료기관, 가정 또는 복지시설(장애인복지시설, 아동복지시설 등을 말한다. 이하 같다) 등에 있는 특수교육대상자를 직접 방문하여 실시하는 교육을 말한다.

9. "진로 및 직업교육"이란 특수교육대상자의 학교에서 사회 등으로의 원활한 이동을 위하여 관련 기관의 협력을 통하여 직업재활훈련· 자립생활훈련 등을 실시하는 것을 말한다.

10. "특수교육기관"이란 특수교육대상자에게 유치원·초등학교·중학교 또는 고등학교(전공과를 포함한다. 이하 같다)의 과정을 교육하는 특수학교 및 특수학급을 말한다.

11. "특수학급"이란 특수교육대상자의 통합교육을 실시하기 위하여 일반학교에 설치된 학급을 말한다.

12. "각급학교"란 「유아교육법」 제2조제2호에 따른 유치원 및 「초·중등교육법」 제2조에 따른 학교를 말한다.

제3조(의무교육 등) ① 특수교육대상자에 대하여는 「교육기본법」 제8조에도 불구하고 유치원·초등학교·중학교 및 고등학교 과정의 교육은 의무교육으로 하고, 제24조에 따른 전공과와 만 3세미만의 장애영아교육은 무상으로 한다.

② 만 3세부터 만 17세까지의 특수교육대상자는 제1항에 따른 의무교육을 받을 권리를 가진다. 다만, 출석일수의 부족 등으로 인하여 진급 또는 졸업을 하지 못하거나, 제19조제3항에 따라 취학의무를 유예하거나 면제받은 자가 다시 취학할 때의 그 학년이 취학의무를 면제 또는 유예받지 아니하고 계속 취학하였을 때의 학년과 차이가 있는 경우에는 그 해당 연수(年數)를 더한 연령까지

의무교육을 받을 권리를 가진다.

③ 제1항에 따른 의무교육 및 무상교육에 드는 비용은 대통령령으로 정하는 바에 따라 국가 또는 지방자치단체가 부담한다.

제4조(차별의 금지) ① 각급학교의 장 또는 대학(「고등교육법」 제2조에 따른 학교를 말한다. 이하 같다)의 장은 특수교육대상자가 그 학교에 입학하고자 하는 경우에는 그가 지닌 장애를 이유로 입학의 지원을 거부하거나 입학전형 합격자의 입학을 거부하는 등 교육기회에 있어서 차별을 하여서는 아니 된다.

② 국가, 지방자치단체, 각급학교의 장 또는 대학의 장은 다음 각 호의 사항에 관하여 장애인의 특성을 고려한 교육시행을 목적으로 함이 명백한 경우 외에는 특수교육대상자 및 보호자를 차별하여서는 아니 된다." <개정 2018. 2. 21.>

1. 제28조에 따른 특수교육 관련서비스 제공에서의 차별
2. 수업, 학생자치활동, 그 밖의 교내외 활동에 대한 참여 배제
3. 개별화교육지원팀에의 참여 등 보호자 참여에서의 차별
4. 대학의 입학전형절차에서 장애로 인하여 필요한 수험편의의 내용을 조사·확인하기 위한 경우 외에 별도의 면접이나 신체검사를 요구하는 등 입학전형 과정에서의 차별
5. 입학·전학 및 기숙사 입소 과정에서 비장애학생에게 요구하지 아니하는 보증인 또는 서약서 제출을 요구
6. 학생 생활지도에서의 「장애인차별금지 및 권리구제 등에 관한 법률」 제4조의 차별

제2장 국가 및 지방자치단체의 임무

제5조(국가 및 지방자치단체의 임무) ① 국가 및 지방자치단체는 특수교육대상자에게 적절한 교육을 제공하기 위하여 다음 각 호의 업무를 수행하여야 한다. <개정 2016. 5. 29., 2017. 12. 19.>

1. 장애인에 대한 특수교육종합계획의 수립
2. 특수교육대상자의 조기발견
3. 특수교육대상자의 취학지도

4. 특수교육의 내용, 방법 및 지원체제의 연구·개선
5. 특수교육교원의 양성 및 연수
6. 특수교육기관 배치계획의 수립
7. 특수교육기관의 설치·운영 및 시설·설비의 확충·정비
8. 특수교육에 필요한 교재·교구의 연구·개발 및 보급
9. 특수교육대상자에 대한 진로 및 직업교육 방안의 강구
10. 장애인에 대한 고등교육 방안의 강구
11. 특수교육대상자에 대한 특수교육 관련서비스 지원방안의 강구
12. 그 밖에 특수교육의 발전을 위하여 필요하다고 인정하는 사항

② 국가 및 지방자치단체는 제1항의 업무를 수행하는데 드는 경비를 예산의 범위 안에서 우선적으로 지급하여야 한다.
③ 국가는 제1항의 업무 추진이 부진하거나 제2항의 예산조치가 부족하다고 인정되는 지방자치단체에 대하여는 예산의 확충 등 필요한 조치를 하도록 권고하여야 한다.
④ 교육부장관은 제1항의 업무를 효율적으로 수행하기 위하여 문화체육관광부장관·보건복지부장관·고용노동부장관·여성가족부장관 등 관계 중앙행정기관 간에 협조체제를 구축하여야 한다. <개정 2008. 2. 29., 2010. 6. 4., 2013. 3. 23., 2016. 2. 3.>

제6조(특수교육기관의 설립 및 위탁교육) ① 국가 및 지방자치단체는 특수교육대상자의 취학편의를 고려하여 특수교육기관을 지역별 및 장애영역별로 균형 있게 설치·운영하여야 한다.
② 국가 및 지방자치단체는 국립 또는 공립의 특수교육기관이 부족하거나 특수교육대상자의 의무교육 또는 무상교육을 위하여 필요한 경우에는 사립의 특수교육기관에 그 교육을 위탁할 수 있다.
③ 제2항에 따라 특수교육을 위탁한 경우에는 해당 특수교육기관의 교육여건이 국립 또는 공립 특수교육기관의 수준에 미달하지 아니하도록 지원하여야 한다.
④ 제2항에 따른 위탁교육·제3항에 따른 지원 또는 비용부담 등에 관하여 필요한 사항은 대통령령으로 정한다.

제7조(위탁교육기관의 변경신청) ① 제6조제2항에 따라 교육을 위탁받은 사립의 특수교육기관에 취학하고 있는 특수교육대상자 또는 그의 보호자는 해당 특수교육기관의 교육활동이 매우 불량하거나 특수교육대상자의 특성에 맞지 아니하여 특수교육대상자의 교육에 현저한 지장을 주고 있다고 판단되는 때에는 교육장 또는 교육감에게 그 사유를 구체적으로 명시하여 취학하고 있는 교육기관 외의 교육기관에 취학할 수 있도록 교육기관 변경을 신청할 수 있다.
② 제1항에 따른 변경신청을 받은 교육장 또는 교육감은 신청 접수일부터 30일 이내에 제10조제1항에 따른 시·군·구특수교육운영위원회 또는 시·도특수교육운영위원회를 열어 신청인·해당 학교의 장 등 이해관계인의 의견을 들은 후 변경 여부를 결정·통보하여야 한다.

제8조(교원의 자질향상) ① 국가 및 지방자치단체는 특수교육교원의 자질향상을 위한 교육 및 연수를 정기적으로 실시하여야 한다.
② 국가 및 지방자치단체는 특수교육대상자의 통합교육을 지원하기 위하여 일반학교의 교원에 대하여 특수교육 관련 교육 및 연수를 정기적으로 실시하여야 한다.
③ 제1항과 제2항에 따른 교육 및 연수 과정에는 특수교육대상자 인권의 존중에 관한 내용이 포함되어야 한다. <신설 2013. 12. 30.>
④ 제1항과 제2항에 따른 교육 및 연수에 필요한 사항은 대통령령으로 정한다. <개정 2013. 12. 30.>

제9조(특수교육대상자의 권리와 의무의 안내) 국가 및 지방자치단체는 제15조제1항 각 호의 장애를 가지고 있는 자를 알게 되거나 제15조에 따라 특수교육대상자를 선정한 경우에는 2주일 이내에 보호자에게 해당 사실과 의무교육 또는 무상교육을 받을 권리 및 보호자의 권리·책임 등을 통보하여야 한다.

제10조(특수교육운영위원회) ① 제5조에 따른 국가 및 지방자치단체의 업무수행에 관한 주요 사항을 심의하기 위하여 교육부장관 소속으로 중앙특수교육운영위원회를, 교육감 소속으로 시·도특수교육운영위원회를, 교육장 소속으로 시·군·구특수교육운영위원회를 각각 둔다. <개정 2008. 2. 29., 2013. 3. 23.>
② 제1항에 따른 중앙특수교육운영위원회의 구성·운영 등에 관하여 필요한 사항은 대통령령으로, 시·도특수교육운영위원회 및 시·군·구특수교육운영위원회

의 구성·운영 등에 관하여는 특별시·광역시·도 및 특별자치도(이하 "시·도"라 한다)의 교육규칙으로 각각 정한다.

제11조(특수교육지원센터의 설치·운영) ① 교육감은 특수교육대상자의 조기발견, 특수교육대상자의 진단·평가, 정보관리, 특수교육 연수, 교수·학습활동의 지원, 특수교육 관련서비스 지원, 순회교육 등을 담당하는 특수교육지원센터를 하급교육행정기관별로 설치·운영하여야 한다.
② 제1항에 따른 특수교육지원센터는 하급교육행정기관이나 특수학교, 특수학급이 설치된 일반 초·중·고등학교 또는 관할 지역의 관공서(장애인복지관을 포함한다) 등 특수교육대상자를 비롯한 지역주민의 접근이 편리한 곳에 설치하여야 한다.
③ 특수교육지원센터의 설치·운영 등에 관하여 필요한 사항은 대통령령으로 정한다.

제12조(특수교육에 관한 연차보고서) 정부는 특수교육의 주요 현황과 정책에 관한 보고서를 매년 정기국회 개회 전까지 국회에 제출하여야 한다.

제13조(특수교육 실태조사) ① 교육부장관은 특수교육대상자의 배치계획·특수교육교원의 수급계획 등 특수교육정책의 수립을 위한 실태조사를 3년마다 실시하고 그 결과를 공표하여야 한다. <개정 2008. 2. 29., 2013. 3. 23., 2015. 12. 22.>
② 교육부장관은 대학에 취학하는 장애학생의 교육여건을 개선하기 위하여 필요하다고 인정하는 경우 장애학생의 교육복지 실태조사를 3년마다 실시하고 그 결과를 공표하여야 한다. <개정 2008. 2. 29., 2013. 3. 23., 2015. 12. 22.>
③ 교육부장관은 제1항과 제2항에 따른 실태조사를 위하여 필요한 경우 관계 중앙행정기관의 장, 지방자치단체의 장 및 「공공기관의 운영에 관한 법률」에 따른 공공기관의 장, 대학의 장, 그 밖의 관련 법인 또는 단체의 장에 대하여 자료의 제출 또는 의견의 진술을 요청할 수 있다. 이 경우 요청을 받은 자는 정당한 사유가 없으면 이에 협조하여야 한다. <신설 2015. 12. 22.>
④ 제1항과 제2항에 따른 조사의 내용과 방법, 그 밖에 조사에 관하여 필요한 사항은 대통령령으로 정한다. <개정 2015. 12. 22.>

제3장 특수교육대상자의 선정 및 학교배치 등

제14조(장애의 조기발견 등) ① 교육장 또는 교육감은 영유아의 장애 및 장애 가능성을 조기에 발견하기 위하여 지역주민과 관련 기관을 대상으로 홍보를 실시하고, 해당 지역 내 보건소와 병원 또는 의원(醫院)에서 선별검사를 무상으로 실시하여야 한다.

② 교육장 또는 교육감은 제1항에 따른 선별검사를 효율적으로 실시하기 위하여 지방자치단체 및 보건소와 병·의원 간에 긴밀한 협조체제를 구축하여야 한다.

③ 보호자 또는 각급학교의 장은 제15조제1항 각 호에 따른 장애를 가지고 있거나 장애를 가지고 있다고 의심되는 영유아 및 학생을 발견한 때에는 교육장 또는 교육감에게 진단·평가를 의뢰하여야 한다. 다만, 각급학교의 장이 진단·평가를 의뢰하는 경우에는 보호자의 사전 동의를 받아야 한다.

④ 교육장 또는 교육감은 제3항에 따라 진단·평가를 의뢰받은 경우 즉시 특수교육지원센터에 회부하여 진단·평가를 실시하고, 그 진단·평가의 결과를 해당 영유아 및 학생의 보호자에게 통보하여야 한다.

⑤ 제1항의 선별검사의 절차와 내용, 그 밖에 검사에 필요한 사항과 제3항의 사전 동의 절차 및 제4항에 따른 통보 절차에 필요한 사항은 대통령령으로 정한다.

제15조(특수교육대상자의 선정) ① 교육장 또는 교육감은 다음 각 호의 어느 하나에 해당하는 사람 중 특수교육을 필요로 하는 사람으로 진단·평가된 사람을 특수교육대상자로 선정한다. <개정 2016. 2. 3.>

1. 시각장애
2. 청각장애
3. 지적장애
4. 지체장애
5. 정서·행동장애
6. 자폐성장애(이와 관련된 장애를 포함한다)
7. 의사소통장애
8. 학습장애

9. 건강장애
10. 발달지체
11. 그 밖에 대통령령으로 정하는 장애

② 교육장 또는 교육감이 제1항에 따라 특수교육대상자를 선정할 때에는 제16조제1항에 따른 진단·평가결과를 기초로 하여 고등학교 과정은 교육감이 시·도특수교육운영위원회의 심사를 거쳐, 중학교 과정 이하의 각급학교는 교육장이 시·군·구특수교육운영위원회의 심사를 거쳐 이를 결정한다.

제16조(특수교육대상자의 선정절차 및 교육지원 내용의 결정) ① 특수교육지원센터는 진단·평가가 회부된 후 30일 이내에 진단·평가를 시행하여야 한다.

② 특수교육지원센터는 제1항에 따른 진단·평가를 통하여 특수교육대상자로의 선정 여부 및 필요한 교육지원 내용에 대한 최종의견을 작성하여 교육장 또는 교육감에게 보고하여야 한다.

③ 교육장 또는 교육감은 특수교육지원센터로부터 최종의견을 통지받은 때부터 2주일 이내에 특수교육대상자로의 선정 여부 및 제공할 교육지원 내용을 결정하여 부모 등 보호자에게 서면으로 통지하여야 한다. 교육지원 내용에는 특수교육, 진로 및 직업교육, 특수교육 관련서비스 등 구체적인 내용이 포함되어야 한다.

④ 제1항에 따른 진단·평가의 과정에서는 부모 등 보호자의 의견진술의 기회가 충분히 보장되어야 한다.

제17조(특수교육대상자의 배치 및 교육) ① 교육장 또는 교육감은 제15조에 따라 특수교육대상자로 선정된 자를 해당 특수교육운영위원회의 심사를 거쳐 다음 각 호의 어느 하나에 배치하여 교육하여야 한다.

1. 일반학교의 일반학급
2. 일반학교의 특수학급
3. 특수학교

② 교육장 또는 교육감은 제1항에 따라 특수교육대상자를 배치할 때에는 특수교육대상자의 장애정도·능력·보호자의 의견 등을 종합적으로 판단하여 거주지에서 가장 가까운 곳에 배치하여야 한다.

③ 교육감이 관할 구역 내에 거주하는 특수교육대상자를 다른 시·도에 소재하는 각급학교 등에 배치하고자 할 때에는 해당 시·도 교육감(국립학교의 경우에

는 해당 학교의 장을 말한다)과 협의하여야 한다.
④ 제3항에 따라 특수교육대상자의 배치를 요구받은 교육감 또는 국립학교의 장은 대통령령으로 정하는 특별한 사유가 없는 한 이에 응하여야 한다.
⑤ 제1항부터 제4항까지의 규정에 따른 특수교육대상자의 배치 등에 관하여 필요한 사항은 대통령령으로 정한다.

제4장 영유아 및 초·중등교육

제18조(장애영아의 교육지원) ① 만 3세 미만의 장애영아의 보호자는 조기교육이 필요한 경우 교육장에게 교육을 요구할 수 있다.
② 제1항에 따른 요구를 받은 교육장은 특수교육지원센터의 진단·평가결과를 기초로 만 3세 미만의 장애영아를 특수학교의 유치원과정, 영아학급 또는 특수교육지원센터에 배치할 수 있다.
③ 제2항에 따라 배치된 장애영아가 의료기관, 복지시설 또는 가정 등에 있을 경우에는 특수교육교원 및 특수교육 관련서비스 담당 인력 등으로 하여금 순회교육을 제공하도록 할 수 있다.
④ 국가 및 지방자치단체는 장애영아를 위한 교육여건을 개선하고 설비를 정비하기 위하여 노력하여야 한다.
⑤ 그 밖에 장애영아의 교육지원에 필요한 사항은 대통령령으로 정한다.

제19조(보호자의 의무 등) ① 특수교육대상자의 보호자는 그 보호하는 자녀에 대하여 제3조제1항에 따른 의무교육의 기회를 보호하고 존중하여야 한다.
② 부득이한 사유로 취학이 불가능한 의무교육대상자에 대하여는 대통령령으로 정하는 바에 따라 제1항에 따른 취학의무를 면제하거나 유예할 수 있다. 다만, 만 3세부터 만 5세까지의 특수교육대상자가 「영유아보육법」에 따라 설치된 어린이집 중 대통령령으로 정하는 일정한 교육 요건을 갖춘 어린이집을 이용하는 경우에는 제1항에서 정하는 유치원 의무교육을 받고 있는 것으로 본다. <개정 2011. 6. 7.>
③ 제2항에 따라 취학의무를 면제 또는 유예 받은 자가 다시 취학하고자 하는 경우에는 대통령령으로 정하는 바에 따라 취학하게 할 수 있다.

제20조(교육과정의 운영 등) ① 특수교육기관의 유치원·초등학교·중학교·고등학교과정의 교육과정은 장애의 종별 및 정도를 고려하여 교육부령으로 정하고, 영아교육과정과 전공과의 교육과정은 교육감의 승인을 받아 학교장이 정한다. <개정 2008. 2. 29., 2013. 3. 23.>
② 특수교육기관의 장 및 특수교육대상자가 배치된 일반학교의 장은 제1항에 따른 교육과정의 범위 안에서 특수교육대상자 개인의 장애종별과 정도, 연령, 현재 및 미래의 교육요구 등을 고려하여 교육과정의 내용을 조정하여 운영할 수 있다.
③ 특수학교의 장은 교육감의 승인을 받아 유치원·초등학교·중학교·고등학교과정을 통합하여 운영할 수 있다.

제21조(통합교육) ① 각급학교의 장은 교육에 관한 각종 시책을 시행함에 있어서 통합교육의 이념을 실현하기 위하여 노력하여야 한다.
② 제17조에 따라 특수교육대상자를 배치받은 일반학교의 장은 교육과정의 조정, 보조인력의 지원, 학습보조기기의 지원, 교원연수 등을 포함한 통합교육계획을 수립·시행하여야 한다.
③ 일반학교의 장은 제2항에 따라 통합교육을 실시하는 경우에는 제27조의 기준에 따라 특수학급을 설치·운영하고, 대통령령으로 정하는 시설·설비 및 교재·교구를 갖추어야 한다.

제22조(개별화교육) ① 각급학교의 장은 특수교육대상자의 교육적 요구에 적합한 교육을 제공하기 위하여 보호자, 특수교육교원, 일반교육교원, 진로 및 직업교육 담당 교원, 특수교육 관련서비스 담당 인력 등으로 개별화교육지원팀을 구성한다.
② 개별화교육지원팀은 매 학기 마다 특수교육대상자에 대한 개별화교육계획을 작성하여야 한다.
③ 특수교육대상자가 다른 학교로 전학할 경우 또는 상급학교로 진학할 경우에는 전출학교는 전입학교에 개별화교육계획을 14일 이내에 송부하여야 한다.
④ 특수교육교원은 제1항부터 제3항까지의 규정에 따른 업무를 수행하기 위하여 각 업무를 지원하고 조정한다.
⑤ 제1항에 따른 개별화교육지원팀의 구성, 제2항에 따른 개별화교육계획의 수립·실시 등에 관하여 필요한 사항은 교육부령으로 정한다. <개정 2008. 2. 29.,

2013. 3. 23.>

제23조(진로 및 직업교육의 지원) ① 중학교 과정 이상의 각급학교의 장은 특수교육대상자의 특성 및 요구에 따른 진로 및 직업교육을 지원하기 위하여 직업평가·직업교육·고용지원·사후관리 등의 직업재활훈련 및 일상생활적응훈련·사회적응훈련 등의 자립생활훈련을 실시하고, 대통령령으로 정하는 자격이 있는 진로 및 직업교육을 담당하는 전문인력을 두어야 한다.
② 중학교 과정 이상의 각급학교의 장은 대통령령으로 정하는 기준에 따라 진로 및 직업교육의 실시에 필요한 시설·설비를 마련하여야 한다.
③ 특수교육지원센터는 특수교육대상자에게 효과적인 진로 및 직업교육을 지원하기 위하여 대통령령으로 정하는 바에 따라 관련 기관과의 협의체를 구성하여야 한다.

제24조(전공과의 설치·운영) ① 특수교육기관에는 고등학교 과정을 졸업한 특수교육대상자에게 진로 및 직업교육을 제공하기 위하여 수업연한 1년 이상의 전공과를 설치·운영할 수 있다.
② 교육부장관 및 교육감은 지역별 또는 장애유형별로 전공과를 설치할 교육기관을 지정할 수 있다. <개정 2008. 2. 29., 2013. 3. 23.>
③ 전공과를 설치한 각급학교는 「학점인정 등에 관한 법률」 제7조에 따라 학점인정을 받을 수 있다.
④ 제1항 및 제2항에 따른 전공과의 시설·설비 기준, 전공과의 운영 및 담당인력의 배치 기준 등에 관하여 필요한 사항은 대통령령으로 정한다.

제25조(순회교육 등) ① 교육장 또는 교육감은 일반학교에서 통합교육을 받고 있는 특수교육대상자를 지원하기 위하여 일반학교 및 특수교육지원센터에 특수교육교원 및 특수교육 관련서비스 담당 인력을 배치하여 순회교육을 실시하여야 한다.
② 교육감은 장애정도가 심하여 장·단기의 결석이 불가피한 특수교육대상자의 교육을 위하여 필요한 경우 순회교육을 실시하여야 한다.
③ 교육감은 이동이나 운동기능의 심한 장애로 인하여 각급학교에서 교육을 받기 곤란하거나 불가능하여 복지시설·의료기관 또는 가정 등에 거주하는 특수교육대상자의 교육을 위하여 필요한 경우 순회교육을 실시하여야 한다.

④ 교육장 또는 교육감은 제3항에 따른 순회교육의 실시를 위하여 의료기관 및 복지시설 등에 학급을 설치·운영하는 등 필요한 조치를 강구하여야 한다. <신설 2015. 12. 22.>
⑤ 국가 또는 지방자치단체는 제4항에 따라 학급이 설치·운영 중인 의료기관 및 복지시설 등에 대하여 국립 또는 공립 특수교육기관 수준의 교육이 이루어질 수 있도록 대통령령으로 정하는 바에 따라 행정적·재정적 지원을 할 수 있다. <신설 2015. 12. 22.>
⑥ 제1항부터 제4항까지의 규정에 따른 순회교육의 수업일수 등 순회교육의 운영에 필요한 사항은 대통령령으로 정한다. <개정 2015. 12. 22.>

제26조(방과후 과정을 운영하는 유치원 과정의 교육기관) ①「유아교육법」 제2조제6호에 따른 방과후 과정을 운영하는 유치원 과정의 교육기관에 특수교육대상자가 배치되는 경우 해당 각급학교의 장은 특수교육대상자에 대한 방과후 과정 운영을 담당할 인력을 학급당 1인 이상 추가로 배치할 수 있다. <개정 2012. 3. 21.>
② 제1항에 따른 방과후 과정 담당 인력의 자격기준, 운영방법 등에 관하여 필요한 사항은 대통령령으로 정한다. <개정 2012. 3. 21.>[제목개정 2012. 3. 21.]

제27조(특수학교의 학급 및 각급학교의 특수학급 설치 기준) ① 특수학교와 각급학교의 장은 다음 각 호의 기준에 따라 학급 및 특수학급을 설치하여야 한다.
1. 유치원 과정의 경우 : 특수교육대상자가 1인 이상 4인 이하인 경우 1학급을 설치하고, 4인을 초과하는 경우 2개 이상의 학급을 설치한다.
2. 초등학교·중학교 과정의 경우 : 특수교육대상자가 1인 이상 6인 이하인 경우 1학급을 설치하고, 6인을 초과하는 경우 2개 이상의 학급을 설치한다.
3. 고등학교 과정의 경우 : 특수교육대상자가 1인 이상 7인 이하인 경우 1학급을 설치하고, 7인을 초과하는 경우 2개 이상의 학급을 설치한다.
② 교육감은 제1항에도 불구하고 순회교육의 경우 장애의 정도와 유형에 따라 학급 설치 기준을 하향 조정할 수 있다.
③ 특수학교와 특수학급에 두는 특수교육교원의 배치기준은 대통령령으로 정한다.

제28조(특수교육 관련서비스) ① 교육감은 특수교육대상자와 그 가족에 대하여 가족상담 등 가족지원을 제공하여야 한다.
② 교육감은 특수교육대상자가 필요로 하는 경우에는 물리치료, 작업치료 등 치료지원을 제공하여야 한다.
③ 각급학교의 장은 특수교육대상자를 위하여 보조인력을 제공하여야 한다.
④ 각급학교의 장은 특수교육대상자의 교육을 위하여 필요한 장애인용 각종 교구, 각종 학습보조기, 보조공학기기 등의 설비를 제공하여야 한다.
⑤ 각급학교의 장은 특수교육대상자의 취학 편의를 위하여 통학차량 지원, 통학비 지원, 통학 보조인력의 지원 등 통학 지원 대책을 마련하여야 한다.
⑥ 각급학교의 장은 특수교육대상자의 생활지도 및 보호를 위하여 기숙사를 설치·운영할 수 있다. 기숙사를 설치·운영하는 특수학교에는 특수교육대상자의 생활지도 및 보호를 위하여 교육부령으로 정하는 자격이 있는 생활지도원을 두는 외에 간호사 또는 간호조무사를 두어야 한다. <개정 2008. 2. 29., 2013. 3. 23., 2013. 4. 5.>
⑦ 제6항의 생활지도원과 간호사 또는 간호조무사의 배치기준은 국립학교의 경우 교육부령으로, 공립 및 사립 학교의 경우에는 시·도 교육규칙으로 각각 정한다. <신설 2013. 4. 5.>
⑧ 각급학교의 장은 각급학교에서 제공하는 각종 정보(교육기관에서 운영하는 인터넷 홈페이지를 포함한다)를 특수교육대상자에게 제공하는 경우 특수교육대상자의 장애유형에 적합한 방식으로 제공하여야 한다. <개정 2013. 4. 5.>
⑨ 제1항부터 제8항까지의 규정에 따른 특수교육 관련서비스의 제공을 위하여 필요한 사항은 대통령령으로 정한다. <개정 2013. 4. 5.>

제5장 고등교육 〈개정 2016. 5. 29.〉

제29조(특별지원위원회) ① 대학의 장은 다음 각 호의 사항을 심의·결정하기 위하여 특별지원위원회를 설치·운영하여야 한다.
1. 대학의 장애학생 지원을 위한 계획
2. 심사청구 사건에 대한 심사·결정
3. 그 밖에 장애학생 지원을 위하여 대통령령으로 정하는 사항

② 특별지원위원회의 설치·운영 등에 관하여 필요한 사항은 대통령령으로 정한다.

제30조(장애학생지원센터) ① 대학의 장은 장애학생의 교육 및 생활에 관한 지원을 총괄·담당하는 장애학생지원센터를 설치·운영하여야 한다. 다만, 장애학생이 재학하고 있지 아니하거나 대통령령으로 정하는 바에 따라 장애학생 수가 일정 인원 이하인 소규모 대학 등은 장애학생 지원부서 또는 전담직원을 둠으로써 이에 갈음할 수 있다.
② 장애학생지원센터(제1항에 따라 장애학생 지원부서 또는 전담직원으로 갈음하는 경우에는 이를 말한다)는 다음 각 호의 업무를 담당한다.
1. 장애학생을 위한 각종 지원에 관한 사항
2. 제31조에서 정하는 편의제공에 관한 사항
3. 교직원·보조인력 등에 대한 교육에 관한 사항
4. 장애학생 교육복지의 실태조사에 관한 사항
5. 그 밖에 대학의 장이 부의하는 사항
③ 장애학생지원센터의 설치·운영에 관하여 필요한 사항은 대통령령으로 정한다.

제31조(편의제공 등) ① 대학의 장은 해당 학교에 재학 중인 장애학생의 교육활동의 편의를 위하여 다음 각 호의 수단을 적극적으로 강구하고 제공하여야 한다.
1. 각종 학습보조기기 및 보조공학기기 등의 물적 지원
2. 교육보조인력 배치 등의 인적 지원
3. 취학편의 지원
4. 정보접근 지원
5. 「장애인·노인·임산부 등의 편의증진보장에 관한 법률」 제2조제2호에 따른 편의시설 설치 지원
② 대학의 장은 해당 학교의 입학전형절차에서 장애수험생의 수험의 편의를 위하여 「장애인차별금지 및 권리구제 등에 관한 법률」 제14조제1항 각 호의 수단 중 수험편의에 필요한 수단을 적극적으로 강구하고 제공하여야 한다. <신설 2015. 12. 22.>
③ 국가 및 지방자치단체는 제1항 및 제2항에 따라 필요한 경비를 예산의 범

위 안에서 지원하여야 한다. <개정 2015. 12. 22.>

제32조(학칙 등의 작성) 대학의 장은 이 법에서 정하는 장애학생의 지원 등에 관하여 필요한 내용을 학칙에 규정하여야 한다.

제33조 삭제 〈2016. 5. 29.〉

제34조 삭제 〈2016. 5. 29.〉

제6장 보칙 및 벌칙

제35조(대학의 심사청구 등) ① 장애학생 및 그 보호자는 대학에 이 법에 따른 각종 지원조치를 제공할 것을 서면으로 신청할 수 있다.
② 대학의 장은 제1항에 따른 신청에 대하여 2주 이내에 지원 여부 및 그 사유를 신청자에게 서면으로 통지하여야 한다.
③ 장애학생 및 그 보호자는 제1항에 따른 신청에 대한 대학의 결정(부작위 및 거부를 포함한다)과 이 법을 위반하는 대학의 장 또는 교직원의 행위에 대하여 특별지원위원회에 심사청구를 할 수 있다.
④ 특별지원위원회는 제3항의 심사청구에 관하여 2주 이내에 결정을 하여야 한다.
⑤ 제3항에 따른 심사에서는 청구인에게 의견진술 기회를 주어야 한다.
⑥ 대학의 장, 교직원, 그 밖의 관계자는 제4항에 따른 결정에 따라야 한다.
⑦ 그 밖에 특별지원위원회에 대한 심사청구에 관하여 필요한 사항은 대통령령으로 정한다.

제36조(고등학교 과정 이하의 심사청구) ① 특수교육대상자 또는 그 보호자는 다음 각 호의 어느 하나에 해당하는 교육장, 교육감 또는 각급학교의 장의 조치에 대하여 이의가 있을 때에는 해당 시·군·구특수교육운영위원회 또는 시·도특수교육운영위원회에 심사청구를 할 수 있다.
1. 제15조제1항에 따른 특수교육대상자의 선정

2. 제16조제3항에 따른 교육지원 내용의 결정 사항
3. 제17조제1항에 따른 학교에의 배치
4. 제4조를 위반하는 부당한 차별

② 제17조제1항에 따라 특수교육대상자를 배치받은 각급학교의 장은 이에 응할 수 없는 특별한 사유가 있거나 배치받은 특수교육대상자가 3개월 이상 학교생활에의 적응에 상당한 어려움이 있는 경우에는 해당 시·군·구특수교육운영위원회 또는 시·도특수교육운영위원회에 심사청구를 할 수 있다.
③ 시·군·구특수교육운영위원회 또는 시·도특수교육운영위원회는 제1항과 제2항의 심사청구를 받은 때에는 이를 심사하여 30일 이내에 그 결정을 청구인에게 통보하여야 한다.
④ 제3항의 심사에서는 청구인에게 의견진술의 기회를 주어야 한다.
⑤ 교육장, 교육감, 각급학교의 장, 그 밖의 관계자는 제3항에 따른 결정에 따라야 한다.
⑥ 제3항에서 정하는 심사결정에 이의가 있는 특수교육대상자 또는 그 보호자는 그 통보를 받은 날부터 90일 이내에 행정심판을 제기할 수 있다.
⑦ 제1항부터 제4항까지의 규정에 따른 심사청구의 절차 등에 관하여 필요한 사항은 대통령령으로 정한다.

제37조(권한의 위임과 위탁) ① 이 법에 따른 교육부장관의 권한은 그 일부를 대통령령으로 정하는 바에 따라 교육감에게 위임할 수 있다. <개정 2008. 2. 29., 2013. 3. 23.>
② 이 법에 따른 교육감의 권한은 그 일부를 대통령령으로 정하는 바에 따라 교육장에게 위임할 수 있다.

제38조(벌칙) 다음 각 호의 어느 하나에 해당하는 자는 1년 이하의 징역 또는 1천만원 이하의 벌금에 처한다.
1. 제4조제1항을 위반하여 장애를 이유로 특수교육대상자의 입학을 거부하거나 입학전형 합격자의 입학을 거부하는 등의 불이익한 처분을 한 교육기관의 장
2. 제4조제2항제4호를 위반하여 대학의 입학전형절차에서 수험편의의 내용의 확인과 관계없는 별도의 면접이나 신체검사를 요구한 자[본조신설 2016. 5. 29.]

[종전 제38조는 제38조의2로 이동 <2016. 5. 29.>]

제38조의2(벌칙) 다음 각 호의 어느 하나에 해당하는 자는 300만원 이하의 벌금에 처한다. <개정 2018. 2. 21.>

1. 삭제 <2016. 5. 29.>
2. 제4조제2항제1호부터 제3호까지의 규정을 위반하여 특수교육 관련서비스의 제공, 수업, 학생자치활동, 그 밖의 교내외 활동에 대한 참여와 개별화교육지원팀에의 보호자 참여에 있어서 차별한 자
3. 삭제 <2016. 5. 29.>
4. 제4조제2항제5호를 위반하여 입학·전학 및 기숙사 입소 과정에서 비장애학생에게 요구하지 아니하는 보증인 또는 서약서 제출을 요구한 자
5. 제4조제2항제6호를 위반하여 학생 생활지도에 있어서 「장애인차별금지 및 권리구제 등에 관한 법률」 제4조의 차별을 한 자

[제38조에서 이동 〈2016. 5. 29.〉]

<부칙 생략>

장애아동복지지원법

(약칭: 장애아동복지법)

[시행 2016. 12. 2] [법률 제14332호, 2016. 12. 2, 일부개정]

제1장 총칙

제1조(목적) 이 법은 국가와 지방자치단체가 장애아동의 특별한 복지적 욕구에 적합한 지원을 통합적으로 제공함으로써 장애아동이 안정된 가정생활 속에서 건강하게 성장하고 사회에 활발하게 참여할 수 있도록 하며, 장애아동 가족의 부담을 줄이는데 이바지함을 목적으로 한다.

제2조(정의) 이 법에서 사용하는 용어의 뜻은 다음과 같다.

1. "장애아동"이란 18세 미만의 사람 중 「장애인복지법」 제32조에 따라 등록한 장애인을 말한다. 다만, 6세 미만의 아동으로서 장애가 있다고 보건복지부장관이 별도로 인정하는 사람을 포함한다.
2. "장애아동 보호자"(이하 "보호자"라 한다)란 친권자, 후견인, 장애아동을 보호·양육·교육하거나 그 의무가 있는 자 또는 업무·고용 등의 관계로 사실상 장애아동을 보호·감독하는 자를 말한다.
3. "장애아동 복지지원"(이하 "복지지원"이라 한다)이란 국가와 지방자치단체가 장애아동의 특별한 복지적 욕구에 따라 의료비지원, 보육지원, 가족지원 및 장애아동의 발달에 필요한 지원 등 다양한 인적·물적 자원을 제공하는 것을 말한다.
4. "복지지원 대상자"란 이 법에 따라 복지지원을 받는 사람을 말한다.
5. "장애아동 복지지원 이용권"(이하 "복지지원 이용권"이라 한다)이란 그 명칭 또는 형태와 상관없이 이용자가 제공자에게 제시하여 일정한 복지지원을 받을 수 있도록 복지지원의 수량 또는 그에 상응하는 금액이 기재(전자적 또는 자기적 방법에 따른 기록을 포함한다)된 증표를 말한다. 다만, 제22조제1항에 따른 보육료 지원의 경우에는 「영유아보육법」 제34조의3에 따른 보육서비스 이용권으로 대체한다.

제3조(기본이념) ① 장애아동을 위한 모든 활동에 있어서 장애아동의 이익이 최우선적으로 고려되어야 한다.
② 장애아동은 자신에게 영향을 미치는 모든 활동에 대하여 자신의 견해를 자유로이 표현할 권리를 최대한 보장받아야 한다.

제4조(장애아동의 권리) ① 장애아동은 모든 형태의 학대 및 유기·착취·감금·폭력 등으로부터 보호받아야 한다.
② 장애아동은 부모에 의하여 양육되고, 안정된 가정환경에서 자라나야 한다.
③ 장애아동은 인성 및 정신적·신체적 능력을 최대한 계발하기 위하여 적절한 교육을 제공받아야 한다.
④ 장애아동은 가능한 최상의 건강상태를 유지하고 행복한 일상생활을 영위하기 위한 의료적·복지적 지원을 받아야 한다.
⑤ 장애아동은 휴식과 여가를 즐기고, 놀이와 문화예술활동에 참여할 수 있는 기회를 제공받아야 한다.
⑥ 장애아동은 의사소통 능력, 자기결정 능력 및 자기권리 옹호 능력을 향상시키기 위한 교육 및 훈련 기회를 제공받아야 한다.

제5조(다른 법률과의 관계) 장애아동의 복지지원에 관하여는 다른 법률에 우선하여 이 법을 적용한다.

제2장 국가와 지방자치단체의 임무

제6조(국가와 지방자치단체의 임무) 국가와 지방자치단체는 장애아동에게 적절한 복지지원을 제공하기 위하여 다음 각 호의 업무를 수행하여야 한다.
1. 장애아동과 그 가족을 위한 복지지원대책의 강구
2. 장애아동을 위한 복지지원 사업의 연구·개발
3. 장애의 조기발견을 위한 홍보
4. 복지지원 전달체계의 구축
5. 복지지원 이용권의 수급 및 이용에 대한 관리·감독
6. 그 밖에 장애아동과 그 가족의 복지지원을 위하여 필요하다고 인정하는 사항

제7조(장애아동 복지지원의 심의) ① 제6조에 따른 중요한 정책조정에 관한 사항은 「장애인복지법」 제11조의 장애인정책조정위원회의 심의를 거쳐야 한다.
② 제6조에 따른 지방자치단체의 업무의 주요 사항은 「장애인복지법」 제13조에 따른 지방장애인복지위원회의 심의를 거쳐야 한다.

제8조(중앙장애아동지원센터) ① 보건복지부장관은 다음 각 호의 업무를 수행하기 위하여 중앙장애아동지원센터를 설치·운영할 수 있다.
1. 장애아동의 복지지원에 관한 조사·연구
2. 제9조에 따른 지역장애아동지원센터에 대한 평가 및 운영지원
3. 장애아동의 복지지원 정책에 관한 정보 및 자료 제공
4. 장애아동의 장애유형별 지원 프로그램의 개발
5. 제23조제2항에 따른 가족지원업무 수행기관에 대한 운영지원 및 평가
6. 지역장애아동지원센터, 복지지원을 제공하는 기관(이하 "복지지원 제공기관"이라 한다) 등 복지지원 관련 기관에 대한 정보의 수집 및 제공
7. 그 밖에 보건복지부장관이 필요하다고 인정하는 업무
② 보건복지부장관은 제1항에 따른 중앙장애아동지원센터의 운영을 「공공기관의 운영에 관한 법률」 제4조에 따른 공공기관에 위탁할 수 있다.
③ 그 밖에 중앙장애아동지원센터의 설치·운영 등에 필요한 사항은 보건복지부령으로 정한다.

제9조(지역장애아동지원센터) ① 특별자치도지사·시장·군수·구청장(구청장은 자치구의 구청장을 말한다. 이하 "시장·군수·구청장"이라 한다)은 다음 각 호의 업무를 수행하기 위하여 특별자치도·시·군·구(자치구를 말한다. 이하 같다)에 지역장애아동지원센터(이하 "지역센터"라 한다)를 설치·운영할 수 있다.
1. 장애의 조기발견을 위한 홍보
2. 장애아동의 복지지원 사업에 관한 정보 및 자료 제공
3. 장애아동과 그 가족에 대한 복지지원 제공기관의 연계
4. 장애아동의 사례관리
5. 장애아동 및 그 가족을 지원하기 위한 가족상담 및 교육의 실시
6. 그 밖에 시장·군수·구청장이 위탁하거나 필요하다고 인정하는 업무
② 시장·군수·구청장은 지역의 규모 및 장애아동의 수를 고려하여 인근지역과 통합하여 지역센터를 설치·운영할 수 있다.

③ 시장·군수·구청장은 지역센터의 원활한 업무 수행을 위하여 필요한 경우 지역센터의 운영비용을 지원할 수 있다.
④ 시장·군수·구청장은 지역센터의 운영을 「공공기관의 운영에 관한 법률」 제4조에 따른 공공기관에 위탁할 수 있다
⑤ 그 밖에 지역센터의 설치·운영 등에 필요한 사항은 보건복지부령으로 정한다.

제10조(관계 기관 또는 단체와의 연계·협력) ① 지역센터는 복지지원의 효과적인 시행을 위하여 다음 각 호의 기관 또는 단체와의 연계 및 협력 체계를 구축하여야 한다. <개정 2013. 6. 4., 2015. 5. 18.>
1. 제32조에 따른 어린이집
2. 「장애인복지법」 제58조에 따른 장애인복지시설
3. 「아동복지법」 제50조에 따른 아동복지시설
4. 「유아교육법」 제2조제2호의 유치원
5. 「초·중등교육법」 제2조의 학교
6. 「장애인 등에 대한 특수교육법」 제24조에 따른 전공과
7. 「의료법」 제3조의 의료기관
8. 「공공보건의료에 관한 법률」 제2조제2호의 공공보건의료기관
9. 「지역보건법」 제10조에 따른 보건소
10. 「장애인 등에 대한 특수교육법」 제11조에 따른 특수교육지원센터
11. 「영유아보육법」 제7조에 따른 육아종합지원센터
12. 그 밖에 복지지원과 관계된 기관 또는 단체
② 시장·군수·구청장은 복지지원의 효과적인 시행을 위하여 지역센터와 제1항 각 호의 기관 또는 단체 사이의 원활한 연계·협력을 위하여 노력하여야 한다.

제11조(장애아동 복지지원 실태조사) ① 보건복지부장관은 장애아동 및 그 가족의 복지지원과 관련한 실태조사를 3년마다 실시하여야 한다.
② 제1항에 따른 실태조사는 「장애인복지법」 제31조에 따른 장애인의 실태조사에 포함하여 실시할 수 있다.

제3장 복지지원 대상자 선정 및 복지지원 제공의 절차

제12조(장애의 조기발견) ① 시장·군수·구청장은 「국민건강보험법」 제52조, 「의료급여법」 제14조 및 「모자보건법」 제10조제1항에 따라 영유아에 대하여 정기적인 건강검진·예방접종을 실시하는 경우 장애의 유무를 조기에 발견하기 위하여 선별검사를 실시할 수 있다. <개정 2011. 12. 31.>
② 국가와 지방자치단체는 장애의 조기발견을 위하여 방송·신문 및 인터넷 등 다양한 매체를 이용하여 홍보하여야 한다.

제13조(복지지원의 신청) ① 장애아동 및 그 보호자는 시장·군수·구청장에게 이 법에서 정하는 복지지원을 신청할 수 있다. 다만, 제22조에 따른 보육지원은 「영유아보육법」 제34조의4를 따른다.
② 제1항에 따라 복지지원을 신청할 때에 장애아동과 그 가구원(「국민기초생활보장법」 제2조제7호에 따른 개별가구의 가구원을 말한다. 이하 같다)은 대통령령으로 정하는 바에 따라 다음 각 호의 자료 또는 정보의 제공에 동의한다는 서면을 제출하여야 한다.
1. 「금융실명거래 및 비밀보장에 관한 법률」 제2조제2호 및 제3호에 따른 금융자산 및 금융거래의 내용에 대한 자료 또는 정보 중 예금의 평균잔액과 그 밖에 대통령령으로 정하는 자료 또는 정보(이하 "금융정보"라 한다)
2. 「신용정보의 이용 및 보호에 관한 법률」 제2조제1호에 따른 신용정보 중 채무액과 그 밖에 대통령령으로 정하는 자료 또는 정보(이하 "신용정보"라 한다)
3. 「보험업법」 제4조제1항 각 호에 따른 보험에 가입하여 납부한 보험료와 그 밖에 대통령령으로 정하는 자료 또는 정보(이하 "보험정보"라 한다)
③ 제1항에 따른 복지지원의 신청 방법 및 절차 등에 필요한 사항은 보건복지부령으로 정한다.
④ 제2항에 따른 동의의 방법·절차 등에 필요한 사항은 대통령령으로 정한다.

제14조(복지지원 대상자 선정) ① 시장·군수·구청장은 제13조제1항에 따른 복지지원의 신청을 받은 경우 관련 법령에서 정하는 바에 따라 소득·재산, 장애정도, 가구특성 등을 고려하여 복지지원 대상자 여부를 심사하여야 한다.

② 시장·군수·구청장은 30일 이내에 복지지원 대상자로의 선정 여부, 복지지원의 내용 및 복지지원 이용권의 금액 등을 결정하여 복지지원 신청자에게 즉시 알려주어야 한다.

제15조(금융정보 등의 제공) ① 보건복지부장관은 제14조의 신청에 따라 신청자를 복지지원 대상자로 선정하고자 하는 경우 「금융실명거래 및 비밀보장에 관한 법률」 제4조와 「신용정보의 이용 및 보호에 관한 법률」 제32조에도 불구하고 제13조제2항에 따라 장애아동과 그 가구원이 제출한 동의 서면을 전자적 형태로 바꾼 문서로 「금융실명거래 및 비밀보장에 관한 법률」 제2조제1호에 따른 금융회사등이나 「신용정보의 이용 및 보호에 관한 법률」 제2조제6호에 따른 신용정보집중기관(이하 "금융기관등"이라 한다)의 장에게 장애아동과 그 가구원의 금융정보·신용정보 또는 보험정보(이하 "금융정보등"이라 한다)의 제공을 요청할 수 있다.
② 보건복지부장관은 제13조제2항에 따라 복지지원 대상자의 자격을 확인하기 위하여 필요하다고 인정하는 경우 「금융실명거래 및 비밀보장에 관한 법률」 제4조와 「신용정보의 이용 및 보호에 관한 법률」 제32조에도 불구하고 대통령령으로 정하는 기준에 따라 인적 사항을 기재한 문서(전자문서를 포함한다)로 금융기관등의 장에게 장애아동과 그 가구원의 금융정보등의 제공을 요청할 수 있다.
③ 제1항 및 제2항에 따라 금융정보등의 제공을 요청받은 금융기관등의 장은 「금융실명거래 및 비밀보장에 관한 법률」 제4조와 「신용정보의 이용 및 보호에 관한 법률」 제32조에도 불구하고 명의인의 금융정보등을 제공하여야 한다.
④ 제3항에 따라 금융정보등을 제공한 금융기관등의 장은 금융정보등의 제공 사실을 명의인에게 통보하여야 한다. 다만, 명의인이 동의하는 경우에는 「금융실명거래 및 비밀보장에 관한 법률」 제4조의2제1항과 「신용정보의 이용 및 보호에 관한 법률」 제35조에도 불구하고 통보하지 아니할 수 있다.
⑤ 제1항부터 제3항까지의 규정에 따른 금융정보등의 제공 요청 및 제공은 「정보통신망 이용촉진 및 정보보호 등에 관한 법률」 제2조제1항제1호에 따른 정보통신망을 이용하여야 한다. 다만, 정보통신망이 손상되는 등 불가피한 경우에는 그러하지 아니하다.
⑥ 제1항부터 제3항까지의 규정에 따른 업무에 종사하거나 종사하였던 자는 업무를 수행하면서 취득한 금융정보등을 이 법에서 정한 목적 외의 다른 용도

로 사용하거나 다른 사람 또는 기관에 제공하거나 누설하여서는 아니 된다.
⑦ 제1항부터 제3항까지 및 제5항에 따른 금융정보등의 제공 요청 및 제공 등에 필요한 사항은 대통령령으로 정한다.

제16조(복지지원 제공기관의 연계) ① 시장·군수·구청장은 복지지원 대상자로 선정한 장애아동과 그 가족에게 복지지원 제공기관을 연계하여야 한다. 이 경우 복지지원 제공기관과의 연계는 제9조에 따른 지역센터에 위탁할 수 있다.
② 시장·군수·구청장은 복지지원 대상자와 복지지원 제공기관을 연계할 때에는 복지지원 대상자에게 복지지원 제공시간 및 방법·비용부담 등 관련 정보를 제공하여야 한다.
③ 복지지원 대상자와 복지지원 제공기관을 연계하는 데 필요한 사항은 보건복지부령으로 정한다.

제17조(개인별지원계획의 수립) ① 시장·군수·구청장은 장애아동에게 적합한 복지지원을 제공하기 위하여 개인별지원계획을 수립할 수 있다. 이 경우 그 업무를 제9조에 따른 지역센터에 위탁할 수 있다.
② 시장·군수·구청장은 개인별지원계획을 수립하는 경우 보호자, 복지지원을 제공하는 인력, 복지 관계 전문가 등에게 자문할 수 있다.
③ 제1항 및 제2항에 따른 개인별지원계획의 수립·실시 및 자문 등에 필요한 사항은 보건복지부령으로 정한다.

제18조(장애아동과 그 가족의 개인정보보호) ① 시장·군수·구청장과 제16조제1항 및 제17조제1항에 따라 업무를 위탁받은 기관의 장은 장애아동과 그 가족에 대한 정보의 수집과 관리에 있어 개인정보가 분실·도난·유출·변조 또는 훼손되지 아니하도록 필요한 조치를 하여야 한다.
② 복지지원에 종사하거나 종사하였던 자는 직무상 알게 된 장애아동과 그 가족의 개인정보를 보호자의 동의 없이 누설하거나 권한 없이 처리하거나 다른 사람이 이용하도록 제공하는 등 부당한 목적으로 사용하여서는 아니 된다.

제4장 복지지원의 내용

제19조(의료비지원) ① 국가와 지방자치단체는 장애아동의 의료적 욕구에 따라 적절한 의료비지원을 할 수 있다.
② 제1항의 의료비지원은 「국민건강보험법」과 「의료급여법」에 따라 제공되는 의료에 드는 비용 중 장애아동의 부담을 지원하는 것으로 한다.
③ 제1항의 의료비지원의 지원 대상·기준·범위 및 방법 등에 관한 사항은 「장애인복지법」 제36조에 따른다.

제20조(보조기구지원) ① 국가와 지방자치단체는 장애아동의 학습과 일상생활 활동에 필요한 보조기구를 교부·대여 또는 수리하거나 구입 또는 수리에 필요한 비용을 지급할 수 있다.
② 제1항에 따른 보조기구지원의 품목, 대상, 기준 및 방법 등에 관한 구체적인 사항은 「장애인복지법」 제66조에 따른다.

제21조(발달재활서비스지원) ① 국가와 지방자치단체는 장애아동의 인지, 의사소통, 적응행동, 감각·운동 등의 기능향상과 행동발달을 위하여 적절한 발달재활서비스(이하 "발달재활서비스"라 한다)를 지원할 수 있다.
② 제1항에 따른 발달재활서비스를 지원할 때에는 장애아동의 장애유형·장애정도와 그 가족의 경제적 능력 등을 고려하여 지원할 대상 및 내용을 결정할 수 있다.
③ 지방자치단체는 발달재활서비스의 제공경험 및 전문성, 서비스 내용의 적정성 등을 고려하여 발달재활서비스를 제공하는 기관(이하 "발달재활서비스 제공기관"이라 한다)을 지정하여 운영할 수 있다.
④ 발달재활서비스 제공기관은 장애아동에게 적합한 발달재활서비스를 제공하기 위하여 발달재활서비스 제공계획을 수립하고 실시하여야 한다.
⑤ 지방자치단체의 장은 발달재활서비스 제공기관이 다음 각 호의 어느 하나에 해당하는 때에는 그 지정을 취소할 수 있다.
1. 거짓이나 그 밖의 부정한 방법으로 지정을 받은 경우
2. 당초의 지정조건을 충족하지 못하게 된 경우
3. 제33조의 정보제공의무를 위반한 경우

⑥ 제1항과 제2항에 따른 발달재활서비스의 지원 기준·방법·기간 등에 필요한 사항은 보건복지부령으로 정한다.
⑦ 제3항부터 제5항까지의 규정에 따른 발달재활서비스 제공기관의 지정 및 지정취소의 기준·절차, 지정기간 및 운영 등에 필요한 사항은 보건복지부령으로 정한다.

제22조(보육지원) ① 국가와 지방자치단체는 「영유아보육법」 제27조에 따른 어린이집 이용대상이 되는 장애아동(이하 "장애영유아"라 한다)에 대하여 같은 법 제34조에 따라 보육료 등을 지원하여야 한다. <개정 2013. 1. 23.>
② 국가 및 지방자치단체는 「영유아보육법」 제10조에 따른 어린이집 또는 「유아교육법」 제2조제2호에 따른 유치원을 이용하지 아니하는 장애영유아에게 「영유아보육법」 제34조의2에 따라 양육수당을 지급할 수 있다.
③ 제32조에 따른 장애영유아를 위한 어린이집은 장애영유아에 대한 체계적인 보육지원과 원활한 취학을 위한 보육계획을 수립·실시하여야 하며 대통령령으로 정하는 자격을 가진 특수교사와 장애영유아를 위한 보육교사 등을 배치하여야 한다.
④ 제3항에 따른 특수교사와 장애영유아를 위한 보육교사의 자격 및 배치는 국가와 지방자치단체의 재정 및 교원수급여건을 고려하여 대통령령으로 정하는 바에 따라 순차적으로 실시한다.

제23조(가족지원) ① 국가와 지방자치단체는 장애아동의 가족이 장애아동에게 적합한 양육방법을 습득하고 가족의 역량을 키울 수 있도록 가족상담·교육 등의 가족지원을 제공할 수 있다.
② 지방자치단체는 제1항에 따른 가족지원 업무를 비영리법인에 위탁할 수 있으며 필요한 경우 예산의 범위에서 그 비용을 지원할 수 있다.

제24조(돌봄 및 일시적 휴식지원 서비스지원) ① 국가와 지방자치단체는 장애아동 가족의 일상적인 양육부담을 경감하고 보호자의 정상적인 사회활동을 돕기 위하여 돌봄 및 일시적 휴식지원 서비스를 제공할 수 있다.
② 제1항에 따른 복지지원을 제공할 때에는 장애아동의 장애유형·장애정도와 그 가족의 경제적 능력 등을 고려하여 지원할 대상 및 내용을 결정할 수 있다.
③ 제1항 및 제2항에 따른 복지지원의 대상·지원기준 및 방법 등에 필요한 사

항은 보건복지부령으로 정한다.

제25조(지역사회 전환 서비스지원) 국가와 지방자치단체는 장애아동이 18세가 되거나 「초·중등교육법」 제2조의 고등학교와 이에 준하는 각종 학교 또는 「장애인 등에 대한 특수교육법」 제24조의 전공과를 졸업한 후 주거·직업체험 등의 지역사회 전환 서비스를 제공하도록 노력하여야 한다.

제26조(문화·예술 등 복지지원) 국가와 지방자치단체는 이 법에서 정한 복지지원 외에 문화·예술·스포츠·교육·주거 등의 영역에서 장애아동에게 필요한 서비스가 지원되도록 최대한 노력하여야 한다.

제27조(취약가정 복지지원 우선제공) 국가와 지방자치단체는 다음 각 호의 어느 하나에 해당하는 장애아동과 그 가족(이하 "취약가정"이라 한다)에 대하여는 이 법에서 정하는 복지지원을 우선적으로 제공할 수 있다. 다만, 제22조에 따른 보육지원은 「영유아보육법」 제28조에 따른다.

1. 장애아동의 부 또는 모가 「장애인복지법」 제2조의 장애인인 경우
2. 한 가정에 장애아동이 2명 이상인 경우
3. 장애아동이 「한부모가족지원법」 제4조제2호의 한부모가족의 자녀인 경우
4. 장애아동이 부모와 떨어져 조부 또는 조모가 세대주이거나 세대원을 사실상 부양하는 경우
5. 장애아동이 「다문화가족지원법」 제2조제1호의 다문화가족의 자녀인 경우
6. 장애아동이 「도서·벽지 교육진흥법」 제2조의 도서·벽지에 거주하는 경우
7. 그 밖에 보건복지부장관이 우선하여 지원할 필요가 있다고 인정하는 경우

제28조(복지지원의 제공) ① 이 법에 따른 복지지원은 개별 복지지원의 목적에 따라 장애아동과 그 가족에게 현금 또는 현물로 제공한다. 이 경우 현물은 복지지원 이용권으로 제공할 수 있다.

② 복지지원의 제공방법 및 관리 등에 필요한 사항은 보건복지부령으로 정한다.

제29조(복지지원 비용의 환수) ① 국가나 지방자치단체는 이 법에 따른 복지지원을 제공받은 사람이 다음 각 호의 어느 하나에 해당하는 경우에는 그 비

용의 전부 또는 일부를 환수할 수 있다.
1. 거짓이나 그 밖의 부정한 방법으로 제공받은 경우
2. 잘못 제공된 경우
3. 이 법에 따른 복지지원을 제공받은 후 복지지원을 받게 된 사유가 소급하여 소멸한 경우
② 제1항에 따라 비용을 반환하여야 할 사람이 반환하지 아니할 때에는 국세 또는 지방세 체납처분의 예에 따라 징수한다.

제5장 복지지원 제공기관 등

제30조(복지지원 제공기관) 다음 각 호의 어느 하나의 기관 또는 단체는 장애아동에게 필요한 복지지원을 할 수 있다.
1. 「장애인복지법」 제58조에 따른 장애인복지시설
2. 「아동복지법」 제52조의 아동복지시설
3. 「건강가정기본법」 제35조에 따른 건강가정지원센터
4. 제21조제3항에 따른 발달재활서비스 제공기관
5. 제23조에 따른 가족지원업무 수행기관
6. 제32조에 따른 장애영유아를 위한 어린이집
7. 그 밖에 보건복지부장관 또는 지방자치단체의 장이 필요하다고 인정하는 기관 또는 단체

제31조(복지지원 제공기관의 직무) ① 복지지원 제공기관은 장애아동의 연령 및 장애 유형에 적합한 프로그램을 계획하고 실시하여야 한다.
② 복지지원 제공기관의 장이 시장·군수·구청장 또는 지역센터로부터 복지지원 제공의뢰를 받은 때에는 정당한 사유가 없는 한 지체 없이 복지지원을 제공하여야 한다.
③ 복지지원 제공기관은 시설, 인력 등 이 법에 따른 복지지원의 내용과 관련한 정보를 제9조의 지역센터에 제공하여야 한다.
④ 제3항에 따라 제공할 정보의 내용, 정보제공의 방법 등 에 필요한 사항은 보건복지부령으로 정한다.

⑤ 시장·군수·구청장은 복지지원 제공기관의 설치 및 운영에 필요한 비용을 지원할 수 있다.

제32조(장애영유아 어린이집) ① 국가와 지방자치단체는 지역별로 적절한 균형을 이루도록 장애영유아를 위한 어린이집을 확보하기 위하여 노력하여야 한다.
② 시장·군수·구청장은 「영유아보육법」 제10조에 따른 어린이집이 다음 각 호의 요건을 갖추어 신청하는 경우 장애영유아를 위한 어린이집으로 지정할 수 있다.
1. 「영유아보육법」 제30조의 어린이집 평가인증을 받을 것
2. 「장애인·노인·임산부 등의 편의증진보장에 관한 법률」에 따른 편의시설을 설치할 것
3. 보건복지부령으로 정하는 실시기준을 갖출 것
③ 제2항에 따라 지정받은 어린이집의 원장은 매년 어린이집 운영에 관한 사업계획서를 시장·군수·구청장에게 제출하여야 한다.
④ 시장·군수·구청장은 제2항에 따라 지정받은 어린이집이 다음 각 호의 어느 하나에 해당하는 경우에 지정을 취소할 수 있다. 다만, 제1호에 해당하는 경우에는 지정을 취소하여야 한다.
1. 거짓이나 그 밖의 부정한 방법으로 제2항에 따른 지정을 받은 경우
2. 제2항에 따른 지정을 받은 사유가 소급하여 소멸한 경우
3. 착오 등으로 잘못 지정받은 경우
4. 제2항 각 호의 어느 하나에 해당하는 요건을 갖추지 못하게 된 경우
5. 제22조에 따른 보육지원을 거짓이나 그 밖의 부정한 방법으로 받은 경우
6. 제22조제3항에 따른 특수교사와 장애영유아를 위한 보육교사 배치기준을 충족하지 못하게 된 경우
7. 제31조제5항에 따른 설치 및 운영에 필요한 비용을 거짓이나 부정한 방법으로 지원받은 경우
8. 어린이집의 원장, 보육교사, 특수교사, 그 밖에 원장의 지도·감독을 받는 자가 「아동복지법」 제17조의 금지행위를 하여 같은 법 제71조에 따른 처벌을 받은 경우
9. 어린이집의 원장이 제39조제1항 각 호의 어느 하나에 해당하여 금고 이상의 형을 선고받은 경우

⑤ 제2항에 따라 지정받은 어린이집의 폐업, 휴업, 재개 등에 관하여는 「영유아보육법」 제43조를 준용한다.
⑥ 제2항에 따라 지정받은 어린이집에 관하여 이 법에서 정하지 아니한 사항은 「영유아보육법」을 따른다.
⑦ 제2항에 따라 지정받은 어린이집의 주된 이용 대상, 기능 및 소재 지역 등의 특성에 따른 세부 유형은 보건복지부령으로 정한다.
⑧ 제2항 및 제4항에 따른 지정·지정취소의 방법·절차 및 그 밖에 장애영유아를 위한 어린이집의 운영 등에 필요한 사항은 보건복지부령으로 정한다.

제33조(발달재활서비스 제공기관의 정보제공) ① 발달재활서비스 제공기관의 장은 서비스를 제공하는 인력이 보유하고 있는 자격의 명칭, 발급기관, 취득요건과 경력 등 서비스의 질에 영향을 미치는 정보를 다음 각 호의 대상에게 제공하여야 한다.
1. 관할 시장·군수·구청장
2. 제9조의 지역센터의 장
3. 발달재활서비스를 제공받고자 하는 장애아동 및 그 보호자
② 발달재활서비스 제공기관의 장은 제1항의 정보를 제공하기에 앞서 상당한 주의를 기울여 그 정보의 사실여부를 확인하여야 한다.
③ 제1항에 따라 제공한 정보가 사실과 다름이 알려진 경우 발달재활서비스 제공기관의 장은 그러한 상황을 알지 못하였음을 입증하여야 한다.
④ 제8조의 중앙장애아동지원센터의 장은 장애아동의 복지지원을 효율적으로 시행하기 위한 연구·분석을 목적으로 지역센터를 통하여 제1항의 정보를 제공받아 활용할 수 있다.
⑤ 제1항부터 제3항까지의 규정에 따른 정보제공에 필요한 사항은 보건복지부령으로 정한다.

제6장 보칙

제34조(지도와 감독) 보건복지부장관, 특별시장·광역시장·도지사·특별자치도지사(이하 "시·도지사"라 한다) 또는 시장·군수·구청장은 복지지원의 원활한 수

행을 위하여 복지지원 제공기관 및 지역센터에 대하여 필요한 지도와 감독을 할 수 있다.

제35조(보고와 검사) ① 보건복지부장관, 시·도지사 또는 시장·군수·구청장은 복지지원 제공기관 및 지역센터를 운영하는 자로 하여금 그 시설에 관하여 필요한 자료제출과 보고를 하게 할 수 있으며, 관계 공무원으로 하여금 그 시설의 운영상황을 조사하게 하거나 장부와 그 밖의 서류를 검사하게 할 수 있다.
② 제1항에 따라 관계 공무원이 그 직무를 수행할 때에는 그 권한을 표시하는 증표 및 조사기간, 조사범위, 조사담당자, 관계 법령 등 보건복지부령으로 정하는 사항이 기재된 서류를 지니고 이를 관계인에게 내보여야 한다. <개정 2016. 2. 3.>

제36조(청문) 지방자치단체의 장은 제21조제5항, 제32조제4항의 행정처분을 하려면 청문을 하여야 한다.

제37조(위임 및 위탁) ① 보건복지부장관 또는 시·도지사는 이 법에 따른 권한의 일부를 대통령령으로 정하는 바에 따라 시·도지사 또는 시장·군수·구청장에게 위임할 수 있다.
② 보건복지부장관은 이 법에 따른 업무의 일부를 대통령령으로 정하는 바에 따라 법인이나 단체에 위탁할 수 있다.

제38조(이의신청) ① 제14조에 따른 복지지원 대상자 선정 및 복지지원 내용 결정이나 그 밖에 이 법에 따른 처분에 이의가 있는 사람은 시장·군수·구청장에게 이의신청을 할 수 있다.
② 제1항에 따른 이의신청은 그 처분이 있음을 안 날부터 90일 이내에 서면으로 할 수 있다. 다만, 정당한 사유로 그 기간 내에 이의신청을 할 수 없음을 증명한 경우에는 그 사유가 소멸한 날부터 60일 이내에 이의신청을 할 수 있다.
③ 제1항에 따른 이의신청이 있는 경우에는 청구인이나 그 대리인에게 의견진술의 기회를 주어야 한다. 다만, 그 청구인이나 대리인이 정당한 사유 없이 이에 응하지 아니하거나 주소불명 등으로 의견진술의 기회를 줄 수 없는 경우에는 그러하지 아니하다.

④ 제1항부터 제3항까지의 규정에 따른 이의신청의 방법 및 절차 등에 관하여 필요한 사항은 보건복지부령으로 정한다.

제7장 벌칙

제39조(벌칙) ① 다음 각 호의 어느 하나에 해당하는 자는 3년 이하의 징역 또는 3천만원 이하의 벌금에 처한다. <개정 2016. 12. 2.>

1. 거짓이나 그 밖의 부정한 방법으로 복지지원 제공기관의 설치·운영에 대한 보조금을 교부받거나 보조금을 유용한 자
2. 제18조제2항을 위반하여 장애아동과 그 가족의 개인정보를 누설하거나 권한 없이 처리하거나 다른 사람이 이용하도록 제공하는 등 부당한 목적으로 사용한 자

② 다음 각 호의 어느 하나에 해당하는 자는 1년 이하의 징역 또는 1천만원 이하의 벌금에 처한다. <개정 2016. 12. 2.>

1. 거짓이나 그 밖의 부정한 방법으로 복지지원을 받거나 다른 사람으로 하여금 받게 한 자
2. 복지지원 이용권을 부정사용한 자
3. 거짓이나 그 밖의 부정한 방법으로 제32조제2항에 따른 어린이집의 지정을 받은 자
4. 제33조의 정보를 제공함에 있어 고의로 사실과 다른 정보를 제공한 발달재활서비스 제공기관의 장

제40조(양벌규정) 법인의 대표자나 법인 또는 개인의 대리인, 사용인, 그 밖의 종업원이 그 법인 또는 개인의 업무에 관하여 제39조의 위반행위를 하면 그 행위자를 벌하는 외에 그 법인 또는 개인에게도 해당 조문의 벌금형을 과(科)한다. 다만, 법인 또는 개인이 그 위반행위를 방지하기 위하여 해당 업무에 관하여 상당한 주의와 감독을 게을리하지 아니한 경우에는 그러하지 아니하다.

제41조(과태료) ① 정당한 사유 없이 제35조제1항에 따른 자료제출·보고를 거부하거나 거짓으로 한 자 또는 조사·검사를 거부·방해하거나 기피한 자에게는

300만원 이하의 과태료를 부과한다.
② 제1항에 따른 과태료는 대통령령으로 정하는 바에 따라 보건복지부장관, 시·도지사 또는 시장·군수·구청장이 부과·징수한다.

부칙 <제14332호, 2016. 12. 2.>
이 법은 공포한 날부터 시행한다.

발달장애인 권리보장 및 지원에 관한 법률

(약칭: 발달장애인법)

[시행 2017. 7. 26] [법률 제14839호, 2017. 7. 26, 타법개정]

제1장 총칙

제1조(목적) 이 법은 발달장애인의 의사를 최대한 존중하여 그들의 생애주기에 따른 특성 및 복지 욕구에 적합한 지원과 권리옹호 등이 체계적이고 효과적으로 제공될 수 있도록 필요한 사항을 규정함으로써 발달장애인의 사회참여를 촉진하고, 권리를 보호하며, 인간다운 삶을 영위하는 데 이바지함을 목적으로 한다.

제2조(정의) 이 법에서 사용하는 용어의 뜻은 다음과 같다.
1. "발달장애인"이란 「장애인복지법」 제2조제1항의 장애인으로서 다음 각 목의 장애인을 말한다.
가. 지적장애인: 정신 발육이 항구적으로 지체되어 지적 능력의 발달이 불충분하거나 불완전하여 자신의 일을 처리하는 것과 사회생활에 적응하는 것이 상당히 곤란한 사람
나. 자폐성장애인: 소아기 자폐증, 비전형적 자폐증에 따른 언어·신체표현·자기조절·사회적응 기능 및 능력의 장애로 인하여 일상생활이나 사회생활에 상당한 제약을 받아 다른 사람의 도움이 필요한 사람
다. 그 밖에 통상적인 발달이 나타나지 아니하거나 크게 지연되어 일상생활이나 사회생활에 상당한 제약을 받는 사람으로서 대통령령으로 정하는 사람
2. "보호자"란 다음 각 목의 어느 하나에 해당하는 사람을 말한다.
가. 「아동복지법」 제3조제3호의 보호자(발달장애인이 미성년자인 경우에 한정한다)
나. 성년인 발달장애인의 후견인
다. 성년인 발달장애인의 후견인이 아닌 사람 중 「민법」 제779조에 따른 가족 또는 같은 법 제974조에 따른 부양의무자로서 사실상 해당 발달장애인을 보호

하는 사람
라. 성년인 발달장애인 중 나목 및 다목의 보호자가 없는 경우 지방자치단체의 장이 발달장애인의 보호자로 지명하는 사람(나목에 따른 후견인을 선임하기 전까지로 한정한다)

제3조(발달장애인의 권리) ① 발달장애인은 원칙적으로 자신의 신체와 재산에 관한 사항에 대하여 스스로 판단하고 결정할 권리를 가진다.
② 발달장애인은 자신에게 법률적·사실적인 영향을 미치는 사안에 대하여 스스로 이해하여 자신의 자유로운 의사를 표현할 수 있도록 필요한 도움을 받을 권리가 있다.
③ 발달장애인은 자신과 관련된 정책의 결정과정에서 자기의 견해와 의사를 표현할 권리가 있다.

제4조(국가와 지방자치단체의 책무) ① 국가와 지방자치단체는 발달장애인의 적절한 발달과 원활한 사회통합을 촉진하기 위하여 장애를 최대한 조기에 발견하여 지원할 수 있도록 필요한 조치를 강구하여야 한다.
② 국가와 지방자치단체는 발날상애인의 장애를 완화하고 기능을 향상시키는 방안을 마련하기 위한 연구와 조사를 지원하여야 하며, 발달장애인의 복지수준 향상과 그 가족의 일상적인 양육부담을 경감하기 위하여 필요한 조치를 강구하여야 한다.
③ 국가와 지방자치단체는 발달장애인이 장애로 인하여 차별을 받는 등 권리가 침해받지 아니하도록 권익옹호에 필요한 지원을 실시하여야 한다.
④ 국가와 지방자치단체는 발달장애인과 그 가족이 이용할 수 있는 복지시책을 적극적으로 홍보하여야 하며, 국민이 발달장애인을 올바르게 이해하도록 하는 데에 필요한 정책을 강구하여야 한다.
⑤ 국가와 지방자치단체는 제1항부터 제4항까지의 책무를 효율적으로 수행하기 위하여 필요한 인력 및 예산을 확보할 수 있다.

제5조(국민의 책무) 모든 국민은 발달장애인의 인격을 존중하고 사회통합의 이념에 기초하여 발달장애인의 복지향상에 협력하여야 한다.

제6조(실태조사) ① 보건복지부장관은 발달장애인의 실태파악과 복지정책 수립

을 위한 기초자료로 활용하기 위하여 3년마다 발달장애인과 그 가족에 대한 실태조사를 실시하여야 한다.

② 제1항에 따른 실태조사는 「장애인복지법」 제31조에 따른 장애실태조사와 함께 실시할 수 있다.

③ 제1항에 따른 실태조사의 방법, 대상 및 내용 등에 필요한 사항은 대통령령으로 정한다.

제7조(다른 법률과의 관계) 발달장애인의 권리보호나 복지지원에 관하여 이 법에서 정한 사항에 대하여는 다른 법률에 우선하여 이 법을 적용한다.

제2장 권리의 보장

제8조(자기결정권의 보장) ① 발달장애인은 자신의 주거지의 결정, 의료행위에 대한 동의나 거부, 타인과의 교류, 복지서비스의 이용 여부와 서비스 종류의 선택 등을 스스로 결정한다.

② 누구든지 발달장애인에게 의사결정이 필요한 사항과 관련하여 충분한 정보와 의사결정에 필요한 도움을 제공하지 아니하고 그의 의사결정능력을 판단하여서는 아니 된다.

③ 제1항 및 제2항에도 불구하고 스스로 의사를 결정할 능력이 충분하지 아니하다고 판단할 만한 상당한 이유가 있는 경우에는 보호자가 발달장애인의 의사결정을 지원할 수 있다. 이 경우 보호자는 발달장애인 당사자에게 최선의 이익이 되도록 하여야 한다.

제9조(성년후견제 이용지원) ① 지방자치단체의 장은 성년인 발달장애인이 다음 각 호의 어느 하나에 해당하여 후견인을 선임할 필요가 있음에도 불구하고 자력으로 후견인을 선임하기 어렵다고 판단되는 경우에는 그를 위하여 「민법」에 따라 가정법원에 성년후견개시, 한정후견개시 또는 특정후견의 심판을 청구할 수 있다.

1. 일상생활에서 의사를 결정할 능력이 충분하지 아니하거나 매우 부족하여 의사결정의 대리 또는 지원이 필요하다고 볼 만한 상당한 이유가 있는 경우

2. 발달장애인의 권리를 적절하게 대변하여 줄 가족이 없는 경우
3. 별도의 조치가 없으면 권리침해의 위험이 상당한 경우

② 지방자치단체의 장이 제1항에 따라 성년후견개시, 한정후견개시 또는 특정후견의 심판을 청구할 때에는 대통령령으로 정하는 요건을 충족하는 사람 또는 법인을 후견인 후보자로 하여 그 사람 또는 법인을 후견인으로 선임하여 줄 것을 함께 청구하여야 한다. <개정 2016. 12. 2.>

③ 지방자치단체의 장은 제33조제1항에 따른 중앙발달장애인지원센터의 장에게 제2항에 따른 후견인 후보자를 추천하여 줄 것을 의뢰할 수 있다.

④ 국가와 지방자치단체는 제1항 및 제2항에 따라 선임된 후견인의 후견사무의 수행에 필요한 비용의 일부를 예산의 범위에서 보건복지부령으로 정하는 바에 따라 지원할 수 있다.

⑤ 제1항부터 제4항까지에 따른 성년후견제 이용지원의 요건, 후견인 후보자의 자격 및 추천 절차, 후견인 후견사무에 필요한 비용 지원 등에 필요한 사항은 보건복지부령으로 정한다.

제10조(의사소통지원) ① 국가와 지방자치단체는 발달장애인의 권리와 의무에 중대한 영향을 미치는 법령과 각종 복지지원 등 중요한 정책정보를 발달장애인이 이해하기 쉬운 형태로 작성하여 배포하여야 한다.

② 교육부장관은 발달장애인이 자신의 의사를 원활하게 표현할 수 있도록 학습에 필요한 의사소통도구를 개발하고 의사소통지원 전문인력을 양성하여 발달장애인에게 도움이 될 수 있도록 「초·중등교육법」 제2조 각 호의 학교와 「평생교육법」 제2조제2호의 평생교육기관 등을 통하여 필요한 교육을 실시하여야 한다.

③ 행정안전부장관은 국가와 지방자치단체의 민원담당 직원이 발달장애인과 효과적으로 의사소통할 수 있도록 의사소통 지침을 개발하고 필요한 교육을 실시하여야 한다. <개정 2014. 11. 19., 2017. 7. 26.>

④ 제1항부터 제3항까지에 따른 정책정보의 작성 및 배포, 의사소통도구의 개발·교육 및 전문인력 양성, 민원담당 직원에 대한 의사소통 지침 개발 및 교육 등에 필요한 사항은 대통령령으로 정한다.

제11조(자조단체의 결성 등) ① 발달장애인은 자신의 권익을 보호하고 사회참여를 제고하기 위하여 자조단체(自助團體)를 구성할 수 있다.

② 국가와 지방자치단체는 예산의 범위에서 「장애인복지법」 제63조에 따라 자조단체의 활동에 필요한 경비를 지원할 수 있다.

제12조(형사·사법 절차상 권리보장) ① 경찰청장, 해양경찰청장 및 제주특별자치도지사는 「국가공무원법」 제2조제2항제2호에 따른 경찰공무원과 「지방공무원법」 제2조제2항제2호에 따른 자치경찰공무원에게 발달장애인에 대한 올바른 인식확산을 위한 교육을 실시하여야 한다. <개정 2014. 11. 19., 2017. 7. 26.>
② 발달장애인이 재판의 당사자가 된 경우 그의 보호자, 제33조에 따른 중앙발달장애인지원센터 및 지역발달장애인지원센터(이하 "발달장애인지원센터"라 한다)의 직원이나 그 밖에 발달장애인과 신뢰관계에 있는 사람은 법원의 허가를 받아 법원의 심리과정에서 발달장애인을 위한 보조인이 될 수 있다.
③ 법원은 발달장애인을 증인으로 신문하는 경우 발달장애인 본인, 검사, 보호자, 발달장애인지원센터의 장의 신청이 있는 때에는 재판에 중대한 지장을 줄 우려가 있는 등 부득이한 경우가 아니면 발달장애인과 신뢰관계에 있는 사람을 동석하게 하여야 한다.
④ 수사기관이 발달장애인을 조사하는 경우에도 제2항 및 제3항을 따라야 한다.

제13조(발달장애인에 대한 전담조사제) ① 검찰총장은 각 지방검찰청 검사장(檢事長)으로 하여금 발달장애인 전담 검사(이하 이 조에서 "전담검사"라 한다)를 지정하도록 하여 특별한 사정이 없으면 이들로 하여금 발달장애인을 조사 또는 심문하게 하여야 한다.
② 경찰청장은 각 경찰서장으로 하여금 발달장애인 전담 사법경찰관(이하 이 조에서 "전담사법경찰관"이라 한다)을 지정하도록 하여 특별한 사정이 없으면 이들로 하여금 발달장애인을 조사 또는 심문하게 하여야 한다.
③ 검찰총장 및 경찰청장은 전담검사 및 전담사법경찰관에게 발달장애인의 특성에 대한 전문지식과 의사소통 방법 및 발달장애인 보호를 위한 수사방법 등에 관한 교육을 실시하여야 한다.
④ 검찰총장 및 경찰청장은 전담검사 및 전담사법경찰관에게 예산의 범위에서 수당을 지급할 수 있다.
⑤ 해양경찰청장 및 제주특별자치도지사도 제2항부터 제4항까지의 규정을 따라야 한다. <개정 2014. 11. 19., 2017. 7. 26.>

제14조(발달장애인 대상 범죄 방지) ① 국가와 지방자치단체는 발달장애인에 대한 다음 각 호의 범죄(이하 "유기등"이라 한다)를 예방하고 근절하기 위한 대책을 마련하여 추진하여야 한다.
1. 「형법」 제271조에 따른 유기 또는 존속유기
2. 「형법」 제273조에 따른 학대 또는 존속학대
3. 「형법」 제287조부터 제292조까지에 따른 약취, 유인, 인신매매, 상해·치상, 살인·치사, 수수·은닉 등
4. 「성폭력범죄의 처벌 등에 관한 특례법」 제2조에 따른 성폭력범죄
5. 「아동학대범죄의 처벌 등에 관한 특례법」 제2조제4호의 아동학대범죄
6. 그 밖에 발달장애인에게 특히 빈번하게 발생하는 범죄로서 대통령령으로 정하는 범죄
② 경찰청장, 해양경찰청장 및 제주특별자치도지사는 발달장애인에 대한 유기등의 발생 사례가 있는지 소속 경찰공무원·자치경찰공무원에게 관할 지역을 정기적으로 탐문하고 조사하도록 하여야 한다. <개정 2014. 11. 19., 2017. 7. 26.>

제15조(신고의무) ① 누구든지 발달장애인에 대한 유기등의 발생 사실을 알게 된 경우에는 발달장애인지원센터 또는 수사기관에 신고할 수 있다.
② 다음 각 호의 어느 하나에 해당하는 사람은 그 직무상 발달장애인에 대한 유기등의 발생 사실을 알게 된 경우에는 즉시 발달장애인지원센터 또는 수사기관에 신고하여야 한다. <개정 2016. 5. 29.>
1. 「사회복지사업법」 제34조에 따른 사회복지시설의 장과 그 종사자
2. 「장애인활동 지원에 관한 법률」 제16조에 따른 활동지원인력, 같은 법 제20조에 따른 활동지원기관의 장과 그 종사자
3. 「의료법」 제2조제1항의 의료인과 같은 법 제3조제1항의 의료기관의 장
4. 「의료기사 등에 관한 법률」 제1조의2제1호의 의료기사
5. 「응급의료에 관한 법률」 제36조에 따른 응급구조사
6. 「소방기본법」 제34조에 따른 구조대 및 구급대의 대원
7. 「정신건강증진 및 정신질환자 복지서비스 지원에 관한 법률」 제3조제3호에 따른 정신건강복지센터의 장과 그 종사자
8. 「영유아보육법」 제10조 각 호의 어린이집의 원장 등 보육교직원
9. 「유아교육법」 제20조에 따른 유치원의 교직원 및 같은 법 제23조에 따른

유치원의 강사, 기간제 교사 또는 명예교사 등

10. 「초·중등교육법」 제19조에 따른 교직원, 같은 법 제19조의2에 따른 전문상담교사 및 같은 법 제22조에 따른 산학겸임교사·명예교사 또는 강사 등

11. 「학원의 설립·운영 및 과외교습에 관한 법률」 제6조에 따른 학원의 운영자와 그 종사자 및 같은 법 제14조에 따른 교습소의 교습자 등 종사자

12. 「성폭력방지 및 피해자보호 등에 관한 법률」 제10조에 따른 성폭력피해상담소의 장과 그 종사자 및 같은 법 제12조에 따른 성폭력피해자보호시설의 장과 그 종사자

13. 「성매매방지 및 피해자보호 등에 관한 법률」 제9조에 따른 지원시설의 장과 그 종사자 및 같은 법 제17조에 따른 성매매피해상담소의 장과 그 종사자

14. 「가정폭력방지 및 피해자보호 등에 관한 법률」 제5조에 따른 가정폭력 관련 상담소의 장과 그 종사자 및 같은 법 제7조의2에 따른 가정폭력피해자 보호시설의 장과 그 종사자

15. 「건강가정기본법」 제35조에 따른 건강가정지원센터의 장과 건강가정사 등 그 종사자

16. 「노인장기요양보험법」 제2조제5호의 장기요양요원

③ 관계 중앙행정기관의 장은 보건복지부령으로 정하는 바에 따라 제2항 각 호에 해당하는 사람의 자격 취득 과정이나 보수교육 과정 등에 발달장애인에 대한 유기등에 대한 신고의무와 관련된 교육 내용을 포함하도록 하여야 한다.

④ 발달장애인지원센터 또는 수사기관의 장이나 직원은 제1항 및 제2항에 따른 신고인의 인적 사항 또는 신고인임을 미루어 알 수 있는 사실을 다른 사람에게 알려주거나 공개하여서는 아니 된다.

제16조(현장조사) ① 발달장애인에 대한 유기등의 신고를 접수한 발달장애인지원센터의 직원이나 사법경찰관리는 지체 없이 그 현장에 출동하여야 한다. 이 경우 발달장애인지원센터의 장이나 수사기관의 장은 서로 발달장애인에 대한 유기등의 현장에 동행하여 줄 것을 요청할 수 있고 요청받은 발달장애인지원센터의 장이나 수사기관의 장은 정당한 사유가 없으면 그 소속 직원이나 사법경찰관리가 동행하도록 조치하여야 한다.

② 제15조에 따른 신고를 접수한 발달장애인지원센터의 직원이나 사법경찰관리는 발달장애인에 대한 유기등의 행위가 행하여지고 있는 것으로 신고된 현장에 출입하여 발달장애인 또는 유기등 행위자 등 관계인에 대하여 조사를 하거

나 질문을 할 수 있다. 이 경우 발달장애인지원센터의 직원은 그 발달장애인의 보호를 위한 범위에서만 조사 또는 질문을 할 수 있다.
③ 제2항에 따라 조사 또는 질문을 하는 발달장애인지원센터의 직원이나 사법경찰관리는 그 권한을 표시하는 증표를 지니고 이를 관계인에게 보여 주어야 한다.
④ 누구든지 발달장애인지원센터의 직원이나 사법경찰관리가 제1항 및 제2항에 따른 업무를 수행할 때에 폭행이나 협박을 하거나 현장조사를 거부하는 등 업무수행을 방해하는 행위를 하여서는 아니 된다.

제17조(보호조치 등) ① 발달장애인지원센터의 장은 발달장애인에 대한 유기등이 발생하였다고 믿을 만한 상당한 이유가 있고, 발달장애인을 그 가해자로 추정되는 사람으로부터 격리하거나 치료할 필요가 있는 경우 발달장애인을 임시로 보호하기 위하여 제4항에 따라 지정된 쉼터(이하 "위기발달장애인쉼터"라 한다) 또는 의료기관에 인도하는 등 발달장애인이 안전한 곳에서 보호받을 수 있도록 조치하여야 한다.
② 발달장애인지원센터의 장은 제1항에 따라 발달장애인을 격리하여 보호하는 경우 그 사실을 관할 특별시장·광역시장·특별자치시장·도지사·특별자치도지사(이하 "시·도지사"라 한다) 또는 시장·군수·구청장(자치구의 구청장을 말한다. 이하 같다)에게 즉시 통보하여야 하고, 그 격리기간은 7일을 넘을 수 없다. 다만, 대통령령으로 정하는 사유가 있는 경우에는 시·도지사 또는 시장·군수·구청장의 사전 승인을 받아 7일 이내에서 이를 연장할 수 있다.
③ 발달장애인지원센터의 장은 제2항에 따른 격리기간이 끝나기 전에 대통령령으로 정하는 바에 따라 피해 발달장애인의 복리를 위하여 「장애인복지법」 제60조의2, 「성폭력방지 및 피해자보호 등에 관한 법률」 제15조 또는 「가정폭력방지 및 피해자보호 등에 관한 법률」 제7조의3에 따른 시설 입소를 통한 보호조치를 시·도지사 또는 시장·군수·구청장에게 의뢰할 수 있다.
④ 위기발달장애인쉼터는 보건복지부령으로 정하는 바에 따라 「장애인복지법」 제58조제1항제1호의 장애인 거주시설 중에서 지정하여 운영하여야 한다.
⑤ 국가와 지방자치단체는 예산의 범위에서 제1항부터 제4항까지의 보호조치를 수행하는 데 필요한 경비의 전부 또는 일부를 지원할 수 있다.

제3장 복지지원 및 서비스

제18조(복지서비스의 신청) ① 발달장애인은 다음 각 호의 복지지원 및 서비스(이하 "복지서비스"라 한다), 「사회보장기본법」 제3조에 따른 사회보험, 공공부조 및 사회서비스를 스스로 신청하여야 한다.

1. 「장애인복지법」 제55조 및 「장애인활동 지원에 관한 법률」에 따른 활동지원급여
2. 「장애아동 복지지원법」 제21조에 따른 발달재활서비스지원, 같은 법 제23조에 따른 가족지원, 같은 법 제24조에 따른 돌봄 및 일시적 휴식지원 서비스지원, 같은 법 제25조에 따른 지역사회 전환 서비스지원 및 같은 법 제26조에 따른 문화·예술 등 복지지원
3. 제24조에 따른 재활 및 발달 지원, 제27조에 따른 문화·예술·여가·체육 활동 등 지원, 제31조에 따른 보호자에 대한 상담지원 및 제32조에 따른 휴식지원 등
4. 그 밖에 보건복지부장관이 정하는 서비스

② 발달장애인이 의사를 결정할 능력이 충분하지 아니하다고 판단할 만한 상당한 이유가 있는 경우에는 보호자가 제1항에 따른 신청을 할 수 있다. 이 경우 보호자의 신청은 발달장애인의 신청으로 본다.

③ 제2항에도 불구하고 보호자가 제1항에 따른 신청을 하지 아니하는 경우 「사회복지사업법」 제14조에 따른 사회복지 전담공무원은 발달장애인에 대한 복지지원이 누락되지 아니하도록 하기 위하여 발달장애인의 동의를 받아 관할 지역에 거주하는 발달장애인에 대한 복지서비스를 직권으로 신청할 수 있다. 이 경우 사회복지 전담공무원의 신청은 발달장애인의 신청으로 본다.

④ 제1항부터 제3항까지에 따른 신청을 하는 경우 신청자는 해당 발달장애인 개인의 특성을 고려한 복지서비스를 제공받을 수 있도록 개인별 복지서비스에 관한 제공계획(이하 "개인별지원계획"이라 한다)을 수립하여 줄 것을 특별자치시장·특별자치도지사·시장·군수·구청장에게 신청할 수 있다.

⑤ 제1항부터 제4항까지에 따른 복지서비스의 대상, 복지서비스 및 개인별지원계획의 신청 방법 및 절차 등에 필요한 사항은 보건복지부령으로 정한다.

제19조(개인별지원계획의 수립) ① 특별자치시장·특별자치도지사·시장·군수·구

청장은 개인별지원계획의 수립을 신청받은 경우 대상자 선정 여부 및 복지서비스 내용을 결정하여 제33조제2항에 따른 지역발달장애인지원센터(이하 "지역발달장애인지원센터"라 한다)의 장에게 개인별지원계획의 수립을 의뢰하여야 한다.
② 지역발달장애인지원센터의 장은 개인별지원계획의 수립을 의뢰 받은 경우 제1항에 따라 결정된 복지서비스의 범위에서 발달장애인 및 그 가족의 특성을 고려하여 복지서비스의 내용, 방법 등이 포함된 개인별지원계획을 수립하여야 한다.
③ 개인별지원계획을 수립할 때에는 발달장애인에게 적합한 의사소통의 방식으로 의견진술의 기회가 충분히 제공되어야 한다.
④ 지역발달장애인지원센터의 장은 복지서비스 대상자에 대하여 수립된 개인별지원계획의 승인을 특별자치시장·특별자치도지사·시장·군수·구청장에게 요청하여야 하며, 개인별지원계획은 특별자치시장·특별자치도지사·시장·군수·구청장의 적합성 심사를 거쳐 승인을 얻은 경우 효력을 가진다.
⑤ 지역발달장애인지원센터의 장은 개인별지원계획의 적합성 심사 결과를 발달장애인 및 그 보호자에게 통보하여야 한다.
⑥ 개인별지원계획을 통보받은 발달장애인과 그 보호자는 발달장애인의 복지욕구를 고려하여 개인별지원계획의 변경·수정을 지역발달장애인지원센터의 장에게 신청할 수 있다.
⑦ 개인별지원계획을 변경·수정하는 경우에는 제4항과 제5항의 절차를 따른다.
⑧ 제1항부터 제7항까지에 따른 개인별지원계획 수립의 의뢰 방법 및 절차, 수립 방법 및 내용, 승인통보·신청·변경·수정 방법 및 절차 등에 필요한 사항은 보건복지부령으로 정한다.

제20조(발달장애인과 복지서비스 제공기관 등의 연계) ① 지역발달장애인지원센터의 장은 특별자치시장·특별자치도지사·시장·군수·구청장에 의하여 복지서비스 대상자로 선정된 발달장애인과 그 가족에게 개인별지원계획에 따라 복지서비스 제공기관 등을 연계하여야 한다.
② 지역발달장애인지원센터의 장은 복지서비스 대상자와 복지서비스 제공기관 등을 연계할 때에는 복지서비스 대상자에게 복지서비스 제공시간 및 방법·비용부담 등 관련 정보를 제공하여야 한다.
③ 제2항에 따라 제공하여야 하는 관련 정보의 제공방법 및 범위 등에 필요한

사항은 보건복지부령으로 정한다.

제21조(계좌의 관리 등) ① 발달장애인이 지급받을 복지지원이 현금으로 지급되는 경우에는 그의 명의로 개설된 예금계좌로 입금하여야 하며, 예금의 인출 및 다른 계좌로의 이체 등 관리도 발달장애인 스스로 하여야 한다.
② 발달장애인에게 의사를 결정할 능력이 충분하지 아니하다고 판단할 만한 상당한 이유가 있는 경우에는 보호자가 제1항에 따른 계좌 관리를 대행할 수 있으며 보호자가 없는 경우에는 지방자치단체의 장이 발달장애인을 대신하여 계좌를 관리할 사람(이하 "계좌관리인"이라 한다)을 지정할 수 있다.
③ 계좌관리인의 자격 및 지정 절차 등에 필요한 사항은 보건복지부령으로 정한다.

제22조(계좌 관리의 점검 등) ① 지방자치단체의 장은 보건복지부장관이 정하는 바에 따라 발달장애인의 보호자 및 계좌관리인이 발달장애인의 계좌를 발달장애인의 이익을 위하여 적절하게 관리하는지 점검할 수 있다. 다만, 제2조제2호나목 또는 라목에 해당하는 보호자와 계좌관리인의 경우에는 그 계좌 관리를 점검하여야 한다.
② 지방자치단체의 장이 제1항에 따른 점검을 하는 때에는 통장 등 필요한 자료의 열람 또는 제출을 요구할 수 있으며, 필요한 질문을 할 수 있다. 이 경우 발달장애인의 보호자 및 계좌관리인은 점검에 협조하여야 하며 통장 등 필요한 자료의 열람 또는 제출 요구 등에 따라야 한다.
③ 지방자치단체의 장은 현금으로 지급된 복지지원이 발달장애인의 의사에 반하거나 발달장애인의 이익을 위하여 관리되고 있지 아니하다고 판단되는 경우 사실관계를 조사하여 계좌관리인을 변경하거나 후견인을 선임하도록 하는 등 필요한 조치를 하여야 한다.
④ 제1항부터 제3항까지에 따른 계좌 관리, 점검의 절차·대상·내용, 조치방법 등에 필요한 사항은 보건복지부령으로 정한다.

제23조(조기진단 및 개입) ① 국가와 지방자치단체는 발달장애인의 장애를 조기에 발견하기 위하여 검사도구의 개발, 영유아를 둔 부모에 대한 정보제공 및 홍보 등 필요한 정책을 적극적으로 강구하여야 한다.
② 보건복지부장관은 발달장애가 의심되는 영유아에 대하여 발달장애 정밀진단

비용을 지원할 수 있다.
③ 제2항에 따른 지원 대상, 지원의 내용 등에 필요한 사항은 보건복지부령으로 정한다.

제24조(재활 및 발달 지원) ① 국가와 지방자치단체는 발달장애인이 자신의 장애에도 불구하고 잠재적인 능력을 최대한 계발할 수 있도록 발달장애인에게 적절한 재활치료와 발달재활서비스 등을 제공하도록 노력하여야 한다.
② 보건복지부장관은 발달장애의 원인규명과 치료 및 행동문제 등의 완화를 위한 연구 및 의료 지원체계를 구축하여야 한다.
③ 국가와 지방자치단체는 발달장애인의 특성과 요구에 맞는 체계적이고 효율적인 의료지원을 위하여 발달장애인 거점병원을 지정할 수 있다.
④ 국가와 지방자치단체는 자해·공격 등 행동문제로 인하여 일상생활에 곤란을 겪는 발달장애인을 전문적으로 지원하기 위하여 대통령령으로 정하는 바에 따라 행동발달증진센터를 설치·운영할 수 있다.
⑤ 국가와 지방자치단체는 예산의 범위에서 제1항부터 제4항까지의 사업을 수행하는 데 필요한 경비의 전부 또는 일부를 지원할 수 있다.
⑥ 제3항에 따른 거점병원의 지정 및 제4항에 따른 행동발달증진센터의 설치·운영 등에 필요한 사항은 보건복지부령으로 정한다.

제25조(고용 및 직업훈련 지원) ① 국가와 지방자치단체는 발달장애인이 자신의 능력을 최대한 활용하여 직업생활을 영위할 수 있도록 필요한 조치를 강구하여야 한다.
② 보건복지부장관은 장애의 정도가 심한 발달장애인의 능력과 특성에 적합한 직업훈련을 지원하기 위하여 발달장애인에 특화된 직업훈련을 하는 직업재활시설을 설치·운영할 수 있다.
③ 제2항에 따른 직업재활시설의 설치·운영에 필요한 사항은 보건복지부령으로 정한다.

제26조(평생교육 지원) ① 국가와 지방자치단체는 발달장애인에게 「교육기본법」 제3조 및 제4조에 따른 평생교육의 기회가 충분히 부여될 수 있도록 특별자치시·특별자치도·시·군·구(자치구를 말한다. 이하 같다)별로 「평생교육법」 제2조제2호의 평생교육기관을 지정하여 발달장애인을 위한 교육과정을 적절하게

운영하도록 조치하여야 한다.
② 제1항에 따른 평생교육기관의 지정 기준과 절차, 발달장애인을 위한 교육과정의 기준, 교육제공인력의 요건 등은 교육부장관이 보건복지부장관과 협의하여 정한다.
③ 국가와 지방자치단체는 제1항에 따라 지정된 평생교육기관에 대하여 예산의 범위에서 발달장애인을 위한 교육과정의 운영에 필요한 경비의 전부 또는 일부를 지원할 수 있다.

제27조(문화·예술·여가·체육 활동 등 지원) ① 국가와 지방자치단체는 발달장애인이 영화, 전시관, 박물관 및 국가·지방자치단체 등이 개최하는 각종 행사 등을 관람·참여·향유할 수 있도록 발달장애인을 지원할 수 있다.
② 국가와 지방자치단체는 발달장애인의 문화·예술·여가·체육 활동을 장려하기 위하여 발달장애인의 특성과 흥미에 적합한 방식으로 설계된 시설, 놀이기구, 프로그램 및 그 밖의 장비 등을 지원할 수 있다.
③ 국가와 지방자치단체는 발달장애인의 생활체육을 활성화시키기 위하여 생활체육 행사 및 생활체육 관련 단체를 지원할 수 있다.
④ 제1항부터 제3항까지에서 규정한 사항 외에 문화·예술·여가·체육 활동 등 지원을 위하여 필요한 사항은 대통령령으로 정한다.

제28조(소득보장) 국가와 지방자치단체는 발달장애인의 특수한 어려움을 고려하여 발달장애인이 적정한 생활수준을 유지할 수 있도록 장애인 연금제도 등 관련 장애인 복지제도의 개선을 위하여 노력하여야 한다.

제29조(거주시설·주간활동·돌봄 지원) ① 국가와 지방자치단체는 발달장애인의 특성에 맞는 거주시설 지원을 위하여 필요한 시책을 강구하여야 한다.
② 국가와 지방자치단체는 발달장애인의 낮 시간 활동 및 지역사회 참여를 효과적으로 제공할 수 있는 주간활동 지원을 위하여 노력하여야 한다.
③ 국가와 지방자치단체는 발달장애인과 그 가족의 특성과 요구에 따른 돌봄 지원을 제공하기 위하여 노력하여야 한다.

제4장 발달장애인 가족 및 보호자 지원

제30조(보호자에 대한 정보제공과 교육) ① 국가와 지방자치단체는 발달장애인의 보호자가 발달장애인을 적절하게 보호 및 양육하는 데 필요한 정보를 제공하거나 관련 교육을 할 수 있다.
② 제1항에 따라 제공하는 정보와 교육의 내용과 방법 등에 필요한 사항은 보건복지부령으로 정한다.
③ 국가와 지방자치단체는 예산의 범위에서 제1항에 따른 정보제공과 교육실시에 필요한 경비의 전부 또는 일부를 지원할 수 있다.

제31조(보호자에 대한 상담지원) ① 국가와 지방자치단체는 발달장애인과 동거하는 보호자에게 전문적인 심리상담 서비스를 제공할 수 있다.
② 제1항에 따라 제공하는 심리상담 서비스의 내용과 방법 등에 필요한 사항은 보건복지부령으로 정한다.
③ 국가와 지방자치단체는 예산의 범위에서 제1항에 따른 심리상담 서비스에 필요한 경비의 전부 또는 일부를 지원할 수 있다.

제32조(휴식지원 등) ① 국가와 지방자치단체는 발달장애인 가족의 일상적인 양육부담을 경감하고 보호자의 정상적인 사회활동을 돕기 위하여 돌봄 및 일시적 휴식 지원 서비스를 제공할 수 있다.
② 국가와 지방자치단체는 발달장애인의 형제·자매로서 발달장애인이 아닌 아동 및 청소년이 건전하게 성장할 수 있도록 이들의 정서발달과 심리적 부담 해소 등을 위한 프로그램 운영을 지원할 수 있다.
③ 제1항 및 제2항에 따른 지원을 제공할 때에는 발달장애인 가족의 경제적 능력 등을 고려하여 지원할 대상 및 내용을 결정할 수 있다.
④ 제1항 및 제2항에 따른 지원의 대상·기준 및 방법 등에 필요한 사항은 보건복지부령으로 정한다.

제5장 발달장애인지원센터 등

제33조(발달장애인지원센터) ① 보건복지부장관은 제4조에 따른 책무를 효과적으로 수행하고 발달장애인에 대한 통합적 지원체계를 마련하기 위하여 중앙발달장애인지원센터를 설치하여야 한다.

② 시·도지사는 발달장애인의 권리보호 활동, 당사자와 그 가족에 대한 상담 등을 담당하는 지역발달장애인지원센터를 특별시·광역시·특별자치시·도·특별자치도에 설치하여야 한다. 이 경우 시·도지사는 필요성을 고려하여 지역발달장애인지원센터를 시·군·구에 설치할 수 있다.

③ 시·도지사는 지역발달장애인지원센터를 시·군·구에 설치하는 경우 둘 이상의 시·군·구를 통합하여 하나의 지역발달장애인지원센터를 설치·운영할 수 있다. 이 경우 시·도지사는 지역발달장애인지원센터의 설치·운영에 필요한 비용을 관할 구역의 발달장애인 수 등을 고려하여 시장·군수·구청장에게 공동으로 부담하게 할 수 있다.

④ 제1항 및 제2항에 따른 발달장애인지원센터의 설치기준과 운영, 직원의 자격과 배치기준 및 절차 등에 필요한 사항은 보건복지부령으로 정한다.

⑤ 발달장애인지원센터는 발달장애인(보호자를 포함한다)이 참여하는 운영위원회를 구성·운영할 수 있다.

⑥ 제5항에 따른 운영위원회 설치·운영에 필요한 사항은 보건복지부령으로 정한다.

⑦ 국가와 지방자치단체는 예산의 범위에서 발달장애인지원센터의 설치 및 운영에 필요한 경비의 전부 또는 일부를 지원할 수 있다.

제34조(발달장애인지원센터의 임무) ① 중앙발달장애인지원센터는 다음 각 호의 업무를 수행한다.

1. 발달장애인에 대한 연구수행 지원
2. 발달장애인이 이용 가능한 복지정보 데이터베이스 구축 및 정보 제공
3. 발달장애인 가족 및 관련서비스 종사자에 대한 지침·편람 마련 및 교육지원
4. 발달장애인에 대한 인식개선 홍보
5. 발달장애인 지원 프로그램 개발
6. 지역발달장애인지원센터의 지원
7. 제9조제3항에 따른 후견인 후보자의 추천

8. 발달장애인 권리침해의 모니터링 및 권리구제의 지원
9. 그 밖에 보건복지부장관이 필요하다고 인정하는 사항

② 지역발달장애인지원센터는 다음 각 호의 업무를 수행한다.

1. 발달장애인에 대한 개인별지원계획의 수립
2. 발달장애인을 위한 복지지원 정보의 제공 및 연계
3. 발달장애인 가족 및 관련서비스 종사자에 대한 교육지원
4. 발달장애인에게 서비스를 제공하는 기관에 대한 정보의 축적 및 관리
5. 발달장애 조기 발견과 발달장애인에 대한 인식개선을 위한 지역사회 홍보
6. 발달장애인 및 그 가족에 대한 상담지원
7. 제2조제2호라목에 따른 보호자에 대한 감독
8. 제9조에 따라 선임된 후견인에 대한 감독지원 및 후견업무의 지원
9. 제16조 및 제17조에 따른 현장조사 및 보호조치 등 발달장애인의 권리구제 지원
10. 그 밖에 보건복지부장관이 필요하다고 인정하는 사항

③ 발달장애인지원센터에는 대통령령으로 정하는 자격을 가진 특수교사, 사회복지사, 변호사 등 필요한 인력을 적절히 배치하여 발달장애인이 복지 및 법률서비스를 받을 수 있도록 노력하여야 한다.

④ 발달장애인지원센터는 발달장애인 동료에 대한 상담 및 교육 등의 역할을 수행할 수 있는 발달장애인을 채용할 수 있다.

⑤ 제3항 및 제4항에 따른 인력 배치 및 채용 등에 필요한 사항은 보건복지부령으로 정한다.

제35조(관계 기관의 협조) ① 지역발달장애인지원센터는 다음 각 호의 기관의 장에게 발달장애인에 대한 서비스 제공 현황 등 관련 정보의 제공을 요청할 수 있다. 이 경우 협조 요청을 받은 기관의 장은 특별한 사유가 없으면 이에 따라야 한다. <개정 2015. 12. 29.>

1. 제25조제2항에 따라 설치·운영되는 직업재활시설
2. 제26조제1항에 따라 지정되어 발달장애인을 위한 교육과정을 운영하는 평생교육기관
3. 제30조부터 제32조까지에 따른 서비스를 제공하는 기관
4. 「장애인복지법」 제58조에 따른 장애인복지시설
5. 「장애아동 복지지원법」 제21조제3항에 따라 지정된 발달재활서비스 제공기관
6. 「장애아동 복지지원법」 제24조에 따른 돌봄 및 일시적 휴식지원 서비스를

제공하는 기관
7. 「장애인활동 지원에 관한 법률」 제2조제6호의 활동지원기관
8. 「장애인고용촉진 및 직업재활법」 제9조에 따른 장애인 직업재활 실시 기관
9. 「영유아보육법」 제2조제3호의 어린이집
10. 「유아교육법」 제2조제2호의 유치원
11. 「초·중등교육법」 제2조 각 호의 학교
12. 「노숙인 등의 복지 및 자립지원에 관한 법률」 제16조제1항제1호부터 제4호까지에 따른 노숙인복지시설
13. 그 밖에 보건복지부령으로 정하는 기관
② 제1항에 따라 각 기관별로 제공을 요청할 수 있는 정보의 내용, 제공방법 등에 필요한 사항은 보건복지부령으로 정한다.

제36조(발달장애인지원정보시스템의 구축 및 운영) 보건복지부장관은 이 법의 시행에 필요한 각종 자료 및 정보의 효율적인 처리와 기록 및 관리 업무의 전산화를 위하여 대통령령으로 정하는 바에 따라 발달장애인지원정보시스템을 구축·운영할 수 있다.

제37조(서비스의 제공 등) ① 국가와 지방자치단체는 제30조부터 제32조까지의 규정에 따라 서비스를 제공할 경우 「사회서비스 이용 및 이용권 관리에 관한 법률」 제2조제2호의 사회서비스이용권으로 제공할 수 있다.
② 보건복지부장관은 제1항에 따라 사회서비스이용권을 제공하는 경우 「사회서비스 이용 및 이용권 관리에 관한 법률」 제16조에도 불구하고 서비스 제공을 위한 전문 인력의 수급 상황, 제공기관 현황과 서비스 수요자의 규모 등을 고려하여 소재지를 관할하는 특별자치시장·특별자치도지사·시장·군수·구청장(이하 "지정권자"라 한다)으로 하여금 사회서비스이용권을 통하여 서비스를 제공하는 기관 등을 지정하게 할 수 있다.
③ 제1항 및 제2항에 따른 사회서비스이용권의 제공 방법 및 절차, 서비스제공기관의 지정 기준 및 절차 등에 필요한 사항은 보건복지부령으로 정한다.

제38조(서비스제공기관의 변경지정 등) ① 제37조제2항에 따라 서비스를 제공하도록 지정받은 기관 등(이하 "서비스제공기관"이라 한다)의 장은 보건복지부령으로 정하는 중요사항을 변경하려는 경우 보건복지부장관이 정하는 바에 따

라 지정권자의 변경지정을 받아야 한다.

② 서비스제공기관이 폐업 또는 휴업하려는 경우에는 폐업 또는 휴업 예정일 전 30일까지 지정권자에게 신고하여야 하며 신고를 받은 지정권자는 인근 지역에 대체할 서비스제공기관이 없는 등 서비스 제공에 중대한 차질이 우려되는 경우에는 서비스제공기관의 폐업 또는 휴업 철회를 권고하거나 그 밖의 다른 조치를 마련하여야 한다.

③ 서비스제공기관의 지정권자는 서비스제공기관이 다음 각 호의 어느 하나에 해당하는 경우에는 6개월의 범위에서 업무를 정지하거나 그 지정을 취소할 수 있다. 다만, 제1호에 해당하는 경우에는 지정을 취소하여야 한다.

1. 거짓이나 그 밖의 부정한 방법으로 지정을 받은 경우
2. 제37조제2항 및 제3항에 따른 시설 및 인력 기준 등 지정기준에 맞지 아니하게 된 경우
3. 제40조에 따른 자료의 제출과 보고 요구를 거부·방해·기피하거나 거짓 자료를 제출하거나 관계 공무원의 조사에 협조하지 아니한 경우
4. 거짓이나 그 밖의 부정한 방법으로 서비스 제공 비용을 청구한 경우
5. 서비스 제공과 관련한 개인정보를 본인의 동의 없이 누설한 경우

④ 제3항에 따라 지정취소를 받은 자는 그 처분을 받은 날부터 2년 이내의 범위에서 대통령령으로 정하는 기간 동안 서비스제공기관으로 다시 지정될 수 없다.

⑤ 제3항에 따른 행정처분의 세부적인 기준 및 절차 등에 필요한 사항은 보건복지부령으로 정한다.

제6장 보칙

제39조(지도와 감독) 보건복지부장관, 시·도지사 또는 시장·군수·구청장은 발달장애인에 대한 서비스의 원활한 제공을 위하여 서비스제공기관에 대하여 필요한 지도와 감독을 할 수 있다.

제40조(보고와 검사) ① 보건복지부장관, 시·도지사 또는 시장·군수·구청장은 서비스제공기관의 장으로 하여금 필요한 자료제출과 보고를 하게 할 수 있으

며, 관계 공무원으로 하여금 운영 상황을 조사하게 하거나 장부와 그 밖의 서류를 검사하게 할 수 있다.

② 제1항에 따라 관계 공무원이 그 직무를 수행할 때에는 그 권한을 표시하는 증표를 지니고 이를 관계인에게 보여 주어야 한다.

제41조(위임·위탁) ① 이 법에 따른 보건복지부장관과 시·도지사의 권한은 대통령령으로 정하는 바에 따라 소속 기관의 장, 시·도지사 또는 시장·군수·구청장에게 그 일부를 위임할 수 있다.

② 보건복지부장관과 시·도지사, 시장·군수·구청장은 보건복지부령으로 정하는 바에 따라 「공공기관의 운영에 관한 법률」 제4조에 따른 공공기관을 지정하여 제25조제2항에 따른 직업재활시설이나 발달장애인지원센터의 운영을 위탁할 수 있다. 이 경우 발달장애인지원센터는 「장애아동 복지지원법」 제8조에 따른 중앙장애아동지원센터 또는 같은 법 제9조에 따른 지역장애아동지원센터와 통합하여 운영하도록 할 수 있다.

③ 시·도지사, 시장·군수·구청장은 위기발달장애인쉼터의 운영 및 제22조에 따른 계좌 관리의 점검을 지역발달장애인지원센터의 장에게 위탁할 수 있다.

④ 보건복지부장관은 보건복지부령으로 정하는 바에 따라 「공공기관의 운영에 관한 법률」 제4조에 따른 공공기관을 지정하여 제36조에 따른 발달장애인지원 정보시스템의 구축·운영을 위탁할 수 있다.

제7장 벌칙

제42조(벌칙) 다음 각 호의 어느 하나에 해당하는 자는 1년 이하의 징역 또는 1천만원 이하의 벌금에 처한다.

1. 거짓이나 그 밖의 부정한 방법으로 제23조부터 제27조까지 및 제30조부터 제32조까지에 규정된 서비스 또는 지원을 받거나 다른 사람으로 하여금 이를 받게 한 자
2. 제15조제4항을 위반하여 신고인의 인적사항 또는 신고인임을 미루어 알 수 있는 사실을 다른 사람에게 알려주거나 공개 또는 보도한 발달장애인지원센터의 장 또는 직원

제43조(양벌규정) 법인의 대표자나 법인 또는 개인의 대리인, 사용인, 그 밖의 종업원이 그 법인 또는 개인의 업무에 관하여 제42조제1호 또는 제2호의 위반행위를 하면 그 행위자를 벌하는 외에 그 법인 또는 개인에게도 해당 조문의 벌금형을 과(科)한다. 다만, 법인 또는 개인이 그 위반행위를 방지하기 위하여 해당 업무에 관하여 상당한 주의와 감독을 게을리하지 아니한 경우에는 그러하지 아니하다.

제44조(과태료) ① 다음 각 호의 어느 하나에 해당하는 자에게는 300만원 이하의 과태료를 부과한다.
1. 제15조제2항을 위반하여 발달장애인에 대한 유기등을 신고하지 아니한 사람
2. 정당한 사유 없이 제16조제4항을 위반하여 현장조사를 거부·기피하는 등 업무 수행을 방해한 사람
3. 제22조제2항을 위반하여 지방자치단체의 장에 대하여 계좌 관리 상황과 관련한 자료열람 또는 제출을 거부하거나 거짓으로 한 발달장애인의 보호자 및 계좌관리인
4. 제38조제1항을 위반하여 변경지정을 받지 아니한 자
5. 제38조제2항을 위반하여 폐업·휴업 시 신고하지 아니한 자 또는 거짓으로 신고한 자
6. 정당한 사유 없이 제40조제1항에 따른 자료제출·보고를 거부하거나 거짓으로 한 자 또는 조사·검사를 거부·방해하거나 기피한 자
② 제1항에 따른 과태료는 대통령령으로 정하는 바에 따라 보건복지부장관, 시·도지사 또는 시장·군수·구청장이 부과·징수한다.

부칙 <제14839호, 2017. 7. 26.>(정부조직법)
제1조(시행일) ① 이 법은 공포한 날부터 시행한다. 다만, 부칙 제5조에 따라 개정되는 법률 중 이 법 시행 전에 공포되었으나 시행일이 도래하지 아니한 법률을 개정한 부분은 각각 해당 법률의 시행일부터 시행한다.
제2조부터 제4조까지 생략

제5조(다른 법률의 개정) ①부터 <182>까지 생략
<183> 발달장애인 권리보장 및 지원에 관한 법률 일부를 다음과 같이 개정

한다.
제10조제3항 중 "행정자치부장관"을 "행정안전부장관"으로 한다.
제12조제1항 중 "국민안전처장관, 경찰청장"을 "경찰청장, 해양경찰청장"으로 한다.
제13조제5항 중 "국민안전처장관"을 "해양경찰청장"으로 한다.
제14조제2항 중 "국민안전처장관, 경찰청장"을 "경찰청장, 해양경찰청장"으로 한다.
<184>부터 <382>까지 생략

제6조 생략

참고문헌

강위영 (1996). 특수교육에서 본 학습장애아의 특성과 한국적 상황. 삼성의료원 학습장애 심포지엄, 30-36.

공주대학교 특수교육연구소 (2010). 특수아동교육의 이해. 경기: 양서원.

교육과학기술부 (2009). 개별화교육계획 수립·운영자료. 교육과학기술부.

교육부 (1993). 특수교육백서.

교육부 (1998). 득수학교(급) 실태소사서.

교육부 (2015). 특수교육연차보고서.

교육학용어사전 (199). 서울: 하우동설

구본권 외 (1993). 특수교육학. 경기: 교육과학사.

국립서울맹학교 (1973). 개교 60주년사.

국립특수교육원 (1998). 장애인교육 복지실태 국제비교. 안산: 동연구원.

국립특수교육원 (2009). 특수교육학 용어사전. 서울: 도서출판 하우.

권미은, 노진아, 백유순, 최민숙 (2013). 유아교사를 위한 성공적인 통합교육 전략. 서울: 시그마프레스.

권요한, 박용학, 이혜경, 임미경, 이동주, 김미숙 공역 (2011). 의사소통장애아 교육. 서울: 시그마프레스.

권유정 (2007). 디지털 보청기 성능검사 및 피팅과 방향성에 관한 연구. 조선대학교 대학원 석사학위논문.

권준수 외 역 (2015). DSM-5 정신질환의 진단 및 통계편람(제5판). 서울: 학지사.

김동일 (1999). 학습부진아 교육에 관한 교육심리학의 역할과 과제. 교육심리학연구, 13(2), 13-32.

김동일, 이대식, 신종호 (2003). 학습장애아동의 이해와 교육. 서울: 학지사.

김동일, 이대식, 신종호 (2009). 학습장애아동의 이해와 교육(2판). 서울: 학지사.

김방한 (1992). 언어학의 이해. 서울: 민음사.

김병하 (1983). 특수교육의 역사적 이해. 서울: 형설출판사.

김병하 (2002). 특수교육의 역사와 철학. 대구: 대구대학교 출판부.

김선, 김경옥, 김수동, 이신동, 임혜숙, 한순미 (2001). 학습부진아의 이해와 교육. 서울:

학지사.

김승국 (1994). **한국특수교육의 발전과정**. 한국특수교육학회 제9회 심포지엄.

김승국 (1995). **특수교육학**. 경기: 양서원.

김승국 (1997). **적응행동검사 지침서**. 서울: 중앙적성출판사.

김승국 외 (1997). 학습장애아동의 학업능력 발달 특성. **학습장애아동 교육의 이론과 실제**. 경기: 교육과학사.

김승국, 김영욱, 황도순, 정인호 (1998). **청각장애 아동 교육**. 경기: 교육과학사.

김승국, 김옥기 (1995). **사회성숙도검사**. 서울: 중앙적성출판사.

김영욱 (2007). **청각장애 아동 교육의 이해**. 서울: 학지사.

김윤옥 (2006). 학습장애 판별을 위한 중재반응모형(RTI)의 이상과 함정. **특수교육학연구, 41**(3), 141-161.

김윤옥 (2008). 학습장애 선별검사를 통한 초등학교 학습부진, 학습장애, 정신지체 학생 등에 대한 차이 검증. **초등교육연구, 21**(1), 51-73.

김응범 (2007). 중증 자폐 아동의 음성 및 비음성 의사소통 기술 습득과 관련 변인. 단국대학교 대학원 박사학위논문.

김응범 (2010). 자폐 아동의 분노발작 행동과 의사소통 능력의 관계에 대한 종단 연구. **자폐성장애연구, 10**(1), 121-142.

김인회, 정순목 (1984). **교육의 역사적 기초**. 서울: 대은출판사.

김창환 (2007). **인본주의 교육사상**. 서울: 학지사.

김형일 (1995). 대인문제해결훈련이 정신지체인의 직업적응행동에 미치는 효과. 단국대학교 대학원 석사학위논문.

김효선 (1995). **지체부자유 교수·학습 모델**. 경기: 국립특수교육원.

김희남 (2009). 와우이식. 대한이비인후과학외 편, **이비인후과학·두경부외과학**. 서울: 일조각.

남경욱 (2013). 국내 특수교육분야의 친구관계연구 문헌분석. **특수교육학연구, 48**(3), 319-339.

남경욱, 신현기 (2012a). 통합학급 내 일반학생들의 지적장애학생에 대한 교우기대감(Friendship Expectation) 연구. **지적장애연구, 14**(2), 47-74.

남경욱, 신현기 (2012b). 한국형 교우기대감 척도 개발 연구. **특수교육저널: 이론과 실천, 13**(1), 41-69.

노진아, 김연하, 김정민 역 (2011). **영유아 특수교육**. 서울: 학지사.

노진아, 홍은숙, 이미숙, 박현주, 정길순, 김정민, 김미애, 이나래 (2011). **장애영유아 가족지원**. 서울: 학지사.

박계신, 이효신, 황순영 역 (2010). **정서·행동장애학생의 이해와 교수전략**. 서울: 시그마프레스.

박순희 (2005). 시각장애 아동의 이해와 교육. 서울: 학지사.

박승희, 신현기 역 (2002). 정신지체 개념화: AAMR 2002년 정신지체 정의 분류 지원체계. 경기: 교육과학사.

박승희, 장혜성, 나수현, 신소니아 (2007). 장애관련종사자의 특수교육입문. 서울: 학지사.

박원희 외 (2009). 함께하는 사회를 지향하는 특수교육학. 경기: 교육과학사.

박원희, 김기창, 김영일, 김영욱, 이은주, 신현기, 한경근, 이숙정, 김애화, 윤미선, 김은경, 송병호, 이병인, 김송석, 양경희 (2009). 특수교육학. 경기: 교육과학사.

박지연, 김은숙, 김정연, 김주혜, 나수현, 윤선아, 이금진, 이명희, 전혜인 (2006). 장애인 가족지원. 서울: 학지사.

박지연, 전혜인, 강혜원 (2011). 장애영유아 가족지원. 서울: 학지사.

백낙준 (1973). 한국개신교사. 서울: 연세대출판부.

백은희 (2005). 정신지체이해와 교육. 경기: 교육과학사.

백은희, 이병인, 조수제 (2007). 한국판 적응행동검사: 실시요강. 서울: 학지사.

법제처 (2015). http://www.moleg.go.kr

변찬석 (1998). 읽기장애와 수학장애의 공존성에 관한 연구. 정서학습장애연구, 14(1), 45-64.

변호걸 (1997). 한국 근대특수교육 성립에 관한 一考. 특수교육논총, 제14권 제1호.

변호걸, 김응범, 권미은 (2012). 정서·행동장애 이해와 교육. 서울: 무음사.

보건복지부 (2014). 2014년 장애인 실태조사.

사회문화연구소 (2000). 사회학사전.

서봉연 (1996). 학습장애아에 대한 심리학적 접근-정보처리론적 접근을 중심으로. 삼성의료원 학습장애 심포지움, 7-18.

서울장애인복지관(2006). 가족지원프로그램의 실제. 서울: 다우.

서은정, 하영례, 이희정 (2010). 학습장애 선별절차에서 중재반응(RTI) 모형의 실행필요성과 적용 가능성에 대한 초등학교 일반교사들의 인식. 학습장애연구, 7(3), 153-170.

성기산 (1983). 서양고대의 교육사상. 서울: 대은출판사.

성기산 (1998). 위대한 교사들. 서울: 문음사.

세계교육사연구회편 (1974). 장애아교육사. 세계교육사대계33. 동경: 講談社.

손인수 (1996). 교육사 교육철학의 이론과 실제. 서울: 문음사.

송준만, 유효순 (1997). 특수아 지도. 서울: 한국방송대학교 출판부.

신세호 (1979). 학습부진학생: 개념, 특성, 원인 및 구제방안의 고찰. 한국교육개발원(편), 학습부진 학생에 대한 이론적 고찰. 서울: 한국교육개발원.

신종호 외 역 (2002). 정신지체. 서울: 시그마프레스.

신현기 (2004a). 교육과정의 수정과 소설을 통한 통합교육 교수적합화. 서울: 학지사.

신현기 (2004b). 정신지체아 교수방법론. 경기: 교육과학사.

신현기 역 (2006). 정신지체: 역사적 관점, 현재의 동향, 그리고 미래의 방향. 서울: 시그마프레스.

신현기 외 (2008). 특수교육의 이해. 경기: 교육과학사.

신현기 외 (2014). 자폐스펙트럼장애학생 교육의 실제. 서울: 시그마프레스.

신현기, 최세민, 유장순, 김희규 (2005). 통합교육의 이론과 실제. 서울: 박학사.

심현섭, 김영태, 김진숙, 김향희, 배소영, 신문자, 이승환, 이정학, 한재순 (2005). 의사소통장애의 이해. 서울: 학지사.

심현섭, 김영태, 이윤경, 박지연, 김수진, 이은주, 표화영, 한진순, 권미선, 윤미선 (2012). 의사소통장애의 진단과 평가. 서울: 학지사.

안병즙(1974). 한국특수교육 발전과정에 관한 일연구. 미간행 석사학위청구논문. 대구: 한국사회사업대학교.

안상원 (1985). 교육사 및 교육철학. 서울: 재동문화사.

양문봉, 신석호 (2011). 자폐스펙트럼장애 A to Z. 서울: 시그마프레스.

양민화, Landrum, T. (2005). 미국의 학습장애 판별과정과 교육. 학습장애연구, 2(2), 103-121.

오천균 (1988). 조선조 맹교육의 사상과 제도. 미간행 박사학위 청구논문. 서울: 단국대학교 출판부.

윌리엄 보이드 (1994). 서양교육사. 경기: 교육과학사.

유수옥 (2005). 유아특수교육. 서울: 학지사.

유은정 외 (2013). 청각장애 아동교육. 서울: 학지사

이경림 (2008). 시각장애학생 교육의 이해와 실제. 경기: 서현사.

이광선 (2009). 보청기. 대한이비인후과학회 편, 이비인후과학·두경부외과학. 서울: 일조각.

이대식 (2009). 초등학교 교사들이 인식한 중재-반응(RTI) 접근법의 적용 가능성. 특수아동교육연구, 11(3), 221-235.

이명희, 김지영, 이지연 (2011). 장애유아 통합프로그램의 실제. 서울: 학지사.

이미숙, 노진아, 김연하, 김정민, 김태영, 한경민 (2013). 장애아 가족지원. 서울: 학지사.

이병인 (2004). 장애 아동 가족지원의 이해. 서울: 단국대학교 출판부.

이병혁, 신현기 (2005). 학습장애아동의 자연수 연산수행 평가도구 개발을 위한 기초연구. 학습장애연구, 2(1), 115-136.

이상춘 (1984). 세강의 백치교육사상. 대구: 대구대학교 출판부.

이상훈 (1996). 학습장애아동의 인지적 동기특성. 정서학습장애연구, 12(2), 55-74.

이성봉, 방명애, 김은경, 박지연 (2014). 정서 및 행동장애. 서울: 학지사.

이성진 (1998). 교육심리학서설. 경기: 교육과학사.

이소현 (2010). 유아특수교육. 서울: 학지사.

이소현, 박은혜 (1998). 특수아동교육. 경기: 양서원.

이소현, 박은혜 (2002). **특수아동교육**. 서울: 학지사.

이소현, 박은혜 (2006). **특수아동교육**(제2판). 서울: 학지사.

이소현, 박은혜 (2011). **특수아동교육**. 서울: 학지사.

이영하, 박희연 (2001). 수학 학습부진아 예방을 위한 가정학습 효율화 방안 연구. **수학교육**, 40(2), 195-215.

이원영 (2000). 성인의 책 읽어주기 유형이 유아의 초기 문해능력에 미치는 영향. 미간행 석사학위논문. 부산대학교 대학원.

이은림 (1998). 학습장애 연구에 관한 최근 동향 분석: 국내 자료를 중심으로. **정서·행동장애연구**, 14(2), 247-269.

이태수, 최종근 (2005). 중재반응 모델에 근거한 수학 학습장애학생의 연산능력 발달 패턴 탐색 및 분석. **특수교육연구**, 12(2), 331-351.

인명사전 (2002). 서울: 민중서관.

일본정신박약자복지연맹편, 박화문 외 역 (1999). **세계 특수교육의 신동향–통합교육의 실천**. 서울: 학지사.

임안수 (1986). 한국 맹인직업사 연구. 미간행 박사학위청구논문. 서울: 단국대학교.

임안수 (1997). **시각장애아교육**. 서울: 재활공학.

전경원, 권미은 (2015). **특수아동의 이해**. 서울: 창지사.

정대영 (2009). 통합교육의 개념. 한국통합교육학회 편. **통합교육: 교사를 위한 특수교육 입문**(2판). 서울: 학지사.

정동영, 김주영, 김형일, 김희규, 정동일 (2010). **특수아동의 이해**. 경기: 교육과학사.

정동영, 김형일, 김주영, 김희규, 유장순, 정동일, 최혜승 역 (2008). **정신지체: 지역사회 통합을 위한 접근**. 서울: 박학사.

정영근 외 (2010). **교육학적 사유를 여는 교육의 철학과 역사**. 서울: 문음사.

정인숙, 강영택, 김계옥, 박경숙, 정동영 (2003). **KISE–적응행동검사 개발 연구**. 경기: 국립특수교육원.

정주영, 신현기 (2002). 통합교실의 발달지체 초등학생을 위한 평가적합화에 대한 일반교사의 지각. **정서학습장애연구**, 18(1), 247-268.

정창권 (2011). **역사 속 장애인은 어떻게 살았을까**. 서울: 글항아리.

정해동 (2009). **지체장애교육의 발전**. 미간행 유인물.

정해동, 권주석, 김미선, 김주영, 박경옥, 박순희, 이경면, 이성봉, 이옥인, 정영숙, 정주영, 조규영 (2010). **특수교육 국어교육론**. 경기: 교육과학사.

조윤경, 김수진 (2009). **유아교사를 위한 특수아동지도**. 경기: 공동체.

조윤경, 장지윤, 유연주 (2013). **개별화교육프로그램**. 서울: 공동체.

치병직 (2006). **인권**. 경기: 살림출판사.

철학사전 (2009). 서울: 중원문화.

최민숙, 김경숙, 백유순, 박현옥 (2004). 유아특수교육론. 서울: 박학사.

한국장애아통합실천연구회 (2004). 개별화교육계획안 프로그램 실제. 서울: 한학문화.

한국재활재단편 (1996). 한국 장애인복지 변천사. 경기: 양서원.

한국특수교육총연합회 (1999, 2004). 전국특수교육요람. 동연합회.

한국특수교육학회 (2008). 특수교육대상자 개념 및 선별기준.

한국표준수화규범 제정 추진위원회 (2005). 한국수화사전. 서울: 한국농아인협회.

한규석 (2002). 사회심리학의 이해(2판). 서울: 학지사.

허묘연 (1991). 학습장애아동의 인지적, 정서적, 행동적 특성. 미간행 석사학위논문. 이화여자대학교 대학원.

황원영 (1997). 특수교육철학. 경기: 교육과학사.

津田道夫 (1982). 障害者教育 歷史的成立. 동경: 三一書房.

Aarons, M., & Gittens, T. (1992). *The handbook of autism: A guide for parents and professionals*. London: Routledge.

Allen, K. E., & Schwartz, I. S. (2003). *The exceptional child: Inclusion in early childhood education*(4th ed.). Clifton Park, NY: Delmar Thomson Learning.

American Psychiatric Association (1994). *Diagnostic and statistical manual of mental disorders*(4th ed.). Washington, DC: Author.

American psychiatric Association (2013). *Diagnostic and statistical mental manual of mental disordered*(5th ed.). Washington, DC: American Psychiatric Association.

Aram, D. M., Morris, R., & Hall, N. E. (1993). Clinical and research congruence in identifying children with specific language impairment. *Journal of speech and hearing research, 36*(3), 580-591.

ASHA Committee on Language (1983). Definition of language. *ASHA, 25*, 44.

Bailey, A., Le Couteur, A., Gottesman, I., Bolton, P., Simonoff, E., Yuzda. E., et al. (1995). Autism as a strongly genetic disorder: Evidence from a British twin study. *Psychological Medicine, 25*, 63-78.

Balkany, T. et al., (1996). Update on cochlear implantation. *Otolaryngol Clin North Am, 29*(2), 277-289.

Beaulieu, C. L. (2002). Rehabilitation and outcome following pediatric traumatic brain injury. *Surgical Clinics of North America, 82*, 393-408.

Beck, M. N. (2000). *Expecting Adam: A true story of birth, rebirth, and everyday magic*. New York, NY: Berkley Books. [아담을 기다리며(김태언 역).] 대구: 녹색평론사.

Behr, S. & Gallagher J. (1981) Alternative administrative strategies for young handicapped children. *Journal of the Division of Children*, 2, 113-122.

Beirne-Smith, M., Patton, J. R. & Kim, S. H. (2006). *Mental retardation*(7th ed.). Columbus, Ohio: Upper Saddle River, New Jersey.

Bender, W. N. (2004). *Learning disabilities: Characteristics, identification, and teaching strategies*(5th ed.). Boston, MA: Allyn & Bacon.

Bernstein, D. K., & Tigerman-Farber, E. (2009). *Language and communication disorders in children*(6th ed.). Boston, MA: Allyn & Bacon.

Bigge, J. L. (1991). *Teaching individuals with physical and multiple disabilities*. New York: Macmillan Publishing Co.

Bolton, P., Macdonald, H., Pickles, A., Rios, P., Goode, S., Crowson, M., et al., (1994). A case-control family history study of autism. *Journal of Child Psychology and Psychiatry*, 35, 877-900.

Bondy, A. S., & Frost, L. A. (1994). The picture exchange communication system. *Focus on Autistic Behavior, 9*(3), 1-19.

Bruder, M. B., & Brand, M. (1995). A comparison of two types of early intervention environments serving toddler-age children with disabilities. *Infant-Toddler Intervention: The Trans disciplinary Journal, 5*, 207-217.

Bryan, T. (1997). Assessing the personal and social status of students with learning disabilities. *Learning disabilities: Research and practice, 12*(1), 63-76.

Bryant, D. P., & Bryant, B. R. (2003). *Assistive technology for people with disabilities*. Boston, MA: Allyn & Bacon.

Bybee, J., & Zigler, E. (1992). Is outerdirectedness employed in a harmful or beneficial manner by students with and without mental retardation? *American Journal on Mental Retardation, 96*, 512-521.

Carkrabarti, S., & Fombonne, E. (2001). Pervasive developmental disorders in preschool children. *Journal of the American Medical Association, 285*, 3093-3099.

Catts, H. W. (1993). The relationship between speech-language impairments and reading disabilities. *Journal of speech and hearing research, 36*, 948-958.

Cawley, J. F., Parmar, R. S., Yan, W., & Miller, J. H. (1998). Arithmetic computation performance of students with learning disabilities: Implications for curriculum. *Learning Disabilities Research and Practice, 13*(2), 68-74.

Chall, J. S. (1983). *Stages of reading development*. Tallhassee, FL: McGraw-Hill Company.

Cook, A. M., & Hussey, S. M. (2002). *Assistive technologies: Principles and practice*(2nd ed.). St. Louis, MO: Mosby.

Cross, L., & Walker-Knight, D. (1997). Inclusion: Developing collaborative and cooperative school communities. *The educational forum, 61*(3), 269-277.

Culatta, R. A., Tompkins, J. R., & Werts, M. G. (2003). *Fundamentals of special education: What every teacher needs to know*(2nd ed.). Upper Saddle River, NJ: Merrill-Prentice Hall.

Davis, J. T., Parr, G., & Lan, W. (1997). Differences between learning disability subtypes classified using the Revised Woodcock-Johnson Psychoeducational battery. *Journal of learning disabilities, 30*(3), 346-352.

DEC(1996). *Developmental delay as an eligibility category* (Concept paper). Reston, VA: Author.

Dunn, M., Flax, J., Sliwinski, M., & Aram, D. (1996). The use of spontaneous language measures as criteria for identifying children with specific language impairment: An attempt to reconcile clinical and research incongruence. *Journal of speech and hearing research, 39*(3), 643-654.

Ellis, N. R., & Dulaney, C. L. (1991). Further evidence for cognitive inertia of persons with mental retardation. *American Journal on Mental Retardation, 95*(6), 613-621.

Evans, T., & Lunt, I. (2002). Inclusive education: Are there limits? *European Journal of Special Needs Education, 17*(1), 1-14.

Everington, C., Hamil, L. B., & Lubig, B. (1996). Restructuring teacher preparation programs for inclusion: The change process in one university. *Contemporary education, 68*(1), 52-56.

Farrell, P. (1997). *Teaching pupils with learning difficulties: Strategies and solutions.* London: Falmer Press, 9.

Feldman, D., Kinnison, L., Jay, R., & Harth, R. (1983). The effects of differential labeling on professional Concepts and attitudes toward the emotionally disturbed behaviorally disordered. *Behavioral Disorders. 8*, 191-198.

Ferguson, B., & McDonnell, J. (1991). A comparison of serial and concurrent sequencing strategies in teaching generalized grocery item location to students with moderate handicaps. *Education and Training in Mental Retardation, 26*(3), 292-304.

Fewell, R. R. (1993). Child care for children with special needs. *Pediatrics, 91*, 193-198.

Fleischner, J. S., & Manheimer, M. A. (1997). Math interventions for students with learning disabilities: Myths and realities. *The school psychology review, 26*(3), 397-413.

Fletcher-Janzen, E. & Reynolds, C. R. (2008). *Neuropsychological perspectives on learning disabilities in the era of RTI: Recommendations for diagnosis and intervention.* Hoboken, NJ: John Wiley & Sons, Inc.

Flynn, R. J,, & Nitsch, K. E. (1980). *Normalization, social integration, and community services*. Baltimore, MD: University Park Press.

Fombonne, E. (2003). Epidemiology of pervasive developmental disorders. *Trends in Evidence-Based Neuropsychiatry, 5*, 29-36.

Gable, R. A., Maclaughlin, V. L., Sindelar, P., & Kilgore, K. (1993). Unifying general and special education teacher preparation: Some cautions along the road to educational reform. *Preventing school failure, 37*(2), 5-10.

Gattesman, I. I. (1991). *Schizophrenia genesis: The origins of madness*. New York: W. H. Freeman.

Geary, D. C. (1994). *Children's mathematical development.* Washington, DC: American Psychological Association.

Geary, D. C., Hamson, C. O., & Hoard, M. K. (2000). Numerical and arithmetical cognition: A longitudinal study of process and concept deficits in children with learning disability. *Journal of Experimental Child Psychology, 77*, 236-263.

Gresham, F. M. & Elliott, S. N. (1989). Social skills deficits as a primary learning disability. *Journal of learning disabilities, 22*(2), 120-124.

Gunning, T. G. (1998). *Assessing and correcting reading and writing difficulties.* Boston, MA: Allyn & Bacon.

Guyer. (2000). ADHD: *Achieving success in school and in life*. Boston, MA: Allyn & Bacon.

Hallahan, D. P. & Kauffman, J. M. (2000). *Learners: Introduction to special education*. Englewood Cliffs, NJ: Prentice Hall.

Hallahan, D. P., & Kauffman, J. M. (2003). *Exceptional Children: Introduction to special education*(9th ed.). Boston, MA: Allyn & Bacon.

Hallahan, D. P., Kauffman, J. M., & Lloyd, J. W. (1999). *Introduction to learning disabilities*(2nd ed.). Boston, MA: Allyn & Bacon.

Hallahan, D. P., Kauffman, J. M., & Pullen, P. C. (2009). *Exceptional learners: Introduction to special education*(11th ed.). Boston, MA: Allyn & Bacon.

Hallahan, D. P., Lloyd, J. W., Kauffman, J. M., Weiss, M. P., & Martinez, E. A. (2005). *Learning disabilities: Foundations, characteristics, and effective teaching*

(3rd ed.). Boston, MA: Allyn & Bacon.

Hardman, M. L., Drew, C. J., & Egan, M. W. (2006). *Human exceptionality: School, community, and family*(8th ed.). Boston, MA: Allyn & Bacon.

Hartup, W. W. (1992). Peer relation in early and middle childhood. In V. B. VanHasselt & M. Hersen(Eds.), *Handbook of social development: A lifespan perspective* (pp. 257-281). New York: Plenum.

Heflin, L. J., & Alaimo, D. F. (2007). *Students with autism spectrum disorders: Effective instructional practices*. Upper Saddle River, NJ: Merrill-Prentice Hall.

Heller, K. W., Alberto, P. A., Forney, P. E., & Schwartzman, M. N. (1996). *Understanding physical sensory, and health impairments: characteristics and educational implications*. Pacific Grove, CA: Brooks.

Heter, G., Knightly, C., & Steinberg, A. (2002). Hearing sound and silences. In M. Batshaw(Ed.), *Children with disabilities*(5th ed.). Baltimore: Brookes.

Hetherington, E. M. & Martin, B. (1979). Family interaction. In M. C. Quay and J. S. Werry(Eds.), *Psychopathological disorders of childhood*(2nd ed.). New York: Wiley.

Heward, W. L. (1996). *Exceptional children*(5th ed.). New Jersey: Prentice-Hall, Inc.

Heward, W. L. (2006). *Exceptional children: An introduction to special education*(8th ed.). Upper Saddle River, NJ: Merrill-Prentice Hall.

Heyes, B. K., & Taplin, J. E. (1993). Development of conceptual knowledge in children with mental retardation. *American Journal on Mental Retardation, 98*(2), 293-303.

Hobbs, T., & Westling, D. L. (1998). Promoting successful inclusion through collaborative problem-solving. *Teaching exceptional children, 31*(1), 12-19.

Hodgson, K. (1973). *The Deaf and their problems: A study in special education*. London: Watt.

Hunt, N. & Marshall, K. (1994). *Exceptional children and youth: An introduction to special education*. Boston, MA: Houghton Miffin.

Huntze, S. (1985). A position paper of the council for children with Behavioral Disorder. *Behavioral Disorders, 10*, 167-174.

Jayanthi, M., Epstein, M. H., Polloway, E. A., & Bursuck, W. D. (1996). A national survey of general education teachers' receptions of testing adaptations. *Journal of special education, 30*(1), 99-115.

Kadushin, A. (1980). *A Child welfare services*. NY: MacMillian publishing. co. Inc. pp. 37-38.

Kamhi, A. G. (1998). Trying to make sense of developmental language disorders. *Language, speech, & hearing services in school, 29*(1), 35-44.

Kauffman, J. M., & Hallahan, D. P. (2005). *Special education: What it is and why we need it*. Boston, MA: Pearson Allyn & Bacon.

Kauffman, M. J., Gottlieb, J., Agard, J. A., & Kukick, M. D. (1975). Mainstreaming: Toward an explication of the construct. In E. L. Meyen, G. A. Vergason, & R. J. Whelan(Eds.), *Alternatives for teaching exceptional children: Essays from Focus on exceptional children*. Denver, COL: Love Publishing Company.

Kavale, K. A., & Forness, S. R. (1995). Elements of LD. In Kavale, K. A., & Forness, S. R. (Eds.). *The nature of learning disabilities: Critical elements of diagnosis and classification*. Mahwah, NJ: Lawrence Erlbaum.

Kientz, M. A., & Dunn, W. (1997). A comparison of the performance of children with and without autism on the sensory profile. *The American Journal of Occupational Therapy, 51*, 530-537.

King, N. J., Hamilton, D. I., & Murphy, G. C. (1983). The prevention of children's maladaptive fears. *Child and Family Behavior Therapy, 5*(2), 43-57.

Kirk, S. A. & Gallagher, J. J. (1983). *Educational Children*. Boston: Houghton Mifflin.

Kirk, S. A. & Gallagher. [김정권, 한현민 역 (1996)]. 특수교육의 이해와 교육. 서울: 특수교육.

Kirk, S. A., & Gallagher, J. J. (1979). *Educating exceptional children*(3rd ed.). Boston: Houghton Mifflin.

Klin, A., Jones, W., Schultz, R., Volkmar, F., & Cohen, D. (2002). Visual fixation patterns during viewing of naturalistic social situations as predictors of social competence in individuals with autism. *Archives of General Psychiatry, 59*, 809-816.

Koestler, F. (1976). *The Unseen Minority: A social history of blindness in the United States*. New York: Davis McKay Co.

Lahey, M. (1990). Who shall be called language disordered? some reflections and one perspective. *Journal of speech and hearing disorders, 55*, 612-620.

Lerner, J. (2000). *Learning disabilities: Theories, diagnosis, and teaching strategies*(8th ed.). Boston, MA: Houghton Mifflin Company.

Lieberman, D. A. (2000). *Learning: Behavior and condition*(3rd ed.). Belmont, CA: Wadsworth/Thomson Learning.

Liptak, G. S. (1997). Neural tube defects. In M. L. Batshaw(Ed.), *Children with disabilities*(4th ed.), 529-552, Baltimore: Brookes.

Lovett, M., Stainbach, K. A., & Frijters, J. C. (2000). Remediating the core deficits of developmental reading disability: A double deficit perspective. *Journal of learning disabilities, 33*, 334-358.

MacMillan, D. L., Gresham, F. M., & Siperstein, G. N. (1993). Conceptual and psychometric concerns over the 1992 AAMR definition of mental retardation. *American Journal of Mental Retardation, 98*, 325-335.

Martin, B. (1975). Parent-child relations. In F. D. Horowitz(ed.), *Review of child development research, 4*, chicago: University of chicago press.

Marvin, C. A., & Wright, D. (1997). Literacy socialization in the homes of preschool children. *Language, speech, and hearing services in schools, 28*(2), 154-163.

McCartney, J. R. (1987). Mentally retarded and nonretarded subjects long-term recognition memory. *American Journal of Mental Retardation, 92*(3), 312-317.

McGregor, G., & Vogelsberg, R. T. (1998). *Inclusive schooling practice: Pedagogical and research foundations*. Pittsburgh, PA: Alleheny University of the Health Sciences.

Meadows-Orlands, K. P., Mertens, D. M., Sass-Lehrer, M. A., & Scott-Olson, K. (1997). Support services for parents and their children who are deaf or hard of hearing. *American Annals of the Deaf, 142*, 278-288.

Mercer, C., Jordan, L., Alsop, D., & Mercer, A. (1996). Learning disabilities definitions and criteria used by the state education departments. *Learning disability quarterly, 19*(2), 217-232.

Miles, J. H., & Hillman, R. E. (2000). Value of a clinical morphology examination in autism. *American Journal of Medical Genetics, 91*, 245-253.

Miller, S. P., & Mercer, C. D. (1997). Educational aspects of mathematics disabilities, *Journal of Learning Disabilities, 30*(1), 47-56.

Musselwhite, C. R. & St. Louis, K. W. (1988). *Communication programming for persons with severe handicaps*. Austin, TX: Pro-Ed.

National Center on Educational Restructuring and Inclusion (1995). *National Study of Inclusive Education*. New York: City University of New York.

National Joint Committee on Learning Disabilities (1997). Operationalizing the NJCLD definition of learning disabilities for ongoing assessment in schools. *Perspectives: The International dyslexia association, 23*(4), 29-33.

Newton, J. S., & Horner, R. (1993). Using a social guide to improve social relationships of people with severe disabilities. *The Association for Persons with*

Severe Handicaps, 18(1), 36-45.

Nirje, B. (1969). The normalization principle and its human management implications. In R. B. Kugel & W. Wolfensberger(Eds.), *Changing patterns in residential services of the mentally retarded*, Washington, DC: President Committee on Mental Retardation.

Owens Jr, R. E. (2005). *Language development: An introduction*(6th ed.). Boston, MA: Allyn & Bacon. [이승복, 이희란 (공역)]. 언어발달(제6판). 서울: 시그마프레스.

Owens, R. E. (1990). Communication, language, and speech. In G. Shames & E. Wiig(Eds.), *Human communication disorders*(3rd ed.). Columbus, OH: Merrill/Macmillan.

Owens, R. E. (1998). *Language disorders: a functional approach to assessment and intervention*, 37-41, Boston, MA: Allyn & Bacon.

Paul, J. L., & Morse, W. C. (1997). Creating and using knowledge for special education practice: The conundrum and the promise. In J. L. Paul, M. Churton, W. C. Morse, A. J. Duchnowski, B. Epanchin, P. G. Osnes, & R. Lee Smith(Eds), *Special education practice: Applying the knowledge, affirming the values, and creating the future*. Pacific Grove, CA: Brooks/Cole Publishing Company.

Perez-Pereira, M. & Conti-Ramsden, G. (1999). *Language development and social interaction in blind children*. UK: Psychology Press.

Perino, M., Famularo, G., & Tarroni, P. (2000). *Acquired transient stuttering during a migraine attack. Headache, 40*, 170-172.

Perry, J. (1914). Home for blind boys and young men in seoul. *The Korea Missionfield*. 10.

Peterson, J. M. & Hittie, M. M. (2003). *Inclusive teaching: Creating effective schools for all learners*. Boston, MA: Allyn & Bacon.

Philippe Ariès, 문지영 역(2003). 아동의 탄생. 새물결.

Pierangelo, R., & Giuliani, G. (2007). *100 frequently asked questions about the special education process*. Thousand Oaks, CA: Corwin Press.

Polloway, E. A., Epstein, M. H., & Bursuck, W. D. (2003). Testing adaptations in the general education classroom: Challenges and directions. *Reading & writing quarterly, 19*(2), 189-192.

Prior, M. & Welly, J. S. (1986). Autism, schizophrenia, and allied disorders. In H. C. Quay & J. S. Werry (Eds.), *Psychopathological disorders of childhood* (3rd ed.). New York: Wiley.

Prior, M. (1996). *Understanding specific learning difficulties*. Erlbaum, UK: Psychology Press.

Quill, K. A. (2000). *DO-WATCH-LISTEN-SAY: Social and communication intervention for children with autism*. Baltimore: Paul H. Brookes.

Rainforth, B., & England, J. (1997). Collaborations for inclusion. *Education and treatment of children, 20*(1), 85-104.

Rapin, I. (Ed.). (1996). Preschool children with inadequate communication: Developmental language disorder, autism, low IQ. *Clinics in Developmental Medicine, No. 139*. London: Mac Keith Press.

Ryles, R. (1996). The impact of braille reading skills on employment, income, education, and reading habits. *Journal of Visual Impairment and Blindness, 90*(3), 211-215.

Salvia, J. & Ysseldyke, J. E. (1998). *Assessment*(7th ed.). Boston, MA: Houghton Mifflin.

Scheerenberger(1983). *A History of mental retardation*. Baltimore : Brookes.

Scrugg, T. E., & Mastropieri, M. A. (1996). Teacher perceptions of mainstreaming/inclusion, 1958-1995: Research synthesis. *Exceptional children, 63*, 59-74.

Silver, A. A., & Hagin, R. A. (2002). *Disorders of learning in childhood*(2nd ed.). New York, NY: John Wiley & Sons, Inc.

Smith, C. R. (2004). *Learning disabilities: The interaction of students and their environment*(5th ed.). Boston, MA: Allyn & Bacon.

Smith, D. D. (2004). *Introduction to special education: Teaching in an age of opportunity*(5th ed.). Boston: Allyn & Bacon.

Smith, T. E. C., Polloway, E., Patton, J. R., & Dowdy, C. A. (2004). *Teaching students with special needs in inclusive settings*(4th ed.). Boston, MA: Allyn & Bacon.

Spodek, B., & Saracho, O. (1994). *Dealing with individual differences in the early childhood classroom*. White Plains, NY: Longman.

Statt, D. (1982). *Dictionary of Psychology*. New York: Barnes and Noble.

Strauss, C. C. (1987). Anxiety. In M. Hersen & V. B. Van Hasselt(Eds.). *Behavior therapy with children and adolescents*. (pp. 109-135). New York: Wiley.

Strickland, B., & Turnbull, A. (1993). *Developing and implementing individualized education program* (3rd ed.). New York: Macmillan Publishing Company.

Swanson, H. L. (1999). What develops in working memory? A life span perspective. *Developmental Psychology, 35*(4), 986-1000.

Texas Education Agency (1999). *IDEA(Individuals with Disabilities Education Act) Final regulations*. Austin, TX: Texas Education Agency Division of Special Education.

Thomas, A., Chess S., & Brich, H. G. (1968). *Temperament and behavior disorders in children*. New York university press.

Tran, L. P., & Grunfast, K. M. (1999). Hereditary hearing loss. *The Volta Review, 99*(5), 63-69.

Trief, E. & Morse, A.R. (1987). An overview of preschool vision screening. *Journal of Visual Impairment and Blindness, 81*(5), 197-200.

Tucker, B. F., Singleton, A. H., and Weaver, T. L. (2002). *Teaching mathematics to all children: Designing and adapting instruction to meet the needs of diverse learners*. Upper Saddle River, NJ: Merrill-Prentice Hall.

Turnbull, R., Turnbull, A., Shank, M., & Smith, S. j. (2004). *Exceptional lives: Special education in today's schools*(4th ed.). New Jersey: Pearson Education, Inc.

Turnbull, R., Turnbull, A., Shank, M., & Smith, S. J. (2009). *Exceptional lives: Special education in today's schools*(6th ed.). Upper Saddle River, NJ: Merrill/Prentice Hall.

Tye-Murray, N. (1998). *Foundations of aural rehabilitation*. San Diego, California: Singular Publishing Group.

Utley, C. A., & Mortweet, S. L. (1977). Peer-mediated instruction and interventions. *Focus on Exceptional Children, 29*(5), 1-24.

Warner, L., & Lynch, S. (2004). *Preschool classroom management*. Beltsville, MD: Gryphon House.

Warren, D. H. (1994). *Blindness and children: An individual differences approach*. NY: University of Cambridge.

Wetherby, A. M., Prizant, B. M., & Hutchinson, T. A. (1998). Communicative, social/affective and symbolic profiles of young children with autism and pervasive developmental disorders. *American Journal of Speech-Language Pathology, 7*, 77-91.

Winzer, M. A. (1993). *The History of Special Education From Isolation to Integration*. Washington DC: Gallaudet University Press.

Winzer, M. A., & Mazurek, K. (2002). *Special education in the 21st century: Issues of inclusion and reform*. Washington, DC: Gallaudet University Press.

Wong, V., & Wong, S. N. (1991). Brainstem auditory evoked potential study in children with autistic disorder. *Journal of Autism and Developmental Disorders, 21*, 329-340.

Yell, M. L. (1998). *The law and special education.* Upper Saddle River, NJ: Merrill-Prentice Hall.

Ysseldyke, J. E., Algozzine, B., & Thurlow, M. L. (2000). *Critical issues in special education*(3rd ed.). Boston, MA: Houghton Mifflin.

Zervigon-Hakes, A. (1995). Translating research findings into large-scale public programs and policies. *The Future of Children: Long-term Outcomes of Early childhood Programs, 6*(3), 175-191.

Zigler, E., & Berman, W. (1983). Discerning the future of early childhood intervention. *American Psychologist, 38*, 894-906.

저자소개

■ 변호걸

- 연성대학교 유아특수재활과 교수
- 건국대학교 대학원 교육학 박사
- 정서 · 행동장애의 이해(공저)(문음사, 2012) 외 다수

(본서 집필분야 : 1장 특수교육의 기초 / 2장 특수교육의 발전과정)

■ 남경욱

- 단국대학교 특수교육과 외래교수
- 단국대학교 대학원 특수교육학 박사
- 특수교육요구학생을 위한 사회적 기술 활동들(공역)(시그마프레스, 2015) 외 다수

(본서 집필분야 : 3장 시각장애 / 5장 지적장애 / 6장 지체장애)

■ 김응범

- 연성대학교 유아특수재활과 교수
- 단국대학교 대학원 특수교육학 박사
- 정서 · 행동장애의 이해(공저)(문음사, 2012) 외 다수

(본서 집필분야 : 4장 청각장애 / 9장 자폐스펙트럼장애)

■ 이병혁

- 극동대학교 중등특수교육과 교수
- 단국대학교 대학원 특수교육학 박사
- 장애 아동 · 청소년을 위한 수학교육(학지사, 2015) 외 다수

(본서 집필분야 : 7장 학습장애 / 10장 의사소통장애 / 12장 통합교육)

■ 권미은

- 남부대학교 유아특수교육과 교수
- 단국대학교 대학원 특수교육학 박사
- 특수아동의 이해(공저)(창지사, 2015) 외 다수

(본서 집필분야 : 8장 정서행동장애 / 11장 유아특수교육 / 13장 개별화교육과 가족지원)

특수교육의 이해

초판 1쇄 발행 / 2016년 3월 10일
초판 6쇄 발행 / 2022년 2월 28일

•

공저자 / 변호걸 · 남경욱 · 김응범 · 이병혁 · 권미은
발행인 / 이 중 수
발행처 / **동 문 사**

•

서울특별시 서대문구 홍제원 1길 12
(홍제동 137-8)
Tel : 02)736-3718(대), 736-3710, 3720
Fax : 02)736-3719
등록번호 : 제9-17호
등록일자 : 1974년 4월 27일
가격 : 20,000원

•

ISBN : 978-89-8251-806-5(93370)
E-mail : dong736@naver.com
Homepage : www.dongmunsa.com